高校转型发展系列教材

看看书，做做片儿：电视编辑实用手册

孙琳琳　主　编
刘新业　张　莹　王羽瀚　副主编

清华大学出版社
北　京

内 容 简 介

本书以电视编辑岗位应掌握的基本工作为核心内容，全面阐述了电视编辑人员应具备的基本素质、职业技能和工作技巧。全书结合具体案例详细讲解了制作一档电视节目涉及的每一个环节的操作原则与要点，包括前期节目策划、剧本写作、分镜头脚本制作、节目拍摄、后期编辑及编辑时需用到的画面编辑软件和声音编辑软件的简单操作，并在此基础上，以知识模块的方式，着重训练学生对电视新闻、纪录片、电视访谈节目、电视广告和微电影等不同类型节目的编辑能力。

本书可作为广播电视编导、广播电视新闻学及其他相关专业学生的教材，也可作为广大电视节目制作爱好者的参考资料。

图书在版编目(CIP)数据

看看书，做做片儿：电视编辑实用手册 / 孙琳琳 主编. —北京：清华大学出版社，2018
(高校转型发展系列教材)
ISBN 978-7-302-49943-5

Ⅰ. ①看… Ⅱ. ①孙… Ⅲ. ①电视工作—编辑工作—高等学校—教材 Ⅳ. ①G222.1

中国版本图书馆 CIP 数据核字(2018)第 066880 号

责任编辑：施　猛
封面设计：常雪影
版式设计：方加青
责任校对：牛艳敏
责任印制：李红英

出版发行：清华大学出版社
网　　址：http://www.tup.com.cn，http://www.wqbook.com
地　　址：北京清华大学学研大厦 A 座　　邮　　编：100084
社 总 机：010-62770175　　邮　　购：010-62786544
投稿与读者服务：010-62776969，c-service@tup.tsinghua.edu.cn
质 量 反 馈：010-62772015，zhiliang@tup.tsinghua.edu.cn
印 装 者：北京鑫海金澳胶印有限公司
经　　销：全国新华书店
开　　本：185mm×260mm　　**印　　张**：20.75　　**字　　数**：453 千字
版　　次：2018 年 8 月第 1 版　　**印　　次**：2018 年 8 月第 1 次印刷
定　　价：49.00 元

产品编号：069732-01

序　言

电视编辑是什么

“电视编辑”听起来并不陌生，有的人说自己是××电视台的编辑或编导，有的人说自己学的是广播电视编导专业，还有的人介绍他人时会说“××很厉害，是××台高级编辑”等。其实，无论是“编辑”“导播”“导演”还是“编导”，都可以作为“电视编辑”的称谓。在我国各家电视台，“编辑是一个特定的职称，有不同的等级：助理编辑、编辑、主任编辑、高级编辑”①，这就类似学校中教师的职称：助教、讲师、副教授、教授。在电视台，编辑是一项重要的工作，集编、导于一身，小到一个完整电视节目的编辑，大到一个专栏、一个专业频道的节目制作，都是他们的工作。他们与记者等其他演播人员一起，制作了大量电视节目供观众欣赏。

作为一本讲授“电视编辑”的实用教材，首先要讲清楚的问题当然就是电视编辑都有哪些工作任务、要具备哪些素质才能胜任这一工作。下面，我们就为大家做一个简单的介绍。

电视编辑的工作主要包括前期和后期两大方面。前期编辑工作主要包括选题、策划、采访、拍摄、构思；后期编辑工作主要包括画面剪辑、解说词编写与录制、检查输出、复制。要出色地完成这些工作，电视编辑应具有三个意识。

第一是全局意识。

电视编辑工作具有很强的综合性，编辑人员要有统筹的眼光和全局意识。从一个具体的电视节目来看，前期要经过选题、策划，然后进入中期的拍摄，后期的剪辑、写解说词、配音和输出。在这一系列工作中，电视编辑人员不仅要参与前期的选题、策划，还要组织人员进行采访和拍摄，甚至制作分镜头脚本和担任现场导演。为了更好地体现前期的构思，编辑往往要亲自做镜头组接工作，同时编写解说词并指导录制、制作配乐方案、参与音响合成等，最后还要对节目进行检查和审核。所以，只把电视编辑简单地理解为后期编辑显然是片面的。可以说，电视编辑不仅是一个指挥者，还是一个参谋，他需要胸中有

① 任远. 电视编辑理念与技巧[M]. 北京：中国广播电视出版社，2008：1.

全局，还要能给出具体的参考意见。

第二是责任意识。

首先，电视编辑的责任意识体现为他的政治责任意识。在我国，电视编辑是社会主义国家的新闻工作者，是党、政府和人民的“喉舌”。所以，必须提高电视编辑人员的政治理论水平，强化他们的政治责任意识，用马列主义理论来指导他们的工作。

其次，电视编辑的责任意识还体现为社会责任感和使命感。我国各级电视台要坚持为社会主义建设服务，始终坚持“正面宣传、教育为主”的原则。电视编辑人员需要不断增强社会责任心，明确健康向上的娱乐导向，杜绝电视节目低俗化。在工作中，应把好选题关，坚持贴近实际、贴近生活、贴近群众，从日常生活中挖掘具有典型价值的题材。同时，在节目制作过程中，要以社会责任为己任，不轻信盲从、不跟风炒作、不低俗媚俗，努力提高节目质量，为观众提供大量丰富多彩的电视节目，丰富大众生活。

第三是画面意识。

电视是视听媒体，画面在其传播中发挥了重要的作用。因此，画面意识是电视编辑应具备的专业素养之一。运用视觉语言传达创作意图的能力的强弱决定了电视编辑人员工作水平的高低。画面内容的选择、画面构图、光线色彩的利用、摄像机运动方式、镜头组接蒙太奇技巧、银幕空间与时间的塑造、声画结合的形式等都是电视编辑要掌握的内容。

有了这三方面的意识，再配合专业素养，你就会成为一名合格的电视编辑。下面，就让我们开启电视编辑的学习之旅吧！

编者

2018年1月

目录

第一章

策划在手，做片不愁：学写策划

策划是一种创造性的思维活动，是指对制片的前、中、后期所涉及的各方面工作预先进行构思，充分利用和整合现有资源制订周密的、可操作性强的计划，为后续开展工作提供行动指南。因此，策划工作是极为重要的前期工作，只有做好前期策划，才能让接下来的实施过程按部就班、条理清晰，以免手忙脚乱，保证顺利完成影视作品，从而取得理想的经济效益和文化传播效果。

一、策划究竟包括哪些内容

影视策划可以分为作品策划以及传播策划两部分。作品策划是对片子本身的思考过程，包括拍片子的目的、意义、拍摄流程等；传播策划是对片子后续的营销、宣传推广以及口碑管理的规划。具体来说，要完成一份策划案需要进行以下几方面工作。

1. 市场分析

市场分析是一个比较大的概念和范畴，这里我们不去探讨政治、经济、人文等宏观环境对整个影视行业的发展带来的影响，只将目光聚焦在市场供求关系、作品自身等具体层面。以电影为例，我们需要进行以下分析：各类型影片(故事片、动画片、纪录片、科教片等)所占市场供给的百分比，对于故事片还要进一步细分为爱情片、恐怖片、喜剧片、动作片等，甚至是多种元素构成的复合类型；不同受众(性别、年龄、文化程度、职业等)对不同题材影片的偏好、观影频次、时间选择等；不同类型影片的现状、市场前景；各类型影片的投入与产出比等。

总之，通过这些分析，你要确认准备制作哪一种类型的作品；该类型作品包含哪些元素；同类作品在市场上所占比例、关注度如何；受众对该类型作品有多深的了解，对该类型作品有何需求；同类作品中有哪些成功案例，其成功的原因是什么、特色是什么；与其他类型相比，该类型作品在经济效益、社会效益上有哪些优劣势；该类型作品的创意性、话题性、未来发展前景如何等。简单地说，就是要明确我们拍什么、为什么拍。

2. 目标与受众分析

目标与受众分析即明确策划目的是什么，也就是你要达到什么目的、取得什么结果。当然，这与你选择的拍摄作品息息相关。例如，你的目的可能是追求经济效益最大化；或者是形成社会话题效应，宣传和提升企业形象；或者是提高拍摄地的知名度，带动当地旅游业的发展，从而促进当地经济的发展；或者是公益性质，旨在引起社会关注、关爱，传递正能量等；也可能是多种目的相结合。明白这一点，然后才能规划相应的策略与手段。

在此基础上，我们需要进一步细化作品定位及受众群体。明确受众，并且对其进行客观分析，可以很好地在内容以及后续传播方面进行有针对性的设计以及投放。可以依据作品的类型元素，从受众基本特征、受众心理特征以及行为特征来确定目标市场受众。以电影《小时代》为例，这是一部青春爱情片，其中融合了青春、都市、爱情、友情、金钱和上流社会奢华生活等元素，所以将目标受众定位为15～35岁的高中、大学学生以及年轻白领，主要以青年女性为主。这个年龄段的青年学生对爱情渴望、对友情执着，追求时尚与潮流；而都市白领在职场打拼，享受精致生活，注重生活品位。除此之外，《小时代》的目标受众还包括一大批对原著小说极具忠诚度的读者。

3. 竞品分析

做竞品分析的目的可用一句话直观描述，即“知己知彼，百战不殆”。分析的内容应多方面、多角度，包括优势和劣势。首先，分析选题。如果作品改编自知名小说、经典短片，那么就具有先天优势，拥有一定的观众基础。其次，分析题材。同样是爱情喜剧，你的作品与其他同类作品相比有哪些特色？比如，你将一些新鲜元素注入其中；讲述的视角不同，可能引发不同的社会关注和话题；在给观众带来欢乐的同时又有感人、催泪的效果等。例如，影片《重返20岁》，引入了魔幻、奇幻元素，这是国内少有的题材，同时又是受众普遍接受和喜爱的题材。最后，分析制作团队。包括导演、主创、演员，可以从他们的年龄、擅长点、以往业绩等多方面进行分析。

4. 可行性分析

在进行可行性分析时，应重点研究你有什么资源可以利用。这里的“资源”除了财物，还包括关系资源或是政府资源。你的策划方案要兼顾理想主义和现实主义，也就是创意性和可行性。创意性主要体现在作品及营销创新上，但是，再好的创意如果不能执行也没有实际意义。因此，具备可操作性，能够付诸实施才是最重要的。总之，人、财、物等都是要考虑的因素，任何一个环节不能执行，都将导致方案的不可行。

5. 营销模式及传播渠道分析

我们拍摄完作品，当然希望能够成功吸引目标受众，将作品推向市场，达到创作目的。这就需要你为作品量身定做一套营销计划。为了保证专业性和完整性，我们可以借助一些营销模型，同时结合自己的项目特点，在制定框架和具体运行时进行适度的创新和延伸，这样既有针对性，又能保证效果。

事实上，我们在进行前面几项内容分析时头脑中就要有营销意识。例如，在选择演员时，是选择明星还是平民；在确定内容时，是选择原创作品还是改编或翻拍作品；在确定语言风格时，是选择地方方言还是普通话……这些都会直接影响目标受众，进而影响营销和传播方式的选择。

一般来说，我们在策划营销模式和传播渠道时，可以分阶段、多渠道、全方位、有侧重点地展开。例如，在选择推广平台时，我们可以整合报纸、电视、网站、手机、户外等多种媒体；在内容和形式方面，可以举办开关机仪式、首映式、媒体发布会、观众互动见面会等，也可以制作主题曲、预告片、片花、POP海报、软性文章等宣传资料适时发布，还可以多渠道投放广告。在传播的不同阶段，可以设置不同的宣传重点。例如，在传播前期，可以通过媒体进行广泛预热，营造对后续传播有利的媒体氛围；在传播中期，可举办城市活动，同时全面启动传播预告，在多平台投入广告，甚至联合商家以促销、游戏互动等方式推广，邀请专业媒体人撰写新闻稿进行深度报道，最大限度地扩大影响和覆盖面；在传播后期，可邀请权威专家进行点评、总结，实现口碑营销。

二、写好策划案的要诀

在这里，我们借助一个相对完整的策划案进行讲解，并在此基础上总结策划案的撰写要点。

1. 策划案实例——《爱在西西里》电影项目策划

《爱在西西里》电影项目策划

1. 策划概要

近年来，国产公路片盛行，尤其是爱情喜剧，而于国外取景的爱情喜剧在国产片票房中占据了较大比重。本片的创意初衷亦是顺应时下观众的观影需求，在旖旎浪漫的意大利，让观众寻找自己的爱情轨迹。

一句话概括本影片的内容：一对陌生的男女，一次诡异的邂逅，一段注定分手的旅行，一场突如其来的爱情……

2. 项目介绍

• 片名：《爱在西西里》

• 策划：王十一

• 时长：100分钟

• 类型：旅行/爱情/轻喜剧

• 主演：李雷/韩梅梅

• 目标受众：18～35岁

• 票房预估：1亿～4亿元人民币

3. 故事梗概

• 一对陌生男女被迫在意大利搭伙旅行，因互相看不顺眼而不想留下真实姓名，便互取代号“西西里”(女)和“米兰”(男)。

• 两人一路麻烦不断，笑料百出。当米兰终于要回归旅行团与西西里分手时，当初的大麻烦，却成为最佳的旅行伙伴。是就此告别，还是继续旅程？

• 再次开启的旅程中，西西里遭遇未婚夫劈腿，勤俭小白领变身豪爽奢华女；米兰遭遇追爱失败，大条理工男街头痛哭。在双双失恋的旅行里，两人互相安慰，互相陪伴，互相发现彼此的另一面。他们终于来到梦想中的西西里岛，本该与各自的爱人相互依偎，现在却变成两个陌生人相互取暖。

• 分别如期而至，那一声“再见”却难以说出口。爱情的花朵，早已在两个人的心里悄悄绽放……

4. 角色介绍

• 女主角：西西里

旅游公司小职员，负责意大利旅行路线却从未去过。未婚夫因公事不能陪同，只好独自旅行。与米兰因“抢劫”相识，对他完全无好感，因可怜流落异国的同胞而带他一同旅行。典型的穷游达人，后发现未婚夫劈腿伤心欲绝，在米兰的鼓励下“重新做人”，花光多年积蓄在意大利享受，也慢慢发现米兰有一颗温柔的心。

• 男主角：米兰

理工男，职业不详，表面嘴贱冲动惹人厌，实际对感情异常认真执着。为追回在意大利结婚的前女友而跟团旅行，阴差阳错地脱团，只好赖在西西里身边。追爱失败后，在意大利街头抱着西西里痛哭，渐渐对这个陌生的拍档敞开心扉。

5. 主创人员

监制：王十一

导演：王十一

主要作品：《×××》《×××》《×××》

编剧：王十二

主要作品：《××》《×××》《××》

摄影：王十三

主要作品：《×××》《×××》《××》

6. 角色拟定

• 韩梅梅(饰)西西里

(此处内容为演员介绍，包括从业经历和作品简介)

• 李雷(饰)米兰

(此处内容为演员介绍，包括从业经历和作品简介)

7. 市场分析

市场分析见图1-1。

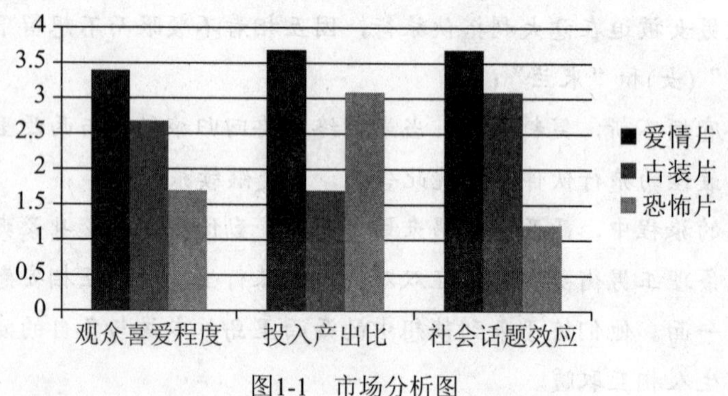

图1-1　市场分析图

8. 旅游电影前景

• 和旅游相关的电影在海外比比皆是，唯美的画面通常能成为电影的经典镜头；国内植入旅游概念最成功的电影是冯小刚导演的《非诚勿扰》，前后两部将海南和北海道的风景拍得美轮美奂，既叫好又叫座，成为该类型影片的经典案例。

• 《爱上西西里》是国内首部直接以旅游为故事主线的电影，将会极大限度地展现意大利旅游景点，包括时尚、足球之都米兰，文化、夜生活之都佛罗伦萨，最具原生态风情的浪漫海边西西里，从中展现各种唯美的风景画面。除了目前大家熟悉的意大利常规的旅游景点外，还会加入一些人迹罕至却别具一格的景点，可以让观众产生一种身临其境的旅行感官体验。

9. 经典案例

• 《北京遇上西雅图》。2013年，在之前并不被外界看好的情况下，《北京遇上西雅图》在3月掀起了一股观影风暴，排片与票房逆势上扬，最终拿下5.2亿元的惊人票房，不仅创下了国产爱情喜剧电影票房的新纪录，同时制造了广泛的社会话题，实现了票房与口碑的双丰收，也让人们再次见证了爱情喜剧的威力。

• 《心花路放》。根据初步统计，《心花路放》上映29天累计票房达到11.52亿元，而且刷新了华语电影首日票房纪录，成为华语片史上首部连续三天票房破亿的影片，更成为史上最快突破5亿元票房的华语电影。从历史数据看，近年来投资收益比较高的影片几乎都有一个共同特点，就是成本不高，含有喜剧元素，如《失恋33天》《泰囧》《分手大师》《心花路放》等都属于此典型。其中，包含公路片元素的爱情喜剧所占比重更大，由此可见，以旅行为主打的爱情喜剧必将成为市场新宠。

10. 营销模式

营销模式见图1-2。

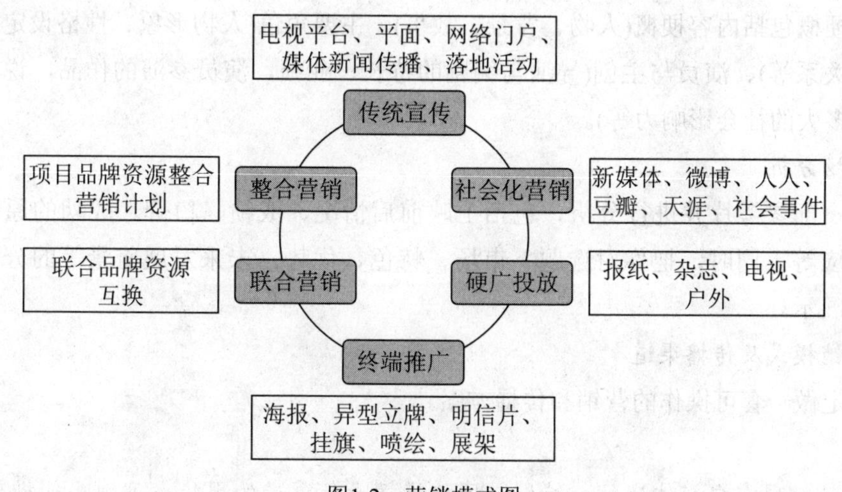

图1-2　营销模式图

11. 传播渠道

传播渠道见图1-3。

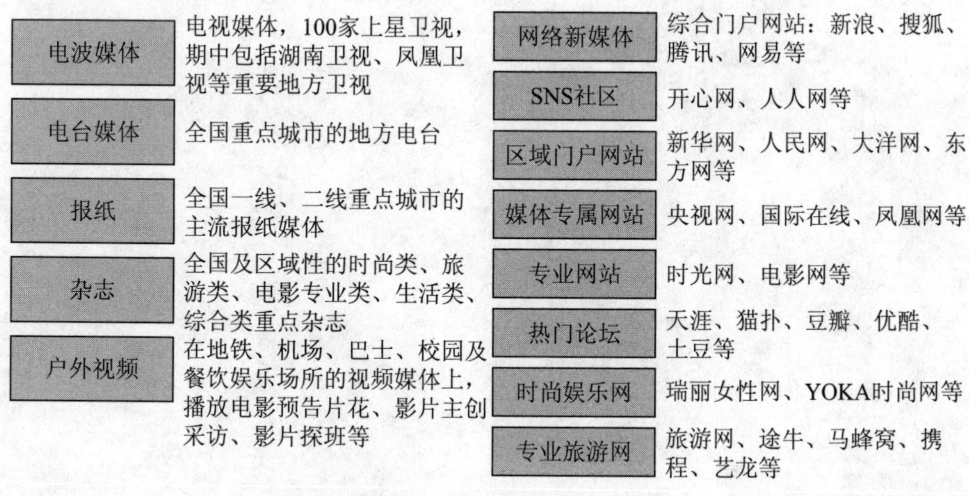

图1-3　传播渠道图

2. 影视策划方案的写作步骤

1) 主题(策划意图)

阐明主题，也就是阐明核心内容，包括主要线索设计的目的、内涵，主题是否有令人称道之处，是否有令人眼前一亮的故事设定、题材、创意构思、切入视角等。这部分需要你用简洁、直接、精准的语言进行高度概括和提炼。

2) 项目介绍

这部分包括项目名称、形式、定位、规格(如电视剧多少集、电影多长时间)等。

3) 项目梗概

项目梗概包括内容梗概(人物、背景、故事)、主要角色(人物形象、性格设定、人物特色、人物关系等)、演员与主创(导演与编剧的特长、业绩，演员参演的作品，说明他们的优势，有多大的社会影响力等)。

4) 市场分析

列举一部参考片并进行分析，包括上映前后情况、成绩、口碑、成功的原因、形成的社会效应等。同时，把你对选题、市场、特色、优势、未来发展前景等的分析做一个全方位的展示。

5) 营销模式及传播渠道

量身定做一套可操作的营销和传播方案。

课后练习

针对现在自媒体盛行，特别是网络直播大行其道的现状，策划一部描述当代年轻人对网络直播态度的短片。

第二章

好剧本是好节目的基础：学写剧本

一、剧本是什么

“假设您在自己的办公室内……一位您从前遇到过的漂亮姑娘走进您的房间，她脱下她的手套，打开她的钱包，把它放置在桌子上……她有两个一角钱的硬币和一个五分钱的硬币，此外还有一个火柴盒。她把那个五分钱硬币搁在桌子上，把另外两个一角钱硬币放回钱包里，然后把她的黑手套搁在暖炉上……正在此时，您的电话响了。这位姑娘拿起电话，说了一声‘哈罗’，停下来听了听，又接着说‘我从来没有过什么黑手套’。说完，她就挂了电话……您看了一下周围，突然发现有个家伙在您的办公室内，他正在打量那个姑娘所做的一切……”

“继续，”鲍考斯笑着说，“发生了什么事儿？”

“我不知道，”斯塔尔回答，“我正在拍片。”

——《最后的大亨》(*The Last Tycoon*)，

F. 斯科特·菲茨杰拉德(F. Scott Fitzgerald)著

如果你喜欢欧美文学，那你应该看过《了不起的盖茨比》《夜色温柔》等美国文学佳作，也一定听说过F. 斯科特·菲茨杰拉德，他曾被誉为“美国最伟大的小说家”。我们今天要跟大家讲的不是他的小说，而是他的剧本。文章开头引用的段落就是菲茨杰拉德在最落魄也是生命最后的光阴里写的一部电影剧本。剧本文学该有的元素在这段文字里有非常完美的展现，以至于我们难以置信这是出自一个伟大的小说家之手。

有人会问：“难道小说家就写不出好剧本？”

不少人都认为，如果一个人小说写得好、能编故事，那他就能写剧本。小说与剧本虽同为文学作品，但它们的关系就像红富士和黄元帅，虽同为苹果，色泽、口感却大相径庭。小说语言可以天马行空、天花乱坠，不受时间和空间的限制，作者可以随意挥洒脑海中构思已久的创意；剧本则完全不同，它依附于影视作品，而电影是一种视觉艺术，电影的形式决定了画面中不可能有大量的内心活动和独特的意象表达(旁白和画外音属于特殊的表现形式)，因而剧本更侧重对影像画面的客观描述。这就是笔者对菲茨杰拉德有如此专业娴熟的剧本创作手法感到震惊的原因，他不以自己擅长的小说写法进行创作，而是遵循电影剧本的创作原则。现在再看那段文字你就会发现，文中的描述不仅完成了人物塑造和叙事，还像一帧帧电影画面一样在读者脑海中闪过。这就是剧本与小说的不同。

不是每个作家都能成功完成这样的角色转换，就像不是每部经典小说都能被拍成经典电影一样。当然，也有很多作家的作品本身画面感就很强，故事的戏剧冲突也很有张力，所以改编成影视剧本的成功率很高，比如莫言的《红高粱》，古龙的《小李飞刀》等。

这一章的内容不该是“剧本是什么”吗？为什么聊的是小说与剧本的关系？有很多人读小说、读诗、读散文，却极少有人读剧本，甚至认为剧本与小说差别不大。在笔者参与过的剧本项目中，遇到过很多把剧本写成小说的作品，其中不乏戏文系学生和所谓的专业编剧。他们全情投入叙事而忽略了画面中的表达的可行性；深度剖析人物心理动态而忽略了画面中的行为语言。剧本作为依附于视听语言的文学样式，可以没有故事，但不能没有画面。

剧本到底是什么？好莱坞知名编剧、制片人悉德·菲尔德在《电影剧本写作基础》[①](编剧宝典之一)中表示，剧本其实并没有什么定义，但若非要给电影剧本下一个定义，那么，一部电影剧本就是由一个个画面讲述的故事，还包括语言和描述，而这些内容都发生在它的戏剧性结构之中。

这个定义基本阐释了影视剧本的叙述原则和所需元素，它讲出了剧本的本性。需要注意的是，我们这里仅指视觉媒介类的剧本，如影视剧，而非舞台剧。理解剧本的定义有助于我们对剧本有一个笼统的认识，并不代表就能写好剧本。

记得笔者刚开始写剧本的时候，就像先前提到的大多数人一样，以为写剧本就是编故事，与写小说无异，结果上交的初稿直接被制片人以“这不是剧本”为由退回来。为了防止“二次打脸”，我上网查经典的电影剧本，了解剧本与小说的区别，并大量阅读剧本方面的理论书籍。经过现学现卖的边写边改，剧本顺利通过并拍成了电影。你或许会说：“你这么厉害，随便看看书就能写出剧本了！”又或许会说：“原来写剧本这么容易……”对于有这两种想法的同学，我只想说：第一位同学真是好眼光(笔者OS[②]：咦？我脸呢)！第二位同学想得太简单。

我确实因为这个剧本上了大荧幕而得意过一阵子，可现在看来，它仅仅是一个徘徊在及格线边缘的学生作业，字里行间暴露出的只有浅薄的人物情感和混乱的故事逻辑。经过一些项目历练，读过一些经典的剧本佳作，见识过老师们呕心沥血的创作过程之后，愈发理解写一出好戏的艰辛与不易。

每个剧作者心里都对剧本有着自己的认知和定位，只要这些认识足够让你写出一部好戏，这就够了。

---

① [美]悉德·菲尔德. 电影剧本写作基础[M]. 钟大丰，鲍玉珩，译. 北京：后浪出版公司，2012：1.

② OS：此处为“Overlapping Sound”的英文缩写，多指“内心独白”，是剧本中常用缩写之一。在音乐领域也可能是“Original Sound”的缩写，通常是指新歌正式发布前用于宣传的小样。

二、剧本创作总共分几步

1. 创作之前

对剧本有了基本的认识，就应该开始创作了。此时，一定会有勤学好问的同学提出质疑：难道不应该先看理论书籍、多看经典影片，把剧作基础知识巩固扎实了再开始创作吗？有这种想法的同学一定是老师的好学生、同学的好榜样，但一定不是学校排名前十位的学霸……为什么？大家回忆一下，在我们寒窗苦读的十几年里，我们会把整本教材中的公式都记下来才开始做数学题吗？我们会把全书的课文都学完才开始做阅读理解吗？并没有，我们都是边学边实践，学以致用才是最终目的。

那么，想成为一名专业编剧要看哪些书？请有此类疑问的同学，打开你电脑桌面上的浏览器，选择“百度”，输入“编剧必读书目”，自会有人告诉你答案。在这里，笔者只推荐两部经典编剧著作：一本是前面提到的《悉德·菲尔德经典剧作教程》系列；另一本就是有着“编剧圣经”之称的《故事》，作者罗伯特·麦基是世界公认的银幕剧作教学大师。单从剧本理论基础来看，这两本著作足以让剧作者对影视剧创作有深刻了解。当然，好书不怕多读，学习创作理论的同时，读一些电影史，以及导演和摄影方面的书籍也会对创作有帮助。此外，好莱坞的创作模式比较成熟，我们也可以参考借鉴。

除了以上理论书籍，大量的阅读是剧作者日常必需的积累。无论是正史、野史还是名著、杂文，无论是《津巴多普通心理学》还是《明朝那些事儿》，无论是时尚杂志还是深入田间的母猪的产后护理，只要是你感兴趣的书籍资料都可以阅读，只为了最大限度地拓宽自己的知识面。对编剧而言，大量的阅读比看片更有助于剧本创作。我们可以没去过威尼斯，但起码应知道威尼斯人代步的尖舟叫“贡多拉”，而不至于在制片人提起的时候一头雾水；我们可以没经历战争年代，但起码应知道拍摄抗战题材作品时应尊重客观事实，而不至于在剧本讨论会上贻笑大方。这些还只是浅层次的常识积累，如果剧本创作中遇到专业技术问题，还要参考大量的资料和征求专业人士的意见。很多经典影片剧本，都是编剧做了大量的客观调查后才开始动笔写的。剧本完成时间可能只需要一周，但调研时间或许是一个月，或许是一年，有些厚重的历史题材甚至要十年。尊重客观事实、掌握专业知识，不但能够避免被观众挑错，也是一个剧作者最基本的职业操守和文化坚守。

不过很可惜，当下影视行业“速食品”盛行，很多影视从业者盲目追求经济利益，从制片人到导演再到编剧，职业节操早已破碎不堪。最典型的就是各种抗战题材电视剧：有男主角穿某名牌短袖衫上阵杀敌的(笔者OS：待遇真好啊)；有以三百六十度后空翻加托马斯回旋的姿势射击还百发百中的(笔者OS：我也想学杂技)；还有柔弱少女被日本兵蹂躏后突然变身女超人，独身歼灭一队日本兵的(笔者OS：“希瑞，赐予我力量……”)。

说了这么多大家可以通过百度查到的资料，终于要进入正题了：剧本创作总共分几步？

常规的剧本创作流程为：

- (故事简介)
- (人物小传)
- 故事梗概(大纲)
- 分场(分集)梗概
- 剧本初稿
- 修改N稿
- 剧本终稿

虽然“故事简介”和“人物小传”的排位在“故事梗概”之前，但依据每个编剧的创作习惯和项目模式的不同，这两个步骤可先可后、可详可简。对于创作顺序还要具体问题具体分析，切勿生搬硬套。

2. 剧本的“素描速写”

“故事简介”就是要言简意赅地介绍故事创意，一般为500字左右，要求以精练的内容阐述故事中最吸睛的亮点，所以优秀的故事简介都引人入胜、扣人心弦。归纳总结故事创意并不难，保证故事简介的生动有趣才是最费脑筋的事情。

- 举个例子：

以下是同一个电视剧剧本的两版故事简介开头，供大家探讨、借鉴。

第一版根正苗红型：本片主要讲述了……的故事。本片通过……剖析探寻当下年轻人不同的生活轨迹和心理状态，引导年轻受众树立正确积极的价值导向。

第二版脑洞大开型：知名演员×××车祸身亡！此消息一出震惊整个娱乐圈，葬礼彩排现场更是堪比电影节，各种媒体网站争相报道，各路大明星为小明星、模特不惜重金从票贩子手里抢购入场券，只为了上头条……万万没想到，×××在自己的葬礼上，活了！

(由于版权限制，以上涉及故事情节的信息已删减)

不要怀疑，不要诧异，这真的是同一个故事，真的是同一个剧本，还是同一个编剧写的。故事不变，心理年龄在五十岁以下的观众应该都会对第二版故事简介感兴趣，但很多编剧都会采用第一版简介的写作形式，没毛病，却也没意思。

故事简介的作用不仅是高度概括剧本内容，它还是让投资人、制片人对你的作品感兴趣的敲门砖。从某种程度上讲，故事简介的趣味性比描述性更重要。

3. 角色的前世今生

在想好故事框架之后，很多编剧直接进入撰写故事梗概阶段。其实，他们忽略了其中非常重要的一环：人物小传。

● 举个例子：

人物：幺小幺[①]

女，29岁，165cm，48kg。中长发，齐流海儿，大眼睛，小酒窝，看起来很甜美。电视台编导，上升狮子的摩羯座，有控制欲的非典型工作狂。

谈话终结者和补刀小能手，常年一张不冷不热的禁欲脸，每次总能适时地把现场的聊天话题弄僵，并对谈话者造成一万点的暴击伤害。有次领导夸小幺英文好，某同事故意问她冷僻生词刁难，小幺说不知道，同事挤兑小幺就这水平还叫英文好呢，小幺冷冷地说了一句："汉字你都认识吗？"该同事哑口无言，差点憋出内伤。

环保主义者，钟爱宜家的简约家居和MUJI风的生活用品。在外吃饭无论剩多少一定要打包，留给小区里的流浪猫、流浪狗。不喜欢一次性塑料袋，随身携带购物袋。去星巴克买咖啡喜欢用自己的杯子。

牛仔裤爱好者，基本各个品牌、款式、颜色的牛仔裤都有，依然不厌其烦地继续买买买。讨厌蕾丝边和貂皮大衣，没有理由的讨厌。

中度强迫症。过马路时喜欢一步踩一条斑马线，吃便当喜欢从左往右吃，读书喜欢读到整数页，看电视喜欢将音量调到5的倍数……从不做美甲，指甲油褪色时不规整的细碎状态太让人难以忍受。

对臭味食物情有独钟，经常光顾城中一家知名的臭豆腐摊，家里冰箱冷冻层常年被冻榴莲占满。专注某事的时候喜欢吃棒棒糖，喜欢吃切片面包夹马迭尔雪糕。

作为电视台编导，小幺负责一档收视率还算稳定的鉴宝栏目。电视台人才济济，但混饭吃的"人才"尤其多。比如，某某领导七大爷家的侄子，想找捧着"铁饭碗"的老公的恨嫁女青年，还有充分利用公司资源吃回扣的中年男领导……没多少人愿意多花心思在工作上。小幺成了异类，她对待每一项工作都极其认真，从校对稿件到舞台监督，每一个环节都力争做到尽善尽美。因此，小幺成了集策划、采编、舞台调度、剪辑、后期于一身的"全能选手"，自己忙得不可开交，同事却游手好闲。结果是收视率缓慢上升，同事对小幺的反感却与日俱增。跟她在一组工作天天都要加班，同事怨声载道。有些同事经常扎堆在茶水间、卫生间，变着花样地捏造小幺的私生活，早更、男朋友劈腿、老处女没人爱等，每次都能编出一出琼瑶苦情剧，小幺懒得理他们。

小幺有自己的解压方式，每次听完同事的诽谤后，她就会去公司楼下的7-11便利店买一根棒棒糖，一边吃糖一边把摆放不整齐的商品规整一下，然后心情舒爽地回去继续工

① 此段人物小传节选自电影剧本《小男友》。

作。如果哪天她怒气冲冲地出现在便利店门口，那她就会买一整包棒棒糖，然后把超市里的所有商品都重新整理一遍。其他顾客一路翻乱，她就一路跟着摆放整齐。时间久了，营业员时不时地会送给她一杯咖啡，以感谢她义务帮忙理货。

虽然同事的八卦大多是信口胡诌，不过有一件事没说错，就是小幺交往的男朋友最后都劈腿了……

注意到上文末尾的省略号吗？没错，以上文字只是该篇人物小传的一部分，后面还有一大段涉及故事情节的内容，在此就不多做描述了。我相信上文节选的内容，足以让读者的脑海中浮现出一个平凡又奇葩的女子形象，以及她所处的工作和生活环境。她平时会做什么事，遇到什么人，碰上什么样的麻烦……这些琐碎的细节都为女主角卷入故事主线增加了说服力和动力。“性格决定命运”这句话，不仅适用于生活，也适用于影视作品中的人物。

现在，很多年轻编剧在剧本创作中会自动省略“人物小传”，以为人物小传只是角色提示，在剧本创作中可有可无，或者可以在全剧本完成之后再补齐。实则不然，详尽的人物小传不仅会让角色立体丰满，也会让故事的情节发展呼之欲出、合情合理。要想创造出生动丰满的角色，则需要编剧大量的阅读和对生活的细致观察，以及人生阅历的累积。

对于观察生活，笔者有一个小习惯：搭乘公共交通工具的时候，观察身边的人。看他们或普通或前卫的穿搭，可以大致猜出他们的品位和职业；看他们或无聊或扯高气扬的神情，可以想象他们近期的生活状态；甚至看他们的坐姿，或端正(谨小慎微)或随意(不拘小节)或四仰八叉(缺乏公共意识)，也可以了解他们日常的行事作风……通过各种有趣的细节，笔者可以联想一下家庭伦理剧、言情剧、悬疑片……感兴趣的同学可以放下手里的手机，随时随地观察，你会发现，生活中人人都有戏，处处都能成剧。

人物小传要详细到什么程度？这要看故事的时长和角色性格的复杂程度。篇幅较短、人物性格较简单的故事，如以事件为导向的影片，人物性格往往偏脸谱化，人物小传只要具有人物个性特色、符合故事需要即可。如果是长篇，且人物复杂而深刻，如电影《肖申克的救赎》，以剖析人性为主要议题，那么对每个人物都需要做足功夫。人物小传中除了介绍主人公的性别、年龄、爱好、个性之外，还要分析人物前史(即影片以外的人物经历)，加入大量的生活细节和习惯特点，使人物在群像中各具特色、立体鲜活。譬如，他小学读的是平民小学还是贵族学校？他家庭和睦还是父母离异？他起床后先刷牙还是先上厕所？早餐自己煎蛋还是在街边摊买包子？喝咖啡喜欢去星巴克还是半岛酒店？走路先迈左脚还是右脚？紧张时会摸手心还是挠头发……

这些内容或许不会在正片中体现，是对人物潜在性格的剖析。看似无关紧要的生活习惯都是体现人物个性的细节，也可能是关乎人物命运和故事发展的重要依据。例如，在悬疑片中，人物在生活中的习惯往往会成为解密关键。

三、为什么要写故事梗概

1. 故事梗概是什么

故事梗概，亦称电影故事，是电影文学剧本创作前的概要描述。影视剧作者在创作电影文学剧本之前，需在自己掌握的生活素材中选用确切表现人物性格和展示主题的一系列事件，构成一个有简略剧情内容的故事梗概，作为进一步编写电影文学剧本的依据。它的基本内容包括主要人物、时间地点、情节发展和结局等。①

提到“故事梗概”，我们不得不提到另一个名词——“故事大纲”。很多人会把“故事简介”“故事梗概”和“故事大纲”的概念混淆，“故事简介”前文已有介绍，这里不再赘述。“故事梗概”和“故事大纲” 的区别在于：故事梗概用朴实简洁的语言表达故事的起因、进展和结局，相当集中与丰富；而故事大纲要非常明确地规定故事走向的重要节点，并说明其他人对故事的推动作用，对一些重要的细节有比较详细的交代。②

简而言之，故事梗概相对简单一些，主要表现主线情节的起点与发展线索；而故事大纲则需要将故事结构上的要点一一列出，并遵循故事动力学原理，将人物对故事的外部推动事件也一一展现出来。

虽然有很多学者详尽地分析了“梗概”与“大纲”在定义上的区别，但对于剧本的实操性并无影响。在剧本实际创作中，两者基本合二为一，所以本章所提到的“梗概”与“大纲”并无分别。

2. 故事梗概有什么作用

已经有故事简介做参考，还要故事梗概作什么呢？通过故事简介确实可以看出故事题材和部分内容，但看不到重要情节事件、角色特点以及故事架构等，故事梗概的作用就是把以上信息用生动简明的语言表述出来。对制片人和出品人来说，故事梗概可以让他们对整个故事有一个比较全面的认知和了解，从而判断项目的可行性。对编剧来说，故事梗概不仅清晰地梳理了完整的故事脉络，还可以检查故事结构上的问题，以便及时修正，从而有效避免剧本完成后的大面积修改。

3. 如何搞定故事梗概

写故事梗概的时候，虽然可以暂时脱离剧本原本朴素的描述性语言，天马行空地挥洒

① 百度百科. https://baike.baidu.com/.

② 天涯论坛. https://bbs.tianya.cn/.

文采，但有几点要素是故事梗概必须体现的。

(1) 梗概中要体现主要角色姓甚名谁(姓名)，年方几何(年龄)，是男是女(性别)，高矮胖瘦，是美若天仙还是粗鄙丑陋(样貌)，是达官显贵还是平民百姓(身份)，是少言寡语还是活泼好动(性格)。在讲述故事之前，要让读者对主要人物有清晰的认识，从而加深对故事的理解。

(2) 梗概中要明确主要人物的行事动机，即推动故事发展变化的最终目的。比如，主人公要赢得爱情还是获得事业成功，要复仇还是要报恩，要结婚还是想分手。人物动机是一根藏在故事梗概中的准绳，故事所有的起承转合、发展变化都是以这个动机为中心。这有利于读者体会人物心理变化。

(3) 梗概中要叙述清楚主要人物面临的困难与挑战。

(4) 梗概中一定要讲明故事的最后结局。无论是影视剧还是电视节目，结局都是观众最最关心的部分。例如，男女主人公为爱历经磨难，结局是有情人终成眷属还是移情别恋或是生死相隔，应该交代清楚。悬疑类故事的结局还是提升故事精彩程度的法宝。

(5) 虽然不是必须要体现的内容，但好的故事梗概应能传达给读者一份优质的情感体验和启迪。比如，爱情故事可以让读者了解男女主人公对爱情的执着与坚持；励志故事可以让读者在主要人物不屈不挠的品质展现中受到鼓舞；灾难故事可以让读者体会到生命最后时刻人性的善与恶……

● 举个例子：

(1) 片名：《教父》[①]

作者：马里奥·普佐

第二次世界大战结束后，美国黑手党几大家族开始新的竞争。维托·考利昂人称“教父”，是最大的黑手党头目之一。他的小儿子迈克尔是常青藤盟校的优秀毕业生，也是一名战斗英雄，一直不愿意参与家族事务。他的父亲遇刺受重伤后，由长兄桑尼代理家族事务。出于敌忾之心，在谈判时，迈克尔暗杀了对方家族的老大以及与黑社会勾结的警官。之后，他远走意大利西西里躲避，仇家一路追踪到这里，炸死他的妻子，主持家族事务的长兄桑尼也被仇家设计杀死。老教父康复后与对手谈判求和，逃亡一年之后，迈克尔回到美国。老教父死后，迈克尔清除内奸，展开复仇计划，成功后被尊为新的“教父”。

时间：第二次世界大战刚结束，1946年。

地点：美国、意大利。

人物：老教父，迈克尔。

特点：老教父，老谋深算；迈克尔，从白道精英候选人转变为黑道老大。

主要事件：复仇，争霸。

困难：仇家的毒辣手段。

① 百度文库. https://wenku.baidu.com.

意义：保存自己，消灭对手。

结果：迈克尔成为新的教父。

第一看点：第一次在小说中揭露的黑社会内幕。

第二看点：老教父在小说中阐述的“生活的智慧”。

点评：此篇梗概短小精悍，“麻雀虽小，五脏俱全”，故事梗概中需要体现的几点要素都有清晰的描述。优点是言简意赅、简明扼要；缺点是行文风格无特色，缺少动人细节描写，对读者缺乏吸引力。

(2) 片名：《克莱默夫妇》[①]

A. 电影学院教辅版：

在我们没有准备的时候，生活突然给了我们一击。

泰德是美国一家广告公司的职员，精明能干，公司决定提拔他当创作部主任。他回家正要把这个好消息告诉妻子乔安娜，乔安娜却说不爱他了，要立刻离开他和六岁的儿子比利。如果泰德强留，她就会跳楼自杀。

乔安娜走后，泰德承担起做母亲的责任，要给儿子预备早点、送他上学、陪他玩耍……可是泰德第一天做早餐，就把面包烤糊了。

比利也不习惯和父亲独处，时时想念妈妈。

泰德为照料儿子，上班经常迟到，不能按期交稿。他变得喜欢在领导面前谈他的儿子比利，但工作没有起色。

一天，比利在游乐场玩，不小心摔伤了头部。泰德抱起儿子一口气跑到了医院，缝了好几针，总算没留下伤疤。从此父子相依为命，感情更深了。

这时，乔安娜突然从加利福尼亚回到纽约，要求抚养儿子，泰德不同意，于是两人诉诸法律。泰德对打赢这场官司满怀信心，不料，公司因他工作不力解雇了他。这意味着他无力养活孩子，官司必输，而开庭日期又不能推迟。幸亏泰德在24小时内又找到了一份工作。

在法庭上，泰德和乔安娜才对彼此有了更深的了解，泰德原以为多挣钱养家，就会使妻子快乐幸福，没有意识到乔安娜放弃工作、关在家里8年，会失去生活信心、失去自我；乔安娜这时才感受到丈夫对儿子的挚爱和他为维持家庭生活付出的辛苦。但最终，法庭还是将比利判给了乔安娜。

泰德和儿子吃过早餐，将东西收拾妥当，等着乔安娜来接比利。乔安娜来了，向泰德表示，她想来想去还是觉得应该让比利留下。

点评：或许是题材更接近现实生活，故事情节更琐碎细致，此篇梗概比上篇多了很多

① 拍电影网. http://www.pmovie.com.

细节描写和人物阶段性的成长变化，使故事和人物看起来更加丰满立体，但还是有些平铺直叙，缺乏吸引力。

B. 影评人分析版：

在我们没有准备的时候，生活突然给了我们一击。

一座位于纽约市的中产阶级的公寓。温情的家庭时刻。是吗？乔安娜在哄儿子比利睡觉，她好像有心事。

泰德在广告公司工作，经常加班。老板要给他升职，泰德很高兴。与此同时，乔安娜在家收拾行李。一个是因工作而得意的丈夫，一个是在家悲伤的妻子，两个人即将发生冲突。

泰德带着好消息回到家里，乔安娜却说她要离开他和他们的孩子："没有我他会过得更好。"泰德试图留下她，但乔安娜还是走了。

泰德向邻居菲尔普斯大发牢骚："你难道不知道她这样做的后果吗？"菲尔普斯冷冰冰地说："她破坏了你这一生最好的五天当中的一天。"

比利醒来后问妈妈在哪里。泰德要"像妈妈"一样烧法式早餐，这令他既抓狂又有点害怕。泰德错误地把自己遇到的麻烦向老板倾诉，老板不得不重新考虑要不要把这个重要的职位给泰德。随后，泰德收到一封来自乔安娜的信，信中说她再也不会回来了。

泰德把家里与婚姻有关的相片、衣服等全部清理掉，鼓足勇气迈入"颠倒的世界"。不过，他完全没有意识到，他的生活将会大变样。

在与比利相处之后，泰德慢慢地放弃了原来那种自私的生活方式，懂得如何把另外一个人的需要摆在首要位置。邻居菲尔普斯的丈夫离开了她，她将为泰德和比利的生活提供帮助，同时帮助泰德理解乔安娜为什么不高兴。

没有乔安娜，泰德和比利的生活一片茫然。比利感冒了，他想妈妈，并责怪爸爸，故意耍性子来考验泰德。不过，最终这对克莱默父子仍然过上了正常的生活。他们在晚餐时一起阅读，开始是一阵沉默，然后就讲起了一群人进出洗手间撒尿的笑话。生活中仍有不少挑战：比利参加了一个生日晚会，泰德接他时来晚了，比利很生气；在没有得到爸爸同意的情况下，他买了冰淇淋吃，故意气泰德；泰德从公司带了一个女同事回家过夜，比利在过道里撞上了这个赤身裸体的女人。

父子的日常生活变得愉快起来，关系也更亲密了。泰德教比利骑自行车，一切看上去都很好，即便是比利遭遇意外被送进医院最终也以"幸福"收场。菲尔普斯告诉泰德他干得不错。乔安娜打来电话，泰德以为她想破镜重圆，于是便约她在一家咖啡馆见面。没想到，乔安娜却扔下一枚"重磅炸弹"：尽管她从离家后就没有回来看过比利，也没有和比利说过话，但她想要监护权。

泰德的律师告诉他这个官司很难打。就在这时，泰德被解雇了，这对他来说是最糟糕的时刻。由于失业，他肯定会失去比利。于是，泰德在圣诞节期间仍在找工作，他"只要工作"，自愿减薪以吸引未来老板的注意。

泰德准备好了打官司，但是遇到一个麻烦：他得知乔安娜有探望比利的法律权利。这样一来，他将同时失去妻子和儿子，比影片开始失去妻子还要糟糕！

在纽约中央公园，泰德放开了比利的手，他看见孩子高兴地投入妈妈的怀抱。

官司开始了，一切都进行得很艰难。庭审中，泰德发现乔安娜有了新欢，而菲尔普斯选择站在泰德这一边。

最后，泰德发言，争取他“男人的权利”，表达他收获的人生道理。“我不是一个完美的父亲，但是我在努力，我们共同建立了我们的生活。”尽管这样，乔安娜仍然赢得了诉讼。在家里，泰德和比利一起烧法式早餐，但这可能就是他们在一起吃的最后一顿早餐了。

乔安娜来接儿子，令泰德惊讶的是，乔安娜告诉他，比利可以留下来。

点评：本篇与上篇都是电影《克莱默夫妇》的故事梗概，不过第一篇是电影学院教学用的版本，流畅规整，是标准的故事梗概写作形式；第二篇是某剧作书籍作者重新总结的梗概。两篇梗概内容一样，但第二篇的叙述方式明显比第一篇更加动人。在第二篇的描述中，将原本平铺直叙的内容改为有想象空间的、意味深长的表达，更具吸引力。

例如：一座位于纽约市的中产阶级公寓。温情的家庭时刻。是吗？乔安娜在哄儿子比利睡觉，她好像有心事。

相较于直接讲明乔安娜的决定，上文的叙述方式更能给人带来一种揣测和不安的感觉，可使读者对主人公下一步的决定产生兴趣。

同时，第二篇还加入了许多人物细节描写和关键性对白。

例如：泰德向邻居菲尔普斯大发牢骚：“你难道不知道她这样做的后果吗？”菲尔普斯冷冰冰地说：“她破坏了你这一生最好的五天当中的一天。”

在故事梗概中加入关键性对白，不仅突出了鲜活的人物性格，还侧面展示了人物当下的窘境。

没错，在创作梗概时，你可以把下一步剧本创作中可能出现的重要情节和对白通通展示出来，也可以用小说性语言描绘人物心理变化。你可以不拘泥于任何形式和风格，但前提是要完成故事梗概必备的功能。当然，即便你掌握了故事梗概的正确创作方式，仍有可能会遇到下面的问题。

4. 写梗概时，你可能会犯的错误

(1) 把故事梗概写成小学生日记，像流水账一样。你可能事无巨细地写出了故事中的每个情节，面面俱到，实际上没有重点，即看不出“戏点”，故事再好也会让人觉得是一部催眠片。

(2) 故事还在，人没了。有些创作者很容易把故事叙述清楚，却容易忽略主要人物的行事动机和情感逻辑。笔者拙见，如果故事梗概中只能看出故事性，而看不出人性，要么

是作者写作时未经大脑，要么是这个故事本来就不值得一写。

(3) 过于注重语言上的文采和表达，文字极具吸引力，却讲不清故事。再次强调，一个讲不清故事却引人入胜的故事梗概，只能成为一篇超字数的故事简介。

(4) 梗概写得不规范，如有错别字、标点使用错误、语句不通顺等。这会让出品人和制片人觉得你不够专业、对待工作的态度有问题，甚至会觉得你不适合从事这个行业。

四、如何写剧本

随着国内影视产业的繁荣，很多小说作者带着自己上千万甚至上亿点击量的网络小说纷纷投身于剧本创作。结果就是：第一，大幅度提高了编剧的平均收入水平；第二，不断拉低我国影视剧作品的质量下限和观众的审美下限……千万不要以为能写几十万字甚至几百万字长篇小说的人都能做编剧，具体原因笔者在文章开头已做过阐述。而这一章节，我们要正经八百地进入正题：如何写剧本。

1. 按格式写很重要

根据笔者多年经验，按照格式要求写剧本，不仅可以增加制片人对剧本的好感，还能达到“未读先过关”的效果。在好莱坞，每天有数以千计的剧本被投递到各大影视公司，最初审阅剧本的并不是策划或者制片人，而是底层员工，而他们筛选剧本的第一个步骤就是检查格式。如果格式不规范，剧本将直接被淘汰，根本没机会到制片人手中。对专业人士来说，连写作格式这种基础技能都无法掌握的编剧，怎么可能写出好故事呢？

究竟什么格式才是剧本标准格式呢？好莱坞有一套严格的剧本格式标准，因此自动生成剧本格式的软件也十分昂贵。但在我国，剧本虽有格式却没那么严苛，最起码制片人不会因为格式不规范而把你的剧本一票否决(在我国做编剧还是有好处的)。但无论采用什么格式，剧本的几个基本要素是必不可少的。

1) 剧本封面

图2-1是最简洁的电影剧本封面形式，一般适用于筹备拍摄期间的剧本终稿，只需要标注电影名称、编剧即可。如果是修改中的剧本，在影片名称和编剧之间还要标注“第N稿”，以便区分多个修订剧本。如果是投稿剧本，建议封面页末端标注清楚个人信息，如姓名、电话、邮箱等。无论封面内容简洁还是复杂，基本都需要一整个页面，清晰的封面介绍会给制片人留下不错的印象。

电影剧本

《电影名称》

编剧：×××

图2-1　剧本封面

2) 正文格式

封面之后就是正文，现在国内常见的剧本格式主要有4种：中国大陆格式、中国香港格式、美国好莱坞格式和中国台湾格式[①]。后两种格式接触太少，在此就不多做介绍了。

中国大陆格式一般先标注场号。"场号"是拍摄期间场记和录音师记录镜头的重要标记，也是后期剪辑时的重要依据；其次是地点，也称为"场景"，注明场景的同时，还要写清楚是内景还是外景，因为拍摄内景、外景所需做的准备工作是不同的；再次是时间，即白天还是黑夜；最后才是正文。除了场号一定要写在最前面以外，对于地点、时间和内外场景的顺序不必过分纠结。如果有闪回、闪前等特殊情节，可以标注在末尾。

● 举个例子：

1. [内] 夜 旧物店

男孩在招呼客人，看到女孩抱纸箱进门。客人询问，男孩解答，再回头，已不见女孩踪影，只剩下桌上的纸箱和门口摇晃的铜铃。

男孩从纸箱里拿出一个手办人模，很新，胳膊却不见了。男孩看着人模若有所思。

(由人模特写转场)

2. [内] 夜 房间(闪回)

女孩紧握着"最终幻想"的游戏人模，微微发抖。

女孩眼眶含泪，直盯着对面的男友。

阴影中，男友一只手夹着烟，另一只手拉着另一个女孩(两人背影入镜)。

女孩把人模重重摔到地上。男友摔下手里的半根烟，用脚碾了碾烟头，拉着身旁的女孩转身离去。

女孩瘫在地上大哭，望着碾灭的烟头，一只手紧握着胸前的衣襟，仿佛使尽了力气要把衣服捏碎。

① 怎么写电影剧本之格式篇. 百度经验. https://jingyan.baidu.com/.

相较于中国大陆格式，中国香港格式更加细腻清晰。无论何种格式，“场号”一定是放在第一位的。其次是时间、场景，中国香港格式还会多一项出场人物。中国香港剧本正本格式也与中国大陆格式不同，人物讲台词之前的动作或表情介绍都会写在括号内，有的甚至每个名词都要用单括号标注。旁白和独白另起一行，在人物动作和环境描述之前会加上三角号。

● 举个例子：

序场一

时：日

景：杂物店

人：阿明、小美

△ 工作台上，阿明正仔细地给一架飞机模型上机油，手上脸上都有淡淡的黑渍。

△ 门口铜铃声响起，阿明忙碌依旧。

△ 一个巨大的纸箱重重地放在阿明面前，吓了他一跳，他抬头。

△ 纸箱后面是小美美丽而明媚的脸，正对着阿明微笑。

阿明：(惊讶)是你！诶，上次不是最后一箱了吗？

小美：(微笑)是我记错了，这才是最后一箱。

△ 小美并没有离开，而是羞涩地微笑。

△ 阿明好奇地打开箱子，箱子里面空空如也。

在剧本正文格式中，有时会出现许多行业术语，比如淡入、淡出、独白等，一般不用汉字标注，而是用英文缩写。常用的有“O.S.” (Off Screen)，即画外音，有时也简写作“OS”。“OS”表示角色在该场景中出现，但观众看不到他，只能听见他的声音。还有“V.O.” (Voice Over)，即旁白，有时也简写作“VO”。“VO”表示角色没有实际出现在该场景中，但观众可以从场景中的电话等设备里听见他的声音，也适用于角色的内心独白。

2. 边看边说写剧本

究竟如何写剧本？要是从理论知识讲起，恐怕这一整本书也说不完。市面上各个类别和侧重点不同的剧本教学书籍数不胜数，如《编剧：步步为营》《救猫咪》《21天搞定电影剧本》《电影剧本创作入门》……各大戏剧院校建议编剧阅读的书单在网上随手可搜。

在此，笔者只想以最简便快捷、直接有效的实际案例向大家介绍剧本是怎样炼成的。以下是依照“大陆剧本”格式完成的一个简单的微电影剧本，此剧本基本包含剧本写作中所需的元素，笔者将以此为例，让大家更为直观地了解剧本写作。

● 举个例子：微电影剧本①

《旧物店》

编剧：王××

1. [内] 夜 旧物店

一盏暖黄色的吊灯照耀在五米见方的铺子里，照耀着立满墙面的二手杂货——旧钟表、旧玩具、旧卡带、旧录音机……这些物件虽然旧，却被打理得干干净净、一尘不染。旧唱片在旧唱片机里踌躇地旋转着，唱片机的大喇叭深沉而轻快地吟唱“我想偷偷望呀望一望他……”(歌曲为徐小凤的《心恋》)

唱片机旁的工作台上，年轻男孩正仔细地给一架飞机模型上机油，手上、脸上都有淡淡的黑渍。门口铜铃声响起，男孩没有停下手里的动作。

一个巨大的纸箱重重地放在男孩面前，吓了男孩一跳。

他抬头，纸箱后面是一张美丽却略显疲惫的脸。女孩面色微红，稍有气喘。男孩微笑起身，正要开口。

女孩：这些东西收吗？

男孩看了看：收吧，但钱不多……

女孩：不用了，送你。

说完，女孩干脆地转身走了，留下一脸错愕的男孩以及门口铃铛清脆的回响。

【剧本阐释】

此处是男女主人公第一次见面，见面的方式有很多种，此处先用纸箱引起男主人公的注意，继而把观众的目光引向女主人公。纸箱“重重落地”的处理方式，以及女主人公面对男主人公的干脆、冷漠，展现了女主人公当时的低落心情。结尾处铃铛的声响也是为了呼应男主人公的错愕表情，渲染男主人公内心的疑惑与不解。

男孩整理纸箱，里面是一堆旧的游戏盘。(突出“最终幻想”)

黑幕。

片名字幕：《旧物店》

【剧本阐释】

此处的游戏盘为故事中的线索道具，所以由此引出片名。片名的引出方式有多种，可以通过重要的道具、事件、人物引出，也可以通过片中人物的台词、旁白引出。关于片名何时出现，通常没有硬性规定，但为了便于观众把握主题，一般在影片开篇5～10分钟出现。也有一些电影为追求特殊效果，把片名安排在影片中段出现，如贾樟柯导演的《山河

① 此微电影剧本为私有版权，仅授权本书转载。

故人》，片名在影片45分钟左右才出现。

(以下为重复场景，人物发型、服饰变化即可)

【剧本阐释】

场景不变，只有人物服饰与打扮发生变化。这其实是一种蒙太奇的表现手法，在拍摄时，无须实质性的钟表或者日历展示，通过人物变装和状态改变即可展现时光的流逝和人物的变化。

男孩VO：从那天起，她几乎每天都会送来一堆旧东西，但其实有些还没用过。

(配背景音乐)

【剧本阐释】

如果背景音乐对剧情发展有辅助作用，需要剧本提示，否则无须提示，在影片后期制作阶段导演会进行二次创作。

女孩抱着一箱杂物进门，放在工作台上。

女孩：这些收吗？

男孩摇了摇头：不好意思，这些不收。

女孩：那也送你了。

说完，女孩如风一般地转身走了。

男孩：喂……

男孩VO：她不多话，也不收钱，更不管东西收不收。

【剧本阐释】

此处为男主人公的内心独白，女主人公的冷漠激起了男主人公的好奇心。内心独白既表现了男主人公的疑惑，也介绍了女主人公的奇怪行为，从而激发观众的好奇心。

男孩从纸箱里拿出一个水杯，看了看放在一旁；又拿出一件未拆封的新衬衫，男孩一脸不解地将它放在一边；随后又拿出一个相框，男孩看着相片，上面是女孩和一个男孩的合影，男孩转过头仿佛故意躲开镜头，女孩拉着男孩笑得很甜。

(照片由静态转入动态)

【剧本阐释】

由静态图片进入动态影像，是影视剧的转场方式之一。这样做不仅可以消除画面硬切的突兀感，还能让观众迅速进入下一场故事。

(以下场景均不出现女孩男友真容)

【剧本阐释】

这是一种特殊的角色处理方式。如果附和剧情需要，或者想刻意突出主要角色，可以选择在拍摄时规避非主演的面部。例如，王家卫导演的《花样年华》，影片中除男女主人公和房东太太外，其他角色一律只有声音、背面动作状态表演，没有露出正面。

2. [外] 日 公园(闪回)

女孩手持手机甜蜜自拍，男友捂脸跑开，女孩追打，两人在草地上嬉闹奔跑。

【剧本阐释】

这里的闪回提示，与正常时间的场景区分，提示后期制作时需要加闪回的特殊效果。

3. [内] 日 房间(闪回)

两人躺在沙发上，男友拿着遥控器不断地换着频道，电视机闪烁的光亮映衬着女孩甜蜜的笑容。女孩依偎在男友怀里，拨弄手里的手机。手机屏幕上是两人的自拍照片。

【剧本阐释】

第2、3场均为表现女主人公和男友幸福甜蜜的过场戏，无对白，只需要表演状态和事件展现。此处可以看出女主人公沉浸在爱情的甜蜜中，而表现男友漫不经心的状态和刻意逃避的态度则是为了说明男友对女主人公没有那么用心。

4. [内] 夜 旧物店

男孩在招呼客人，看到女孩抱纸箱进门。客人询问，男孩解答，再回头，已不见女孩踪影，只剩下桌上的纸箱和门口摇晃的铜铃。

【剧本阐释】

平日还会说几句话的女主人公，这次只字未留。无对白的处理更能突显女主人公情绪上的变化。

男孩从纸箱里拿出一个手办人模，很新，胳膊却不见了。男孩看着人模若有所思。

【剧本阐释】

通过前面的几箱旧物，男主人公与观众都应该能够猜出女主人公心情起伏的原因。这次表现手办的裂痕，也是为了展示女主人公与男友之间的情感裂痕。

(由人模特写转场)

5. [内] 夜 房间(闪回)

女孩紧握着“最终幻想”的游戏人模，微微发抖。

女孩眼眶含泪，直盯着对面的男友。

阴影中，男友一只手抽着烟，另一只手拉着另一个女孩(两人背影入镜)。

女孩把人模重重摔到地上。男友摔下手里的半根烟，用脚碾了碾烟头，拉着身旁的女孩转身离去。

女孩瘫在地上大哭，望着碾灭的烟头，一只手紧握着胸前的衣襟，仿佛使尽了力气要把衣服捏碎。

【剧本阐释】

前文提过，所有道具都应该是有用处的。此处，男友手中的烟也一样。烟在很多影视剧中都是展示人物性格的重要道具，由于火焰和光能给人带来希望的感觉，碾灭烟头也可以视作希望的破灭。此处的人模道具和烟分别代表女主人公和男友两人的心里映射，人模道具的破损表达了女主人公对男友的失望，男友碾灭烟头则是代表与女主人公的爱情的完结。

此处需注意，由于我国审查制度的限制，类似吸烟之类的不良习惯在电视剧中的出现频率越来越低，电影尚可。在创作剧本时，也要注意相应的审查限制，以免因小失大。

6.[内] 夜 旧物店

男孩在仔细地粘合人模，粘好了最后一个部分，男孩轻松地舒了一口气。门铃响，女孩抱了一个大纸箱踉跄着进门，男孩上前帮忙。箱子刚放到台上，女孩转身走向门口，男孩叫住了她。

【剧本阐释】

损坏的人模手办代表了女主人公受伤的心。此处男主人公精心修复人模的情节，不仅是道具的再次有效利用，也为下文两人的关系发展埋下了伏笔，推动了剧情发展。

男孩：等一下。

女孩回头，依旧美丽而冷淡。

男孩：如果你还有很多东西，我店可以上门服务。

女孩：不必了，今天是最后一箱。

说完开门要走。男孩突然提高声调。

男孩：东西都丢了，心情没丢，一样的！

女孩停下了脚步，顿了顿，继续出门。

【剧本阐释】

由于前文提示太多，所以截取这部分台词说明。

关于台词，尽量不要写“废话”，如“啊”“哦”“好的”之类，此类口头语式的对白让演员自己发挥可能更自然。除非你想表现主人公的性格特点，如沉默寡言，每次与人对话只有一字回答，否则这些语气词就相当于废话。在台词的编排上，尽量做到口语化，避免拗口的对白或像舞台剧一样大段大段的独白，影视剧中出现这类大段独白除非有特殊意义和特别形式辅助，否则会造成观众视觉、听觉上的审美疲劳。这需要编剧在创作过程中，反复阅读揣摩，才能写出生活化的台词。

此处男主人公利用女主人公在旧物店丢东西的习惯劝女主人公走出阴影，台词上完成了主人公行为上的因果联系，也为下文做了铺垫。

男孩突然想起了什么。

男孩：等一下！

女孩停住脚步。

男孩回手拿起工作台上的人模，递到女孩面前。

男孩：送给你，谢谢你的光顾。她已经愈合了，希望你也一样。

女孩抬头看了看男孩，目光中有些感动。

男孩面颊微红，有点手足无措。

女孩嘴角微扬，轻声说：谢谢。

说完转身走了。门铃响得很犹豫。男孩透过橱窗，目光追随着缓缓走远的女孩。

橱窗上落了几滴雨，男孩猛然跑回工作台，从台下找了把雨伞。男孩拿伞冲出门，一脸焦急地寻觅，却不见女孩踪影。

男孩OS：那天以后，她再也没来过……

黑幕。

字幕：一个月以后……

【剧本阐释】

表现时间跨度，最简单、直白的方式就是字幕。有些影视剧也会用人们衣着由薄衫变棉衣、树叶由绿转黄、河面由水流变冰川等形式表现。

7.[内] 日 旧物店

工作台上，男孩正仔细地给一架飞机模型上机油，手上脸上都有淡淡的黑渍。门口铜铃声响起，男孩没有停下手里的动作。一个巨大的纸箱重重地放在男孩面前，吓了男孩一跳。他抬头，纸箱后面，是女孩美丽而明媚的脸，正对着男孩微笑。男孩有些惊喜。

【剧本阐释】

结尾处的场景、人物状态与第一场交相呼应，一样的场景，一样的状态，以此反衬女主人公不一样的变化。

男孩：是你！诶，上次不是最后一箱了吗？

女孩：是我记错了，这才是最后一箱。

女孩并没有离开，而是面带诡异的微笑。男孩好奇地打开箱子，箱子里面空空如也。

男孩挠头：这什么都没有啊？你是不是拿错了？

女孩：没拿错。经过你的提醒，我把心情也清理了一下，清理出来的东西都在这里。

男孩恍然大悟。

女孩故作好奇：这个，你们收吗？

男孩挠了挠头：这个……

女孩：收不收都送你了！

两人相视而笑。

女孩真诚地对男孩说：谢谢你！

男孩不好意思地笑了笑。

男孩不知该说什么，气氛略显尴尬。

女孩：那，我先走了……

男孩：嗯……

女孩：拜……

男孩：拜……

女孩缓缓走到门口，刚开门，身后传来男孩的声音。

男孩：“最终幻想”出14了，想一起玩吗？

【剧本阐释】

开篇出现的游戏碟道具与结尾呼应，也对男主人公和女主人公的关系发展起到了推进作用。

女孩转身：不好意思，我不会玩游戏。

男孩有些失落：哦。

女孩顿了顿：但是……我可以试一试……

男孩脸上又露出了微笑，女孩也笑了。

一阵微风吹过，门口的铜铃叮叮咚咚地低声唱着……

【剧本阐释】

虽然同样是门铃的声响，但人物的情感状态发生了变化，也会引导观众情感发生变化。铃铛的响声不再代表忐忑和困惑，而是两人情感萌芽的小鹿乱撞。

——END

3. 一点经验之谈

虽然该说的都说完了，但按照惯例还是需要有个小结收尾。笔者绞尽脑汁地写了这些关于剧本写作的理论和实践知识，也是笔者自己在剧本创作中的思考与总结。其实无论哪种剧本写作书籍，除了规律性和常识性的知识，其他都是作者的经验之谈，有些创作方法适合你，有些可能适合其他人。因此，要“取其精华，去其糟粕”，在剧本创作中自我探索，去寻找适合自己的创作模式。最重要的一点是，无论是什么类型的好剧本，都与其他艺术作品一样，一定是“源于生活而高于生活”。在大量阅读的同时，观察生活，感悟生活，你会从中发现精彩的戏剧火花。

五、尝试不同节目样式剧本的写作——宣传片与纪录片

对于不同体裁的节目，应选择不同的写作形式。如果是故事性的内容，与上文所述的影视剧剧本写作方式雷同。接下来，笔者将简单地介绍下比较常见的宣传片和纪录片的写法。

1. 宣传片的“剧本”——故事板

宣传片就是能起到宣传作用的短片。根据其目的和宣传方式的不同，可以分为企业宣

传片、产品宣传片、公益宣传片、电视宣传片、招商宣传片。[①]

以一部企业宣传片为例，其故事板的主要内容包括以下方面。

(1) 客户名称和产品名称。相比影视剧剧本“以故事为王”的特色，宣传片和广告更侧重对客户和推广商品的展示，所有的故事、人物、镜头画面都为产品服务。

(2) 企业宣传片的长度以及每个镜头的时间。创作广告和宣传片时，需根据客户对时间的要求，进行周密的拍摄部署，对每个镜头的时间安排应比影视剧更加精准，作用也应更加明确。

(3) 镜头画面及其文字说明。广告和宣传片中的镜头画面和文字说明的目的性会更加明确。对于产品的介绍，要对其形状、大小、位置、颜色、质地等一一做具体的描述。

(4) 镜头声音的文字描述。画面部分，对图像中的场景依照时间顺序进行文字描述；声音部分，也是依照时间顺序对每个场景的旁白、对话、音乐和音效进行标注。

(5) 镜头的拍摄方式与组接方式。在现实操作中，为了提高效率，制作人员会先把创意制作成分镜头脚本发给客户，让客户对创意有更加直观的感受。有的制作方也会把自己做的脚本与类似的企业宣传片作比较，以突出自己的优势。

(6) 特殊要求及其他注意事项。此处需要了解客户的特殊需求，以及拍摄时需采用的特殊手段和方法，确保拍摄前的筹备工作万无一失。

综上所述，宣传片的重点在“宣传”，所有的镜头语言、旁白、音效都是为了辅助产品的“宣传”，使企业的宣传目的得到最大化的展现。因为创作目的不同，广告和宣传片的商业性一定大于艺术性，但并不表示不需要艺术性。优秀的广告和宣传片一定是商业目的和视听艺术的最佳结合，而它们的实现都需要好的故事创意和脚本来辅助。

2. 纪录片的文本——真情实感

纪录片是以真实生活为创作素材，以真人真事为表现对象，并对其进行艺术加工与展现，以展现真实为本质，并用真实引发人们思考的电影或电视艺术形式。纪录片的核心为真实。[②]

由于纪录片特有的“真实”和拍摄的随机性，相较于影视剧按照剧本拍摄、宣传片依照故事板精确编排，纪录片无法通过编排提前设定内容，而需要在搜集大量资料的前提下，从各个角度、各个层面对主题进行拍摄，素材量比上述几种体裁都大得多。纪录片的“剧本”等于完整的拍摄计划，真正的文本是在拍摄结束后，编导为提示后期制作撰写的脚本，以及依照剪辑素材撰写的旁白解说稿。

---

① 百度百科. https://baike.baidu.com/.
② 百度百科. https://baike.baidu.com/.

● 举个例子：

纪录片《命》的脚本[①]

【引子】

字幕：

有人说她命苦

一生坎坷……

有人说她命硬

克父克夫……

有人说她命好

时有贵人相佐……

推出标题字幕：命

【镜头1】

画面：砖厂工人装窑一组→田淑荣倒砖坯子一组。

解说：砖厂的活，对于56岁的田淑荣来说，已经力不从心了。但她还要苦苦地撑下去，因为她还有两个正在读大学的孩子。

【镜头2】

字幕(配田淑荣照片)：

母亲档案

姓名：田淑荣

出生日期：1949年8月10日

职业：无

婚姻状况：丧偶

健康状况：体弱多病

现住所：绥化市北林区东兴办事处

【镜头3】

画面：绥化市北林区东兴办事处大门→工农管理区大门→田淑荣家大门→房前屋后环境一组。

解说：田淑荣的出生地是个城乡结合部，那里的居民多以种菜为生。

“文化大革命”开始那年，初中毕业的田淑荣回乡做了一名菜农。

该出嫁的时候，弟弟当兵、妹妹出嫁，为了照顾多病的父亲，她一直在家里待到32岁。1981年，才经人介绍，嫁给了庆安县一个集体商店的店员。

以上是纪录片《命》的编导脚本节选，是以人物为主导的生活类纪录片，主要由画面、解说和字幕三部分构成，以提示工作人员进行后期制作。

① 纪录片编导脚本该如何写. 人人网. http://blog.renren.com/share/342750711/13790223258.

● 再举个例子：

五集纪录片《美在黄山》脚本[①](解说稿)

第一集 神奇之地

(镜头、音乐提示：一组高科技经典镜头快切，给人紧张、幽谧之感。神秘音乐起，把人带入神秘的境地)

在人类皓首穷经，破解了大到天文地理、小至微生物原子等诸多疑难后，仍留下许多不解之谜。

(镜头、音乐提示：三维，北纬30度在地球上环绕。突起音效，营造震撼之感)

环绕地球的北纬30度就是其中之一。

美国作家詹姆士·伯斯特专门写过一本名为《神秘的北纬30度》的书，罗列了包括埃及金字塔、百慕大三角、雅鲁藏布大峡谷等千古谜团。它让专家学者百思不得其解，令许多人好奇不已。

上面是纪录片《美在黄山》的解说稿脚本，也是很多人文地理类纪录片解说脚本的写作形式。

无论哪种体裁、哪种写作方式，最终目的都是完成一个极具视听魅力的影像作品，希望大家在阅读上述内容之后，能够对几种体裁节目的脚本写作有新的认识。

课后练习

选一个你感兴趣的题材写成剧本，主题不限、内容不限、字数不限，能打动你自己即可。

① 360图书馆. https://m.baidu.com/mip/c/www.360doc.cn/mip/319239272.html.

第三章

这不是漫画，这是分镜头脚本：学制作脚本

一、为什么要制作分镜头脚本

说到分镜头脚本，不得不提的一个人就是韦布·史密斯(Webb Smith)。韦布·史密斯是迪士尼公司的动画师，在20世纪30年代早期发明了动画故事板。

韦布·史密斯的《汽车威利》的故事板可以算作迪士尼动画片故事板的开山鼻祖。迪士尼的动画项目在立项之前，需要详细地把构思表达出来，这里的“构思”就是我们常说的策划案。对于动画片来说，最简单又直接有效的方法，就是把主要场景和角色画出来。于是，韦布便把整个故事画了出来，订成一本像漫画一样的详细“策划案”，高层领导一看，哎哟不错，我们以后就这么做吧！

从那以后，迪士尼的动画片有了“故事板”这一说。在正式制作之前，都会把故事的主要情节画出来，贴到墙上，大家一起开会讨论，定稿之后再正式投入制作。是不是觉得很高效？没错，好莱坞的电影制作人也是这么想的。他们觉得这种工作模式特别适合应用到电影的制作流程中，如果在电影开拍之前就把要拍的镜头设计好，实拍的时候照着图纸摆好了直接拍，这多快啊！在电影工业中，快就是省钱。于是，好莱坞把迪士尼的故事板借鉴过来，形成自己的一套工作方式。后来，这种工作方式被越来越多的电影公司所接受。

1. 分镜头脚本包含哪些内容

在写分镜头脚本之前，首先要明白它到底是什么。百度百科是这样解释的：分镜头脚本又称摄制工作台本，也是将文字转换成立体视听形象的中间媒介①。

下面，我们来直观地解释一下什么是分镜头脚本，先看图3-1中的分镜头脚本②。

---

① 百度百科. http://baike.baidu.com/link?url=2_x_rc13X8FpG1me3sM2kqoSKayqOBcTph7sKhvAVIKTzDwjHV9jXanPCFFZ3PGV6W4fIcUWf-sMrUxfDNzJ7a.

② 百度. http://tieba.baidu.com/p/3288251191?pid=57270272261#57270272261.

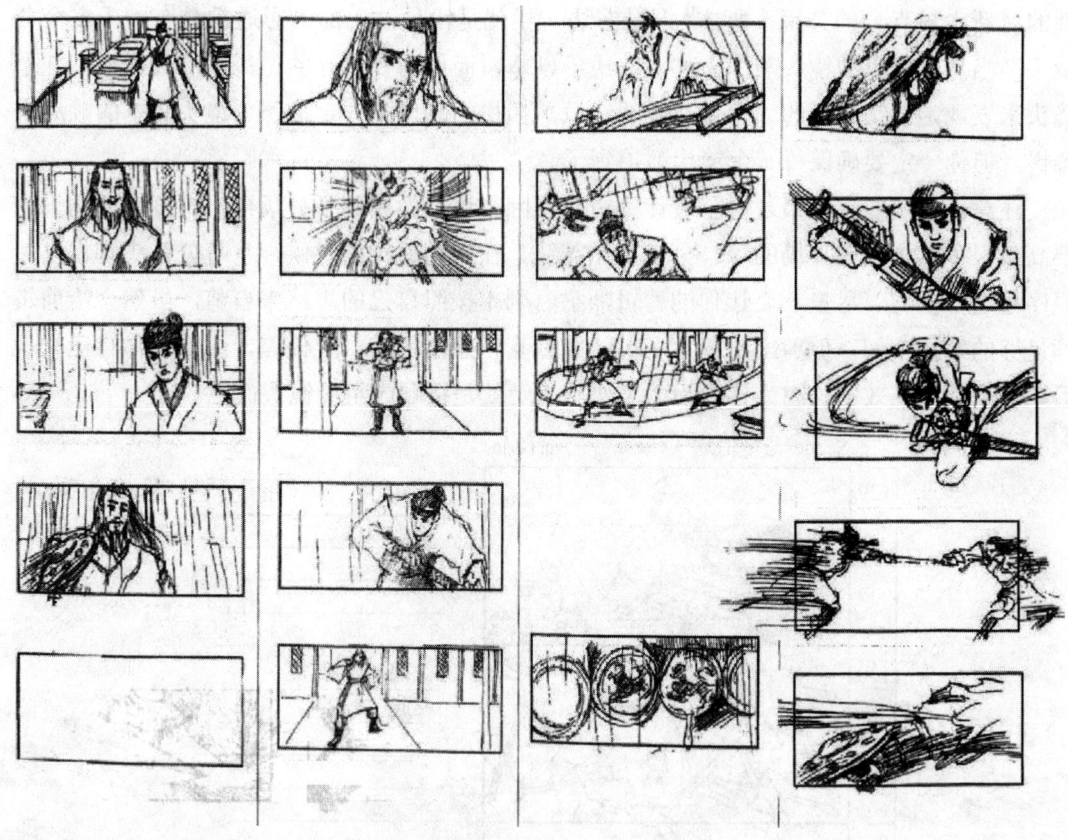

图3-1 《英雄》的分镜头脚本

注意！这不是漫画！

这是张艺谋的电影《英雄》的分镜头脚本，有没有从那几格“漫画”中看到电影画面的影子？如果没有，就先去把《英雄》复习一遍，再回过头来看上面的那张图。

说得通俗易懂一点，分镜头脚本就是把原本是文字的剧本拆分成一个个镜头，将每个镜头的内容用画面或者文字的形式呈现出来。等到实拍的时候，按照已经分好的镜头内容一条一条拍下来，剧组的工作效率就会提高很多。所以我们说，分镜头脚本是一个从文字剧本到影像的“中间媒介”。

如果只看画面部分，分镜头脚本确实和漫画差不多。也有人认为，漫画书在某种程度上就是分镜头脚本的雏形，你可以通过漫画书，“脑补”出每一格图画是如何连接的，在脑海中开始播放漫画。同样的道理，剧组的工作人员也是根据每一格分镜头的画面，把“脑补”的画面落实成镜头，一个一个镜头地组接，最终形成影片。

你应该看到了分镜头脚本的画面下面还有一行行小字，注意，那不是漫画台词！这行小字的信息量非常大，通常包括镜号、景别、摄法、画面内容、时长、解说词、对白、音效、音乐等说明。

1) 镜号

镜号就是按照你设计的镜头顺序，把每一个分镜头标上序号。如图3-2所示，为陈木胜的《新少林寺》的分镜头脚本①，最左边一栏就是镜号，一部电影通常会有一千多个分镜头。当然，这里的镜头顺序大体上取决于剧本，而你需要设计的是每一场戏需要用几个镜头来表现，镜头之间的顺序是怎样的。虽然拍摄的时候不一定按照分镜头脚本的顺序来拍摄，但你一定要确保每一个镜头都拍到了。

注意，一定要在拍摄之前就设计好镜头，因为这样做比到了片场再根据剧本现场设计要高效很多，毕竟在片场的每一分钟都在花钱！在后期剪辑的时候，拿着分镜头脚本，对照序号进行粗剪，尽量不要让你的剪辑师拿着剧本按照自己的思路来盲剪，虽然会给剪辑师足够的发挥空间，但剪出来的片子可能跟你真正想要的有一定偏差。如果是你自己来做后期，那就更高效了，因为你的粗剪工作基本上就是按顺序组接镜头而已。

图3-2 《新少林寺》的分镜头脚本

2) 景别

在脚本中，应说明这个镜头是怎样的景别，即远景、全景、中景、近景或是特写(每一种景别的意义和作用不再赘述)。你是不是想问，景别需要特别标明吗？既然图片都画出来了，景别岂不是一目了然？有图有真相，当然是这样。但还有一种分镜头脚本是没有图的(可能是因为经费紧张、没有时间和人手来画分镜头，也可能是导演本身就习惯于文字版的分镜头脚本)，在这种情况下就一定要写明景别。关于纯文字版的分镜头脚本，下文会详细说明。

---

① 百度. http://tieba.baidu.com/p/3288251191?pid=57270272261#57270272261.

3) 摄法

摄法就是指镜头运动方式。分镜头脚本都是静态的图片，但影片镜头怎么可能都是固定镜头呢？除非是《寒枝雀静》那种特立独行的风格。所以分镜头脚本一定要标明镜头的运动方式，是推、拉、摇、移，还是滑动变焦。如图3-3所示，为沃卓斯基姐弟(现在已经是沃卓斯基姐妹了)导演的《云图》的分镜头脚本①，是不是觉得这两个镜头与故事板惊人相似！故事板中的“Track In(镜头推进)”就是摄法说明。

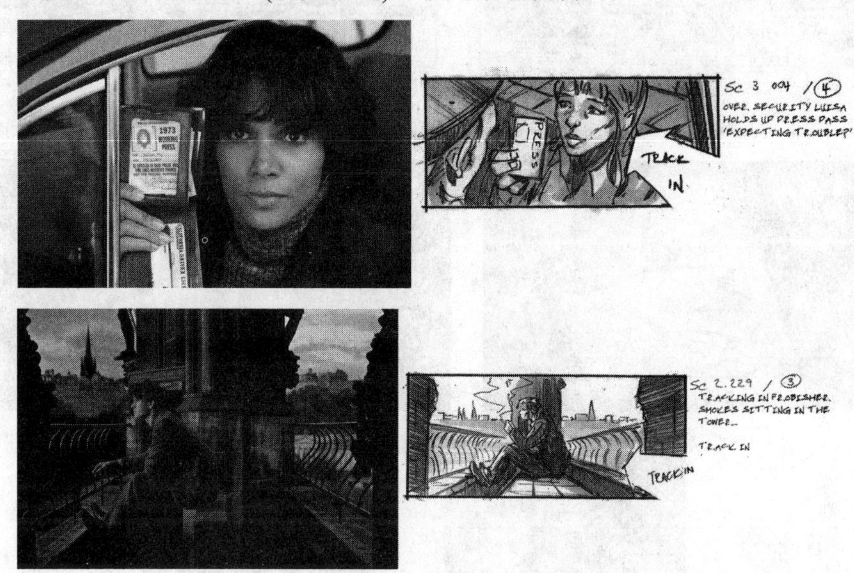

图3-3 《云图》的分镜头脚本

不得不说，沃卓斯基姐弟的故事板在好莱坞也是一绝。他们在拍摄《黑客帝国》的时候，找了乔夫·达洛和史蒂夫·史柯契一起合作，后面这两位可不是普通的电影人，而是有真才实学的漫画家。可想而知，当时《黑客帝国》的故事板有六百多页，活脱脱就是一本精彩绝伦的漫画书，看得好莱坞一众投资人点头如捣蒜。而《黑客帝国》的电影成片与最初的故事板相比，画面也是相差无几。不相信？你就看看图3-4中《黑客帝国》的分镜头脚本。②

4) 画面内容

表现画面内容是分镜头脚本最主要的功能，也就是告诉剧组内需要看分镜头脚本的工作人员，这个镜头要拍些什么。不要问我，故事板不是已经画得很清楚了吗？因为画面本身就是内容。但前文也说过，还有一种分镜头脚本是没有图的，这种分镜头脚本就要写得很清楚，每一个镜头都包含哪些内容，这对导演的文字表达水平有很高的要求。

5) 时长

时长也就是每一个镜头持续的时间，如是两秒还是半分钟。写清楚时长，不仅是为了在拍摄时让摄像师有一个参考标准，更是为了让导演在开拍之前对全片有一个全局的概

① 分镜世界. http://www.storyboardworld.com/cloud-atlas-storyboard.

② 分镜世界. http://www.storyboardworld.com/matrix-the-source-story-board-us-comic.

念。比如，影片会不会太长或者太短；开篇的铺垫时长会不会过长，导致入戏太慢，压轴的重头戏会不会时长太短，导致观众看不过瘾，等等。

图3-4 《黑客帝国》的分镜头脚本

6) 解说词、对白

对于专题片来说，在分镜头脚本中写清解说词是非常必要的，因为你的画面一定要与解说词相匹配。如果你的分镜头脚本中，某一个镜头所配的解说词是“天空晴朗，万里无云”，那么你拍摄的时候一定要记得拍一条天空的空镜头，可千万不能配一条小河流水的画面。而剧情片的解说词比较少，大部分都是对白，也是同样的道理。需要特别注意的是剧情片的旁白，如果配错了，画面会很尴尬。

7) 音效、音乐

在拍摄阶段，你可能意识不到写明音效和音乐有多么重要，等到后期制作的时候，你就会明白这两项的必要性了。还记得动作片中，刀剑相互击打的声音、甩衣服时帅气的呼呼声、风吹树叶的沙沙声吗？其实你把衣服甩破了也甩不出那种声音，那都是后期配的音效。而音乐可以营造不同的气氛，你可以试着为《泰坦尼克号》中杰克对露丝深情告白的那段剧情配上《蜡笔小新》的主题曲，就会觉得这两个人是在说相声。

2. 堪比漫画的动画分镜头

这里并不是要说动画片的分镜头，而是影片的动画分镜头。

之前给大家看过《黑客帝国》的分镜头脚本，是不是觉得特别像黑白漫画？这是动画分镜头的一种风格。黑白故事板相对比较简洁，如果你不是很清楚投资人想要什么样的风格，这种水墨风格倒是比较保险(沃卓斯基兄弟的《黑客帝国》虽然也采用水墨风格，但人家风格十足，有才华的同学可以尝试模仿一下)；另外一种情况就是，你比较懒，懒得上色，那就用黑白的吧。

图3-5[①]中的分镜头脚本充满了日本漫画的幻想风格，连旗帜上面的图案都设计好了。通常对画面要求比较高的导演，会倾向于这种比较写意的分镜头脚本，有助于把自己的构思最大限度地传递给剧组的成员，这样摄影师才会在拍摄的时候，尽力以影像的形式再现故事板上的画面。

图3-5 黑泽明的分镜头脚本

除此之外，你还可以用比较保险的写实风格，比如图3-6中冯小刚的《1942》[②]的分镜头脚本。虽然这种故事板看上去风格没有那么突出，但比较直观，对于人物关系、场景设计也会有比较直接的体现。

① 百度贴吧. http://tieba.baidu.com/p/3288251191?pid=57270272261#57270272261.

② 百度贴吧. http://tieba.baidu.com/p/3288251191?pid=57270272261#57270272261.

图3-6 《1942》的分镜头脚本

如果你觉得这样不够有个性，也可以尝试夸张一点的风格，如图3-7所示的分镜头脚本①，上图是徐克的《狄仁杰之通天帝国》的故事板，下图是李仁港的《锦衣卫》的故事板，它们都是用漫威漫画的方式来画人物，或者用线条来表现动作场面。你可以把细节描述得很清楚，也可以着重展现人物与环境的关系——这些都取决于你想用故事板来传达的主要思想。

图3-7 漫威漫画式分镜头脚本

① 百度贴吧. http://tieba.baidu.com/p/3288251191?pid=57270272261#57270272261.

以上两位的分镜头脚本绝对是业界良心，即使不做导演，这两位也会成为特别优秀的漫画大师。然而并不是所有的导演都有这么好的美术功底，有些导演的故事板，要想看懂，全靠悟性。比如图3-8中的“以才华平天下”的姜文导演的分镜头脚本①，真的是只可意会，不可言传。

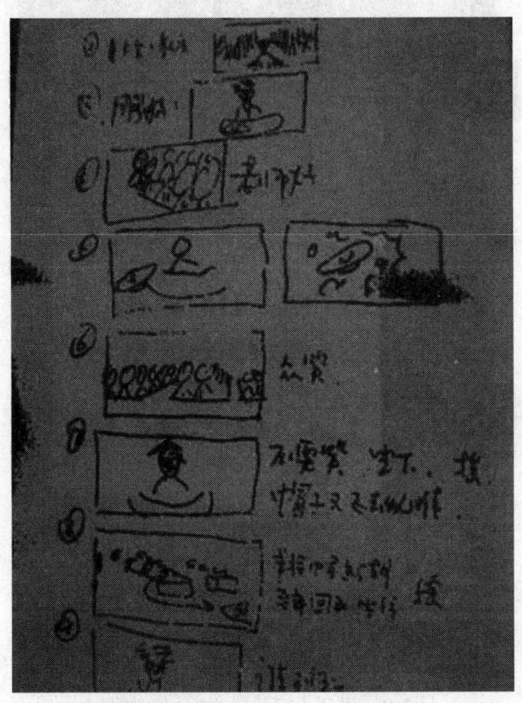

图3-8　姜文导演的分镜头脚本

3. 不会绘画的导演的救星：分镜头设计师

如果你作为一个导演，只有姜文的绘画功底，又没有姜文的才华，你画的故事板拿出去只能丢人，该怎么办？没关系，这种导演在好莱坞也大有人在。于是，一个解救不会画画的导演的职业诞生了，叫作“分镜头设计师”。

并不是只要会画画就能够成为分镜头设计师，就好像你会吃饭却不一定能成为美食家一样。分镜头设计师还需要具备导演、后期、设计等背景知识，在设计分镜头的时候，不仅要考虑每个画面的美感，还要考虑镜头之间的连贯性、衔接点和后期剪辑可能会出现的问题(不懂设计的导演不是好的分镜头设计师)。分镜头设计师有时候甚至要先于导演对整部影片进行创作，可以说是一位“纸上导演”。分镜头脚本好像一座建筑的蓝图，导演会根据这份蓝图来拍摄。因此，可以说，分镜头设计师就是影片“大厦”的“总工程师”。

在好莱坞，优秀的分镜头设计师极其抢手，但也不乏有才华的导演自己来画故事板，如我们之前说过的沃卓斯基。宫崎骏就更不用说了，这位动画大师的分镜头脚本都不用做

① 百度贴吧. http://tieba.baidu.com/p/3288251191?pid=57270272261#57270272261.

成动画片，把故事板装订成册就能上畅销榜。图3-9为《千与千寻》的分镜头脚本[①]。这位小女孩看着眼熟吗？原来是千寻啊(来自宫崎骏的《千与千寻》，没看过的赶紧去补课)！

图3-9 《千与千寻》的分镜头脚本

徐克的故事板流传出来之后，如图3-10中的《狄仁杰之通天帝国》的分镜头脚本[②]，也让一大群人惊掉了下巴，这些导演一定都是捧着武打漫画书度过童年的(这里就不要提姜文老师了)！

图3-10 《狄仁杰之通天帝国》的分镜头脚本

① 百度贴吧. http://tieba.baidu.com/p/3288251191?pid=57270272261#57270272261.

② 百度贴吧. http://tieba.baidu.com/p/3288251191?pid=57270272261#57270272261.

4. 分镜头脚本的典范：希区柯克的分镜头脚本

说到分镜头脚本，不得不提的一个人就是阿尔弗雷德·希区柯克。他的惊悚片可以说是登峰造极，电影学院的学生如果没有分析过希区柯克的电影，要么是经常挂科的，要么就是数学系的(电影学院有数学系吗)。这里不再赘述大师的电影有多么精彩，我们只膜拜他的分镜头脚本。

作为一个狮子座人，希区柯克对自己的电影有极强的掌控欲，这种掌控通常始于电影开拍之前。先欣赏一下图3-11中《惊魂记》的分镜头脚本①和图3-12中的剧照②。

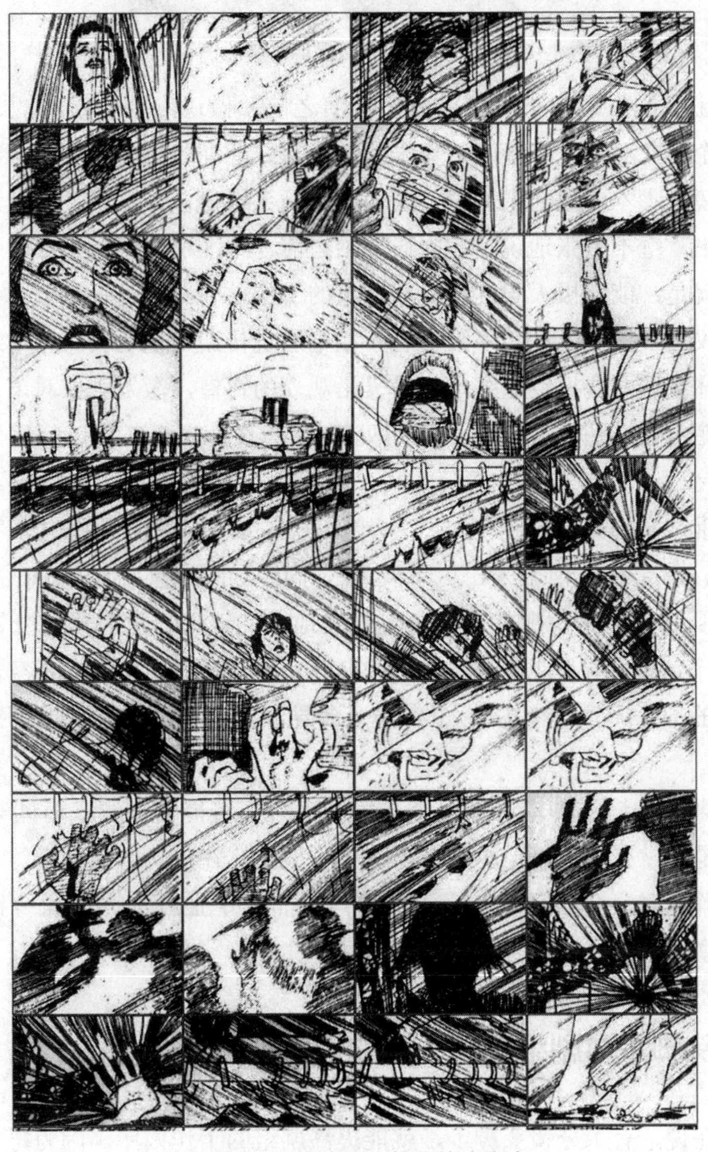

图3-11 《惊魂记》的分镜头脚本

① 分镜世界. http://www.storyboardworld.com/hitchcock-mental-illness-storyboard.

② 分镜世界. http://www.storyboardworld.com/hitchcock-mental-illness-storyboard.

图3-12 《惊魂记》剧照

美术专业出身的希区柯克，在做电影导演之前，做过广告分镜师，之后又做了电影剪辑师，这两个职业对于从事导演工作来说都是很好的经验积累。因此，希区柯克都是亲自操刀来画分镜头脚本，他会把剪辑、蒙太奇、镜头运动、场面调度甚至演员的表情等问题全部考虑进去。毫不夸张地说，在电影开拍之前，希区柯克已经把影片完成了一大半。这样做的好处就是，能够极大限度地提高剧组的工作效率。另外，你以为希区柯克大师的分镜头脚本仅仅用于拍摄吗？那多浪费啊！在电影宣传期，他还会时不时地公开几张分镜头脚本，给媒体制造一些报道的亮点，吊一吊观众的胃口，激发大家对电影的兴趣。怎么样，现在你知道分镜头脚本还能有什么用处吧(不会设计海报？可以翻翻分镜头脚本里有没有能用的)！

学生拍作业，通常几个人分为一个小组，很有可能在拍摄过程中产生分歧，叽叽喳喳讨论一下午，什么也没拍出来，更不要说一个庞大的剧组。如果在开拍之前没有沟通好，现场调度乱成一锅粥，那就是在毫无意义地“烧钱”。这时候，分镜头脚本的重要性就体现出来了。镜头已然设计好，所有部门按照分镜头脚本上的内容来安排自己的工作就好，多余的部分无须再考虑(一个狮子座的导演怎么可能让你在现场推翻他的创意，门儿都没有)。

所以，前期的分镜头脚本看似一个浩大的工程，可能需要很长时间来准备，但对于实拍来说的确是非常有利的，至少坐在宿舍里吵架要比在片场吵架便宜得多。假如你的组里有外请的工作人员，也会让大家觉得你是一个非常专业的导演(如果分镜头脚本画得太丑，还是不要拿出来嘚瑟，自己心里有谱就好)。

5. 分镜头脚本对剧组工作人员的巨大作用

我们一直在说，有了分镜头脚本，就能提高剧组的工作效率，因为每个组都可以按照这个脚本来安排自己的工作。那么每个组在看分镜头脚本的时候，都需要考虑什么呢？下面我们以一个职能比较齐全的剧组为例进行说明。

1) 导演组

这个组里可不只有导演一个人，还有负责各项工作的副导演。如果你是个现场副导演，那么在前期筹备阶段可能就要参与到分镜头脚本的创作中；到了实拍阶段，还要根据分镜协助现场调度。选角副导演拿到分镜头脚本后，需要领会导演对每一个角色的定位：包租婆需要一个胖大婶来演，还需要让化妆师给她点一颗痣；那一场打群架的戏需要这么多群演，导演是不是疯了……

2) 摄像组

有了分镜头脚本，并不意味着摄像组就可以照猫画虎，每一个镜头仍然需要提前设计，毕竟这是从单独画面到连续镜头的过程。比如，两军交战的镜头需要把双方队伍都拍进去，为了显示场面的宏大，可能需要用广角镜头，配合大摇臂；主角的脸部特写可能要换一个长焦镜头，还要大光圈的，并且要灯光组来配合；下一组主观镜头用手持拍摄是不是更能表现人物的内心情感？对于这些方面，摄像师需要提前考虑并做好相应准备。

3) 美术组

通常情况下，美术组要参与到分镜头脚本的创作工作中。剧本完成之后，美术组要跟导演一起决定场景的置景、场面的设计等。比如，熙熙攘攘的街道，是参照国贸来设计还是参照五道口来设计；情侣在江边看夜景，对面有绚烂的霓虹灯，是参照上海的东方明珠电视塔来设计还是参照香港的星光大道来设计(除了影片效果之外，还要考虑预算，可不能由着性子来)。如果导演一定要在分镜头脚本中画一个高十米的汉白玉牌坊，美术组就要提前做准备(汉白玉？导演你在逗我吧)。

4) 动作组

这是专门针对动作片而言的。在分镜头脚本中，不可能把武打场面细致地描绘出来，只能像漫画书那样，把关键动作或者最帅气的必杀画出来，主要看气质！那么，武术指导就要根据分镜头脚本中简单的几幅动作画面，来设计全套的武打场面。这时候，分镜头脚本传达的只是这一组镜头的风格，或者是导演想要的感觉，动作组要把全套动作和场面调度设计出来。根据四五张分镜头脚本设计出来的动作场面很可能会长达几分钟，这样也会留给动作组足够的发挥空间。

5) 特效组

与动作组类似，并不是每一个剧组都有特效组，爱情文艺片就不涉及这一点。如果是科幻片，特效组就是举足轻重的组成部分。很有可能大部分镜头都是在绿幕前拍摄的，如果导演在分镜头脚本中设计的背景是在外太空或是宇宙飞船里，那么特效组就要根据这些分镜头脚本来完善画面内容。例如，《魔兽》的演员已经完全看不出原本的样子，是特效组根据分镜头脚本中的人物形象，加上特技制作出来的。如果分镜头脚本已经精确到细节，那么特效组的工作就会轻松很多，但在某种程度上也会限制他们的发挥，各有利弊。

二、怎样将剧本语言变成镜头语言

好的编剧在撰写剧本的时候，就已经将镜头设计好了，然后将脑海中的镜头画面用文字描述出来；那么写分镜头脚本的时候，也就是将剧本中的文字还原并加工成为画面(不要觉得这是来来回回的重复工作，着重点不同)。如果剧本的描述够详细，在分镜头脚本中就可能会有更多的细节展现，当然也可以有导演的二次加工；如果剧本中对场景的描写只有寥寥几句，甚至只有几个词语，那么在分镜头脚本中就要多费心思了。

需要注意的是，在分镜头脚本或者故事板中，并不是一张图就代表一个镜头，有可能一个镜头需要两张或者多张图来阐释。我们来看一下《画皮2》的分镜头脚本[①]，见图3-13。

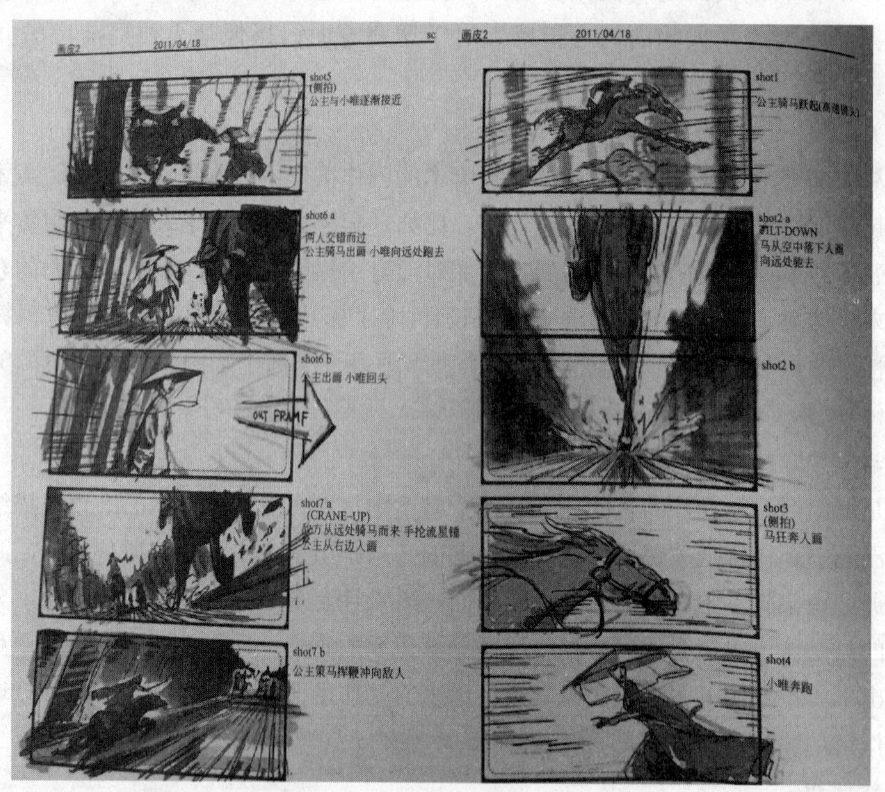

图3-13 《画皮2》的分镜头脚本

注意看右侧的第二张、第三张图，这是同一个镜头的两张故事板：第一张图是镜头的起幅，第二张图是镜头的落幅，旁边的备注写着“马从空中落下入画，向远处驰去”。那么摄影师在拍摄这个镜头的时候就会明白，最初画面中是没有马的，随后要让马从画面的上部入画，最后这个镜头要止于向前飞奔的马蹄。

再来举一个很简单的例子，下面是某剧本中的一小段：

---

① 吴冠英，祝卉. 动画分镜头设计[M]. 北京：清华大学出版社，2005.

外，夜，马路上

天上飘着小雨，她没有撑伞，只穿了一件薄薄的外套。她悠闲地走到路口，雨水顺着脸颊流下来。

绿色交通灯已经在闪了，虽然路上没有一辆车，她还是小跑了两步。

就在绿灯变红的一刹那，她跑到了马路对面，长长地舒了一口气。低头一看，白色布鞋上溅了几滴泥点。

突然，背后“砰”地一声，她下意识地转过头去。

现在你是导演，面对上文中这一小段剧本，你要如何设计分镜头脚本？我不会给你一个标准答案，你可以考虑各种不同的可能性。

1. 场景的设计

在上面那段剧情中，对场景的描述其实非常简单：下着小雨的夜晚，有交通灯的马路上，路上没有车。那么你要如何设计这个场景呢？

根据剧本的上下文(虽然示例中并没有写，但它理论上是有上下文的)，你要设计出马路的样式：可能是县城小路，两边都是简陋的三层楼房，柏油路上坑坑洼洼，人行道上还缺了几块地砖；也可能是都市的居民区附近，交通灯旁边有市民自助租借的自行车，后面是一家亮着灯的7-11便利店；抑或是写字楼林立的办公区，白领们都下班了，四周的写字楼都灭了灯，只有楼顶和一楼商铺的霓虹灯还在不停闪烁(如果有赞助商，记得把人家的LOGO拍进去)。这一段分镜头脚本的前两张图就应该出现场景的主要元素，副导演就可以拿着这段剧情的故事板去找景了。

2. 角色的形象

这一段只出现了一个女性角色，我们在这一段的分镜头脚本中只要设计她一个人的形象就好了。

单看这一小段，你希望自己的女主角是什么样子的？她可以长发飘飘，也可以扎着马尾辫，或者梳着干练的短发；她可以是一个高挑的长腿美女，也可以是一个矮胖的萌妹子；剧本里没有写她戴着眼镜，最好不要随意添加这个元素(但如果写了戴眼镜，你还可以设计一下眼镜样式)。她穿的薄薄的外套是什么颜色和款式的？下身穿的是裙子还是裤子？是长裤还是短裤？如果你想画彩色的故事板，她的服饰搭配则要提前设计。只有一点是确定的，她穿了白色的布鞋，编剧可能在后文有呼应的片段，最好不要随意改动。

分镜头脚本中的人物形象非常重要，人物形象是可以表现性格的。导演要根据设计好的人物来挑选演员，否则有可能要根据演员来对角色进行调整，毕竟很少有演员能驾驭各种风格的角色。有时候，人物形象设计出来之后，你会惊讶地发现，呀！这个角色简直就是为××量身定做的呢。如图3-14所示，为蒂姆·波顿执导的《剪刀手爱德华》[1]，简直就是为约翰尼·德普量身定做的(没办法，蒂姆·波顿就是这么宠爱他)，左边是略微夸张的风格，再看右边，本想惊呼“简直一模一样”，又被我生生咽回去了。

图3-14 《剪刀手爱德华》

3. 镜头的组接

镜头设计非常考验导演功力。这一小段剧情，一百个导演可能有一百种拍法，主要取决于其理想中的影片风格。

比如，你可以设计一个固定机位的长镜头，让女主角从右边入画，没有音乐，只有淅淅沥沥的雨声(记得在“音效”一栏备注)；或者主观镜头跟在女主角身后，摇摇晃晃、躲躲闪闪，好像有人在跟踪她一样；同时配一段恐怖片中常用的配乐，营造一种危险即将来临的气氛；抑或是全部用规矩的中景和特写，把剧本里出现的所有细节老老实实地拍一遍，按照剧本顺序衔接。如果你的分镜头脚本中没有特殊说明，剪辑人员可能会默认直接切换，因此如果你想要淡入淡出的效果，就要在“备注”中写明。

无论你怎样设计，只需要确保一点：剧本里的所有内容，你能够完完整整地表现出来。既然编剧特别写明“白色布鞋上溅了几滴泥点”，那么无论你用什么方法，都要让观众注意到白色布鞋上的那些泥点。你要相信编剧不会在剧本中写废话，每一个细节都是有意义的。写分镜头脚本的时候，记得带上编剧一起开会，如果他说“泥点是我随便写的，拍不拍都无所谓”，那么下次要不要继续合作，你就得慎重考虑一下了。

4. 目标观众群

你的作品是拍给谁看的？无论是否出于商业原因，受众都是你需要考虑的重要因素

① 百度贴吧. http://tieba.baidu.com/p/3288251191?pid=57270272261#57270272261.

(哪怕是拍学生作业，也多少要考虑一下老师的喜好，谁不想得高分呢)。

如果是拍给小朋友看的动画片(上面这一段剧情当然可以拍成动画片，我可没说一定要用真人来演)，那么你就要考虑小朋友的观看习惯。是要迪士尼的公主风格？还是日本动漫中穿水手服、超短裙的女学生(别忘了在水手服外面套一件薄薄的外套)？镜头切换要慢一点，每一个镜头的时间略长一些，让小朋友有足够的反应和思考时间。音乐要活泼一点，之前说的恐怖风格还是算了吧，爸爸妈妈会投诉你的。

如果你的目标观众群是寻求刺激的年轻人，那么完全可以尝试一下惊悚刺激的风格，但也不能由着性子乱来。例如，你觉得漫威漫画中黑寡妇的造型特别好，想给黑寡妇套件薄薄的外套、再穿一双白色布鞋，好像觉得哪里怪怪的……无论你如何设计，你的风格一定要符合剧本的情节和人物的性格，就好像你用《重庆森林》的拍摄手法来拍《无间道》，不但不会有文艺的感觉，还会让观众觉得拖拖拉拉(《重庆森林》和《无间道》的目标观众是不同的)。

如果你觉得这个作品最适合小情侣泡在一起、边吃爆米花边看，那就拍成《恋恋笔记本》那种风格吧，配上舒缓的音乐，让女主角穿成文静的邻家女孩。那“砰”的一声是怎么回事？可能是男朋友给她的生日惊喜吧。

三、实用的表格式分镜头脚本

分镜头脚本到底要怎么写，我也没办法给出一个标准的全球通用答案。看了之前的一些例子，你大概也能发现，每个导演的分镜头脚本风格都不一样，有的注重细节，有的注重整体美感，有的注重剪辑思路。你要知道自己的分镜头脚本到底要告诉剧组人员哪些信息。如果你真的不会画，又没钱请一位专业的分镜头设计师，也不想像姜文老师画得那么意识流，那不如列一个表格吧。

表3-1中的信息，包含之前说过的那几点。

表3-1　分镜头脚本常用表格

镜号	景别	摄法	画面内容	时长	对白/旁白	音乐	音效	备注
1	全景	固定镜头	夜景，小雨，马路在画面正中间。道路两边的店铺除了路口的7-11便利店之外，全部熄了灯。面对镜头的交通灯是红色的，从10秒开始倒数。到了5秒的时候，女主角从右侧入画	11秒			淅淅沥沥的雨声	
2	中景	跟拍	从背后跟拍女主角	3秒			雨声、脚步声	

你可以把画面内容写得更加细致一些，也可以把希望剧组人员注意的其他事项写在

“备注”一栏里。如果你想要自己兼任导演、摄像和剪辑，分镜头脚本只是给你自己看的，也可以把内容缩减，只要自己能看懂就行了。

总而言之，写分镜头脚本，是为了让你的拍摄过程更加顺利。

四、不同片种的分镜头脚本的侧重

1. 动画片

就算其他片种都可以不要分镜头脚本，动画片也不能省略这个步骤。还记得我们之前说过的迪士尼吗？迪士尼可称为好莱坞分镜头脚本的开山鼻祖。可以说，分镜头脚本就是为了动画片诞生的。

动画片的分镜头脚本通常与成片相差无几，毕竟不需要实地找景、布景，完全可以在故事板的画面上发挥。因此，动画片的分镜头脚本就要设计得比较细致，情节上通常有比较强的连贯性。哪怕不做成动画片，把这些分镜头脚本连起来看，如果能变成一部大部分人都能看懂的卡通故事书，那么这个脚本就画得很成功了。

当然，即使是动画片，分镜头脚本里也不能只有画面。动画片中也存在镜头运动，因此需要注明镜头的运动方式或者运动轨迹。对白、旁白、音乐、音效，这些都是动画片不可缺少的元素，那么在分镜头脚本里也不能省略。其实，动画片分镜头脚本留给后期制作的空间还是很大的，就好像你看漫画书的时候，那些没有画出来的部分都需要你自己来想象。

如果你能用拍电影的手法来做动画片，那么效果就会令人眼前一亮。知道《疯狂动物城》为什么那么好看吗？很重要的原因是，它的画面讲究得令人震惊，见图3-15。

图3-15　《疯狂动物城》剧照

我们先不说狐狸的毛发做得多么细腻、表情捕捉多么传神(你去查查那一套表情捕捉设备值多少钱就明白了)，只看狐狸身后虚焦的人群、兔子身后的地面，都和大光圈拍摄出来的一模一样。还记得狐狸和兔子去查车牌的时候，背景偶尔溜达过一只长颈鹿吗？还记得兔子与牛警长对话的时候，过肩镜头带的人物关系吗？如果在分镜头脚本中能把这些都考虑进去，制作出来的成片怎么可能不精彩呢！不废话了，我想去再看一遍《疯狂动物城》……

2. 文艺片/剧情片

通常情况下，文艺片和剧情片的分镜头脚本会相对简单一些。但并不是说文艺片的镜头就不讲究，不然王家卫老师要听不下去了。这两种类型的影片大部分不涉及复杂的后期特效，也少有动作场面。尤其是以对白为主的电影，比如“爱在三部曲”，既然主要内容就是男女主角谈情说爱，那么关键环节就在于剧本。这种少有大场面的影片，可以用前文说过的表格式分镜头脚本来代替故事板(当然，如果你愿意画故事板，那就再好不过了)。

3. 动作片

在动作片的分镜头脚本中，比较特殊的部分就是武打场面。之前给大家看过陈木胜的《新少林寺》、徐克的《狄仁杰之通天帝国》和李仁港的《锦衣卫》的故事板，这三位导演画的手稿都充满了漫画气质。

你看过古龙和金庸的小说吗？可以仔细品味一下，这两位武侠小说大师的风格截然不同。很多人说古龙的小说注重气氛描写，而金庸的小说注重细节描写，所以古龙的小说更类似分镜头脚本。说得通俗一点，如果两个人打架，在古龙的小说里，李寻欢一抬手，对面站着的人就死了，谁也没看清那人是怎么死的。那我们可以这样画分镜头脚本：第一张图，李寻欢把飞刀抽出来(配一个“唰”的抽刀音效)；第二张图，对面的人死了(配一个飞刀插入喉咙的音效，叫喊声就不用了，因为死得实在是太快了)。剩下的工作就交给武术指导，他需要设计一下，李大侠是如何在对方还没反应过来的一瞬间出手的，很可能拍出来的镜头远比你想象的要长，这就要看武术指导的发挥。而在金庸的小说里，他会详细描述李寻欢是如何抽出飞刀、如何出手、飞刀如何插入对方的喉咙、那个人如何惊恐地瞪大双眼直到死也不敢相信自己就这么死了。金庸的描述画面感十足，一招一式都已经安排好，如果都画成分镜头脚本，你可能要付给分镜头设计师双倍的工资。

4. 广告片/宣传片

如果你要拍一段广告片或者宣传片，建议你在拍摄之前把分镜头脚本写好，再拿给你的客户审看。拍广告或者宣传片与拍影视剧不同，你要更加精准地控制成本，并瞄准你的目标受众。

你的分镜头脚本要画出全片最重要的画面，也就是如何展现你所拍摄的产品的特点：你要从哪个角度来拍摄、展示产品，要讲述什么样的品牌故事，在片尾如何巧妙又帅气地出现产品的LOGO。要知道，投资拍广告是企业一笔很大的开销，你要告诉他们钱都花在什么地方，而且这些钱花得是有意义的(这种时候尽量少谈情怀)。

拍摄宣传片也是如此。如果你要给一家酒店拍宣传片，实拍之前一定要去实地考察，沟通好酒店的重要宣传点，同时考察一下酒店哪里适合拍摄，哪里拍出来会很难看、要回避。回去之后，你就可以设计分镜头脚本了。等到实拍的时候，拿着分镜头脚本给摄像师看，让他把脚本上的镜头先完成。如果时间还有富余，可以再临场拍摄一些其他镜头留作备用素材。这样做最大的好处就是能够控制成本，毕竟人力和设备都是需要花钱的，同时也能为后期制作节省时间。

5. 纪录片

纪录片也需要分镜头脚本吗？这要看你拍摄的是什么类型的纪录片。

有些类似专题片的纪录片，比如历史题材的《从秦始皇到汉武帝》，在前期策划的时候，导演会整理出详细的剧本，就像拍摄影视剧一样，只不过在这个剧本里是以解说词来代替角色对白。历史题材的纪录片多数都会用到场景还原，那么拍这一部分就像拍影视剧一样，需要演员来表演，分镜头脚本的必要性无须赘述。

那么，拍摄现实题材的纪录片也可以提前设计分镜头脚本吗？当然可以了！并不是所有的纪录片都是导演带着摄像师走到哪拍到哪，前期调研是非常必要的。比如，你想要拍一部关于非物质文化遗产的纪录片，只能从网上查到这门手艺的传承人，但关于手艺的发展现状资料可能并不齐全。在这种情况下，就不应带上全部剧组成员，而应只带一两个人，轻装简行去踩点。看看你要拍摄的地方是什么样子，哪里最适合拍摄；跟你想要采访的人聊一下，听听他们有什么故事；让他们介绍一下你要拍的非遗项目，有可能与你在网上查到的资料略有出入哦。这一趟行程结束之后，你就可以回去整理剧本和设计分镜头脚本，不仅仅包括你想要拍摄的内容，甚至连采访嘉宾的对话都可以写好。等到拍摄的时候，去目的地取景，控制一下素材量，回去之后你就会发现自己前期所做的工作有多重要。

你可能觉得这样拍摄的纪录片不够刺激。好吧，有一种更刺激的拍法，比如《企鹅群里有特务》。这种纯记录式的拍法，不论是拍人还是拍动物，的确都没办法提前撰写分镜头脚本——你不知道要拍摄的人身上会发生什么故事，你也没办法预料那些动物会做出怎样的行为。拍摄过程要比之前那种纪录片更加有趣，但是开展后期工作也更加痛苦。试想一下，把20个小时的素材剪成90分钟的影片和把1000个小时的素材剪成90分钟的影片相比，工作量相差多少？如果你还是喜欢后一种拍法，你可以把设计分镜头脚本的时间全部用在后期制作上。但不可否认，采用这种拍法，在拍摄过程中经常会收获意外惊喜，这也是很多人沉迷于拍摄纪录片的原因。

课后练习

挑一部自己喜欢或者自己写的片子，制作分镜头脚本，可写、可画，可手绘、可借助电脑，能作出适合影片拍摄的连贯的画面构图就可以。

第四章

学会摄像，做片有底：学摄像

一、编辑为什么要学摄像

电视节目是画面和声音完美结合的艺术，它运用当今世界最先进的电子技术，将摄影、美术、音乐、文学、表演等多种艺术形式融为一体，带给我们光与影、声与色的全身心的情感体验。一名优秀的后期编辑本身既应该具备编导思维和剪辑概念，还应该具备基础的摄像知识和技能，能向摄像师提出专业的建议和具体的拍摄要求，以保障摄像师根据编辑意图进行画面的二次创作。

二、摄像时要用到哪些设备和器材

电视台大多使用广播级摄像机，标清设备常用SONY DVW系列和松下DVCPRO50系列，高清设备多用SONY HDW系列。

电视台新闻外拍一般使用两种机器：一种是小型的专业高清摄像机，比如SONY EX1R或者EX280，以记忆卡存储；另一种是大型肩扛式专业摄像机，比如索尼MSW-930P等，采用BETACAM的磁带。大型活动或者综艺节目等多机位的拍摄，多采用大型肩扛式摄像机。工作时，多机位同时拍摄，通过CCU讯道传输至导播台，导播通过通信设备告诉摄像师需要的镜头，及时切割画面，并同步将切割好的画面从导播台导入一旁的录机中，可以选择录入磁带和硬盘。①

在摄像时，我们还会用到很多辅助器材，常见的有如下几种。

1. 滑轨

很多拍摄工作都要使用滑轨，常用的滑轨有直线和弧形两种。

滑轨使用方便，只要将三脚架安装在滑轨上，再调整好云台高度，架上摄像机均匀用

① 知乎. Vin Hu. http://www.zhihu.com/question/21928941/answer/19821422.

力、慢慢推就可以了。在移动拍摄时，使用滑轨可以保持画面的稳定。

轨道面上有磕碰，或者轨道不再平直，都会造成拍摄时慢时卡的问题。图4-1为使用直线滑轨拍摄的状况[①]。

图4-1　使用直线滑轨拍摄

2. 三脚架

三脚架最主要的作用(见图4-2)是稳定机器，防止机器晃动以及方便摄像师进行推、拉、摇、移等操作。使用三脚架拍摄，不仅可以使固定镜头更稳定，还可以使移动镜头更平稳、更好看。

由于每只脚都可以分别调节，所以三脚架即使放在不平的地面上也能保持水平状态

这种三脚架叫作三轮移动座架，可以安装在移动车上，它能使摄像机快速地重新调整位置。

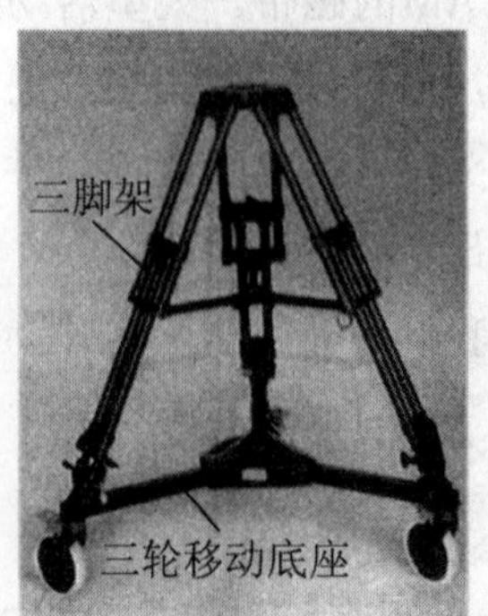

图4-2　三脚架的功用

① jc.浅谈摄影辅助器材滑轨的作用[EB/OL]. 影视器材. http://www.qxd.cn，2014-04-09 .

三脚架常常和滑轨配合使用，如图4-1所示。把三脚架安装在滑轨上，能够拍摄出不同方向的运动镜头，既能充分表现被摄主体，又能为后期制作提供充足的高质量素材。

3. 斯坦尼康(摄影机稳定器)

斯坦尼康(Steadicam)就是摄影机稳定器。它是一种轻便的摄影机机座，可手提。使用斯坦尼康，可以很好地解决手持镜头拍摄跟拍时画面抖动的问题。

为保证更好的视觉效果和叙事节奏，不仅越来越多的摄制组使用斯坦尼康来拍摄，一些小成本的微电影制作团队也开始使用手持或肩扛稳定器。

依据功用的不同，斯坦尼康可分为大型斯坦尼康、陀螺仪斯坦尼康、低拍版斯坦尼康、监视器斯坦尼康、手持或肩扛斯坦尼康，图4-3所示。

图4-3　斯坦尼康

在专业领域，斯坦尼康是一个专门的工种，需要人机的高度配合。在使用时，需要对操作者的走路姿势、腰肩角度、手臂的灵活程度、手指的分配以及机器三轴向的配平等若干方面进行专门的训练和校调。

4. 摇臂

大摇臂，见图4-4(a)，又称电动摇臂，长度为6～12米，是拍摄大型影视作品和大规模赛事、演出等现场常用的一种大型器材，由摇臂臂体、电控云台、伺服系统、中控箱、液晶监视器构成。

大摇臂在节目现场的位置基本上固定不动，需要在节目拍摄前安排好摄像机的运动轨迹。摄像师可以站在摇臂后面通过操控电控云台来操作摄像机，完成360度全方位的移动拍摄和升降镜头的拍摄。运用大摇臂进行远景和全景拍摄可以使场面更宏大、运动更流畅。

小摇臂，又称手动摇臂，见图4-4(b)，长度为1.5～3米，一般由摄像师用手控制摄像机进行拍摄。因其控制范围有限，特别适合于精确的情节性拍摄，多用于中景、近景等小景别拍摄，如电视剧、微电影和MV的拍摄。

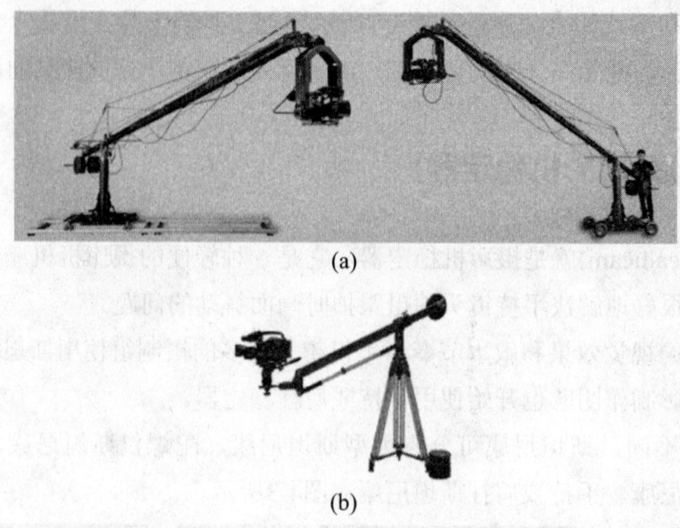

(a)

(b)

图4-4　摇臂

5. 吸盘稳定器

吸盘稳定器(见图4-5)可以固定在玻璃或任何光滑物体表面，起到代替三脚架的作用，是进行车内外拍摄的必备神器。

在车内狭小的空间中，摄像师选择合适的位置，如车内外的窗户、前机器盖、车顶、车门、后备厢等处安装车载吸盘，不仅能起到固定的作用，让摄像机和汽车的震动同步，而且超厚的橡胶垫还能起到减震的效果，从而拍摄出稳定又清晰的画面。

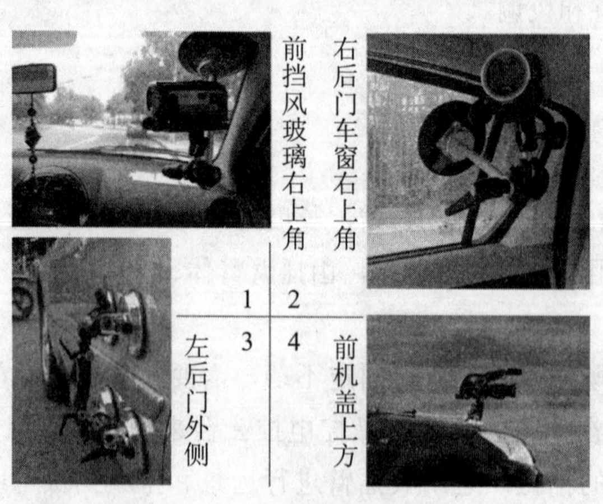

图4-5　吸盘稳定器

图4-5中的图1显示，前挡风玻璃右上角是拍摄驾驶员的最佳机位，它可以拍摄到驾驶员的近景镜头。构图时，将驾驶员安排在画面左侧，并在其视线前方留出一定的空白，使其与观众形成交流感。如果同时在前挡风玻璃左上角的位置拍摄副驾驶位置上的人物，则能完整地记录两人的对话镜头。

图4-5中的图2中，在右后门车窗位置可以拍摄很多不同内容的镜头，如我们可以拍摄驾驶员在开车过程中的各种操控的特写镜头(转动方向盘、换挡等)，也可以拍摄仪表盘的特写镜头，还可以拍摄驾驶员背面的中景镜头。同样，在左后门车窗位置也可拍摄副驾驶位置的人物背面的中景镜头，并能通过车窗拍摄到外面快速变化的景物。这些镜头不仅丰富了后期编辑时的素材，而且能增加细节画面或提供转场镜头，从而使片子富于变化。

图4-5中的图3中，在左后门外侧位置可拍摄对面车辆的行驶镜头，还可拍摄超车镜头等不断变化的移动镜头。

图4-5中的图4中，在前机盖上方的位置，当摄像机镜头朝前时，可拍摄行驶中的前方的景物，如前方的车辆、道路上的交通线等；当摄像机镜头朝后时，可拍摄挡风玻璃后的驾驶员和副驾驶。这时，要注意反光的问题，最好在清晨或傍晚光线较弱的时候拍摄。

在使用吸盘稳定器进行拍摄时，要注意以下三点。

(1) 要找汽车最稳固的地方安装吸盘稳定器，所有部位要锁紧。可以在吸附的表面喷水，尽量完全隔离空气进入。出于安全考虑，车辆外拍时要使用保险绳。

(2) 拍摄时要使用广角镜头。广角镜头不仅可以保证画面的取景范围足够大，而且能使画面更稳定。

(3) 汽车要尽量选择在平坦路面上行驶，要避免窨井盖、坑洼等不平处。

三、如何选择拍摄角度

对于摄像常用的角度，从垂直方向来分，有平角度、仰角度和俯角度；从水平方向来分，有正面角度、侧面角度、斜侧面角度和背面角度等。

1. 平角度

摄像机镜头的高度和被摄主体眼睛的高度大致在同一水平线上，如此拍摄的画面就是平角度画面。

采用平角度拍摄的画面能给人带来自然、平等的感觉。

2. 俯角度

俯角度是居高临下的拍摄视角，俯角度画面即摄像机镜头向下倾斜拍摄所形成的画面。

采用俯角度拍摄人物时，人物会显得矮小和变形，常用来暗示人物的卑微或渲染孤独、压抑等主观看法和情绪，有时也会带有轻视的意味。

俯角度还适用于拍摄大场面，可用于抒发恢宏的气势，也可用来如实交代环境位置和空间层次。

3. 仰角度

仰角度画面即摄像机由低往高拍摄时所形成的画面。如果拍摄主体是人物，这时摄像机的镜头高度一般要低于被摄人物的眼睛。

仰视的角度能使被摄对象显得更高大，给人一种从上向下倾压的感觉；相反，俯视的角度往往用来表达蔑视、贬义的态度。如图4-6所示，电视剧《太阳的后裔》中运用了仰拍和俯拍的反常规视角。左上图刻画了高大、强而有力的男性形象；左下图画面采用金黄色的暖色调，表现升国旗仪式的庄重和威严以及人物内心的崇敬之情。右侧的两张图则刻画了渺小、卑微的人物形象，表达怜悯之情。

图4-6 俯仰角度在影视剧中的运用

4. 正面角度

正面角度画面即摄像机在被摄主体正前方拍摄所形成的画面。

采用正面角度拍摄人物会形成直面相对的感觉，增强与观众面对面的交流感。

对称结构是正面角度画面中常见的造型，能给人以均衡、平稳的感觉，透露出严谨、端庄的表意风格。

5. 侧面角度

侧面角度画面即摄像机镜头在被摄主体正面90°拍摄所形成的画面。

如果要突出被摄主体的强烈动感，侧面角度是最好的拍摄角度，它能够充分体现被摄主体的动作线；如果要形成观众与电视主持人、嘉宾的交流感，则不能使用侧面角度进行拍摄。

6. 斜侧面角度

斜侧面角度画面即摄像机的镜头与被摄主体的正面呈45°夹角时所拍摄的镜头画面。

采用斜侧面角度拍摄物体，会产生很强的立体感和纵深感。

斜侧面角度也是拍摄采访镜头时常用的角度。在这类镜头中，既可以看到采访的记者，又能突出被采访对象的主体地位，从而增强被采访者与电视机前的观众的交流感。

7. 背面角度

背面角度画面即摄像机从被摄主体的背面正后方进行拍摄所得到的画面。

背面角度是一种造型性极强的角度。画面以人物的姿态语言作为主要的造型语言，含蓄而生动，能带给观众极大的思考空间。

背面角度也是一种带有主观色彩的角度。观众看着画面中人物的背影，看着剧中人物眼中的景物，仿佛被带入主体对象所处的环境之中，能感受到主人公所经历的一切。

8. 斜角度

斜角度画面即摄像机以倾斜的角度拍摄所形成的镜头画面。

斜角度一般在表现特定的情境或特殊的效果时使用。

9. 悬空角度

悬空角度画面即利用航拍器材，摄像机从空中垂直向下拍摄所形成的镜头画面。

悬空角度是一个全新的视角，具有一定的新鲜感和开阔的视野以及整体概括的能力。

随着航拍器的简易化，航拍镜头将越来越多地出现在各类影视作品之中。

在图4-7中，用15个画面从不同的拍摄角度讲述了无名被接送进大秦皇宫的过程。画面1中，用侧面角度加雾化效果拍摄行进中的骑兵和马车，表现出强烈的运动感；画面2和画面3中，用斜侧面角度及仰角度拍摄宫门打开、骑兵队列进宫的镜头，交代了地点的转换，速度也慢下来；画面4中，用正面角度、长焦镜头平拍骑兵队列，在由大门形成的框架中，面对镜头而来的骑兵队伍能带给观众一种庄严、肃穆的感觉；画面5和画面6中，运用背面角度拍摄报信士兵的活动，将场景转换到宫殿前的广场；画面7中，运用正面角度拍摄的无名及其随从拾级而上进入殿前广场，仿佛带着决然的心境一步步走向观众的心中；画面8中，大臣们列队等候的镜头是用斜侧面角度拍摄而成的，既表现出翘首以盼的急迫心情，同时长长的队伍也表现出空间的纵深感；画面9中，大臣的镜头用仰角度和正面角度来表现，仰角度拍摄可简化背景，而正面角度沿袭了这个段落严肃、端庄的风格；画面10中，用背面角度拍摄大臣弯腰行礼的场面，形成对称结构；画面11中，用正面角度拍摄无名的脸部特写，无悲无喜的平静表情表现出内心的淡然和决绝；画面12中，用背面角度拍摄无名走向宫殿的镜头，观众看着两旁的大臣和远处的宫殿，能够将自己代入到无名所处的境地；画面13、画面14、画面15的航拍镜头中，分别用正面角度和斜侧面角度拍摄皇宫外的远景，既交代了无名所处的外部环境的严峻——人山人海、占地广阔，又突出了画面15中无名一人拾级而上的孤独与悲壮，暗示了悲情的结局。

图4-7 角度在电影画面中的运用

四、如何划分和运用景别

景别是用来定义被摄主体在摄像机取景框中所占范围大小的标准。远景、全景、中景、近景、特写是常规的景别种类。不同的景别承担着不同的叙事任务，具有不同的表意目的。

1. 远景镜头

远景镜头是以表现大范围的景物为主要内容的镜头。

“远取其势”主要指的就是远景镜头，常作为抒情镜头放在段落的开头或结尾处。

2. 全景镜头

全景镜头即表现人物全身及周围景物全貌的镜头。

全景镜头能够完整地表现人物的形体动作，在拍摄时要注意人物的头部空间最好是脚部空间的2倍。全景镜头常作为描写性镜头，主要承担介绍环境和呈现事物发展整体面貌的任务。在影片的叙事段落中，全景镜头通常起定位的作用。

3. 中景镜头

中景镜头用于拍摄人物膝部以上部分的画面。

在中景镜头中，人物之间的交流感有所增强，人物与环境的关系也能得到很好的体现，多用于叙事性展示中。

4. 近景镜头

近景镜头即表现人物胸部以上部分的镜头。

近景镜头善于表现人物的表情，“近取其神”说的就是近景镜头的优势。它能够通过表现人物的外在表情或人物的对话来揭示其心理活动，刻画人物性格特征。

近景是电视节目主持人的常用景别，也是影视作品中演员表述台词时的主要景别，还是被采访对象表述主要段落时的主要景别。近景有利于表现人们心灵的交流。

5. 特写镜头

特写镜头是指表现人物、物体或环境细节的镜头，又称头肩镜头，即表现人体肩部以上头像的镜头。

在这一景别中，被摄主体占满屏幕，具有很强的视觉冲击力和表现力，突出、强调的意味较为明显。

特写镜头主观色彩浓厚，带有创作者强烈的感情色彩。它能够突出表现被摄主体的细微变化，是影视作品表现细节、突出人物内心世界的重要手段。

如图4-8所示，画面1和画面2中，远景镜头从宏观的角度展现了两人所处的环境、位置，两位主人公站在高耸的楼顶上，虽然看不清表情，但不难看出两人的对立关系并感受到紧张的气氛；画面3和画面4中，中景镜头进一步展现了人物之间的关系和动作；画面5和画面6中，近景镜头着重表现了两人的具体反应；画面7和画面8中，我们看到了人物脸部的特写，双眉紧皱，眼神凌厉，从中可体会出他内心的不安。

图4-8　不同景别的表达功能

五、如何用镜头表达画面

1. 固定镜头最具客观性，是最好的画面表达形式

固定镜头是指摄像机的机身、机位、焦距都不发生变化时所拍摄下来的镜头。简单点说，就是镜头对准拍摄主体，设定好画面的大小后开机做固定点的拍摄。

固定镜头能很好地体现运动物体真实的速度和形态，拍摄时多用固定镜头，可增强画面的稳定性。采用固定镜头时，要根据每个画面的内容逐一拍摄。

2. 运动镜头能体现创作者的主观意图

推、拉、摇、移、跟、升、降是常见的镜头运动形式。通过镜头的运动，可表达创作者的主观意图。例如，推镜头有强迫观看、突出强调等作用；拉镜头有结束、远离的表意功能。推、拉镜头的速度可根据表达内容的需要和节奏的快慢自行确定。

当眼前的景物中遍布兴趣点，却无法用一个画面将景物的全景拍摄进来时，我们常采用摇镜头逐一展现其中的兴趣点和值得关注的细节。通常可以横向拍摄，即从左向右扫摄或从右向左扫摄，也可以根据需要进行曲线拍摄或上下拍摄，拍摄要点如下所述。

- 采用摇镜头拍摄时，不要犹豫不决、忽快忽慢。
- 正确的做法是以腰部为分界线，下半身不动，上半身转动。
- 拍摄速度要视扫摄范围内景物的繁简程度而定。

- 在拍摄摇镜头起幅时，对准被摄主体后，按下录像键，先原地不动录5秒，然后进行移动拍摄；到了落幅拍摄时，定位不动继续录5秒后关机。

摇镜头的起幅和落幅有时可以形成对比关系或因果关系，有时落幅镜头还可以用来揭示悬念。具体怎样用，取决于创作者的意图。

摄像师架着摄像机做位置移动所拍摄的镜头就是移动镜头。摄像机可以随着摄像师移动，也可以架在移动轨道上移动。

移动镜头最突出的特点是拍摄位置处于连续运动中，镜头的视点在不断变化，就好像一个人在行进过程中观察四周一样。它可以深入场景中的每一个角落，可以让观众产生一种身临其境的感受，从而深入到故事或事件中去。

当移动镜头所拍摄的对象处于运动状态，且摄像机的运动速度与拍摄主体的运动速度一致，而拍摄主体在画面中的大小始终不变时，这样的镜头就是移跟镜头。拍摄移跟镜头时，当拍摄的画面足够表现主体的细节、情绪时，则可停住摄像机，让拍摄主体移出画面。

3. 选择合适的光学镜头完成画面主体表达需求

实际拍摄时，为了达到想要的画面效果，先要选择一个合适的镜头。只有光学镜头确定了，我们才能确定机位，因为广角镜头要贴近被摄对象来拍，而长焦镜头则要远离被摄对象。

划分光学镜头的依据是焦距。标准镜头是接近人眼视角的镜头；大于人眼视角的镜头为广角镜头；小于人眼视角的镜头为长焦镜头。

- 广角镜头：12mm，18.5mm，24mm，25mm，28mm，32mm，35mm。
- 标准镜头：50mm。
- 长焦镜头：75mm，100mm，150mm。

光学镜头不同，其画面的构图效果和运动的相互关系不同，表现力也不同，如图4-9所示。

图4-9　广角镜头与长焦镜头

在图4-9中，长焦镜头的视角最窄、景深范围小，在拍摄的时候可以比较容易做到虚化前景和背景，把主体从繁杂的景物中分化出来，从而有效突出主体。

在拍摄远处的景物时，使用长焦镜头"调拍"是个不错的主意，它能形成把远方的景物拉近的视觉效果。而想要在画面中长时间地表现纵向运动的物体，也要用长焦镜头来拍。因为长焦镜头能够压缩景物的纵向空间，减弱运动景物的大小变化，使其位移效果不明显。此外，表现人头攒动、拥挤的场面时也要用长焦镜头来拍摄。

与长焦镜头相比，广角镜头能够在移动拍摄中保持画面的稳定，适合完成抢拍和抓拍的任务，能强化纵向运动物体的速度感。此外，如果想使狭小的空间看起来更大一些，也要用广角镜头来拍摄。

4. 变焦距镜头最能体现摄像的拍摄目的

拍摄时，摄像机可以变焦，以改变画面的取景范围。

每一台摄像机都会配一个变焦距镜头。变焦距镜头是相对于定焦距镜头而言的一种可连续变换焦距的镜头，一般包括标准镜头、长焦镜头和广角镜头三部分，焦距通常为28～200mm。

通过变焦距镜头，摄像师在一个位置连续推拉，就可以实现画面景别的连续变化，还可以完成急推、急拉运动效果，形成一种新的画面运动节奏。

变焦距镜头丰富了画面内部蒙太奇的内容，增强了画面造型表现的随意性和灵活性，具体的拍摄要点如下所述。

- 掌握好变焦的时机是拍摄变焦距镜头的关键。
- 不要漫无目的地使用变焦距镜头，画面忽远忽近地重复，会让人感觉不知所云。
- 切记，不要固定在一个定点上，可利用变焦距镜头推、拉不停地拍摄。
- 固定机位的推拉最好跨一级景别。

六、摄像时应如何构图

在实际拍摄时，摄像师应基于内容表达的需要，根据剧本的要求，努力寻找最合适的画面结构形式，把人、景、物等被拍摄对象按照一定的形式和规律安排在同一画面中，以取得最佳的视觉效果，从而调动观众视线，引导观众找到观看的重点。

摄像构图贯穿摄像师拍摄的全过程。每一个镜头时时刻刻都在传达摄像师的理念，传达对观众意向性的甚至是带有强制性的引导。合适的构图方式能够有效地帮助摄像师表达画面内容，常见的构图方式有以下几种。

1. 对称构图

将被摄主体放在画面中央形成对称结构是一种最简单的构图方法。如果你只追求稳妥、不出错，这是个不错的选择。

有时，对称式构图有助于完成特定主题的表达需要，这种构图方式能够表达严谨、端庄、肃穆的情绪。电影《英雄》中采用了大量的对称式构图，如图4-10所示。

镜头中的人物处于画面的中心位置，从而形成对称结构，给人以沉稳、端庄、大气的视觉感受

图4-10　电影《英雄》中的对称构图

2. 黄金分割构图

黄金分割构图是最美妙、最符合审美观的一种构图方式。按照黄金分割率1.618的比率在矩形中平行旋转可进行多次切割，如平行旋转5次则可获得5条黄金分割线，也可得到1条逐渐旋紧的对数螺线——黄金螺线(斐波那契螺旋线)，如图4-11所示[①]。

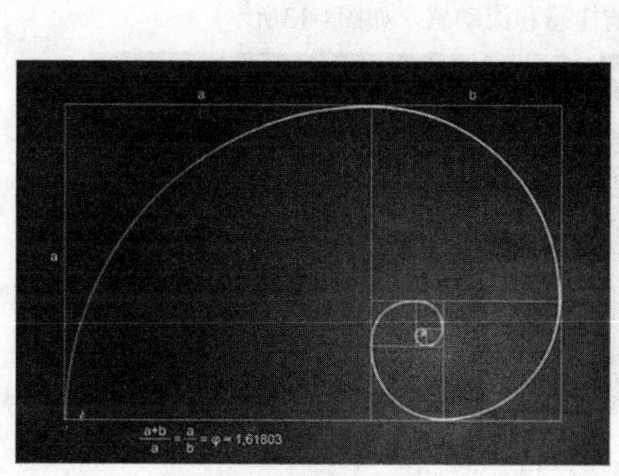

(a) 黄金分割螺旋

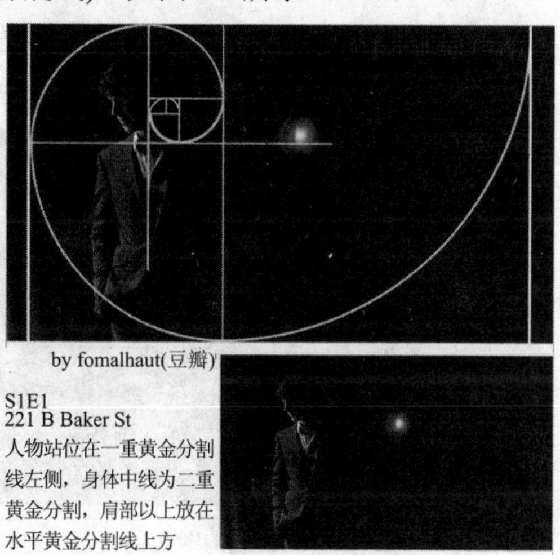

(b) 黄金分割螺旋构图应用

图4-11　黄金分割构图

① 安菲. 看《神探夏洛克》学黄金分割法构图：人物篇[EB/OL]. http://fotomen.cn/2014/01/sherlock-2/，2014-01-13.

用黄金分割法进行电视画面构图，特别是以黄金螺旋分割画面，或将拍摄主体放在螺旋紧处，具有较高的审美价值，能够给观众带来赏心悦目的视觉效果。

3. 九宫格构图

九宫格构图是一种比较保守的构图方式。应用时，需将屏幕分成九等份，如图4-12所示。

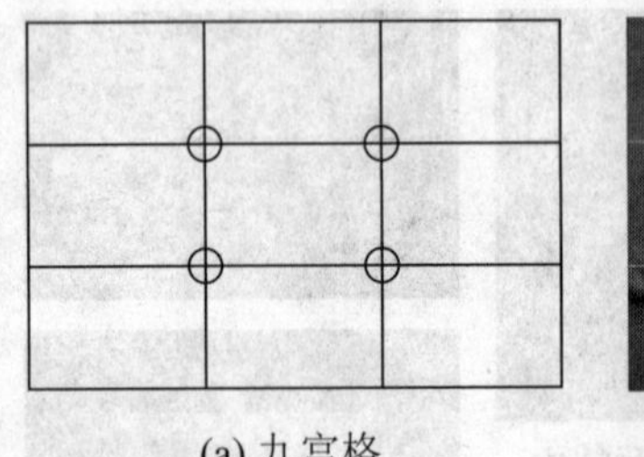

(a) 九宫格　　(b) 九宫格构图实例

图4-12　九宫格构图

在九宫格中，“井”字的4个交叉点就是被摄主体或重要景物的最佳位置。通常情况下，右上方的交叉点较为常用，其次是右下方的交叉点，但这并不是一成不变的。

九宫格构图比较符合人们的视觉习惯，它能够突出被摄主体的中心位置，使画面趋向均衡。

4. 线形构图

常见的线形构图有如下几种。

1) 曲线构图

当被摄主体是曲径、河流、小溪等呈“S”形的景物时，最佳的构图方式就是“S”形构图。这种构图方式可以使画面形成一种韵律感和流动感，如图4-13所示。

(a) 曲线构图实例一

(b) 曲线构图实例二

图4-13　曲线构图

当被摄主体是江、河、湖、海等水面或呈曲线造型的建筑时，采用“C”形构图方式则能有效地表现柔和的美感，展现画面的活力。

曲线构图利用画面中的曲线，将分散的景物串连起来，有效地展现画面的空间感和深度感，有利于引导观众的视线在画面中穿行。

2) 水平线构图

采用水平线构图方式，可以使画面具有开阔、平静、悠远、安宁等特点。被摄主体通常是广阔的原野、无垠的草原、层峦叠嶂的远山、波光潋滟的湖面等大范围的景物，如图4-14所示。

(a) 水平线常规构图实例

(b) 水平线创新构图实例

图4-14　水平线构图

图4-14中的两个画面均采用水平线构图，图4-14(a)中的画面是常见的水平线构图形式，水平线在画面的上1/3处，天边的落日余晖与水中的倒影上下呼应。图4-14(b)中的画面则打破了水平线构图横贯东西的做法，落日、小岛上的树木及其倒影成为画面的视觉中心，水雾氤氲中韵味无穷。

采用水平线构图方式时需注意以下两点：一要避免画面倾斜，以免导致地平线倾斜使画面失去平衡；二要避免将地平线置于画面的正中将画面一分为二，造成画面的割裂感。

3) 垂直线构图

当被摄主体具有竖线形状结构的时候，我们可以考虑使用垂直线构图来彰显景物的高度和气势，如常见的高楼大厦、参天大树、高耸的山峰等，如图4-15所示。

(a) 垂直线构图实例一

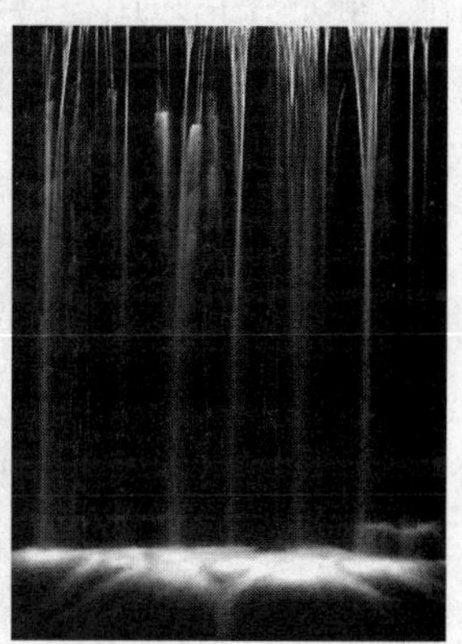

(b) 垂直线构图实例二

图4-15　垂直线构图

在采用垂直线构图方式时，有时辅以仰角度拍摄，可使画面产生一定的夸张感，且沿上下方向延伸的主导线形能够传达出一种紧迫感。

4) 斜线构图

斜线构图即利用对角线进行构图，可以有效地突出被摄主体，也能使陪体和主体发生直接关系。

采用斜线构图，可使画面在视觉上显得自然而有活力、醒目而富有动感，是一种常用的构图方式。其中，较为典型的斜线构图方法是画出平面的两条对角线，沿此方向构图，如图4-16所示。

(a) 斜线构图示例一

(b) 斜线构图示例二

图4-16　斜线构图

5. 动态构图

摄像与摄影最大的不同之处在于，它始终处于动态构图之中。在实际拍摄时，应注意以下几个问题。

1) 用固定镜头拍摄运动主体应如何构图

在摄像中，我们在拍摄固定镜头时，常遇到画面中的被摄主体是活动的甚至存在多个活动的被摄对象的情况。这时，如果拍摄场景是固定的，那么摄像师就要事先对这一固定镜头进行设计：针对主体运动轨迹，提炼主线条，然后选择画面结构，使画面内容排列有序、主体突出。如图4-17所示，为电影《毕业生》的片段。

在上面的案例中，摄像师根据主体人物的移动路线选择画面，使画面主体突出、转换自然。

当被摄主体只有一个活动对象时，摄像师要选择一个合适的景别来构图。这一景别应考虑人物动作的幅度，为人物的动作留有一定的空间范围，避免在拍摄过程中，部分肢体或头部越出画面。如图4-18所示，用特定镜头来拍摄边走路边打电话的姑娘，由于没有为人物的动作留有一定的运动空间，导致人物的脸部出画。

毕业生由画面左侧的主体位置退到门口，色调变暗；加油站从右侧入画，成为视觉中心

加油工占据画面中央位置后，随着毕业生跑出画面；加油工走到画面左侧，毕业生跳上汽车，观众视线由室内自然地转向室外

图4-17　电影《毕业生》片段

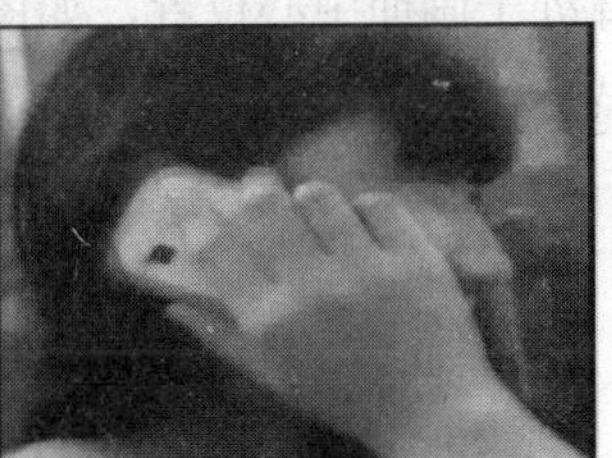

图4-18　拍摄运动人物景别运用不恰当出现的问题

2) 用运动镜头拍摄静止主体应如何构图

在这类镜头中，被摄主体是相对静止的，而摄像机则是运动的。

在拍摄这类镜头时，落幅的构图非常重要。因为在拍摄起幅镜头时，摄像师会着重留意画面主体的位置，但随着摄像机的运动，被摄主体的位置、大小等都会发生变化。在摇摄和移动摄像中，甚至会变换被摄主体。

在推、拉镜头时，应确保被摄主体始终处于画面的视觉中心，推、拉动作应干净利落，构图要一次完成，起、落幅要保持一定的景别跨度。

摇镜头时要根据被摄主体的空间形状来设定镜头的运动方向和路线。在摇摄过程中，画面上要依次展现兴趣点，不能空洞无物。落幅构图应突出被摄主体，并与起幅画面形成一定的关联。如图4-19《火烧湿地》中的摇镜头，它的起幅是碧蓝的湖水，之后有一条横贯的公路入镜，落幅则是刚刚焚烧过的焦土。这一组摇镜头的起幅和落幅画面形成强烈的对比，而公路则是产生这种对比结果的原因。

图4-19　摇镜头

3) 用运动镜头拍摄运动主体应如何构图

这类镜头中的被摄主体与镜头都在运动。画面中，随着被摄主体的运动场景将不断变换。构图时最重要的一点就是：要在被摄主体运动方向的前方多留些空间，并始终保持被摄主体处于画面中心位置，如图4-20所示。这就要求镜头的运动速度与被摄主体的运动速度保持大体一致。

图4-20　移动摄像构图

七、拍摄实战要点——访谈节目

访谈节目是以人物同期声采访和谈话为主的节目形式。它以传达被访嘉宾的真知灼见或特殊的人生经历为主要目的，重点挖掘有见地、有新意的观点和思想。因此，在拍摄此类片子时，我们要以被访嘉宾为主，在保证声音质量的前提下，镜头应始终对准被访者。

1. 如何进行拍摄前的准备

在录制静坐采访时，需要考虑以下几个方面的问题。

(1) 检查采访环境是否有利于声音获取。要保证音效的完美就需要现场安静和隔音，没有人打扰和来回走动。不要选择在临街的房间、餐厅、酒吧等不可控的地方拍摄，也不要在空旷的、有回声的室内拍摄。

(2) 确保采访环境和背景不会对观众造成视觉干扰。多余的家具、杂乱的背景都会对画面构图产生不必要的干扰，要尽量简化背景。

(3) 采访对象与背景墙要有一定距离，避免阴影投射到墙面上。还应查看背景墙与采访对象的衣服颜色是否相近，如出现白衣配白墙的情况必须进行调整。

(4) 要提供两把合适的椅子。不要让采访对象坐在有滑轮的椅子或没有靠背的椅子上，否则采访对象很容易做出不必要的动作。

(5) 要对房间的光线进行评估。要明确拍摄现场是否有足够稳定的光源以供拍摄，确定是用自然光还是人造光。要避免使用混合光源，关闭所有不用的光源，调好白平衡。

2. 拍摄时应注意哪些问题

1) 选择合适的角度进行拍摄

正面角度和斜侧面角度是拍摄访谈节目的常规角度。采用这两个角度拍摄的镜头画面可以让观众看到采访对象的两只眼睛，既有助于表现采访对象的面部表情，也有助于采访对象与观众建立自然和谐的交谈关系，有助于谈话的深入和发展。

除非有特殊情况，否则不提倡用侧面角度和背面角度来拍摄采访对象。

用平角度拍摄采访对象，比较容易与观众建立平等、融洽的交流关系，有助于观众对画面产生身临其境的视觉感受。同时，平角度拍摄还有助于简化背景，突出主体。

2) 选择恰当的景别进行拍摄

要根据景别的功用和观众的收看心理来选择和运用景别，通常有以下几种做法。

用全景镜头拍摄演播室的全貌，作为谈话类节目的开始或结束镜头，用以交代演播室的环境、介绍人物之间的关系及所处方位等信息和内容。

用中景镜头拍摄采访对象与采访人，在表现人物之间关系、动作、交流情况的同时，还能展现人物所处环境的部分内容。

用大量的近景镜头拍摄采访对象，可使观众产生近距离的交流感。这时，画面中采访对象的喜、怒、哀、乐都清晰地呈现在观众眼前，有着强烈的感染力。

用特写镜头表现采访对象的面部表情，让观众通过镜头捕捉到的细小的表情变化去体会采访对象的心理活动。

如果是单机拍摄，较容易出现的问题有两点：一是谁说话镜头就摇向谁；二是随意推、拉镜头。解决第一个问题的办法就是镜头要长时间地保留在采访对象身上，这一点很有意义；解决第二个问题的办法就是把握改变景别的时机。

在谈话内容本身非常重要，或者谈话人的表情、姿态值得关注，或者在节目开始想要吸引观众的视线等情况下，可使用推镜头改变景别。在节目开始，介绍采访对象与采访人的关系，或者介绍采访对象之间的关系，或者介绍采访对象与环境的关系等情况下，可运用拉镜头改变景别。在节目或段落结尾的时候用拉镜头，提示观众段落将要结束。也可在记者提问或插话时，使用拉镜头改变景别。

过肩镜头是单机拍摄访谈节目最好的选择，一般对腰部或胸部以上进行拍摄，摄像机在对一个拍摄对象聚焦的同时，还包含另一名拍摄对象的肩膀。可以从采访人的后侧面拍摄采访对象，镜头中既可以看到采访人的存在，又可以看到采访对象的正面影像；也可以从采访对象的后侧面拍摄采访人的反应镜头。在过肩镜头中，能够很容易地实现景别转换，从而使画面富于变化，如图4-21所示。

图4-21　单机采访拍摄最佳机位及效果

如图4-21所示，最常见的做法是：先拍一个采访对象和采访人的全景镜头；然后把机器向前推拍摄过肩镜头，这时采访对象的景别是中景；镜头再往前推，这时采访人移出画面，只剩下采访对象的近景或特写镜头。相较于单独的采访人或采访对象的中景、近景镜头，这种做法更富于变化。

3) 不要忘记拍摄过渡镜头

访谈类节目是由两种基本段落构成的：一是谈话段落；二是过渡镜头。谈话段落是访谈节目的主体，这一点不用怀疑。但要是没有过渡镜头，谈话段落也很难顺利、流畅地编辑完成。因此，拍摄采访人提问、插话或者认真倾听的镜头和采访对象的反应镜头是十分必要的。如果是单机拍摄，可以在采访结束后单独拍摄采访人的反应镜头，这样就能保证采访对象谈话的完整性。

此外，拍摄一些采访所涉及的内容和没有特定含义的画面，以及采访对象在采访现场以外的镜头、记者单独活动的画面也是非常有用的，如图4-22所示。这些镜头在后期编辑时既可用于转场和过渡，也可以作为画外音的承载画面。

图4-22　过渡镜头的拍摄

4) *应用适当的光线拍摄*

人物采访拍摄应根据人物的脸部特征来应用光线，无论是在室外还是在室内，一般以自然光为主，有两种方式：顺光拍摄，可使被摄主体表面均匀受光；侧光拍摄，能突出采访对象的面部棱角。这两种光线都是拍摄人物采访时的理想光源。在一般情况下，采访拍摄中不要使用逆光和顶光。

5) *多机位拍摄如何分配*

如果有条件，最好用两台以上机器进行拍摄。使用两台摄像机拍摄访谈的最佳机位如图4-23所示。

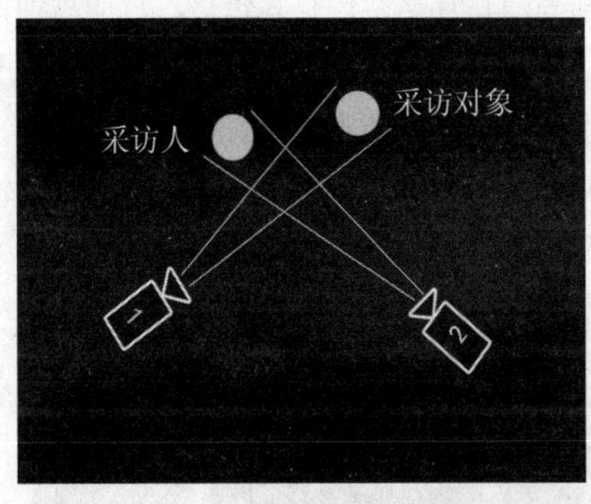

最佳双机拍摄机位，这两台机器拍摄的画面要求方向相反、景别对称。双机拍摄时，采访人与采访对象中间最好不要放置明显的装饰物

图4-23　双机拍摄访谈节目的最佳机位

在实际拍摄中，用三台机器拍摄访谈节目较为常见，如图4-24所示。

在一对一访谈拍摄中，见图4-24(a)，1号机负责拍采访对象，也可以拉出来拍采访人的过肩镜头；2号机在中间位置负责拍两人的全景、中景镜头；3号机负责拍采访人的镜头，可以拍摄到采访人的中景、近景。

在一对二访谈拍摄中，见图4-24(b)，采访人在一侧的拍摄机位：1号机固定拍摄采访对象单个人，两位采访对象焦距差不多，不用对焦和构图，摇一下就可以拍摄到另一位采访对象；2号机负责拍摄三个人的镜头、两个人(采访对象A和采访对象B、采访人和采访对象A)的镜头；3号机主要拍采访人的活动，同时也可向右倾斜一点拍三人的活动。

一对二(采访人在中间)访谈拍摄的机位安排基本同上，如图4-24(c)所示。

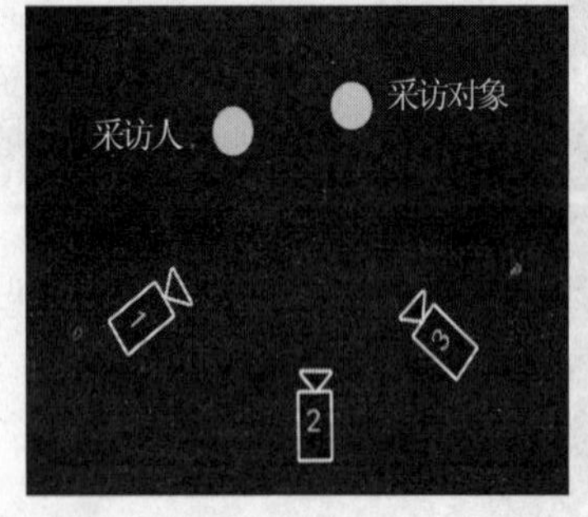

(a) 一对一访谈拍摄

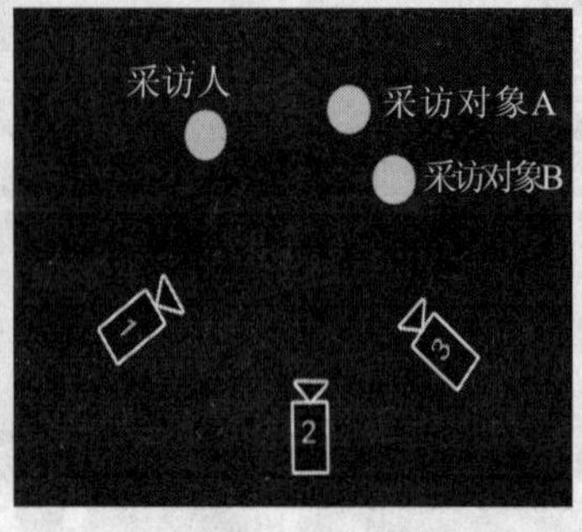

(b) 一对二访谈拍摄

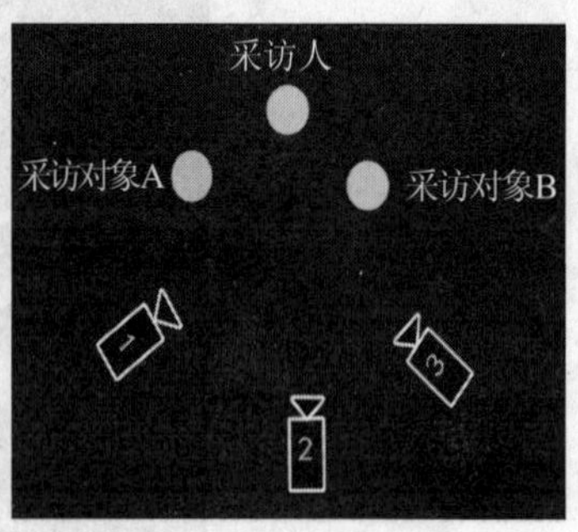

(c) 一对二(采访人在中间)访谈拍摄

图4-24　用三台机器拍摄访谈节目

八、拍摄时的注意事项

1. 拍摄好每条镜头的打板

场记板对于后期工作非常重要，包括导演与片名、场号与镜号、日期与拍摄地点、摄像机的机位、画面卷号、声音卷号等内容，它提供了用于素材检索的重要信息，见图4-25(a)。其中，智能数字场记板非常便利，它能生成时间码，便于与录音设备进行匹配。它还能用红色的电子数字生成与日期相关的时间码并显示出来，从而满足新闻播音员、剪辑师等人员对时间精准的要求，如图4-25(b)所示。

(a) 木制场记板

(b) 智能数字场记板

图4-25　场记板

2. 拍摄开始前和结束后的5秒钟

在每个镜头开始拍摄前和结束拍摄后，确保稳定摄像机至少5秒。这里的“稳定摄像机”是指录制时保持摄像机固定不动。这样做是因为有时后期会用到导演喊“Action”前和“Cut”后所拍摄到的素材。

3. 不要过度使用运动镜头

摄像师要善于拍摄固定镜头，用一系列固定镜头拍摄出精美的画面，把控的节奏。不要漫无目的地进行推、拉、摇、移这样的运动拍摄，否则不仅会让人看着不舒服，也会让编辑头疼。

4. 保持和重复动作的拍摄

“在每个镜头开始和结束时保持和重复动作”①，也就是保证你所拍摄的镜头在一个镜头的结尾和另一个镜头的开始都有重复动作，以便于剪辑师找出最合适的剪辑点。举个例子来说，当你上一个镜头用全景拍摄的是在肯德基快餐店内，女主角买完汉堡转身走到桌边坐下开始吃汉堡；那么，当你用另一个中景镜头拍摄她吃汉堡时，不要从她吃汉堡开始拍摄，而要从她坐下来吃汉堡开始拍摄。这样就给后期编辑留下了充分的选择空间。

5. 拍摄的连续性

摄像工作讲究细致和连续性，摄像师拍摄出来的画面是后期编辑工作的基础。没有良好的画面，也就没有开展后续一切工作的可能。因此，在拍摄时应注意以下几个问题。

1) 遵循“30度原则”拍摄

“30度原则”就是拍摄同一个物体时，新镜头与前一个镜头的角度相差要大于30度。这样镜头间的剪辑痕迹就会被观众忽略，避免产生跳切镜头的感觉，从而保证画面的连贯性。

2) 注意视线的匹配

前一个镜头拍摄一个人向下看，后一个镜头拍摄他看到的事物时就要用俯角度去拍摄。同样，如场景中两个人面对面进行交流，拍摄分切镜头时，他们的视线必须匹配。当你拍摄一个人一边走动一边朝前看时，后面拍摄主观移动镜头时也必须采用同样的光线、速度、线路和方向。

---

① [美]Gael Chandler . 剪辑圣经——剪辑你的电影和视频[M]. 黄德宗，译. 2版. 北京：电子工业出版社，2013：6.

3) 方向、速度也要匹配

例如，一个人从画面的左侧出画，那么下一个镜头必须从画面的右侧入画，这样才能形成正常的从右向左的运动。

又如，一辆汽车先后出现在相邻的两个镜头中，如果没有明确交代有增减速的线索，那么以不同的速度在不同的场景中运动是不恰当的。

4) 不要越轴拍摄

轴线是拍摄时要格外注意的因素，它是根据物体运动的方向或者人物关系假想的一条连线。确保不越轴拍摄的关键就是要遵循“180度原则”。举个例子来说，你正在拍摄一辆汽车由东向西行驶，那么你只能在公路一侧布置机位进行拍摄，如果你越过公路到另一侧拍摄就越轴了。如果将在公路两侧拍摄的镜头剪辑在一起，镜头中就会出现汽车先往东行驶再往西行驶的情况。

课后练习

请你根据前一章制作的分镜头脚本进行拍摄，要注意本章的拍摄要点哦！

第五章

处理好声音，为画面添彩：学处理音频

按照惯常的分类方式，影视声音可以分为人声、自然音响及音乐。人声主要指语言及气息声。在正常情况下，这些声音在拍摄现场已经录好，我们需要考虑的只是现场的信噪比问题。在这里，需要提醒大家一点，现场同期录音的质量直接决定最后的效果，切忌抱有“凑合用吧，后期可以修” 这样的想法。在后期制作阶段，我们要做的不是修音，而是调整剪辑点、根据人的情绪调节场与场之间的音量、部分配音、制作特效、添加自然音响及音乐等，为画面添彩。

一、Audition的基本操作方法

1. 音频基础

下面，我们先来了解一下关于音频都有哪些基础名词。

1) 声波

声源的振动引起了大气压力的变化，继而导致空气分子的运动，我们听到的声音就是由这些运动产生的。这种气压变化可以用可视化的图形来表示，如图5-1所示，即我们常说的音频波形。

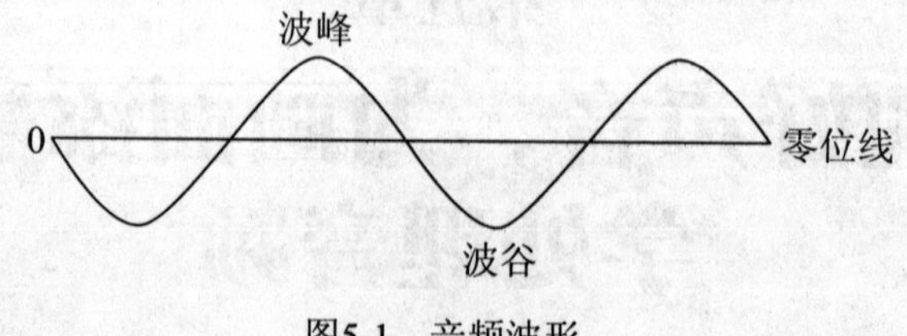

图5-1　音频波形

波形中的零位线表示静止时的空气压力，波峰表示较高压力，波谷表示较低压力。

2) 相位

相位以度为单位进行测量。当两道或两道以上声波相遇时，就会叠加产生更复杂的波形。两个波峰和波谷完全同相的波形叠加会互相加强，产生一个振幅增大一倍的波形；两个波峰和波谷完全异相的波形叠加会相互抵消，产生一个极其微弱的声音，甚至完全没有

声音，如图5-2所示。在大多数情况下，不同声波都会存在不同程度的异相，叠加后会产生更复杂的组合波形。我们在录音时，经常会遇到相位的问题。

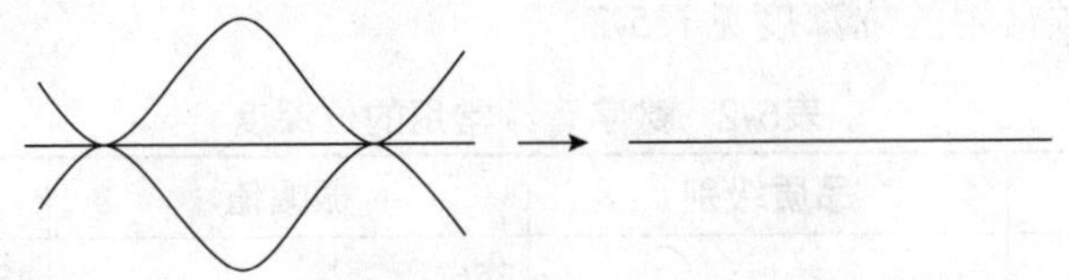

图5-2 波形相位抵消

3) 频率

频率是声波在1秒内完成周期性振动变化的次数。例如，一个每秒振动100次的声音，其频率为100Hz。一般情况下，人耳听觉的频率范围为20Hz～20kHz，超出这个范围我们就无法察觉。其中，20Hz～200Hz为低频区，200Hz～5kHz为中频区，5kHz～20kHz为高频区。

4) 振幅

振幅是指声波振动的能量，我们可以简单地将其理解为波形离开零位线的距离，并作为音量的标识。波形距离零位线越远，音量越大；反之，音量越小。振幅在声波中的计量单位为“分贝”。

5) 分贝

分贝主要用于度量声音强度，用dB表示。响度的增幅和降幅用“+”和“-”来区分。例如，+6dB表示增益6分贝，-6dB表示衰减6分贝。

6) 采样率和位深度

我们在录制或制作一个音频文件时都需要指定采样率和位深度。

采样率是指计算机每秒采集多少个声音样本，它决定了音频文件的频率范围，描述的是频率(横轴)。采样率越高，录音的频率范围越广，越能还原原始声音，效果越好；反之，则效果不佳。如表5-1所示，为数字音频常用的采样率①。为了重现原始频率，采样率至少应是声音信号频率的两倍。例如，CD的采样率为每秒44 100个采样，因此可重现最高频率为22 050Hz的声音，此频率超过人耳可听的最高频率20 000Hz。

表5-1 数字音频常用的采样率

采样率	品质级别	频率范围
11 025Hz	较差的AM电台(低端多媒体)	0～5 512Hz
22 050Hz	接近FM电台(高端多媒体)	0～11 025Hz
32 000Hz	好于FM电台(标准广播采样率)	0～16 000Hz
44 100Hz	CD	0～22 050Hz
48 000Hz	标准DVD	0～24 000Hz
96 000Hz	蓝光DVD	0～48 000Hz

① Audition帮助文档. https://helpx.adobe.com.

位深度决定数字音频的动态范围，描述的是声波的振幅(纵轴)。采样声波时，为每个采样指定最接近原始声波振幅的振幅值，即位深度越高，越能精确地还原波形的音量，提高保真度。数字音频常用的位深度见表5-2①。

表5-2 数字音频常用的位深度

位深度	品质级别	振幅值	动态范围
8位	电话	256	48dB
16位	音频CD	65 536	96dB
24位	音频DVD	16 777 216	144dB
32位	最佳	4 294 967 296	192dB

采样率和位深度的设置直接影响音频文件所需要的存储空间和系统渲染时间。采样率和位深度越大，数据信息量越大，那么占用的硬盘空间也越大，系统导入和渲染所需的时间越长。

一般来说，建议设置采样率为44 100Hz或48 000Hz。在系统允许的情况下，设置位深度为32，以提供最强的处理灵活性。如果有兼容问题或想要使文件变小，可以在编辑完成后再转换为较低的位深度。

2. Audition支持的音频和视频格式

Adobe Audition可以打开多种格式的音频文件，具体包括：AAC、AIF、AIFF、AIFC、AC-3、APE、AU、AVR、BWF、CAF、EC-3、FLAC、HTK、IFF、M4A、MAT、MPC、MP2、MP3、OGA、OGG、PAF、PCM、PVF、RAW、RF64、SD2、SDS、SF、SND、VOC、VOX、W64、WAV、WMA、WVE、XI。

Adobe Audition可以打开以下格式的视频文件的音频部分，并可以在“视频”面板中预览，用于为视频配音，具体包括：AVI、DV、MOV、MPEG-1、MPEG-4、3GPP、3GPP2、FLV、R3D、SWF、WMV。

◆注：如果发现无法打开，则需要按如下步骤操作：“编辑”→“首选项”→“媒体和磁盘缓存”→启用“DLMS 格式支持”。

3. 掌握Audition CC的基本操作

将Audition CC安装到操作系统中，双击桌面上的快捷图标，进入工作界面，如图5-3所示。

① Audition帮助文档. https://helpx.adobe.com.

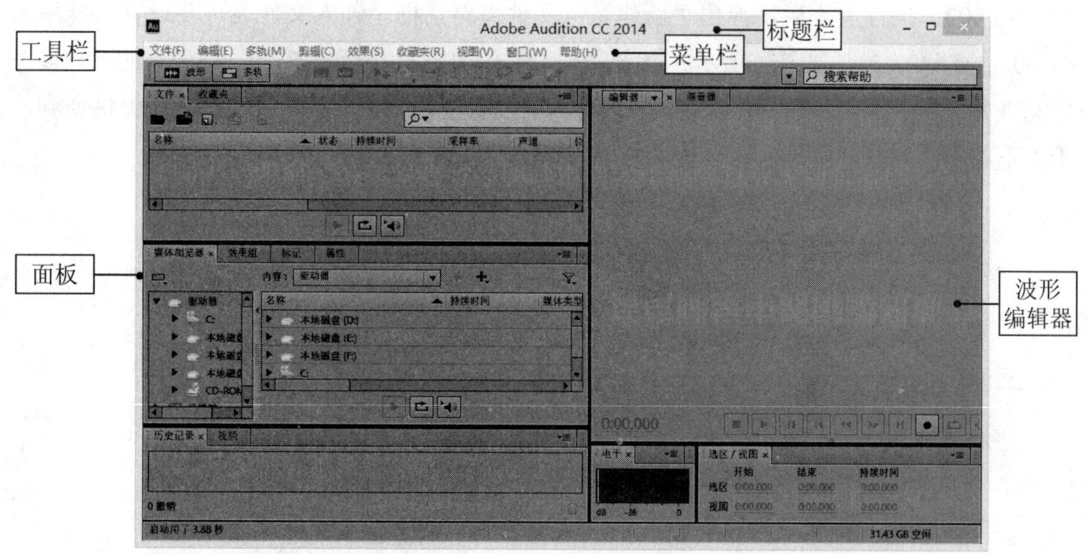

图5-3　工作界面

1) 新建文件

Audition CC可新建3种文件，即多轨会话、音频文件和CD布局，同时对应3种不同的编辑器窗口。如果我们要编辑单个音频文件，就选择“新建音频文件”，使用波形编辑器；如果要将多个文件混音输出，就选择“新建多轨会话”，使用多轨编辑器。

波形编辑器和多轨编辑器的编辑方法不同，各有特点。波形编辑器采用破坏性的处理方式，这种方法会改变音频数据，使用“撤销”命令就可以恢复到上一状态，一旦保存文件就意味着更改是永久性的，适用于转换采样率和位深度，或进行母带处理、批处理。多轨编辑器采用非破坏性的处理方式，如果对效果不满意可随时再编辑，灵活度更高，适用于构建多轨道的声音创作或与视频集成。在多轨编辑视图模式下，双击“多轨剪辑”就可以切换到波形编辑器对它进行破坏性处理。在实际操作中，通常是将这两种方法结合使用。

◆注：CD布局用来制作CD音频，不在本书的介绍范围内，故不做讲解。

母带处理：简单地理解为将分轨录制的声音混缩成一个音频文件后，对该音频文件进行的一系列操作，包括降噪、EQ、压限、激励、混响等。

(1) 新建空白音频文件。空白音频文件适合于录制新音频或合并粘贴的音频。

Step01：执行菜单命令中的“文件”→“新建”→“音频文件”，如图5-4所示。

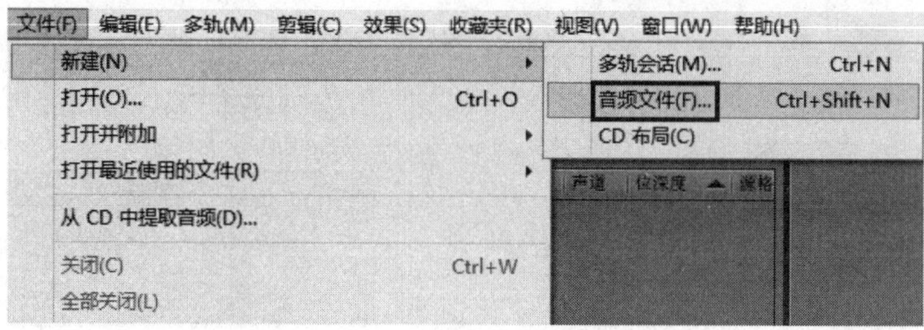

图5-4　新建空白音频文件

Step02：执行操作后，弹出“新建音频文件”对话框。输入文件名，并设置采样率为44100，位深度为32，如图5-5所示。视频、图片在电脑中可以看到缩略图，而声音的唯一参考信息就是它的文件名。因此，给声音文件命名至关重要，这能为以后查找文件提供便利，千万不要小看它。命名时，要尽量描述声音内容，且文字简洁、一目了然。

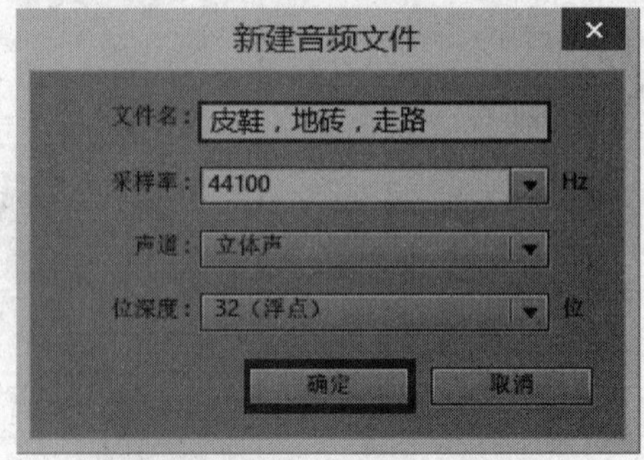

图5-5　设置新建音频文件属性

Step03：单击“确定”按钮后，即可新建一个音频文件，如图5-6所示。

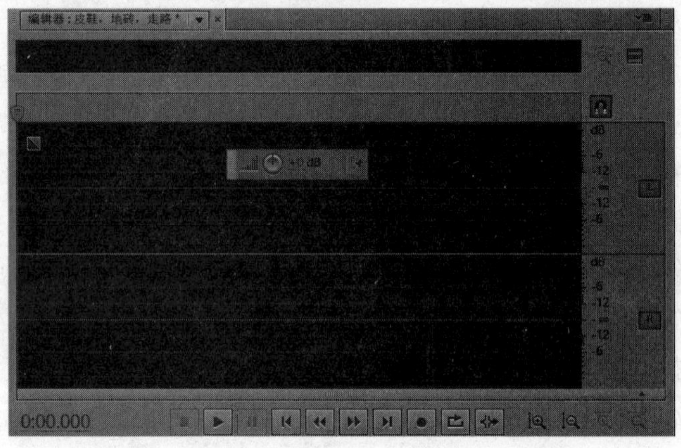

图5-6　新建的单轨音频文件

(2) 新建多轨会话。多轨会话文件的扩展名是.sesx，它是一个项目工程文件，用来存放制作声音的各种素材和信息。会话文件本身不包含任何音频数据，而是指向项目存放在硬盘中的音频文件和视频文件，即素材文件的存放位置、名称及应用的各种效果。

Step01：在Audition工作界面中单击“多轨”或执行菜单命令中的“文件”→“新建”→“多轨会话”，如图5-7所示。

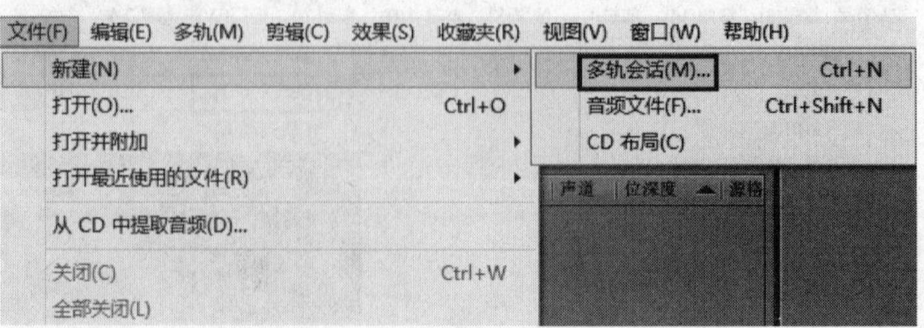

图5-7　新建多轨会话文件

Step02：执行操作后，弹出“新建多轨会话”对话框。输入项目文件名称，选择一个保存路径，并设置采样率为44100，位深度为32，如图5-8所示。

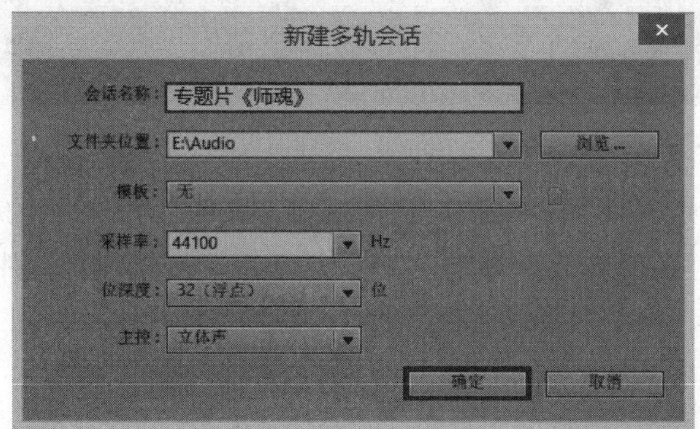

图5-8　设置新建多轨会话文件属性

Step03：单击“确定”按钮后，即可新建一个多轨项目文件，如图5-9所示。

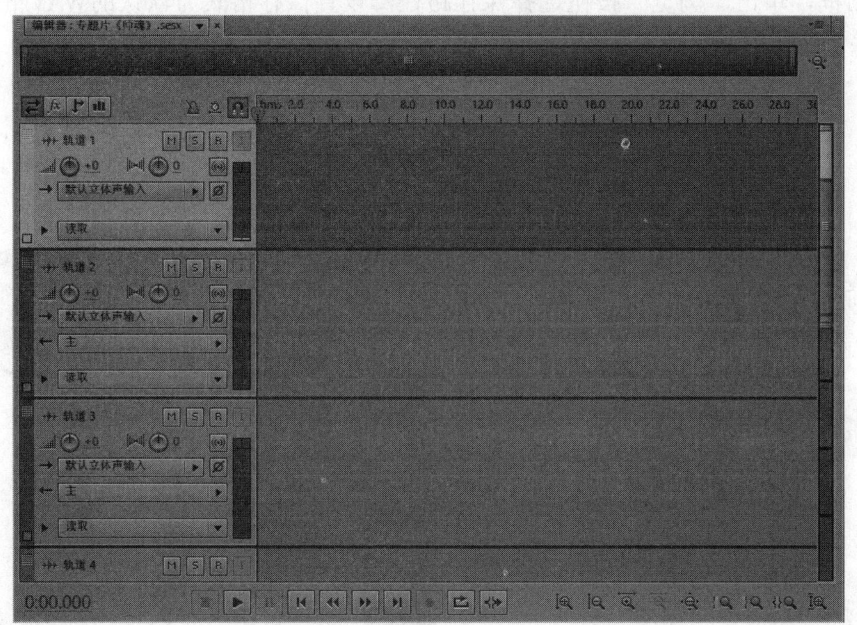

图5-9　新建的多轨项目文件

2) 保存文件

新建文件之后，我们接下来要做的就是保存文件，这一步同样至关重要，却常常被忽略。我们都经历过死机、断电、程序无法响应这种事情，尤其是刚刚混录完成或做好一段声音，成果瞬间化为乌有，这一定会让你懊恼到近乎崩溃！要避免这种损失，唯一的方法就是保存文件，而且要尽量频繁地保存(直接使用快捷键“Ctrl+S”)，特别是在做出重要修改后，争取让它成为一种习惯。

新建的文件会显示在“文件”面板中，拉伸面板会显示文件的采样率、保存路径等属性信息，如图5-10所示。

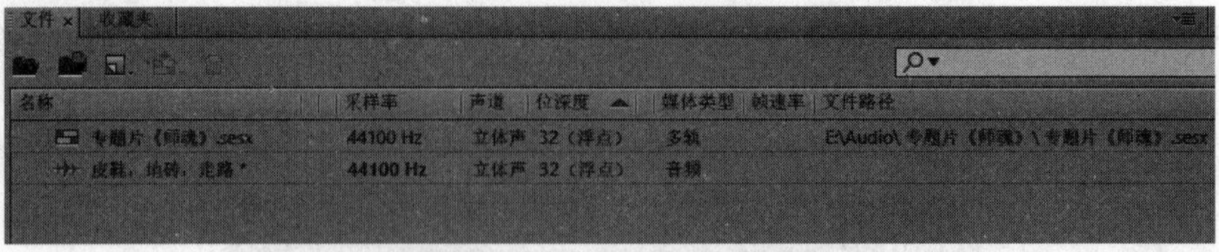

图5-10　文件面板

(1) 保存单轨音频文件。新建或未保存修改的音频文件会在文件名的右上角处显示“*”，提示你的文件是新建的或修改后尚未保存(同样适用于多轨项目文件)，如图5-11所示。

图5-11　文件未保存提示

执行菜单命令中的“文件”→“保存”，如图5-12所示。执行操作后，弹出“另存为”对话框，单击“浏览”按钮选择保存路径，设置保存格式为默认的WAV格式，如图5-13所示。

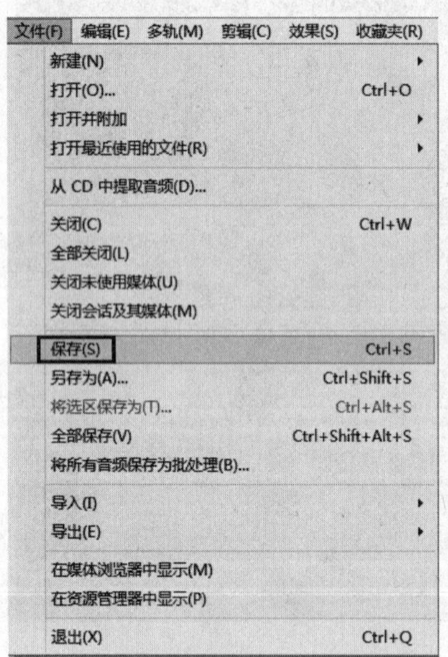

图5-12　单击“保存”命令

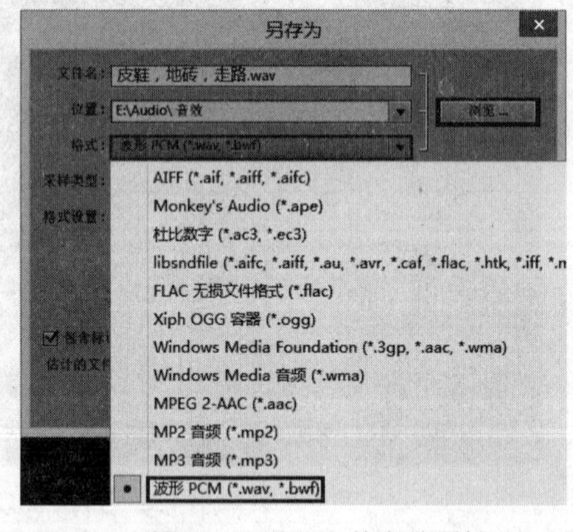

图5-13　设置文件存储属性

保存文件后，“文件”面板中文件名字右上角的“*”会消失，如图5-14所示。

图5-14　文件保存后

在实际工作中，你可能还会遇到以下两种情况。

第一，如果你此时已经编辑多个文件，而一个都没有保存，执行“文件”→“全部保存”命令，就可以一次性对所有编辑过的文件以其当前格式进行保存。这种方式适用于不改变文件格式的情况，可以免去逐个保存的烦琐操作。

第二，如果你只想保存当前文件的选区部分，执行“文件”→“将选区保存为”命令，就可以将当前选择的音频另存为新的文件。

◆注：波形编辑器的编辑是对原始文件数据进行修改。在实际工作中，为了不破坏原始文件，最好留有备份，或修改后使用“另存为”命令生成一个新的文件副本，这样保存并打开该副本的同时不影响原始文件。但要注意作标记，以区别使用文件和原始文件。

(2) 保存多轨项目文件。多轨项目文件在新建时已经设置了保存文件名和路径位置，在工作中进行重要修改时按“Ctrl+S”组合键保存即可。在实际工作中，当制作方向不确定时，建议多保存几个版本的项目文件，即在出现分歧前保存当前的项目文件作为备份。

多轨项目文件相对较小，仅保存素材文件的路径名和混音参数设置。因此，在开始制作时就要新建文件夹，有计划地分类放置素材，并将素材与多轨项目文件统一放置在一个文件夹中。将处理完的素材添加到多轨后就不要轻易改变它的保存位置，否则路径发生改变，再打开项目文件时就会有麻烦，需要重新定义路径。如果需要将该项目移动到其他计算机中，就要移动包含项目文件和所有素材在内的唯一文件夹。

3) 关闭文件

为了节约磁盘空间，加快系统运行速度，要及时关闭不必要或已经完成的项目文件。关闭文件包括关闭指定文件、全部文件和未使用的媒体。方法很简单，只要在“文件”菜单中执行相应的命令即可，如图5-15所示。

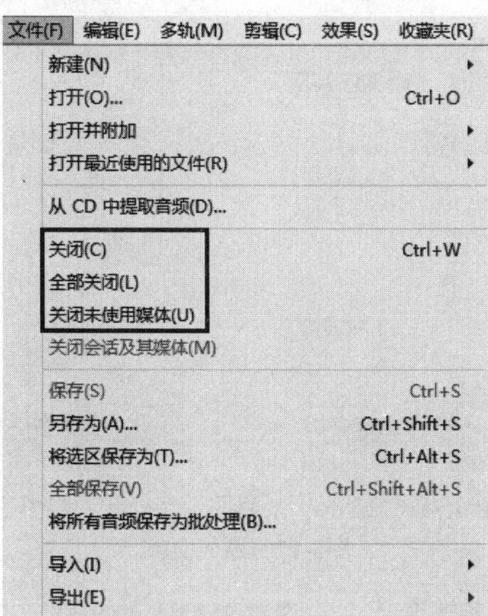

图5-15 关闭文件

4) 打开和导入文件

(1) 打开现有文件。打开现有文件的操作很简单，只需执行“文件”→“打开”命令(更快捷的做法是在“文件”面板的空白处双击)，选择要打开的文件即可。

在单轨波形编辑视图中，可以打开Audition支持的所有音频格式文件，打开后的音频文件波形会显示在编辑器窗口中。

在多轨会话编辑视图中，可以打开多轨项目文件。如果要打开Audition3.0或更早版本中的.sesx会话文件，就需要在Audition3.0中将会话文件保存为XML格式，才能在高版本中打开。

如果要同时打开多个文件，可以在“编辑器”面板的下拉菜单中选择要显示的文件，如图5-16所示。

图5-16　选择显示文件

(2) 导入文件。如果既要保持“编辑器”面板显示的波形文件不变，又要打开其他文件，则需要将文件导入“文件”面板中，通常在多轨会话组合文件时使用。在“文件”面板中，单击“导入文件”按钮或执行菜单命令中的“文件”→“导入”→“文件”，选择要导入的文件，如图5-17所示。

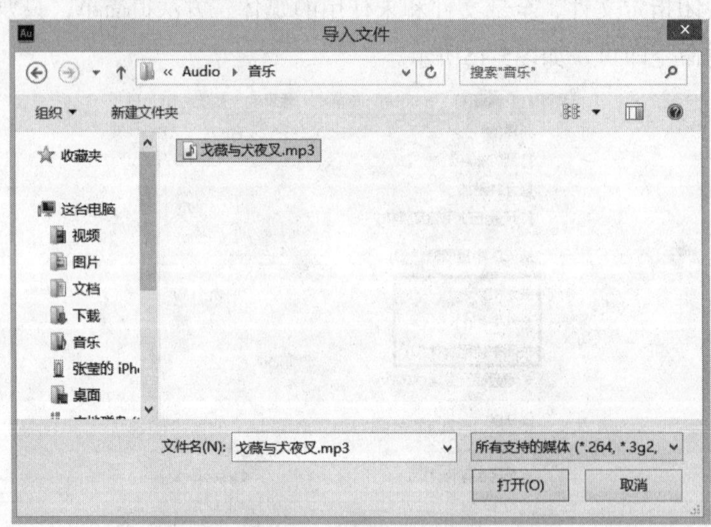

图5-17　导入文件

(3) 将导入的文件插入多轨会话中。选择要插入的文件，在“文件”面板的顶部，单击“插入到多轨混音中”按钮或将选中的文件拖拽至音轨中，插入后的文件就成为所选音轨上的音频剪辑。这里要特别注意的是，插入多轨中的文件必须与多轨会话文件具有相同的采样率。如果采样率不一致，软件会弹出如图5-18所示的对话框，单击“确定”按钮，可以生成一个与会话采样率一致的文件副本，同时该文件将被自动保存在多轨项目中的Conformed Files文件夹中，如图5-19所示。

图5-18　导入文件

本地磁盘 (E:) ▸ Audio ▸ 专题片《师魂》 ▸ Conformed Files

图5-19　文件副本保存路径

5) 转换采样率和位深度

在波形编辑视图中，执行菜单命令“编辑”→“变换采样类型”，在“变换采样类型”对话框中，可以更改文件的采样率、声道和位深度，如图5-20所示。

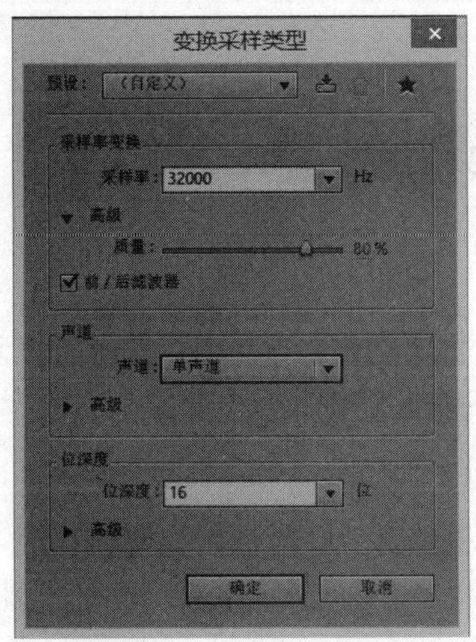

图5-20　变换采样类型

(1) 采样率。拖动“高级”选项中的“质量”滑块可以调整采样转换的质量。降低采样率应使用较高的“质量”值，保留更多的高频率，但需要更长的转换时间；提高采样率则不需要较高的值，对高频率影响很小。

(2) 声道。可以快速地将波形转换成不同数目的声道。

(3) 位深度。当需要兼容16位或更低的应用程序、媒体播放器或需要使文件变小时，可以降低位深度，其他参数保持默认值。

6) 工作区设置

通常情况下，我们都采用默认的工作区。当然，你也可以根据喜好和习惯自己定义，这里不做详述。如果在工作中，由于误操作等原因关闭了有用的面板，可以在“窗口”菜单中找回，或者执行菜单命令“窗口”→“工作区”→“重置‘默认’”，回到默认状态。

二、掌握声音录制技术，成为录音高手

录音是声音制作最重要的环节。我们不是专业的录音师，没有专业的录音设备和录制环境，但只要有一台配备标准声卡的计算机、扬声器和麦克风也可以完成录音。当然，我们不能对音质提出太高的要求。如果你有专业需求，追求高质量的声音效果，就需要购买昂贵的专业声卡，电容话筒、话筒防喷罩、防风罩，调音台和监听耳机等专业设备。从严格意义上来说，录音环境要求空间大、干净平整，温度及湿度可控，墙体构造能够隔绝外界传来的噪声，装饰材料要求使用各种吸声和反射材料。

依据录音工艺的不同，录音主要分为同期录音和后期配音，有些影视作品有时也采用先期录音，本章仅讨论声音的后期录制。Audition CC提供了多种录音方式，可满足制作中的不同需求。

1. 在波形编辑器中录制声音

1) 录制麦克风声音

麦克风录制是我们在节目制作中经常用到的一种录音方式。比如，录制专题片的解说词、重录同期录制不理想的台词等。

Step01：在Windows系统的任务栏中，用鼠标右键单击“音量”图标，在弹出的菜单中选择“录音设备”选项，如图5-21所示。执行操作后，弹出“声音”对话框。如果“麦克风”显示“已停用”，则右键单击“麦克风”按钮，选择“启用”选项，如图5-22所示。

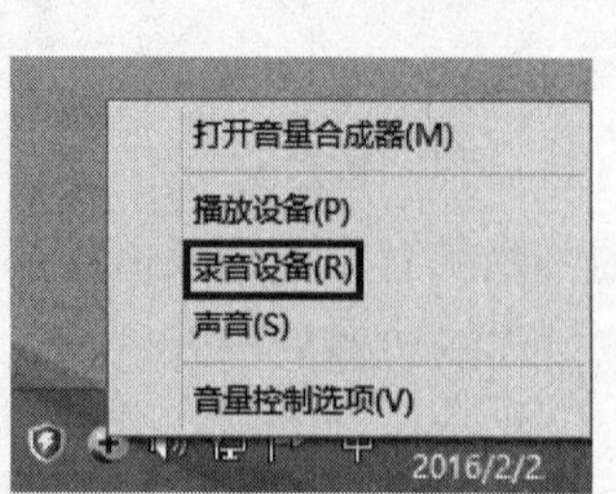

图5-21　选择“录音设备”选项

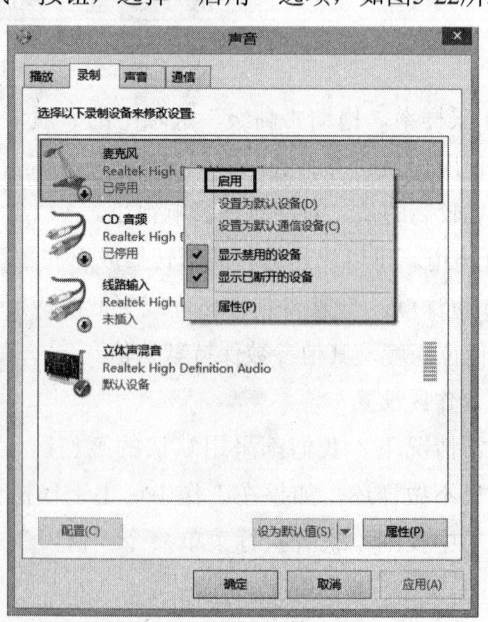

图5-22　启用“麦克风”

Step02：选择“麦克风”选项，单击右下角的“属性”按钮，如图5-23所示，弹出麦克风属性对话框，如图5-24所示。

Step03：切换到“级别”选项卡，拖动滑块提升麦克风音量。一般来说，音量为80～90即可。如果发现录制音量过小，可以调至100。如果还需要增大音量，可以调节“麦克风加强”，如图5-24所示。值得注意的是，有些声卡不支持麦克风加强，录制的声音会有杂音和电流声，此时就需要将其恢复至0。

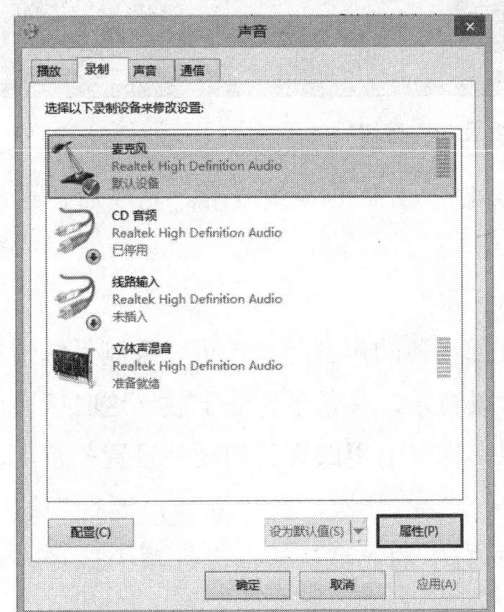

图5-23　单击“属性”按钮

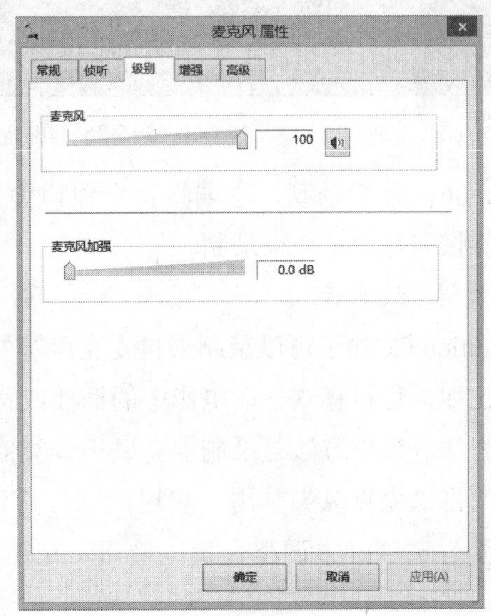

图5-24　调节麦克风音量

Step04：回到Audition CC中，执行菜单命令“编辑”→“首选项”→“音频硬件”，弹出“音频硬件”设置对话框。在“默认输入”选项中，选择“麦克风”(若弹出硬件更改警告窗口，选择“是”)，单击“确定”按钮后退出，如图5-25所示。

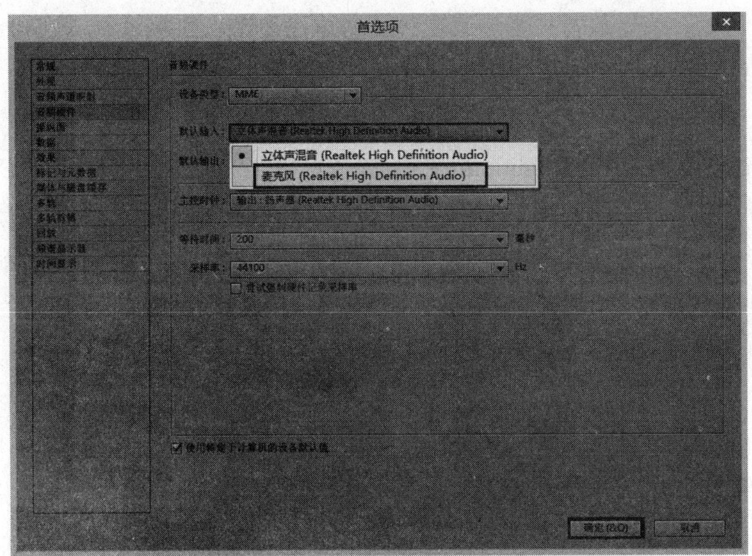

图5-25　设置音频输入为“麦克风”

Step05：新建空白音频文件，连接麦克风，单击“录制”按钮，如图5-26所示。

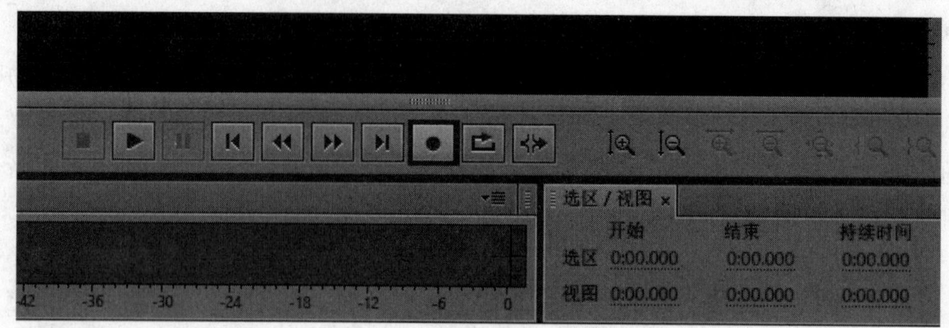

图5-26 单击“录制”按钮

Step06：开始录制，“编辑器”窗口中会显示录制的音频波形。完成后，再次单击“录制”按钮，即可结束录制。

2) 录制系统声音

Audition CC除了可以录制来自麦克风等外部设备的声音外，还可以录制系统中播放的声音。比如，你很喜欢一段电影中的插曲或背景音乐，又苦于无法下载，这时就可以使用内录的方法。操作方法与录制麦克风声音类似，你只需更改音频的硬件设置：首先，在图5-22中，将“麦克风”禁用，启用“立体声混音”；其次，在“立体声混音”的属性中的“级别”选项卡中调整音量；最后，在图5-25中的“默认输入”选项中选择“立体声混音”。

2. 在多轨编辑器中录制声音

1) 多轨录音

多轨录音可以一边播放背景音乐或视频，一边在多个音轨中录制不同的音频信号。多轨录音还可以继续录制之前录了一部分的声音，将剩余部分接着录完。

多轨录音音频硬件的设置与在波形编辑器中录音的方法一样，这里不再赘述。

Step01：在默认情况下，Audition CC提供6条音频轨和1条主控轨。一般来说，我们主要面临两种情况：一是在背景音乐伴奏中录制声音。这时我们只需导入背景音乐文件并将其插入到音轨1中，录音时会自动播放该背景音乐。二是对着视频画面配音。首先，执行菜单命令“多轨”→“轨道”→“添加视频轨”，然后导入Audition CC支持的视频格式文件到“文件”面板，并将其插入视频轨中，在“视频”面板中可以预览画面内容。

Step02：以为画面配音为例。在需要录音的轨道中，单击“录制准备”按钮，显示为红色，如图5-27所示。

Step03：将“时间指示器”定位在录音开始处，单击“录制”开始录音，录音的同时会自动播放视频作为参考。

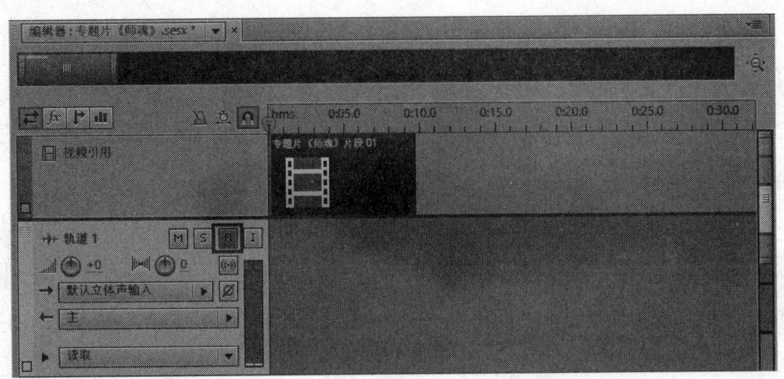

图5-27　单击“录制准备”按钮

Step04：完成后，再次单击“录制”按钮，即可结束录制。需要注意的是，如果要在其他轨道继续录制，可以重复Step02、Step03。简单来说，哪条轨道开启了“录制准备”，声音就会记录在哪条轨道上。如果要取消该轨道的录制状态，只需再次单击“录制准备”按钮。

◆注：在编辑过程中，如果音轨数量不够，执行菜单命令“多轨”→“轨道”→“添加立体声音轨”，即可添加音频轨。

2) 穿插录音

穿插录音俗称补录，即将已经录好的声音中不满意的部分选择出来，然后对这部分重录。补录既可以应用于波形编辑器，也可以应用于多轨编辑器。通常情况下，我们使用多轨编辑器进行补录，原因有4点：第一，可在选中的补录区域内插入新录音，并自动生成文件显示在“文件”面板中；第二，只对选中区域起作用，选中区域之外的音频正常播放，你可以立即听到选中区域前后的音频；第三，多轨可以为录音提供重要的背景，帮助你创建自然过渡；第四，可以重录多次，插入多个结果，从中选择最佳的那个。

Step01：拖动工具栏中的“时间选择”工具，选择需要穿插录音的时间范围，如图5-28所示。

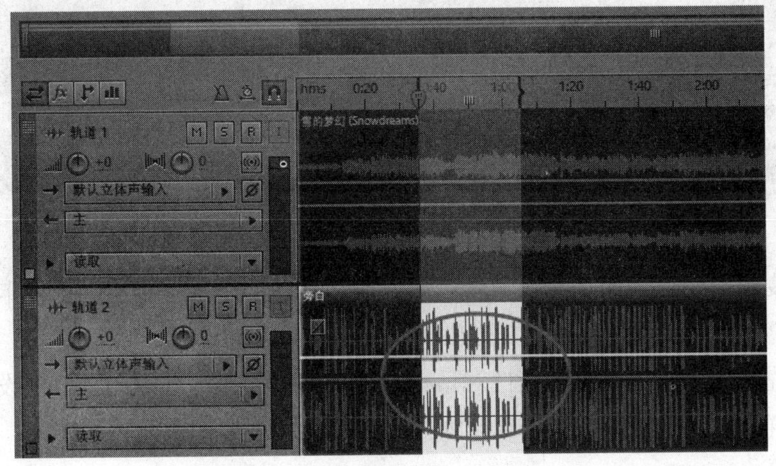

图5-28　选择需要穿插录音的时间范围

Step02：单击轨道2的“录制准备”按钮，将当前时间指示器定位在所选范围几秒前，给自己留出调整和准备的时间。

Step03：单击“录制”按钮，Audition开始播放所选范围之前的音频，进入选择范围开始录制，然后恢复播放。

Step04：接下来，我们要查看和选择插入的声音结果。补录的声音会自动生成显示在“文件”面板中，并以“轨道名称_001”命名，保存在“*_Recorded”文件夹中，如图5-29所示。如果遇到特别重要或困难的部分，可以重复插入多个结果002、003…，再从中选择。

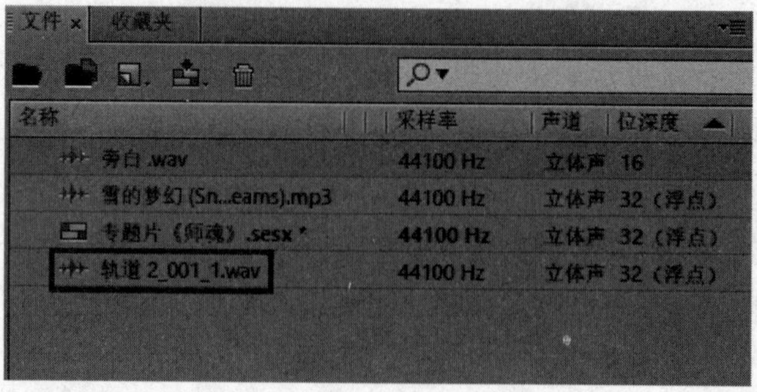

图5-29　自动建立穿插区域新文件

3. 录音注意事项

1) 采样率不匹配

如果单击“录制”按钮，弹出如图5-30所示的对话框，我们就需要重新设置输入和输出设备的采样率。

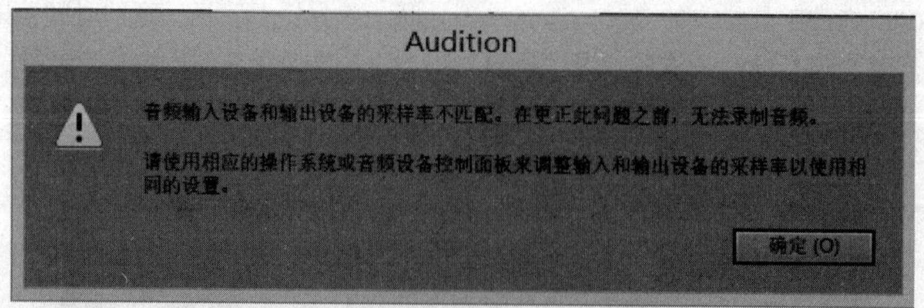

图5-30　输入和输出设备的采样率不匹配

下面以麦克风录制为例。在“声音”属性对话框中，选择“播放”选项卡，单击右下角的“属性”按钮，如图5-31所示，弹出“扬声器属性”对话框。

在“麦克风”和“扬声器”属性对话框中，选择“高级”选项卡，分别设置输入和输出设备的采样率，两者必须保持一致，如图5-32和图5-33所示。

图5-31　单击扬声器“属性”按钮

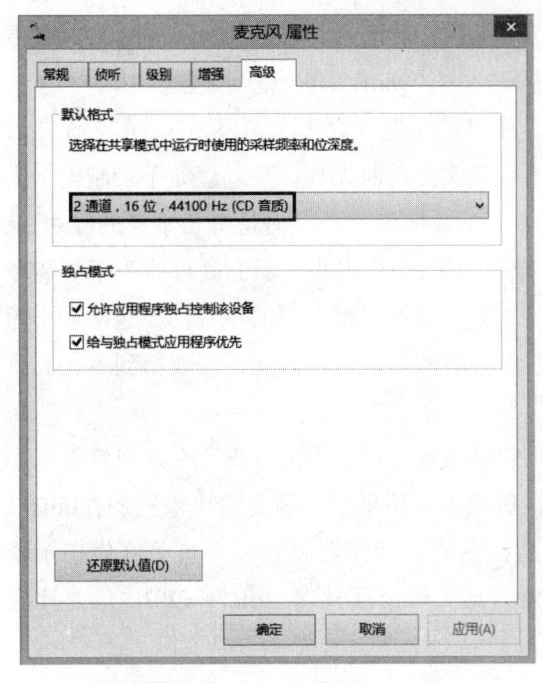

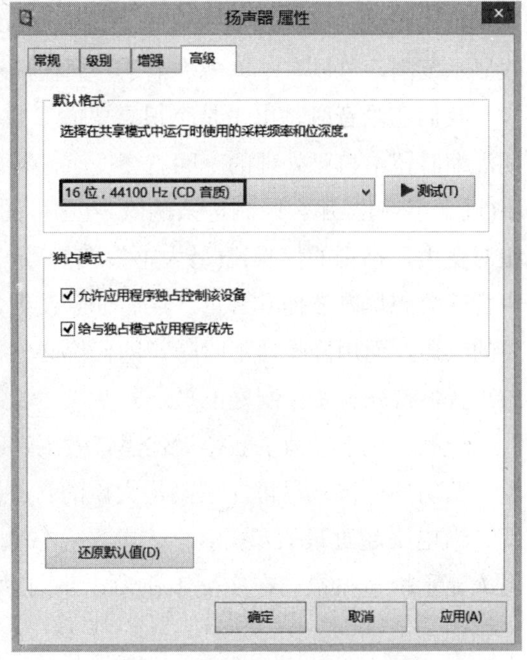

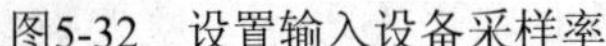
图5-32　设置输入设备采样率

图5-33　设置输出设备采样率

2) 监控电平表

不管是播放还是录音，我们都可以通过电平表来监控声音的音量，也就是振幅。在默认情况下，Audition CC的“电平”面板显示在界面的最下方，如图5-34所示。在波形编辑器中，你只要通过观察“电平”面板就可以监控音量。上方的电平表代表左声道，下方的电平表代表右声道。在多轨编辑器中，“电平”面板提供的是主输出的振幅，每条轨道的振幅显示在音轨电平表中，如图5-35所示。

图5-34 “电平”面板

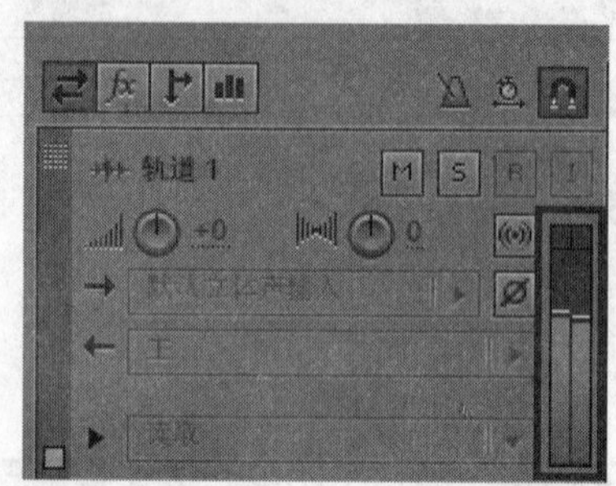

图5-35 音轨电平表

电平表以dBFS(满量程的分贝数)为单位显示信号电平，显示的最大电平是0dB，显示的最小电平可以设置。也就是说，电平表的显示范围是可以设置的。一般情况下，我们将显示范围设置为60，即整个电平表将在-60dB～0dB之间显示，这也是默认的状态。要更改显示范围，可以右键单击“电平”面板，选择72dB、96dB等其他显示范围。

我们在录音时，电平是个很重要的参数。如果录制电平太大(过于大声)，那么你在后期混缩时留给自己处理的空间就会变小，稍加处理就会扭曲失真；反之，如果录制电平太小(过于小声)，那么录制进来的噪声(这里的噪声不是环境噪声，而是机器本身的噪声)就相对变大，声音的信噪比(最大不失真信号与噪声的比例)会很小，后面处理时为了听清楚声音就会想尽办法提升音量。这时你会发现，你提升的不仅是有用的声音，还包括最不想要的噪声，而用降噪器消除噪声的代价必然是声音的质量损失。因此，想要得到令人满意的声音，首先就要控制好电平。

一般情况下，为了获得最佳声音效果，我们要录制“最大不失真声音”，也就是在不发生剪切的情况下尽可能录制最大声的音频。所谓不发生剪切，就是将电平控制在0dB以下。当电平超过最大值0dB时，电平表右侧的红色剪切指示器将点亮。黄色峰值指示器用来显示峰值振幅，在实际工作中，我们尽量将最大峰值保持在-4dB～-2dB之间是比较理想的。

Audition不直接控制声卡的录制电平，如果发现录制电平不理想，就要调整声卡的电平。对于专业声卡，可使用声卡提供的混音器应用程序来调整这些电平；对于标准声卡，可使用Windows或Mac OS提供的混音器，调整输入源“级别”选项(见图5-24)里的音量滑块。

如果录制系统内部声音，也可以单击Windows系统任务栏中的“音量”图标，通过调整电脑音量来控制录制电平。但是，在录制过程中不要随意推动音量滑块改变电平，以免声音失去前后的连贯性。

3) 录音前后留出一小段静音

与同期录音一样，录音时，在每段录音之前和之后最好留出几秒的静音，待到后期剪辑时再依据情况做出适当处理。这样做的好处：第一，单击“录音”按钮后，调整和控制几秒，可以避免身体与物体接触、衣服摩擦等产生的噪声；第二，剪辑声音时，可以有一个更干净的过渡；第三，静音部分可以作为降噪时的噪声样本。

三、Audition CC的简单编辑

1. 波形简单编辑

1) 播放音频

听、仔细听、反复听是我们编辑声音时较常用的动作，因此你一定要灵活运用播放面板。你可能觉得播放再简单不过，按一个按钮而已。没错！是很简单，但也正因为如此，播放音频的方法常常被忽略，只局限于按一个播放按钮。在实际操作中，配合其他按钮，灵活使用不同的播放方式，会给我们的编辑工作带来很多便利，从而提升效率，如图5-36所示。

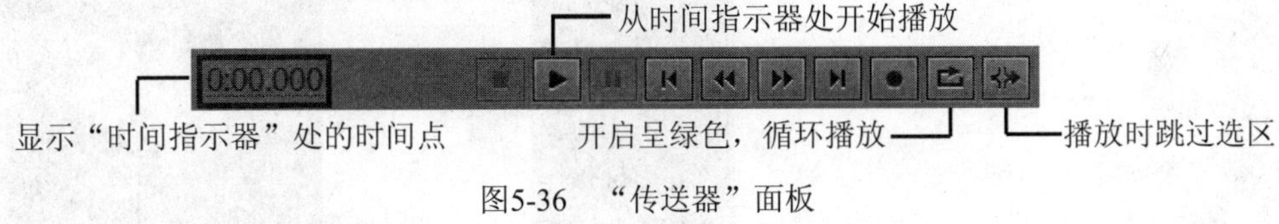

图5-36 “传送器”面板

2) 自由缩放

在剪辑时，缩放观察波形可精确定位，此操作必不可少。除了缩放面板，我们在波形编辑器中使用较频繁的是鼠标滑轮。你可能遇到过这样的情况：我们已经将“时间指示器”定位在需要的时间点上，要做的只是将这个位置放大显示。然而，当你向上滑动鼠标滑轮放大波形后，却会发现你定位的位置不在“编辑器窗口”的显示范围中。然后你不断地在“波形缩略导航”中移动滑块改变显示区域，试图把选定的位置显示出来。不幸的是，当波形放大到无限大时，轻微的移动都会使你错过指针位置，来来回回调整很费劲。其实，只要在缩放时将光标始终放在“时间指示器”上滑动鼠标滑轮，或单击鼠标右键并在需要显示的时间范围内拖动，就可以将波形放大并始终不脱离显示区域，试试吧！

3) 精确选择波形

Audition CC在“选择”菜单中为我们提供了多种选取波形的方式，如图5-37所示。你可以根据需要，在不同的编辑模式下采用不同的选择方法，这里不再详述。可是，如果你想要精确地选择波形就不能只依靠这些菜单命令，这时我们要借助“选区/视图”面板。

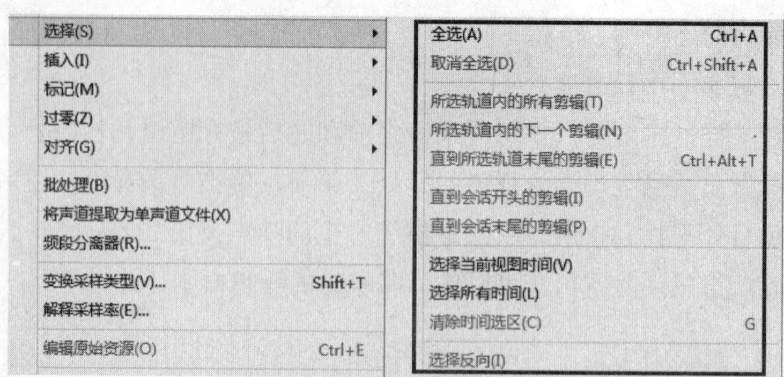

图5-37 “选择”菜单命令

例如，你想将一段音频文件中的一部分选中复制，选区自然要求精确，这样编辑组合后的声音听起来才能流畅。

Step01：反复听，将“时间指示器”定位在剪辑起点，查看此处的时间点，并记录下来。

Step02：用同样的方法找到剪辑结束点，并记录结束点的时间。

Step03：在“选区/视图”面板中，输入刚刚记录过的开始时间和结束时间，如图5-38所示。

Step04：按“Enter”键，精确选择波形，如图5-39所示。

选区 / 视图

	开始	结束	持续时间
选区	1:01.182	2:06.300	1:05.117
视图	0:00.000	3:37.573	3:37.573

图5-38 输入开始和结束时间点

图5-39 精确选择波形范围

4) 插入静音

插入静音就是在音频的指定时间点插入一段无声时间，一般用于调整音频的时间长度。比如，你需要一段较长时间的水龙头滴水声，要求声音纯净且有规律地出现。为了避免可能出现的误差，你可以录制一个滴水声，通过一些效果插件降低背景噪声，得到一个更为纯净的样本。接下来，插入适当时长的静音得到一个采样，然后通过循环创建出足够时长的滴水音效。插入静音的步骤如下所述。

Step01：在波形编辑器中，将“时间指示器”定位在要插入的静音的起始处，执行菜单命令“编辑”→“插入”→“静音”，弹出“插入静音”对话框，如图5-40所示，输入需要插入的静音的时长。

◆注：如果有选区，则默认将选区部分的波形转换为静音。

Step02：单击“确定”按钮，即可在指定时间点插入设置时长的静音，如图5-41所示。

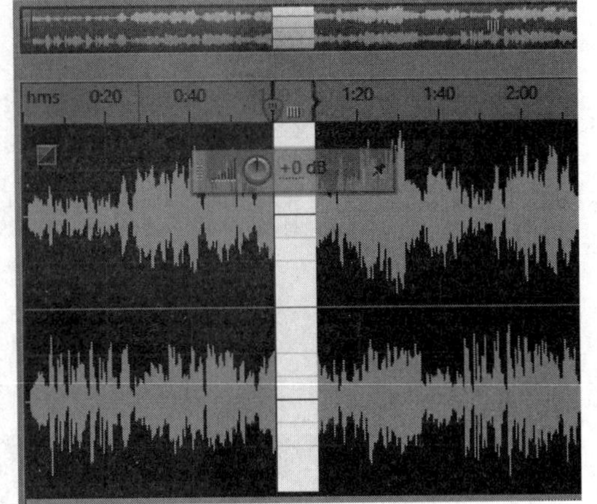

图5-40　“插入静音”对话框　　　　图5-41　在音频中插入静音

5) 循环

循环处理也是扩展声音长度的一种常用方法，主要用于修复因为错误操作而被缩短的样本或创建重复性的声音素材。在对音频进行循环处理时要注意，样本起始点和结束点的选择要使循环听起来连贯，不引人注意。另外，循环的长度可以根据需要自由扩展。设置循环的步骤如下所述。

Step01：在多轨编辑器中，右键单击音频剪辑，并在菜单中选择“循环”命令。

Step02：将光标移到剪辑的左右边缘，此时会显示循环编辑图标。

Step03：拖动以扩展或缩短循环。根据拖动的距离，可以全部或部分循环，每循环一节，剪辑中会显示白色的垂直线，如图5-42所示。

图5-42　循环剪辑

6) 添加标记

标记就像导航，是你在波形中定义的需要给自己提示的位置，以轻松地定位这个位置的音频，再进行选择、编辑或播放。

标记可以是点也可以是范围，在波形和多轨编辑器中均可添加。点指的是波形中的特定时间位置(如从文件开始后的1:18.523)。范围是一个时间区间，有开始时间和结束时间(如从1:18.523到2:15.126的所有波形)。标记处显示手柄，可以拖动修改，如图5-43所示。

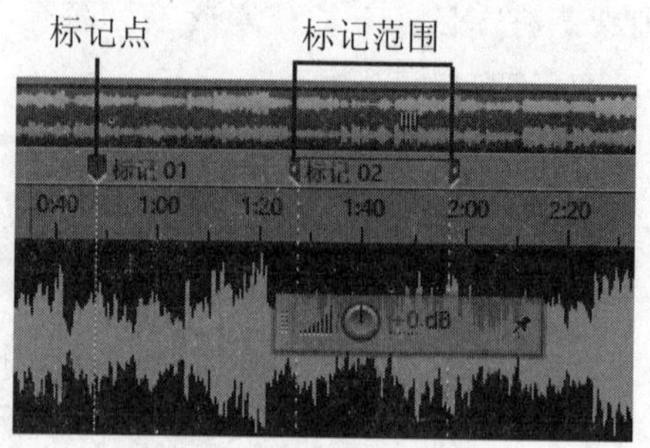

图5-43　设置标记

随着音频的播放，只要按“M”键即可添加点标记，其余关于标记的操作则需要使用“标记”面板(“窗口”→“标记”)，如图5-44所示。

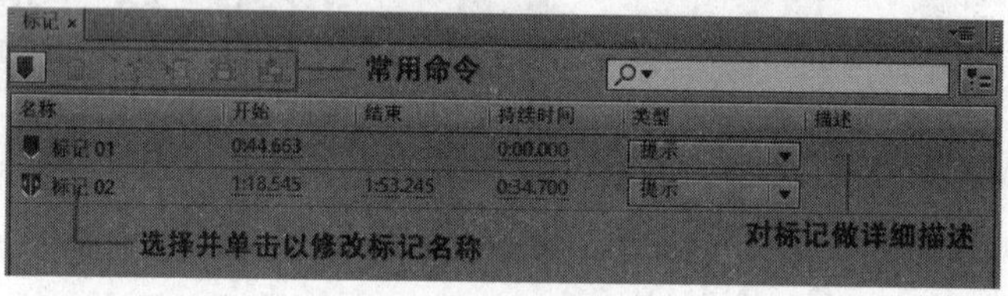

图5-44　“标记”面板

值得注意的是，如果你想要在保存文件时保留标记，一定要选择“包含标记和其他元数据”(此为默认选项)，否则关闭再打开标记会消失。如果要使用文件存储播放列表，则必须以WAV格式进行保存，如图5-45所示。

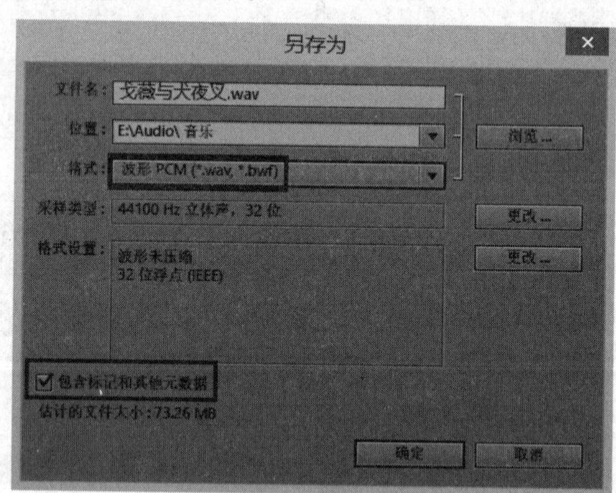

图5-45　存储选项

7) 修改剪辑的长度和位置

(1) 选择并移动剪辑。声音文件在插入到多轨编辑器后就成为该轨道上的剪辑。选择“剪辑”可以执行如图5-37所示的命令，图中关于剪辑选择的命令都将被激活，你可以根据操作需要灵活选择。

使用“移动”工具可以快速地将选中的剪辑移动到不同的位置进行排列。如果你觉得来回切换工具很麻烦，也可以使用“时间选择”工具，然后右键单击并拖动(类似老版本中的“混合”工具)，或者使用任何工具拖动剪辑标头。此外，执行菜单命令“剪辑”→“左右轻移”，可以对剪辑进行微调，每次移动一个像素。

排好位置，特别是精准对位后，建议将剪辑时间锁定(右键单击“剪辑”，选择“时间锁定”)，锁定图标出现在剪辑上。如此一来，仅允许上下移动剪辑至其他轨道，不允许左右移动，可以避免误操作。

(2) 修改剪辑的长度。多轨编辑是非破坏性的，这为我们混合声音提供了极大便利，尤其是当你不确定剪辑的长度、开始点和结束点时，在多轨编辑中可以随时返回到最初未修剪的状态，直至调整到你想要的时间点。具体做法：将光标定位在剪辑的左右边缘上，将出现边缘拖动图标，拖动剪辑边缘即可改变剪辑的长度，如图5-46所示。

长度确定后，在工具栏中单击“外滑”工具在剪辑中拖动，可以在剪辑长度内改变音频的内容，如图5-47所示。

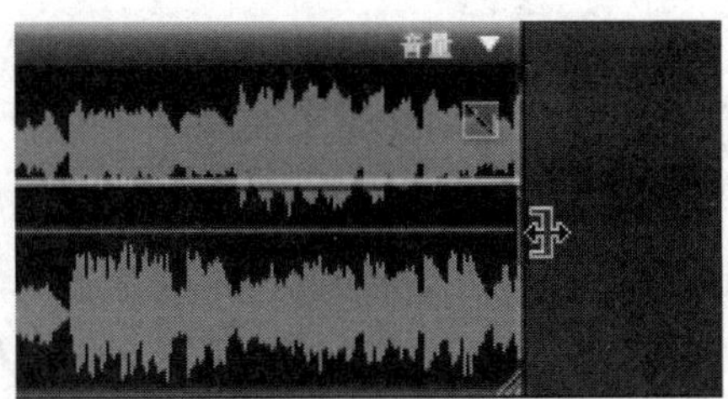

图5-46　拖动剪辑边缘

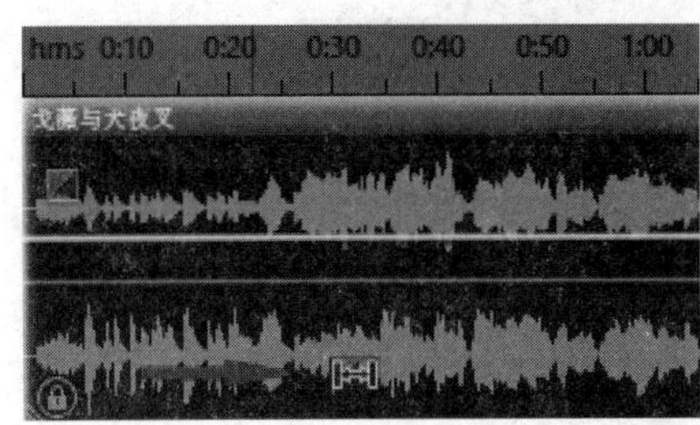

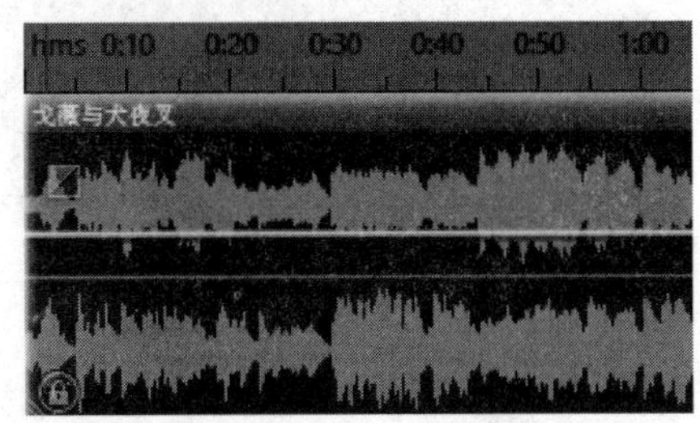

图5-47　在剪辑边缘内移动剪辑内容

如果你想永久地编辑音频剪辑，双击剪辑标头就可以切换到波形编辑器对它进行破坏性处理。

◆注：关于波形和剪辑的其他操作，如复制、删除、拆分等，这里不再赘述。如果对这部分操作有疑问，请参阅关于Audition CC制作的相关书籍。

2. 声音修剪技巧

1) 声音起止点要自然

声音剪辑的最高要求是自然、真实、不被察觉，如果某段声音一听就让人觉得是剪过的，那么剪辑就失败了，因此声音起止点的处理尤为重要。一般来说，我们会在起始点和结束点做淡入淡出的效果。当然，在此之前你要先确定声音开始和结束的地方。

(1) 起点。对于像枪炮声这类起点比较明显的声音，剪辑的起点就应该在波形凸起之前。如果你想要的声音是一段音频素材里的一部分，例如你的素材库里有一段人走路然后上楼梯的声音，而你只想要其中上楼梯的声音，要把走路声剪掉，但在上楼的起点处会有最后一个走路声，可以把剪辑点确定在走路声之后，然后做一个较短的淡入效果，这样获得的音效更干净。

(2) 结束点。结束点的处理方式与起点类似，等到声音结束剪掉或淡出。然而，相对于起点来说，结束点的确定要更复杂一些，这是因为声音的消失可能需要一段时间。例如，一盏灯从天花板掉落在地上，玻璃摔碎、散落的声音消失需要一定的时间长度。又如，在海上疾驰而过的快艇，一艘快艇驶离我们的视线消失在画面中可能只需要几秒钟，而在现实中可能过1分钟后还听得到发动机的声音。这时，你可以配合画面中渐行渐远的快艇，把结束点剪在快艇出画面的几秒钟后，并做淡出效果，同时让其他环境声(海浪声等)渐入。

2) 剪在零位线上

修剪音频要始终剪在零位线上，就是剪辑点要在零交叉点上，如图5-48所示，否则在边界处就会出现咔嗒声或爆音。这适用于删除一段音频的中间部分，复制部分波形在中间粘贴或连接两段波形时使用。对于一段音频来说，采样率越高，解析度越高，采样点也就越多。这样我们在剪辑时就可以处理得更灵活些，稍微高于或低于零位线也是可以的，但一定不能相差太多。

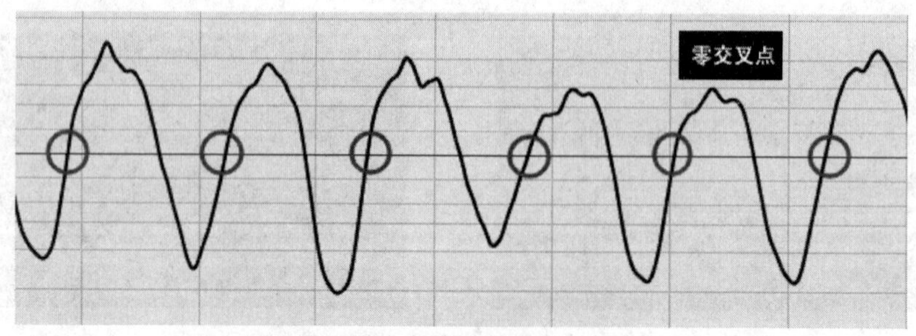

图5-48　零交叉点

此外，在对音频文件进行修剪处理后，要检查文件的开始点和结束点。我们将波形无限放大，就会看到波形的采样点，第一个和最后一个采样点要位于零位线之上，否则就可能出现咔嗒声或爆音。如果发现不在零位线上，可以使用淡入淡出的方法来解决。

在实际操作中，Audition CC为我们提供了自动查找零交叉点的命令，可避免手动操作带来的不便。具体操作方法：执行菜单命令“编辑”→“过零”，选择适合的子命令，如图5-49所示。

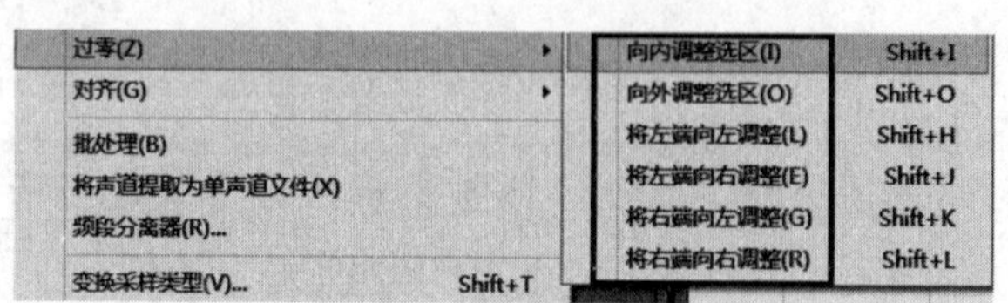

图5-49　零交叉点子菜单

3) 剪辑节奏

这里我们讲的节奏是指组合多个音响效果声时的时间间隔。节奏不同，传递的信息也是不同的。例如，你的素材库里有一段脚步声的音效，剪出走一步的声音复制，如粘贴的间隔小，听起来脚步声急促，给人感觉走路的人很匆忙；相反，如粘贴的间隔大，听起来脚步声平缓，给人感觉走路的人很悠闲。如果中间插入拐杖拄地的声音，可以传达人物受伤拄拐走路的信息。因此，插入的时间点、两个声音中间静音的长短都是剪辑时需要多加考虑的方面。另外，单个音效的剪辑要流畅，不留痕迹，这样组合起来才能自然，不易被人察觉。

四、音频波形的深入处理

1. 反向

反向，简单地说就是倒着播放声音，生成一个反常效果，通常用于制作特殊音效，有时能得到意想不到的效果。你可能会想，一个正常的声音反过来播放听众不会觉得奇怪吗？这样不会弄巧成拙吗？事实上，如果排列组合处理得当，一个倒转的声音也能让人听起来觉得很真实，具体要看你将其应用在什么环境中。比如，科幻片中的机器人、宇宙飞船的效果声都是采用这一技术制作得来的。

将音频反向的操作方法很简单，只需在波形编辑器中执行菜单命令“效果”→“反向”(在老版本的中文版中，被翻译为“倒转”)，就可以将波形前后反向。

如图5-50所示，在轨道1中运用反向技术将正反两个文件交叉叠化，模拟了一个爆炸声在爆炸前积聚能量的效果声，然后与原始爆炸声衔接，制作出一个先积聚后爆炸的音效。

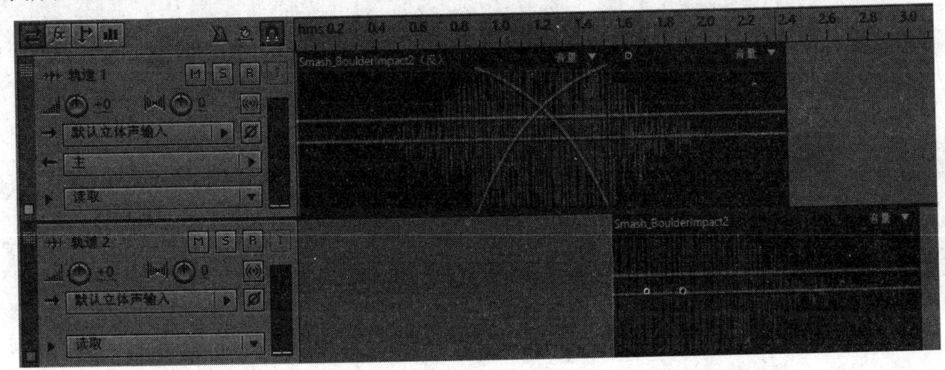

图5-50　声音的反向处理

组合方式、时间长短不同都会生成不同的效果声，灵活运用这一技巧可以创造很多音效，带给你无限惊喜！

2. 消除音乐中的人声

消除音乐中人声的方法有很多，涉及的效果器也很多，其中最主要的莫过于“析取中置通道”，再辅以立体声扩展、均衡器等进行乐器补偿。消除人声通常用于制作伴奏，最简单的方法是在“析取中置通道”的预设效果中直接选择 “人声移除”。这里再给大家介绍另外两种方法。值得注意的是，不同的音乐、不同的方法都会影响消除效果。事实上，不管是使用插件还是手动处理，都只能实现部分消声。

1) 第一种方法

Step01：在波形编辑器中打开需要消除人声的声音文件，单击编辑器右侧的右声道图标R关闭右声道，如图5-51所示。

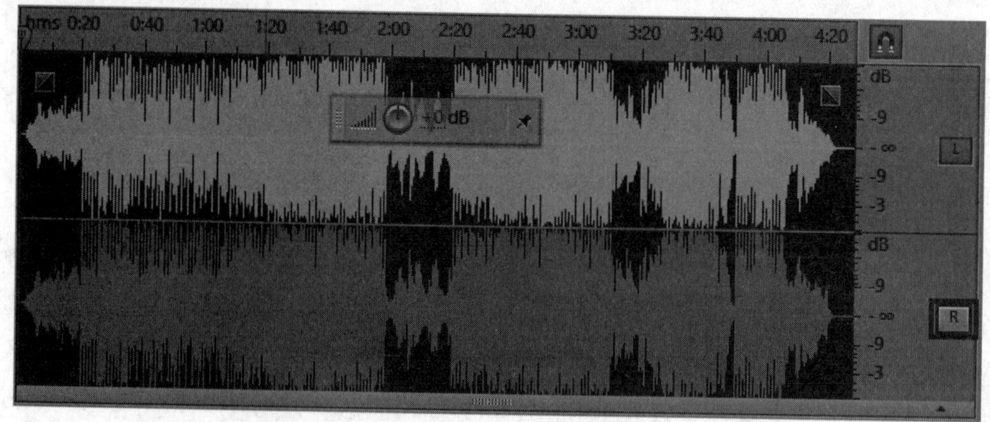

图5-51　关闭右声道

Step02：执行菜单命令“效果”→“反相”，将左声道的波形反相(波形上下倒转)，如图5-52所示。

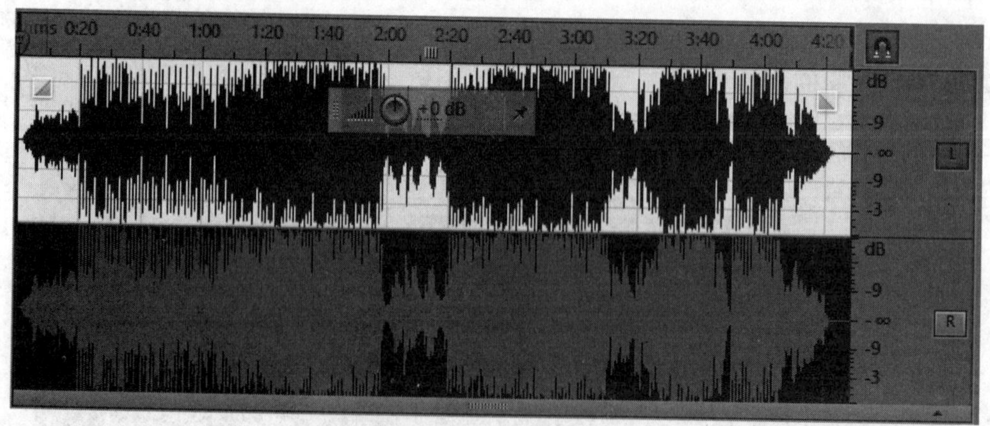

图5-52　反相左声道

Step03：按“Ctrl+X”组合键剪切左声道波形，单击编辑器右侧的左声道图标L关闭左声道，单击右声道图标R重新开启右声道，如图5-53所示。

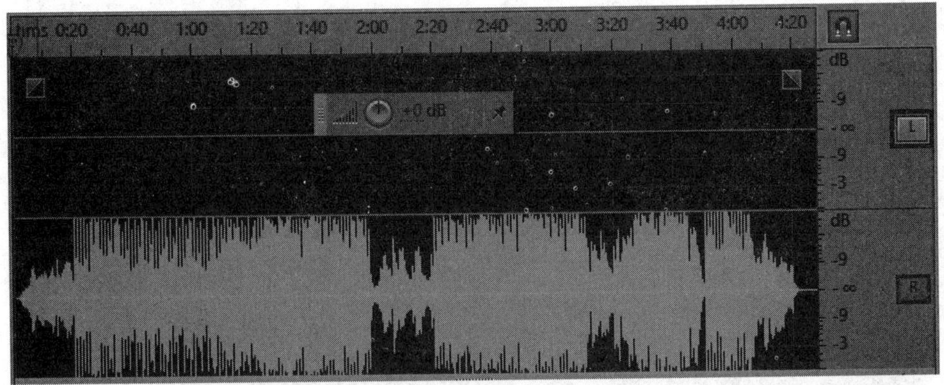

图5-53　剪切左声道

Step04：执行菜单命令“编辑”→“混合粘贴”，弹出“混合式粘贴”对话框，在“粘贴类型”中选择“重叠(混合)”，如图5-54所示。

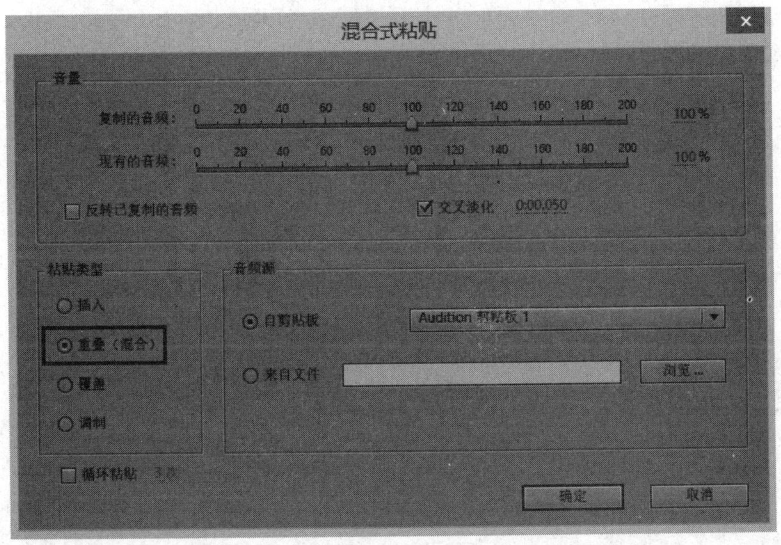

图5-54　“混合式粘贴”对话框

Step05：单击“确定”按钮，将左、右声道波形混合粘贴，如图5-55所示。

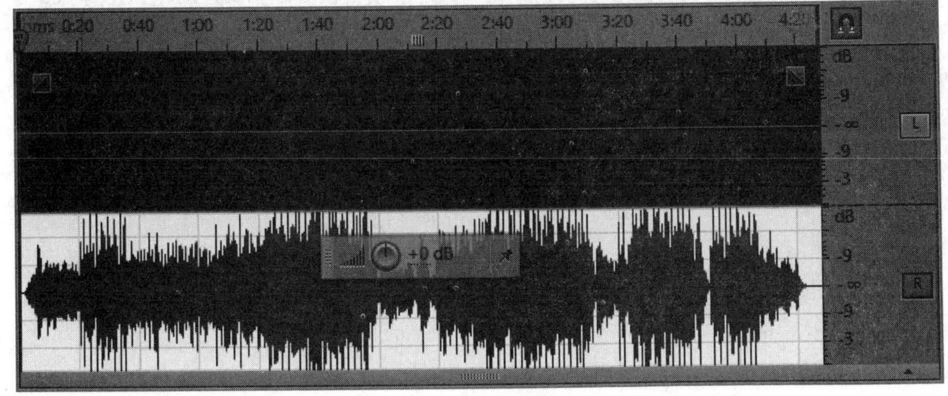

图5-55　将左、右声道波形混合粘贴

Step06：按“Ctrl+C”组合键复制右声道波形，按照上述方法关闭右声道、开启左声道，按“Ctrl+V”组合键将复制的波形粘贴到左声道，如图5-56所示。

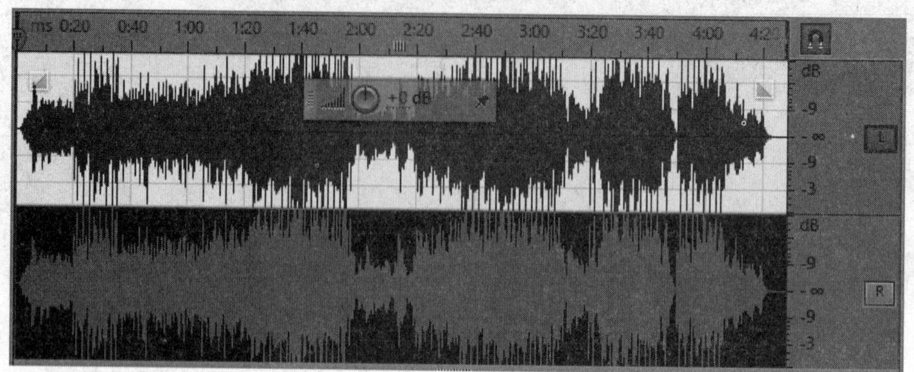

图5-56　复制右声道波形粘贴至左声道

Step07：同时开启左、右声道，试听消除人声效果后导出。

2) *第二种方法*

Step01：在波形编辑器中打开需要消除人声的声音文件，执行菜单命令“效果”→“立体声声像”→“中置声道提取器”，弹出“效果-中置声道提取”对话框。依据人声属性在“频率范围”中选择对应的选项，调整“侧边声道电平”为-15(试听效果，将该选项调至-20～-15)，单击“应用”按钮，如图5-57所示。

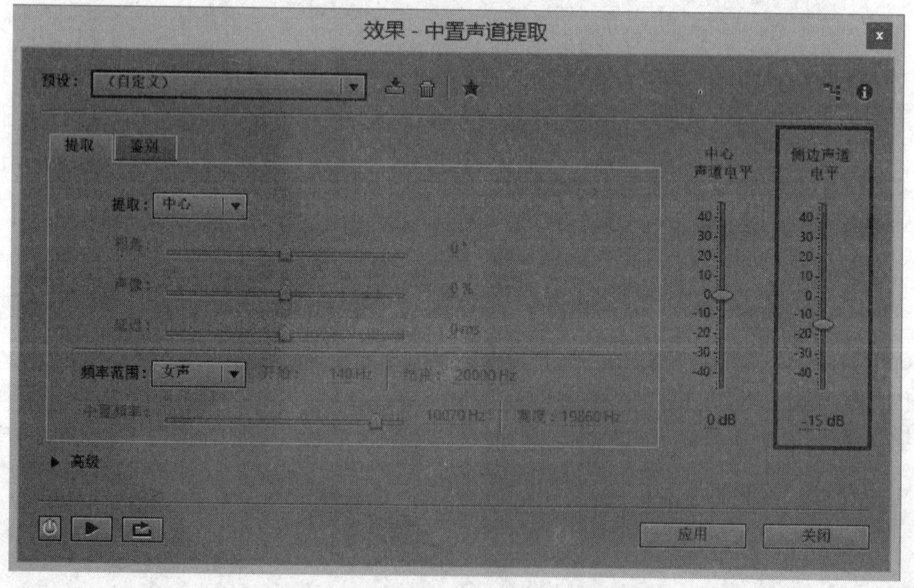

图5-57　“效果-中置声道提取”对话框

Step02：执行菜单命令“效果”→“反相”，将波形反相处理，如图5-58所示。

Step03：使用“保存文件”的方法将处理后的音频文件另存。

Step04：新建多轨会话，将源文件和处理后的文件分别对齐放置在不同轨道，如图5-59所示。

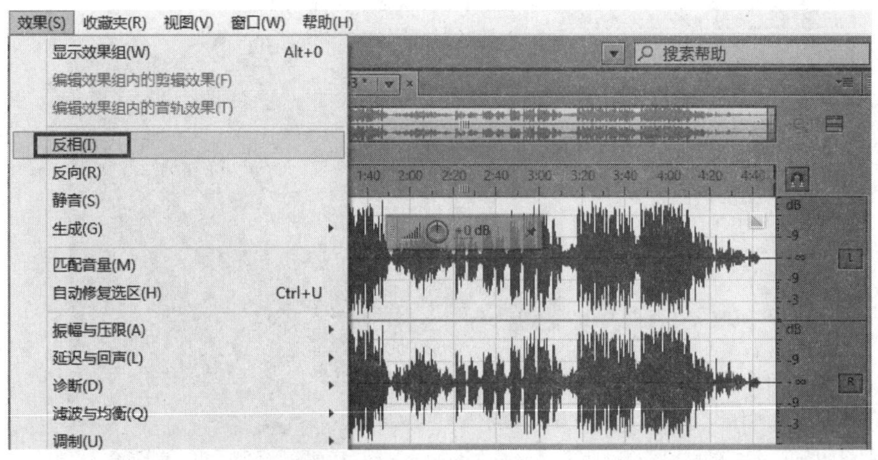

图5-58　将波形“反相”处理

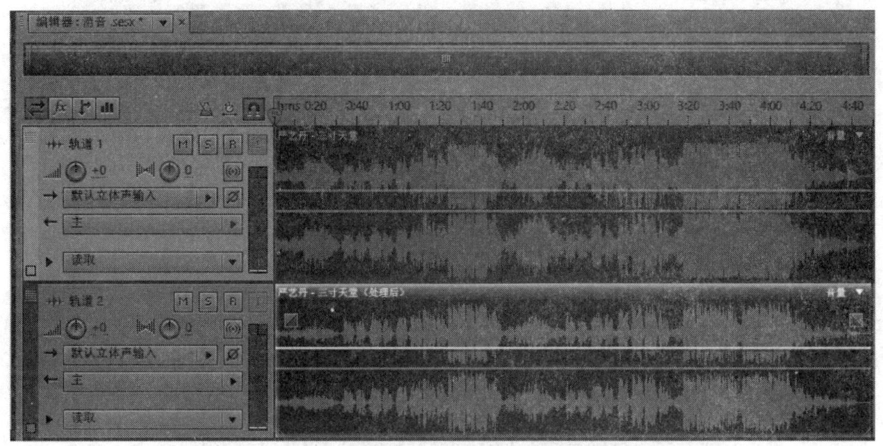

图5-59　将源文件和处理后的文件放置在不同轨道

Step05：试听后导出。

◆注：“提取中置声道”的原理是把中音频率部分消除，因为人声大多集中在这个频率段内。但是，由于在后期处理音乐时加入了大量的混音，所以无法完全消除。

3. 时间扩展与压缩

时间扩展与压缩可以在不改变音调的情况下伸长或缩短音频文件的时长。当你的声音文件长度与需求不符但又相差不多时，可以利用这个效果器把声音迅速地调整到某一特定长度。如果调整的幅度大，就会产生声音快放或慢放的效果，因此必须谨慎使用才能做到不被人注意。时间伸缩同样可以在不同的编辑器中处理。

1) 在波形编辑器中修改音频时长

Step01：执行菜单命令“效果”→“时间与变调”→“伸缩与变调(处理)”，如图5-60所示。

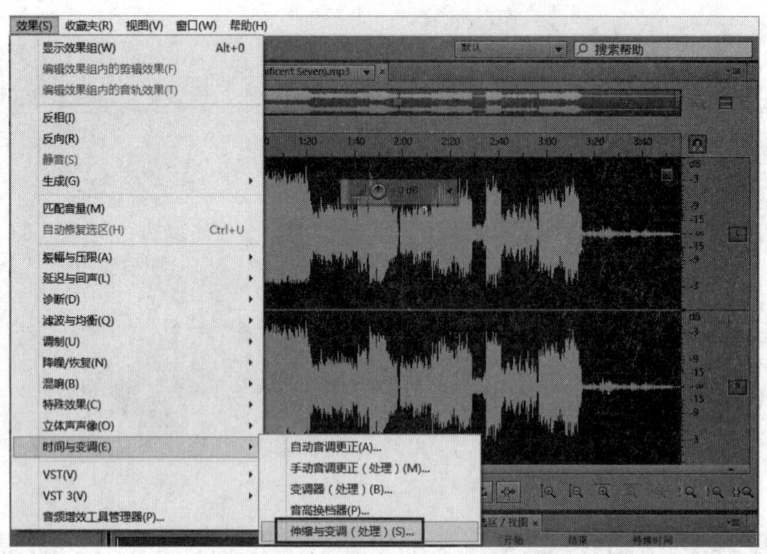

图5-60　“伸缩与变调(处理)”命令

Step02：执行命令后弹出“效果-伸缩与变调”对话框，调整“新持续时间”参数或者通过更改“伸缩”百分比间接修改时长，如图5-61所示。

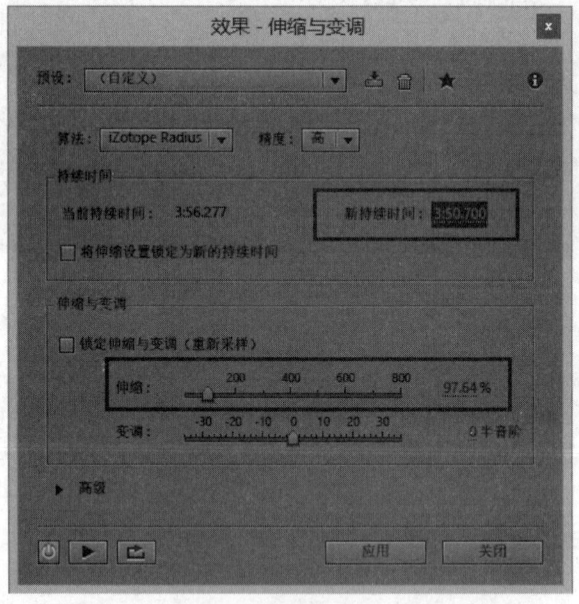

图5-61　“效果-伸缩与变调”对话框

2) 在多轨编辑器中修改剪辑的时长

Step01：执行菜单命令“剪辑”→“伸缩”→“伸缩模式”，启用“伸缩模式”，如图5-62所示。“伸缩模式”包括“关闭”“实时”和“渲染”。在“关闭”模式下，无法进行伸缩调整；在“实时”模式下，只要完成修改就可以直接播放试听，但是效果不好；在“渲染”模式下，需要在修改后等待一段时间，经渲染处理后才能播放，效果较好。如果“启用全局剪辑伸缩”，可启用所有轨道上的音频剪辑伸缩功能。

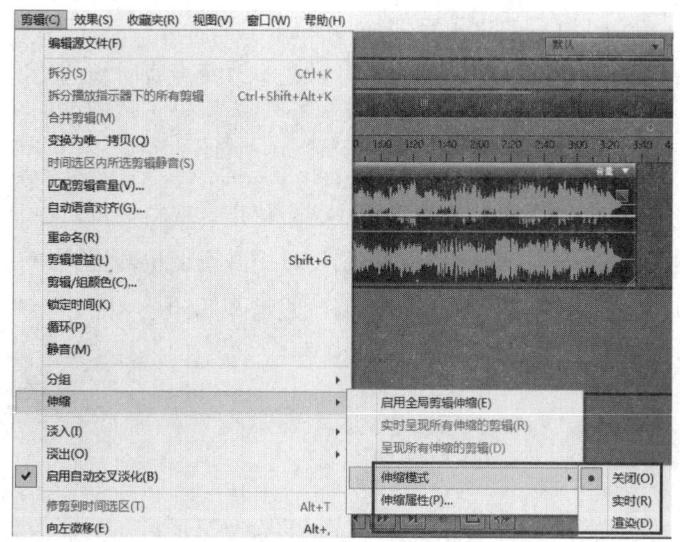

图5-62　启用“伸缩模式”

Step02：根据需要选择“实时”或“渲染”模式，这时会在音频剪辑的左上角和右上角出现三角形的伸缩标记，如图5-63所示。将鼠标放在标记处时，光标会变成双向箭头的秒表图标，此时左右拖动就可以进行伸缩设置，拖动时会显示伸缩比例。

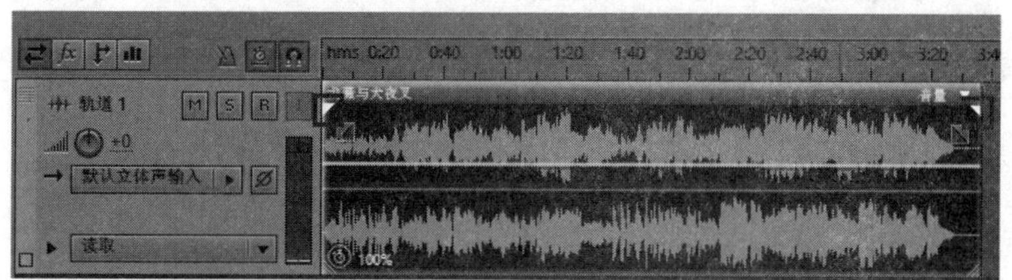

图5-63　显示伸缩标记

Step03：如果要精确修改时间长度，则需要打开伸缩属性，修改持续时间参数，如图5-64所示。

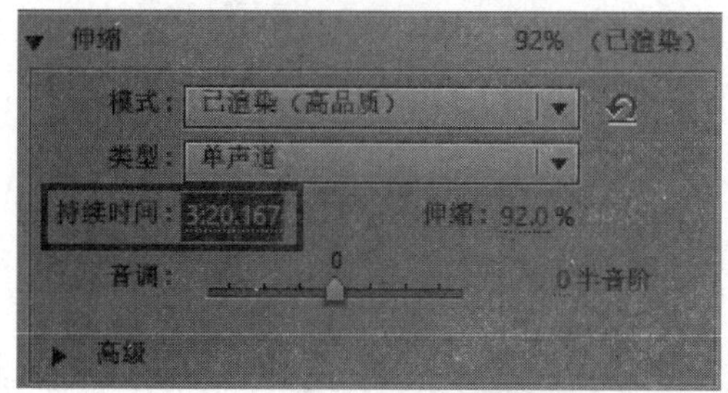

图5-64　打开伸缩属性

4. 音调变换

音调变换就是提升或降低声音的音高。一般来说，升调会缩短声音时长，而降调会延伸声音时长。选中图5-61所示的“锁定伸缩与变调(重新采样)”复选框，则伸缩与变调同步变化；去掉则两者互不干扰处理，也就是可以在不改变声音时长的情况下进行升降调处理，反之亦然。适当应用这些效果是不会引人注意、有“假声”之嫌的。调整音调参数可在图5-61和图5-64显示的命令面板中操作。

降低声音的音调意味着降低声音的高频，这会使声音变得低沉，更具厚重感，使其听起来更浑厚，可以用来处理人声或效果声；相反，提升音调也会提升声音的低频，使声音变得又细又尖。如果对一个声音采用极端降调，假定降低50个半音，会产生神秘怪异的声音，这是科幻片和恐怖片常用的声音处理技巧。

5. 音量控制

在Audition CC中，调整音量的方法有很多种，可以在编辑器中使用控件快速更改，也可以使用效果器。

1) 快速更改振幅

在波形编辑器中拖动增益控件旋钮或数字可以快速地增加或减小振幅，如图5-65所示。其中，数字的变化用于指示修改后振幅与现有振幅的比较情况，释放鼠标，数字将返回到0dB。

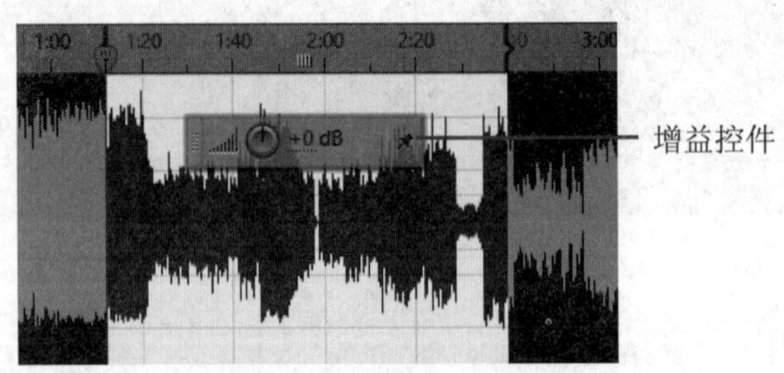

图5-65　用增益控件快速更改振幅

这种方法简单、直观，能够即时预览调整幅度。如果这个控件没有显示出来，请执行菜单命令“视图”→“显示(HUD)”，如图5-66所示。

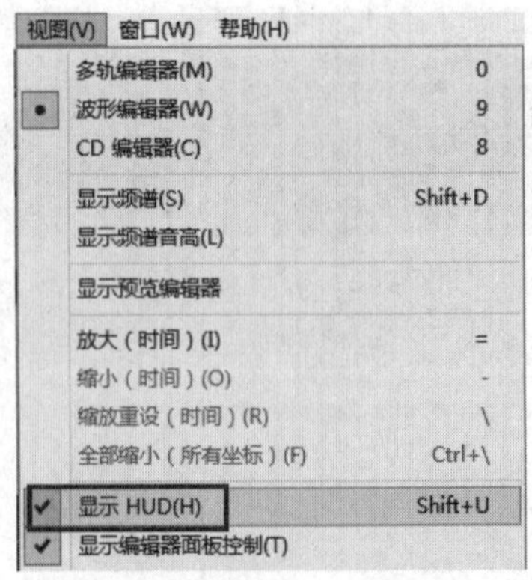

图5-66　显示HUD

2) 淡入和淡出

淡入和淡出技巧是我们使用较多的一种制作技术，在波形编辑器和多轨编辑器中都可以直接进行淡化处理。淡化适用于音乐、音响，只是淡化的时间不同。例如，音乐的淡出时间要长于音响效果声，根据需要从几秒到几十秒都有可能；而音响效果声的淡出时间相对较短。另外，要特别注意淡入或淡出处的声音要干净，不要在最后时刻猛然出现新的声音，这样淡化的效果就没有了。

(1) 单个音频的淡化。Audition CC提供了以下三种淡化类型[①]，如图5-67所示。

① 线性淡化，会产生适用于很多素材的均衡音量变化。如果此淡化听起来太突然，可以选择以下两种。

② 对数淡化，会先缓慢而平稳地更改音量，再快速更改，反之亦然。

③ 余弦淡化，形状类似S曲线，刚开始时缓慢地更改音量，接着在大部分淡化过程中快速更改，而在结束时又变得较为缓慢。

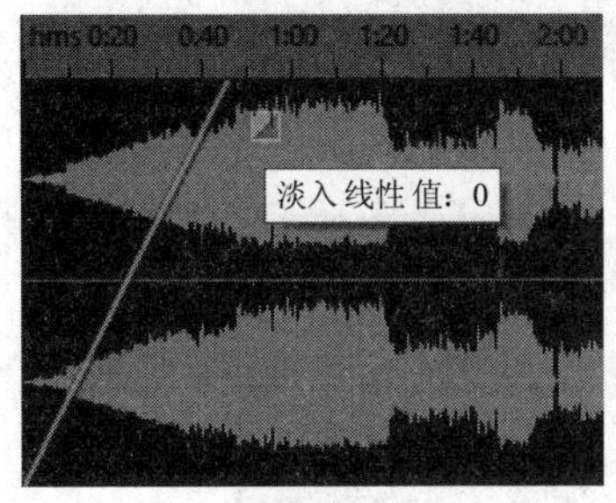

(a) 线性淡化

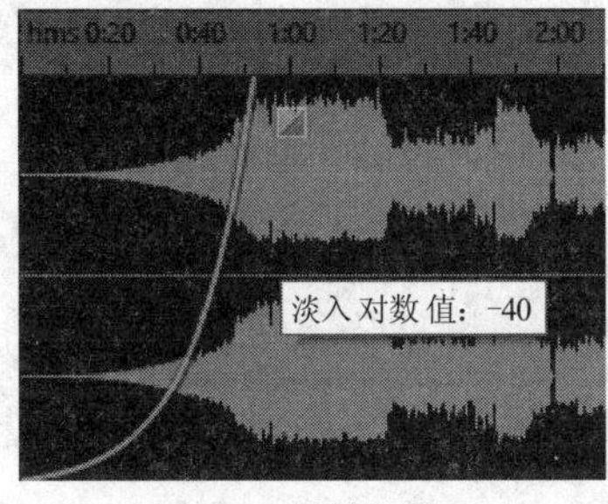

(b) 对数淡化

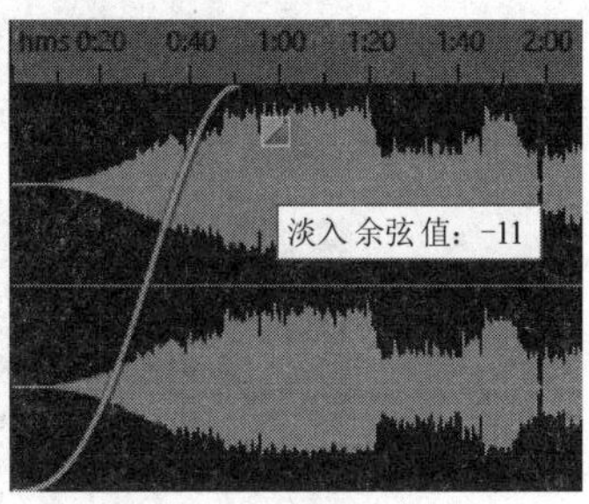

(c) 余弦淡化

图5-67 淡化类型

具体操作时，在波形的左上角或右上角，拖动“淡入”■或“淡出”■控制手柄即可进行淡化处理。其中，线性淡化，完全向内水平拖动；对数淡化，向内并上下拖动；余弦(S曲线)淡化，按住“Ctrl”(Windows)或“Command”(Mac OS)键向内拖动。在波形编辑器中，淡化将永久地更改音频数据。

◆注：默认的淡化类型是线性/对数淡化，如果想更改为余弦淡化，可以在“编辑”→“首选项”→“常规”中修改“默认淡化曲线类型”，如图5-68所示。

(2) 多轨中的淡化与交叉叠化。在多轨剪辑的左上角或右上角同样有“淡入”■和“淡出”■图标，向内拖动可以观察淡化长度，调整淡化曲线。与在波形编辑器中处理相比，波形在外观上没有变化，拖动方法和淡化效果是一样的，如图5-69所示。

当在同一轨道将两个剪辑首尾重叠相交时，可以自然地将两个不同的声音连接起来。重叠后，会出现交叉淡化的控件，如图5-70所示。重叠区域越大，过渡时间越长。

---

① Audition帮助文档. https://helpx.adobe.com.

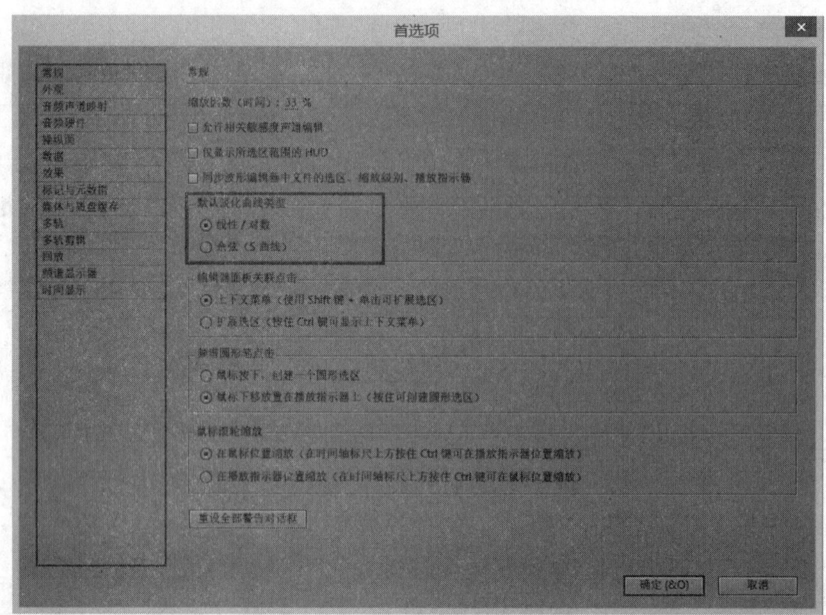

图5-68　修改“默认淡化曲线类型”

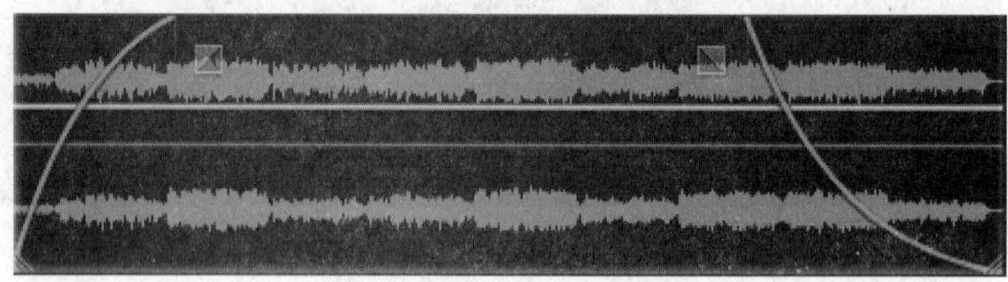

图5-69　多轨剪辑淡化效果

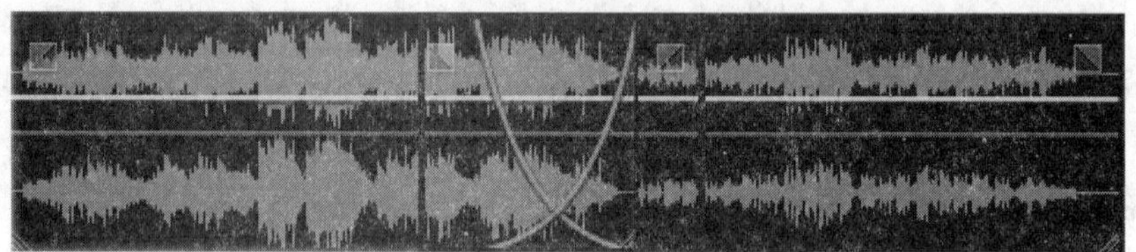

图5-70　交叉淡化

3) 剪辑包络

在电视节目制作中，我们最终需要对各种声音进行重组和创造。有时需要在同一时间点突出某一声音而弱化其他声音，一定时间后再恢复到原始状态。这时，我们对声音音量的控制就要求更精准，使其不受约束。包络曲线是一种控制曲线，可以随着时间的推移随心所欲地调整音量、声像和效果设置。在立体声轨道上，默认情况下会显示音量和声像包络。音量包络是黄线，位于剪辑的上半部；声像包络是蓝线，位于剪辑的中心位置。

在包络上，首先通过添加关键帧进行精确定位，然后调整关键帧的位置来改变音量，如图5-71所示。包络控制是非破坏性的，在多轨编辑器中起控制作用，不会以任何方式更改音频文件。例如，你在多轨编辑器中使用包络控制音频音量，如果在波形编辑器中打开文件，你不会听到任何音量变化。

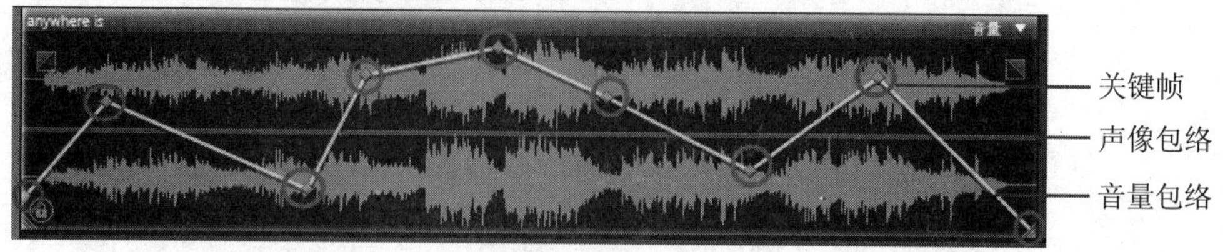

图5-71　剪辑包络

包络可以让你精确、无限制地掌控你的音频块，但我们经常在选择、移动它时无意中添加、移动了关键帧或包络线。为了避免误操作，在你无须包络设置时可以将剪辑包络隐藏(在“视图”菜单中找到对应选项显示或隐藏)，也可以将关键帧锁定(在“多轨”菜单中，取消选择“启用剪辑关键帧编辑”)。

除了剪辑包络，还有一种包络曲线——轨道包络，同样可以灵活调整音量、声像和效果设置，像编辑剪辑包络一样对其进行编辑。有关轨道包络的操作方法这里就不详细介绍了。

4) 匹配音量

你的素材库中的声音素材可能来自不同地方，如录制、网络下载、光盘……它们的音量可能千差万别。如果多轨中各音频块的音量差别很大，就会给混合带来困难。这时，你可以执行菜单命令“剪辑”→“匹配剪辑音量”，快速匹配多轨剪辑音量。

五、音频修复，让声音变得更完美

1. 标准降噪(处理)

要想得到干净的声音录制效果，关键是要有安净的声音录制环境，因此在录音前要尽量消除所有的背景噪声，如空调、冰箱、电视机、时钟等产生的噪声。即便如此，我们录制得到的声音依然会由于各种原因产生一些噪声。

Audition CC提供了专门用于降噪的效果器，其原理是先采集噪声样本，再通过分析样本得到噪声的声学特性，从而去除声音中夹杂的噪声。因此，在录制时，我们要有目的性地录制几秒背景噪声并将其命名保存，作为日后降噪的样本。如果我们在同一时间、同一地点录制了几段声音，则这些声音在降噪时就可以采用同一样本，无须重复采样。

1) 噪声样本的保存方法

Step01：全选录制好的背景噪声，执行菜单命令“效果”→“降噪/恢复”→“捕捉噪声样本”，如图5-72所示。

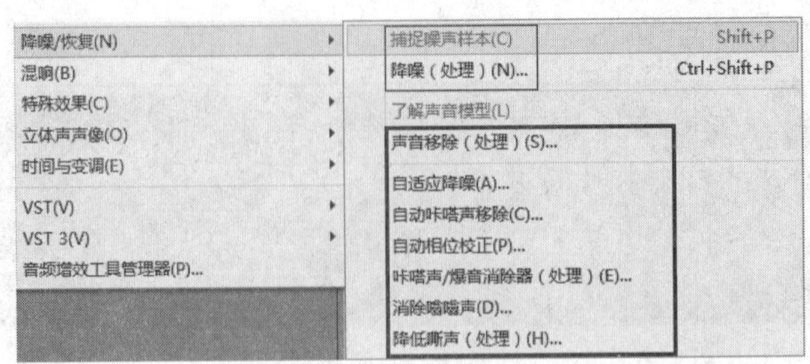

图5-72　“降噪(处理)”命令及“降噪/恢复”效果器

Step02：执行菜单命令“效果”→“降噪/恢复”→“降噪(处理)”，弹出“降噪”对话框，单击保存噪声样本，将噪声样本另存为.fft文件，如图5-73、5-74所示。

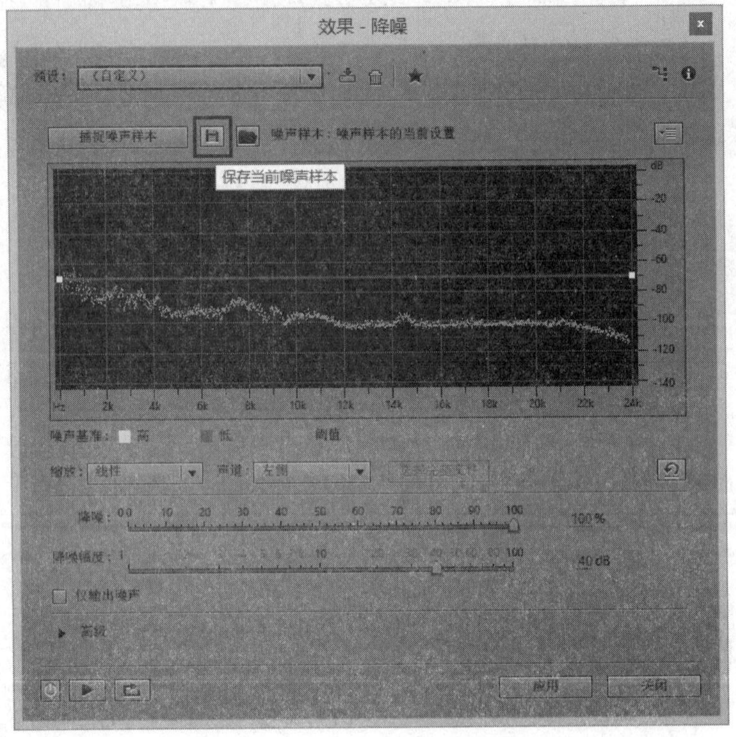

图5-73　单击“保存当前噪声样本”按钮

2) 降噪的方法

Step01：在“降噪”对话框中，单击载入录制此段声音时采集的噪声样本，如图5-75所示。如果你想在录制完成后立即做降噪处理，那么在结尾处不要立刻结束录制，同时不要发出任何声响，录制几秒背景环境音，然后选中这段环境声，如图5-76所示，执行菜单命令“效果”→“降噪/恢复”→“捕捉噪声样本”，再进行降噪(处理)操作。

Step02：载入噪声样本后，单击“选择完整文件”按钮，调整“降噪”级别参数，如图5-77所示，单击试听降噪后的效果(单击将电源关闭，可以试听降噪前的效果以进行对比)。

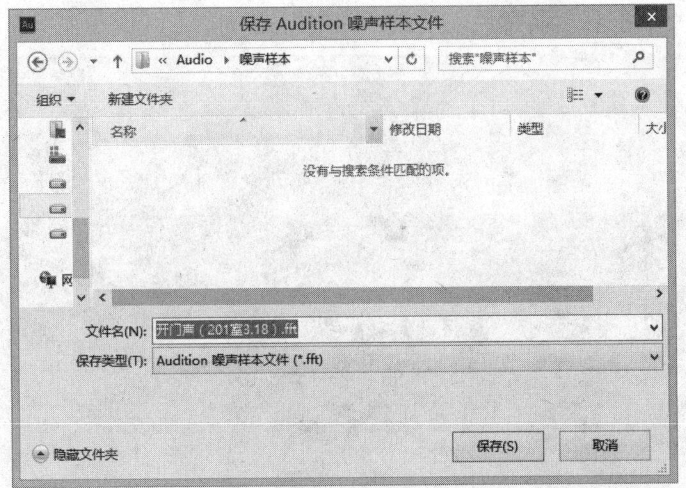

图5-74　保存当前噪声样本

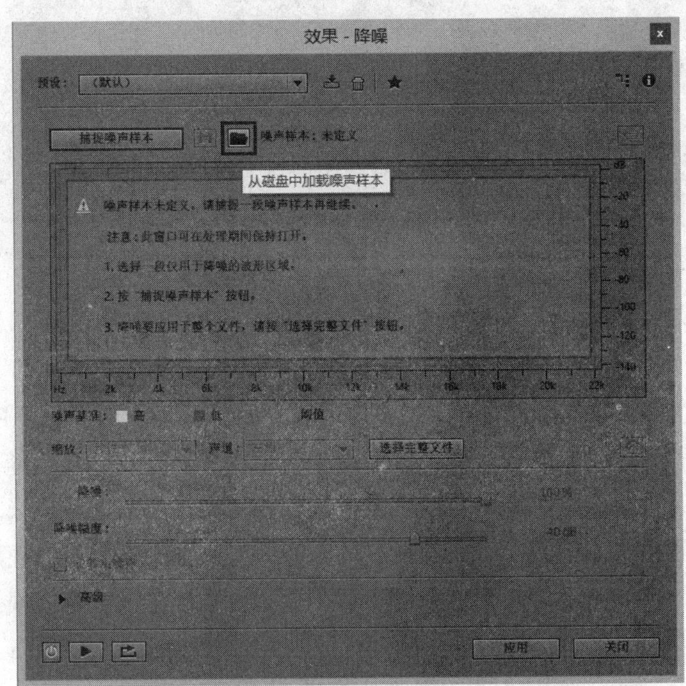

图5-75　单击“载入噪声样本”按钮

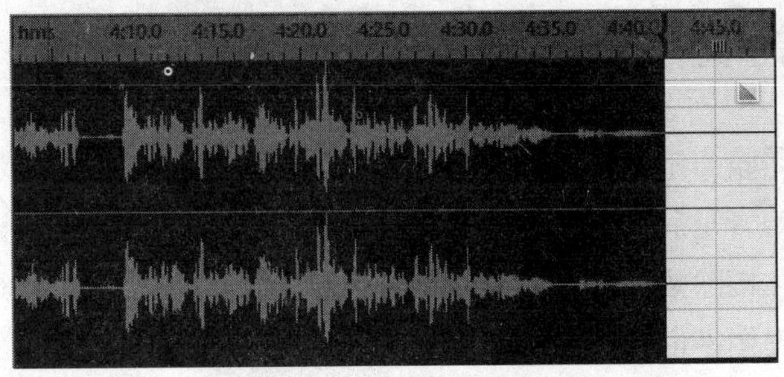

图5-76　选中背景环境音

Step03：反复调整直至满意后，单击“应用”完成降噪。

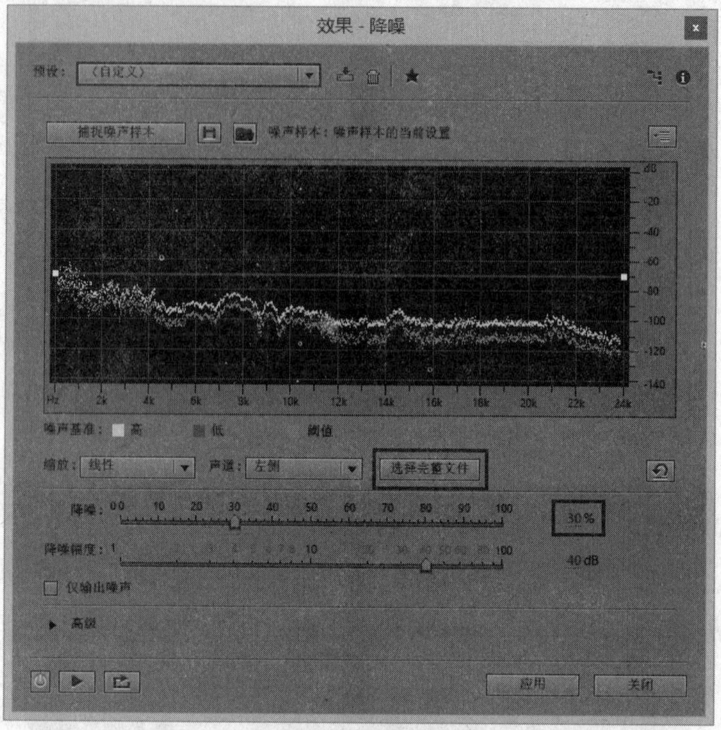

图5-77 调整降噪参数

降噪(处理)效果器可以帮助我们消除噪声，非常有用，但是需要注意以下几点：第一，该效果器仅适用于波形编辑器。第二，这里所说的噪声是指持续的、平直的本底噪声，环境中的杂音(如东西突然掉落地上的声音、敲门声等)不属于这个降噪的范畴。第三，降噪对原声是有一定损伤的，因此降噪处理的程度要适度，即对于降噪参数的设置要适度，过度使用反而会出现人为的数字瑕疵。我们要做的是在损失和降噪之间找到一个平衡点，以在最低程度失真的情况下获得最好的降噪效果。如果你的录音环境很安静，本底噪声很微弱，能不降噪就不降噪，因为降噪后，原始音频或多或少都会损失。第四，降噪可以反复执行，降噪级别可以适当调低，执行2～3次，每执行1次，监听1次(音量尽量提升到耳朵能承受的程度)，直到你觉得噪声处于最小的状态时为止。

2. 去掉声音中的背景噪声、咔嗒声及爆音

咔嗒声和爆音是较为常见的声音缺陷，多见于一些老式的黑胶唱片、声音录制和后期剪辑中。如果这类声音是后期剪辑造成的，解决方法很简单：第一，永远剪在零位线上；第二，使用交叉叠化消除两段音频边缘的咔嗒声和爆音；第三，使用淡入和淡出将声音的起始点和结束点处理至零位线位置。

Audition CC自带很多能够去除麦克风爆音、咔嗒声、轻微嘶声以及噼啪声等噪声的效

果器。这些效果器都被放置在菜单“效果”→“降噪/恢复”中，如前文中图5-72所示。其中，凡是带有“(处理)”字样的效果器都只能在波形编辑器中使用，其他效果器在波形编辑器和多轨编辑器中均可使用。下面我们简单介绍一下常用的几个效果器。

1)“声音移除”效果器

该效果器可以从录制的声音中去除不需要的音频源，通过分析声音选区构建一个声音模型，并以此来查找和移除选区中不需要的声音。“预设”中包含常见噪声，如响铃手机、警报器等，如图5-78所示。

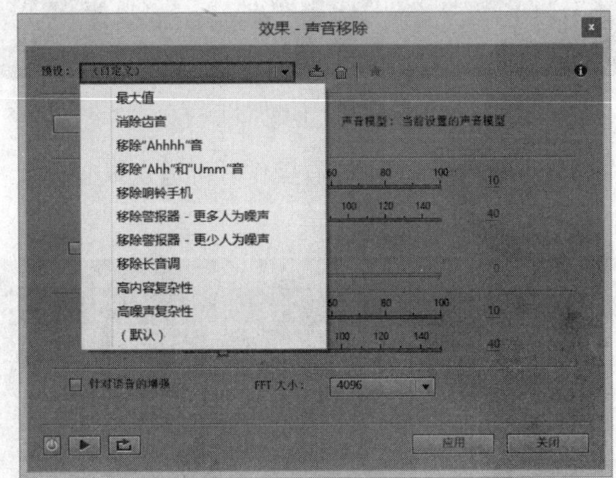

图5-78　“效果—声音移除”对话框

2)“自适应降噪”效果器

该效果器可以快速去除背景中持续的嘶嘶声、隆隆声、嗡嗡声和风声。它通过扫描音频的前几秒识别噪声，因此我们在创建选区时要将起点定位在噪声开始的位置，后面包括所有需要降噪处理的音频。调整相关参数可以实时试听处理效果，设置适当的值。其中，降噪级别设置为6～30较为适宜；FFT设置“高”适用于解决持续时间长的噪声(如嘶嘶声、嗡嗡声)，设置“低”适用于处理瞬时失真(如咔嗒声、爆音)。

3)“咔嗒声或爆音消除器”

该效果器可以去除麦克风爆音、咔嗒声、轻微嘶声以及噼啪声，这类噪声常见于老式黑胶唱片和麦克风录制中。首先确定待处理的区域，检测咔嗒声和爆音，此时该效果器会根据检测结果自动处理。然后重新调整选区，可以修复多个噪声，而无须重新打开效果器多次。

3. 修剪气口

如果我们要处理的音频文件是一首歌曲，那么在后期处理中，修剪气口则是必不可少的一个环节。演唱者在演唱过程中是一定要换气呼吸的，形成的气口会随着音的高低、快慢而有所不同，大的气口可能接近演唱的声音，如图5-79所示，框选的位置都是需要修剪的气口。

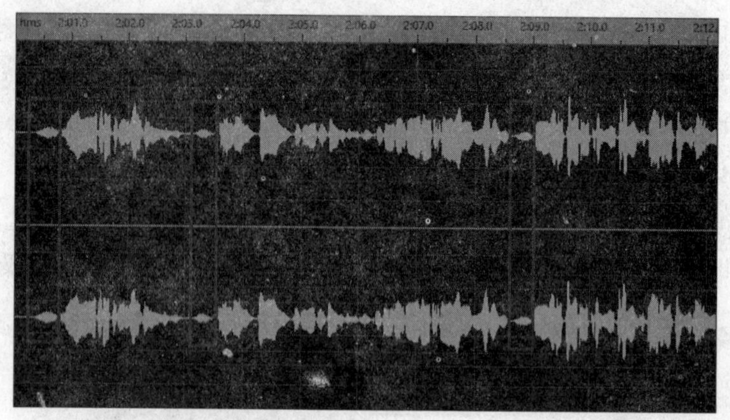

图5-79　干声气口

修剪气口的方法很简单，选中气口的位置(操作时可适当纵向放大波形，以便观察)，使用增益控件降低其振幅即可，如图5-80所示。

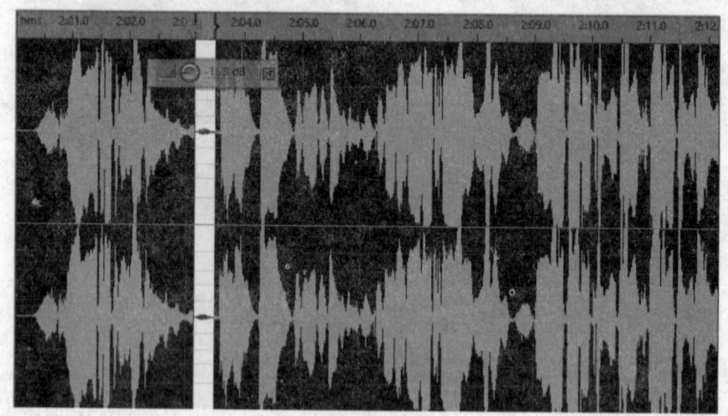

图5-80　修剪气口

修剪气口是一项琐碎的工作，需要反复试听、不断调整至一个听起来舒服的程度。当然，没有呼吸直接调整至静音是不可取的。

4. 精细处理瑕疵

录音中的瑕疵分很多种，处理的方法也不同。有时，瑕疵出现在声音的中间部分，但开头和结尾都是好的。这时，我们可以删掉中间的问题部分，不需要重录。比如，你要录制玻璃杯摔在地上的声音，恰好一块玻璃碎片击中了旁边的椅子腿，听起来很明显，不是你想要的效果。为了保持音效的干净，你就可以把这个声音去掉。这个瑕疵从波形上看会表现为一个明显的凸起，播放声音并找到这个地方，将其选中并删除就可以了。这里要留意的是找准剪辑点，删除后要反复听这个位置，确保没有出现咔嗒声或爆音。再如，你要录制一段持续不变的环境声，正录制到一半的时候你的手机突然响了。在处理这段声音时就可以将铃声剪掉，然后对剩余的前后两部分做个交叉叠化，这样剪辑点的位置会过渡得更顺畅些，显得更为自然。

排除上述偶发事件，无论我们如何小心，录制的声音还是会有不同程度的瑕疵。例如，口水声或无法用上述方法消除的麦克风爆音等。这类瑕疵是无法用降噪的方法消除的，我们需要另辟蹊径，具体的处理步骤如下所述。

Step01：单击工具栏中的，将波形以频谱频率显示，如图5-81所示。

图5-81　显示频谱频率

Step02：放大波形，细听并同时观察两种波形显示器，找到瑕疵位置，如图5-82所示。将波形横向放大，可以很明显地看到瑕疵部分。在这里，瑕疵主要产生在左声道，右声道有少许，如图5-83所示。

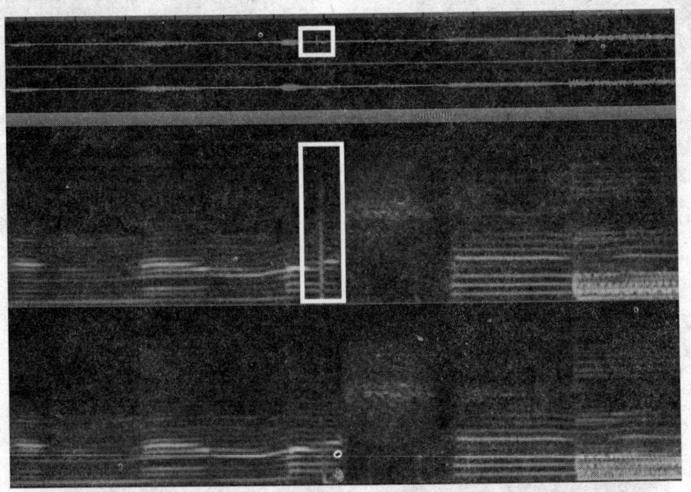

图5-82　确定瑕疵位置

接下来，我们有两种处理方式。

方法1：

Step03：选择工具栏中的“套索选择”，将瑕疵部分圈出，如图5-84所示。

Step04：按“Delete”键删除瑕疵部分，如图5-85所示。

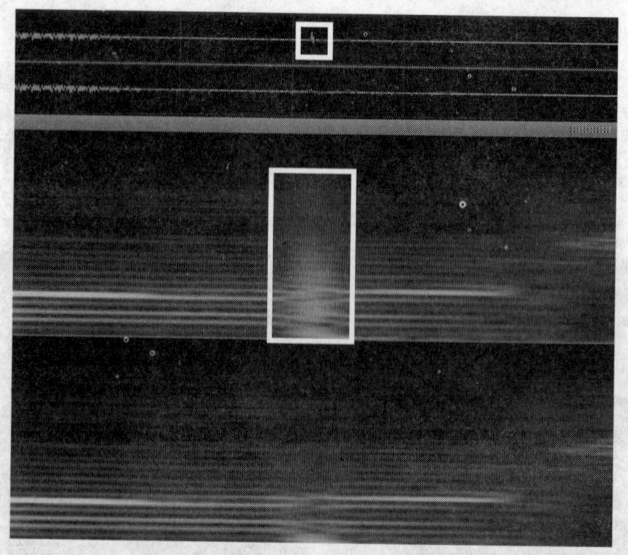

图5-83　放大瑕疵部分

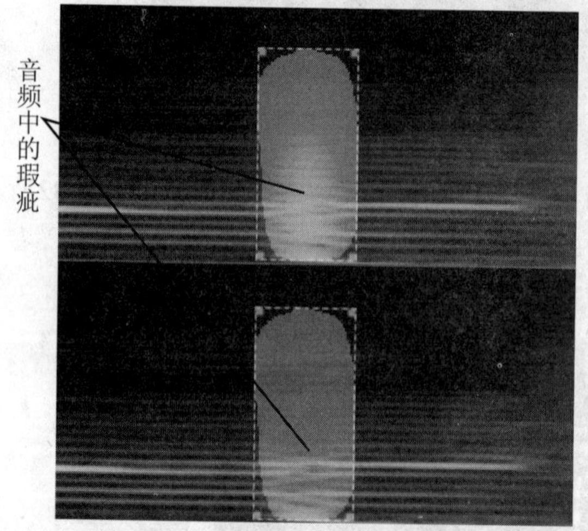

图5-84　选择瑕疵部分

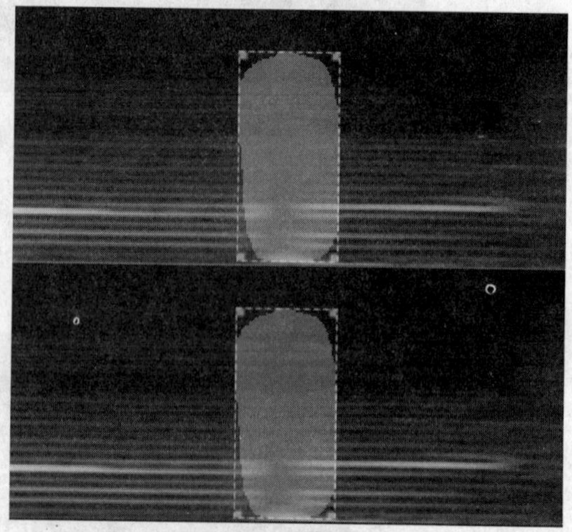

图5-85　删除瑕疵部分

◆注：在默认情况下，选择会应用到所有声道。如果你只希望选择左声道，可以单击R关闭右声道，如图5-86所示；反之亦然。

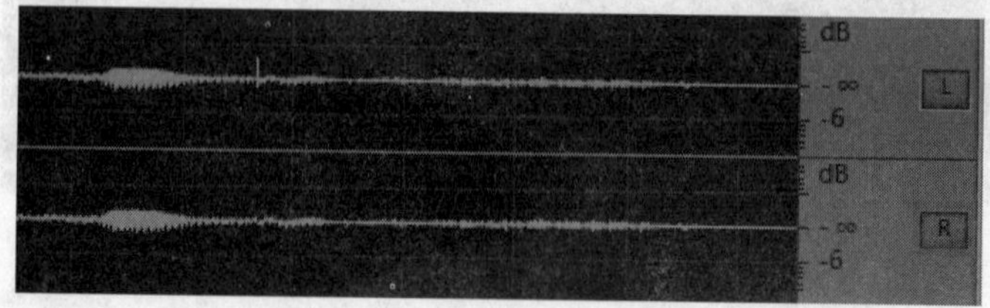

图5-86　切换声道启用状态

Step05：将选区移至紧挨瑕疵的右侧，按“Ctrl+C”组合键(或右键单击，选择“复制”命令)复制瑕疵右侧的音频数据，然后将鼠标指针放在选区内将其移回至原来瑕疵的区域，按“Ctrl+V”组合键粘贴，如图5-87、图5-88所示。

Step06：试听效果。

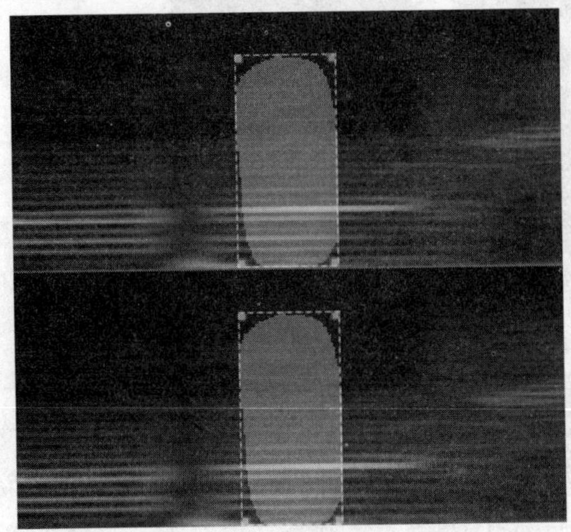

图5-87　复制瑕疵右侧的波形

图5-88　粘贴至瑕疵区域

方法2：

Step03：选择工具栏中的“污点修复画笔”，依据瑕疵的大小调整笔刷的大小 大小：20像素(大小要适度，以不破坏有效音频数据为基本要求)，在瑕疵的位置单击并按住或拖动鼠标以覆盖瑕疵部分，如图5-89、图5-90所示。

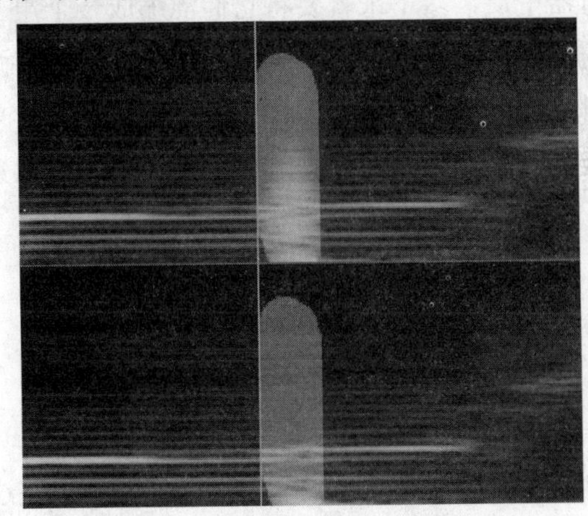

图5-89　用“污点修复画笔”工具修复瑕疵

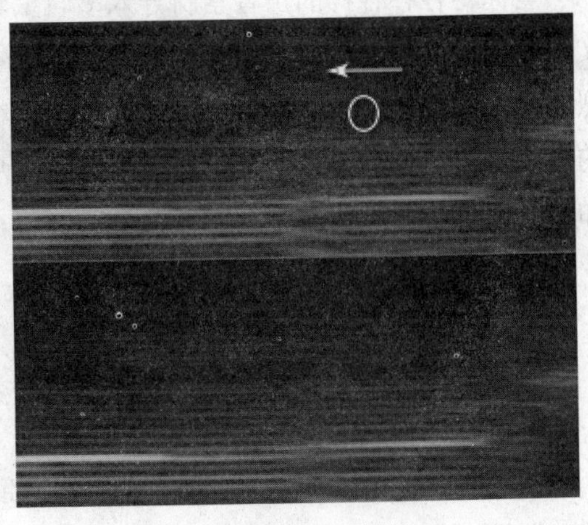

图5-90　修复后的效果

Step04：试听效果。

以上两种方法都可以有效去除瑕疵，我们可以尝试不同的方法，根据修复效果做出选择。

要在特定的频谱范围内选择音频数据，除了可使用“套索选择”工具，也可使用“选框选择”和“画笔选择”工具，如图5-91所示。其中，“画笔选择”工具可以通过更改“不透明度”(1～50)来调整应用效果强度，如图5-92所示。数值越大，白色的选定区域越不透明，应用效果越强烈。

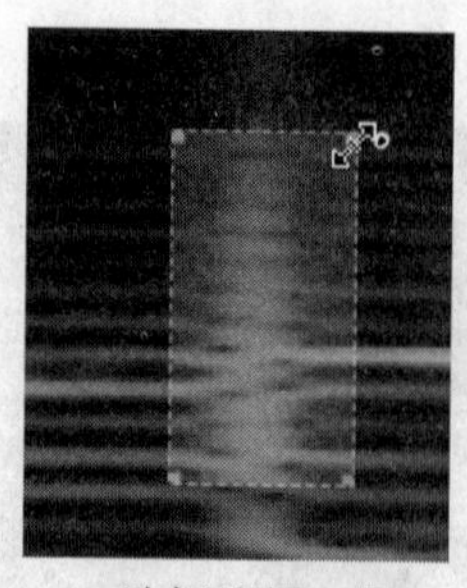

(a) 选框选择工具

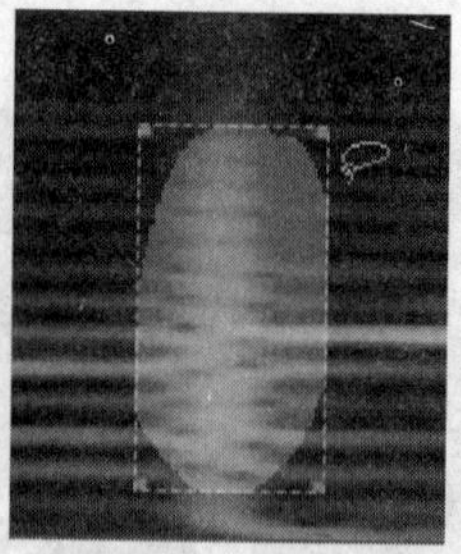

(b) 套索选择工具

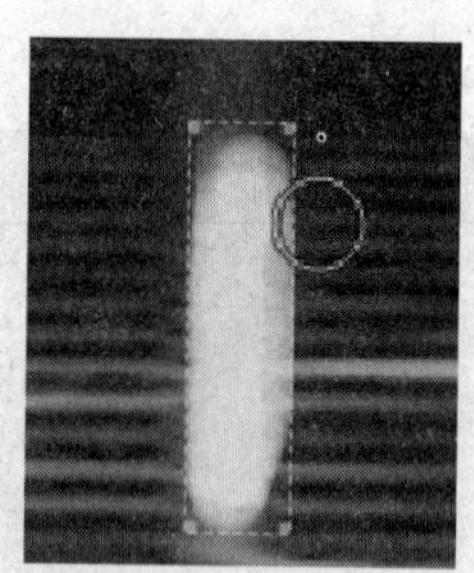

(c) 画笔选择工具

图5-91 频谱选择工具

大小：25 像素 透明度：30

图5-92 “画笔选择”工具选项

六、非破坏性的多轨混缩

当你将各种各样的声音素材导入多轨编辑器中后，接下来就要将它们混缩成一个声音文件输出。混缩是类似于声音设计的艺术，需要你尽情发挥你的审美、鉴别能力，具有强烈的个人主观色彩。就好像厨师烹饪，原材料虽然相同，但由于混合方法不同，烹制出来的食物的味道往往大相径庭。你最终希望听众听到什么声音、什么时候听到、各声音元素如何平衡……这些都需要由你来设计。

1. 多轨编辑器与混音器

1) 多轨编辑器

多轨编辑器具有极强的灵活性，你可以随时监听效果，随时做出调整、更改设置。在这里，你所做的任何更改都是暂时的或者说是非破坏性的。无论你在什么时候觉得当下的设置不再适合，都可以在多轨会话文件中移除或添加某个效果，重新混合，得到不同的声音效果。

“编辑器”面板左侧是多轨的轨道控件，可以调整轨道的音量、声像等，如图5-93所示。

(1) 单击图5-93中的“静音”按钮M，可以在监听混音效果时将该轨静音。

(2) 单击图5-93中的“独奏”按钮S，可以只监听该轨的声音。

(3) 拖动“音量”旋钮可以改变该轨的音量。如果按住“Shift”键拖动，可以大幅度更改设置；如果按住“Ctrl”键(Windows)或“Command”键(Mac OS)拖动，可以微调。

(4) 拖动“声像”旋钮可以改变声像设置。同样，如果按住“Shift”键拖动，可以大幅度更改设置；如果按住“Ctrl”键(Windows)或“Command”键(Mac OS)拖动，可以微调。

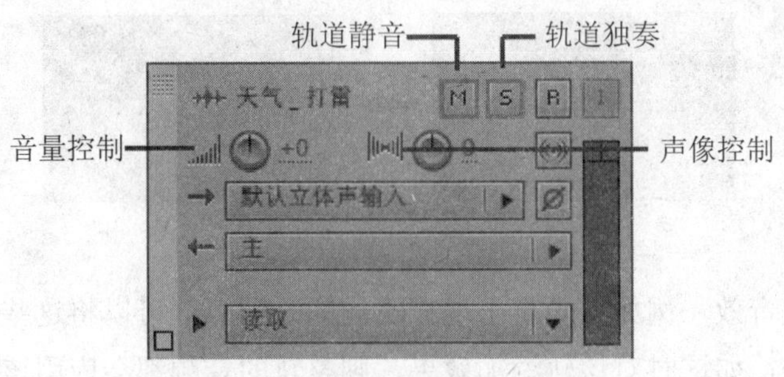

图5-93　多轨控件

2) 混音器

混音器(“窗口”→“混音器”)提供会话的备用视图，同时显示更多的轨道和控件，但不显示剪辑。混音器非常适合混合具有许多轨道的大型会话[①]，如图5-94所示。

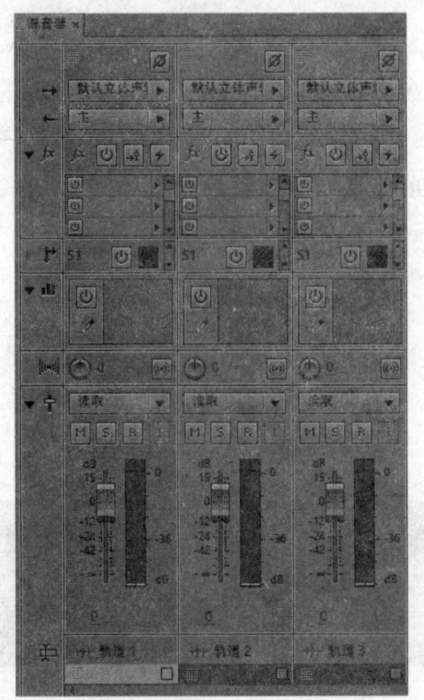

图5-94　“混音器”面板

2. 声轨重命名

声轨重命名是最容易被忽略的操作步骤。你可以在Audition CC中录音和混音无限多个轨道，如果我们要处理的声音素材不是很多，只有十几条、二十几条，那么我们在将音频素材拖拽到多轨中时就可以将这些素材分轨放置，以便于分开控制。将音频素材拖拽到多轨中后，你首先要做的就是为该轨重命名，否则即使只有十几轨，也会让你无从下手。单

① Audition帮助文档. https://helpx.adobe.com.

击“轨道1”将名称激活，输入与声音对应的名称即可，如图5-95所示。

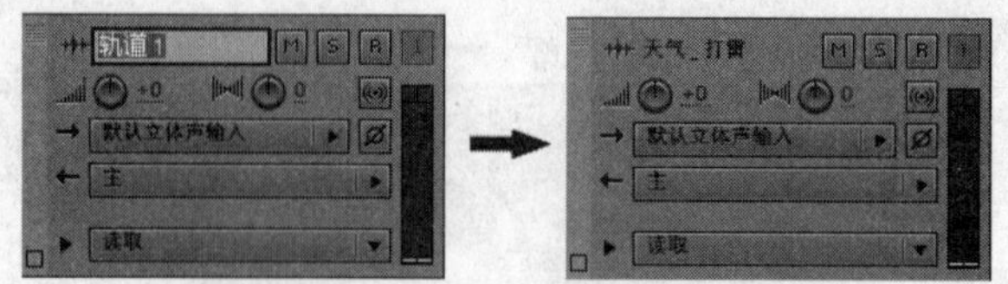

图5-95　声轨重命名

如果是相近的音效，例如下雨声出现在不同的时间点，可以将这些下雨声放置到一个轨道中。但要注意，如这时对该轨添加效果，则整轨的音频都会应用该效果。例如，如果调节该轨的音量，那么这条轨道上所有的音频音量都会发生变化。如果你想单独调整一个音频音量，可以使用前文讲到的音量包络。

3. 切断与合并

拆分剪辑是将一段音频分割成可以让你独立移动或编辑的单独剪辑。首先，将时间指示器定位在需要分割的位置；然后，执行菜单命令“剪辑”→“拆分”或“拆分播放指示器下的所有剪辑”，如图5-96所示。拆分后的结果如图5-97所示。

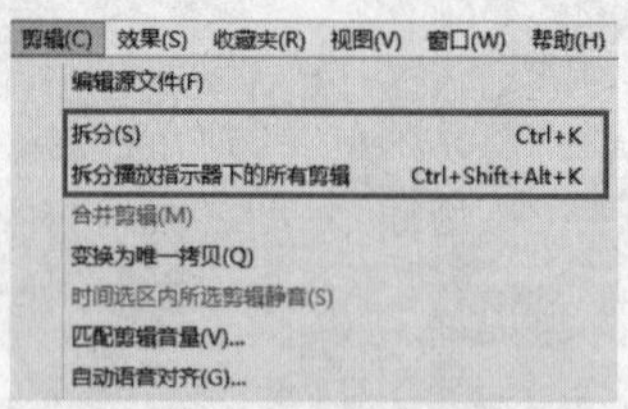

图5-96　“拆分剪辑”命令

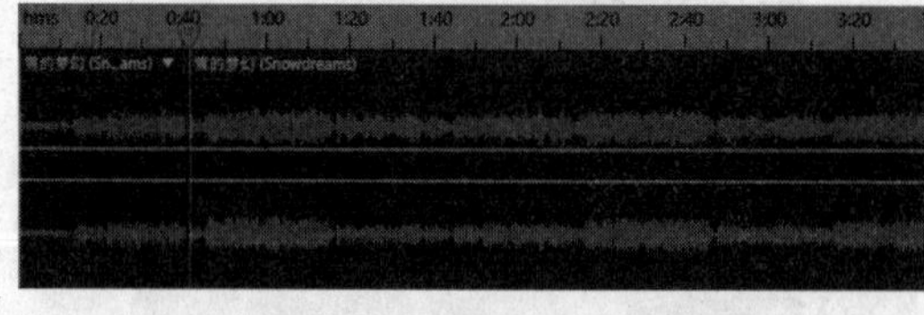

(a) “拆分”单个剪辑

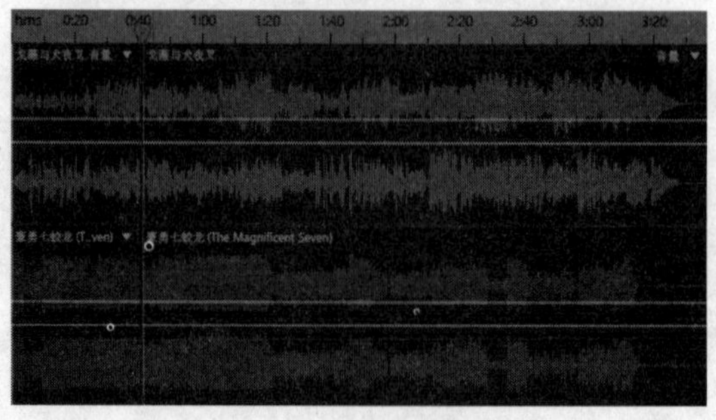

(b) “拆分”所有剪辑

图5-97　拆分剪辑

如果拆分后想要重新合并，可以同时选中需要合并的单个剪辑，执行菜单命令“剪辑”→“合并剪辑”恢复至原来的状态，如图5-98所示。注意，拆分后的剪辑不能移动位置，否则无法合并。

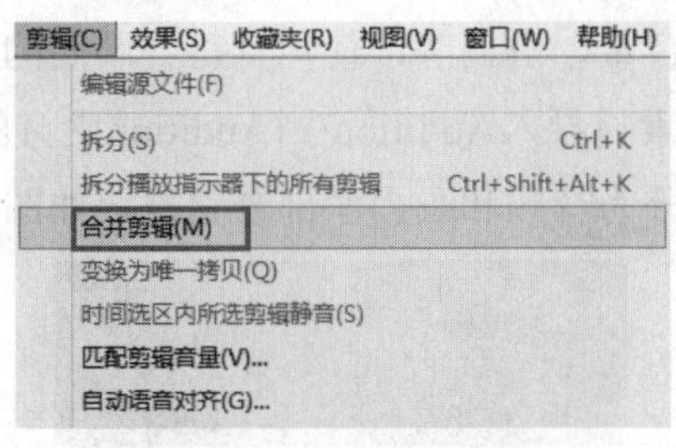

图5-98 “合并剪辑”命令

4. 编组

编组是实行多轨管理的一种有效方法。你可以将声轨分类并编组，尤其在声音素材很多时可以大大提高你的工作效率，达到事半功倍的效果。这样你可以同时移动组内的素材，保持它们的相对位置不变。编组的方法很简单：同时选中需要组合在一起的剪辑，执行菜单命令“剪辑”→“分组”→“将剪辑分组”，如图5-99所示。成组的剪辑会在左下角的位置显示图标，同时会将同一组的剪辑统一为一个颜色，如图5-100所示。如果想要取消组合，可以执行菜单命令“剪辑”→“分组”→“取消分组所选剪辑”或“从组中移除焦点剪辑”，将选中的剪辑从组中单独释放出来。

图5-99 “将剪辑分组”命令

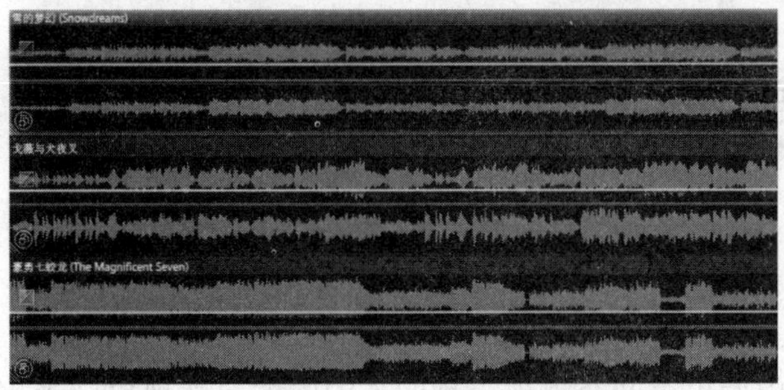

图5-100 将剪辑编组

5. 配音

为视频配音的方法与用麦克风录制声音基本相同，区别在于我们要对着视频画面，控制好声音的起始点、语速、音量、语调等，使声音符合画面的情境。

首先，我们需要将视频素材导入Audition中(Audition支持的视频格式参见前文所述)，导入后的视频文件会被自动分为音频和画面两部分素材，如图5-101所示。

图5-101　导入视频素材

其次，切换到多轨编辑器，执行菜单命令“多轨”→“轨道”→“添加视频轨”，即可添加一条视频轨，将视频素材拖入该轨道，就会自动开启“视频”面板观看视频画面，如图5-102、图5-103所示。

◆注：①一个多轨会话只可以有一个视频轨道。②如果关闭了视频面板，可以在菜单“窗口”中找到视频面板再开启。

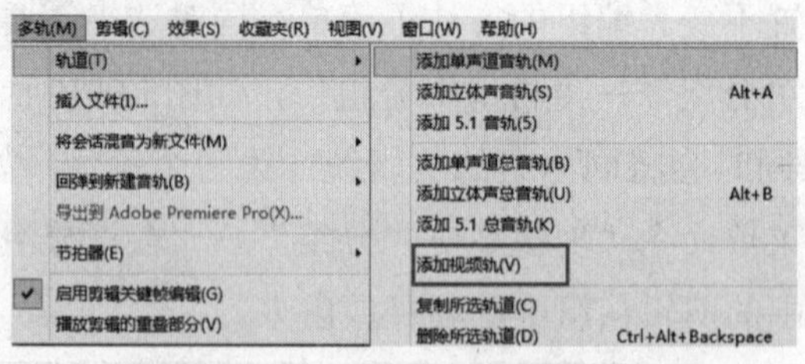

图5-102　添加“视频轨”

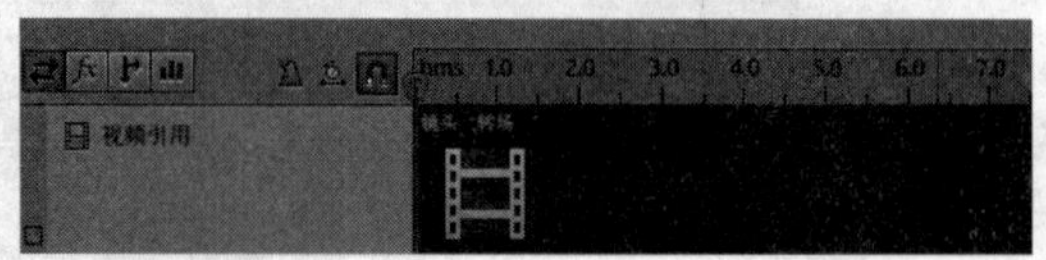

图5-103　将视频素材添加至视频轨

最后，我们只要播放视频，对着画面，在音频轨录制声音就可以了。

七、特效处理，让声音更震撼

1. 混响

在封闭的空间中发出声音会出现一种叫作混响的自然现象。当声波在传播过程中遇到墙壁等障碍物时就会反射到另一个方向，当声波到达另一面的墙壁时又会再一次反射回来。每反射一次，声波的能量都要被障碍物吸收一些。如此反复，直至声音的能量消失殆尽。这也就是你在连续发声后，即使停止发声，室内仍留有余音，声音还要持续一段时间的原因，持续的这段时间通常被称为混响时间。因此，在建造专业录音棚时都会采用吸音材料，对墙壁、天花板和地板等做专业处理，可以减少声音反射的次数，从而降低混响。

在真实的世界中，混响无处不在。那么，在建造录音棚时为什么要消除混响效果，或者要尽量降低混响呢？随着数字录音技术的飞速发展，使用“混响效果器”已经可以模拟出不同环境下的真实混响效果，想要什么样的混响就可以模拟出什么样的混响。因此，在录音时为了避免声学现象造成的影响，使声音能够真实再现、不受干扰，索性就在建造录音棚时直接消除混响等其他声学现象，在后期编辑时再通过各种效果器随心所欲地添加想要的效果。

如果没有混响，声音听起来会很“干”；相反，如果混响太多，声音会含糊不清。对于不同用途的厅堂，最佳混响时间也不同，适当的混响可以让声音更自然，富有空间感、亲切感和艺术感染力。例如，对演讲厅来说，混响时间不能太长也不能太短。一般来说，我们每秒能讲出2～3个单字，如混响时间太长导致两个单字混在一起，听起来就会含糊不清；如时间太短则响度不够，也听不清楚。北京科学会堂有一个学术报告厅，混响时间为1秒[①]。音乐厅和剧场的最佳混响时间比演讲厅要长些，具体长多少要依据音乐类型的不同而有所变化。轻音乐要求节奏鲜明，混响时间要短些；交响乐的混响时间可以长些。因此，在设计建造一些高级音乐厅或剧场时，会安装一些可变动或可拆装的物体，然后依据不同情况，通过改变其反射或吸收的强度，人工调节混响时间，以达到不同的艺术效果。

Audition CC中提供了5种混响效果器，如图5-104所示。这5种效果器可以模拟出不同的空间混响效果，可以重现某种声学效果或周围环境，只是提供的参数和选项不同。其中，比较重要的参数有如下几个。

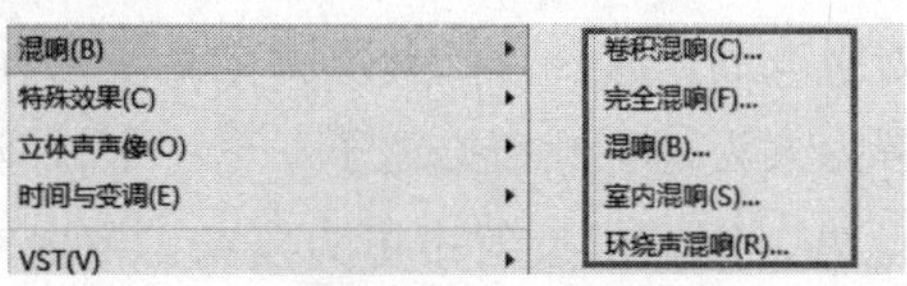

图5-104 “混响”效果器

1) 干声和湿声

混响效果器中的干声(Dry Out)指的是声源发声后，直接传播给听众，最先到达人耳的直达声，也就是原声。其后到达的，经过墙壁、天花板、地面等界面反射几次的声音是混响效果声，也称之为湿声(Wet Out)。湿声的大小与空间无关，它与反射面的材质、室内物体的多少有关。界面表面的材质越松软、越粗糙，混响声越小；反之越大。室内的物体越多，混响声越小；反之越大。例如，坐满观众的剧场的混响要比空置时的混响小，放满家具的房间的混响要比空屋子的混响小。因此，我们可以根据需要调整输出时干声和湿声所

① 百度百科. http://baike.baidu.com.

占的比例。

2) 衰减时间

衰减时间(Decay Time)是指混响持续的时间长度，也就是声音的尾巴拖延的时间。衰减时间不仅与房间内反射面的材质、物体的多少有关，还与空间的大小有关。空间越大、越空旷，衰减时间越长；反之越短。物体越少，表面越光滑，衰减时间越长；反之越短。因此，调整衰减时间，可以模拟出不同空间大小的混响效果。

3) 预延时

预延时(Pre-delay)是指声源发声后，经过多长时间的混响声形成最大振幅。也就是说，这个参数决定了声源发声后，混响声什么时候开始发出。如果是立即开始发出混响声，就把预延时参数设置为0；如果希望将原始声和混响声分开一点时间，就可以将预延时参数设置到一个适当的时间值。预延时时间过长，会形成回声效果。一般来说，空间越大，预延时时间越长；反之越短。空间越宽广，预延时时间越长；反之越短。因此，调整预延时也可以模拟出不同空间大小的声音感觉。

4) 扩散

扩散(Diffusion)是指混响声的扩散程度。扩散值越大，反射声越多，产生的混响声越平滑，声音就越温和，听起来越自然；相反，这个值设置得越低，反射声越少，相互的间隔越大，听起来就比较接近回声的感觉。

2. 延迟与回声

延迟是重复声音信号产生的效果，也就是我们所说的回声。与混响相比，两者在本质上是一样的，都是声音的叠加效果，都可以理解为一种声音的延迟。不同的是，混响是由无数个不同程度的反射延迟组成的，人耳无法分辨哪个是最先听到的直达声，哪个是晚到的反射声；而延迟可以理解为人为地将原声推迟了一个特定时间后又加在原声上，这个延迟人耳是能分辨出来的。此外，混响的反射声更为复杂。室内空间的大小、每个反射面(墙面、天花板等)的距离、声源的频段等很多参数都会影响反射效果。虽然都是反射声，但是人耳对不同的声音有不同的分辨时间。比直达声晚到达人耳50毫秒以内的反射声叫早期反射声，人耳是无法把它与直达声区分开的，这样的反射声可以加强原声，提高响度，提升声音的清晰度；比直达声晚到达人耳50毫秒以上的反射声均称为混响声，可以使声音更饱满；延时超过100毫秒的混响声类似于回声，可以产生巨大的空间感，但同时也会降低声音的清晰度。Audition CC中提供3种延迟与回声效果器，如图5-105所示。

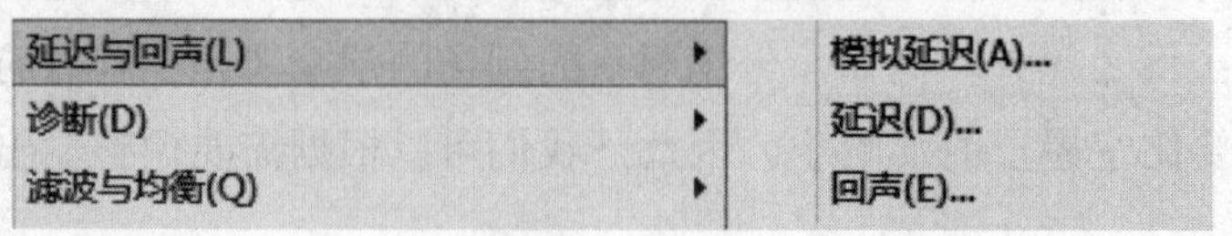

图5-105 “延迟与回声”效果器

1) 延时时间

延时时间(Delay)即重复的声音什么时间开始，是紧随原始声之后，还是有一点滞后，具体可以基于毫秒单位来设置。

2) 反馈

反馈(Feedback)用来创建重复声，决定了你将得到多少延迟声量。如果我们把反馈调小，可能只能得到一次重复声；而调大该值，就可以得到无数重复声，但如果过大就会使声音变得含糊不清。

3. 均衡器(EQ)

当人们听到不同频率的声音时，会产生不同的听觉感受。无论是人声还是乐器声都有各自的频率点，当将这些声音进行融合时，我们需要调节和分配每个声音所在的频率点，让它们都有各自表现的机会而又不互相冲突和干扰。如果只是人声的混合，那么使用的话筒不同，录制得到的人声的高频和低频的分配也不同。比如，有的动圈话筒，低频多、高频少，这时就要使用均衡器来调节。均衡器的作用就是对音频各频率段进行增益或衰减处理，进而修饰音频，使输出的声音听起来更加动听或生成特殊效果。

1) 不同频率段的声音的特质

(1) 20Hz～150Hz频率。这个频段主要影响声音的浑厚度、饱满度。如果缺乏这个频段，音色会显得苍白、单薄；如果这段频率适当，那么声音听起来强而有力，音色会显得厚实、有空间感。但是，如果过度提升该频段，会使声音变得含糊不清，影响声音效果。

(2) 150Hz～500Hz频率。这个频段主要影响声音的力度。如果这段频率不足，声音会软而无力，给人发飘、软绵绵的感觉；相反，如果过度提升这段频率，音色会显得很单调、不自然。

(3) 500Hz～1kHz频率。这个频段主要影响声音的清晰度。如果这段频率适当，音色听起来更明朗；相反，如果这段频率不足，声音会产生一种收缩感。150Hz～1kHz是人声的主要位置，男声的基音区比女声偏低一些。如果过度提升这个频段，相对来说低频和高频的成分减少了，会产生一种类似电话声的音色。

(4) 1kHz～2kHz频率。这个频段主要影响声音的透明度。这个频段适当，通俗地说，声音听起来很透亮；相反，如果缺乏这个频段的音色成分，声音就好像蒙上一层纱一样黯淡无光。

(5) 2kHz～6kHz频率。这个频段主要影响声音的明亮度和穿透力。如果缺乏这个频段的音色，声音会含糊不清；相反，如果这段频率过强，声音会显得尖利，听多了会产生疲劳感。

(6) 6kHz及以上频率。这个频段主要影响声音的层次感和表现力。如果这个频段不足，音色会很平淡，缺乏个性，因此要力争使音色层次清晰、圆润清澈；相反，过度提升该频段会使齿音加重，甚至出现刺耳的感觉。

2) 均衡器的种类

(1) 图形均衡器。Audition CC提供3种图形均衡器，分别是10段、20段和30段，如图5-106所示，为20段图形均衡器对话框。这3种均衡器的区别在于声音频段的划分不同，我们可以根据需要向上或向下调节不同频率点上的滑块，为选定的频段设置准确的增强值或减弱值。图形均衡器的频段越少，调整就越快；频段越多，则精度越高。

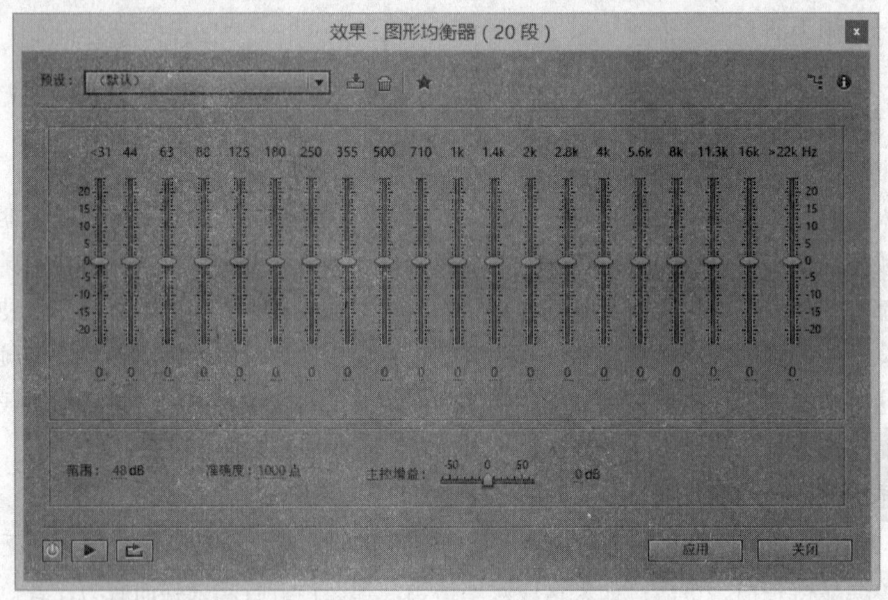

图5-106 “效果-图形均衡器(20段)”对话框

(2) 参数均衡器。图形均衡器将所有的频率点固定好，我们只需要控制每个频率点的增益或衰减就可以改变它们的强弱，从而得到不同的声音效果。相对于图形均衡器来说，参数均衡器的调整要更加自由和灵活，你可以自由定位要调整的频点位置。Audition CC自带的参数均衡器设置了5个中间频段，以及高通(HP)、低通(LP)和限值滤波器(L、H)，单击对应位置的频段按钮可以激活或取消这几个点，如图5-107所示。默认情况下，高通(HP)和低通(LP)处于不被激活的状态。

① 1～5频段。可自由选择5个想要控制的频点，并通过向上或向下拖动调节该频点在一定范围内的增益或衰减，如图5-108所示，其影响范围由*Q*值决定。

② *Q*/宽度。控制受影响的频段的宽度。*Q*值越低，影响的频率范围越大；*Q*值越高，影响的频率范围越小，如图5-109所示。一般来说，1～10的*Q*值最适合常规均衡，非常高的*Q*值适合于去除特定频率。

③ 范围。图形范围为30dB时可进行更精确的调整，为96dB时可进行更极端的调整。

④ 下限滤波器(L)。用于将某个点以下的频率全部增益或衰减。注意，这里并不是严格地从设置点开始变化，而是有一个影响范围。单击斜率按钮，可以切换变化的幅度，如图5-110所示。

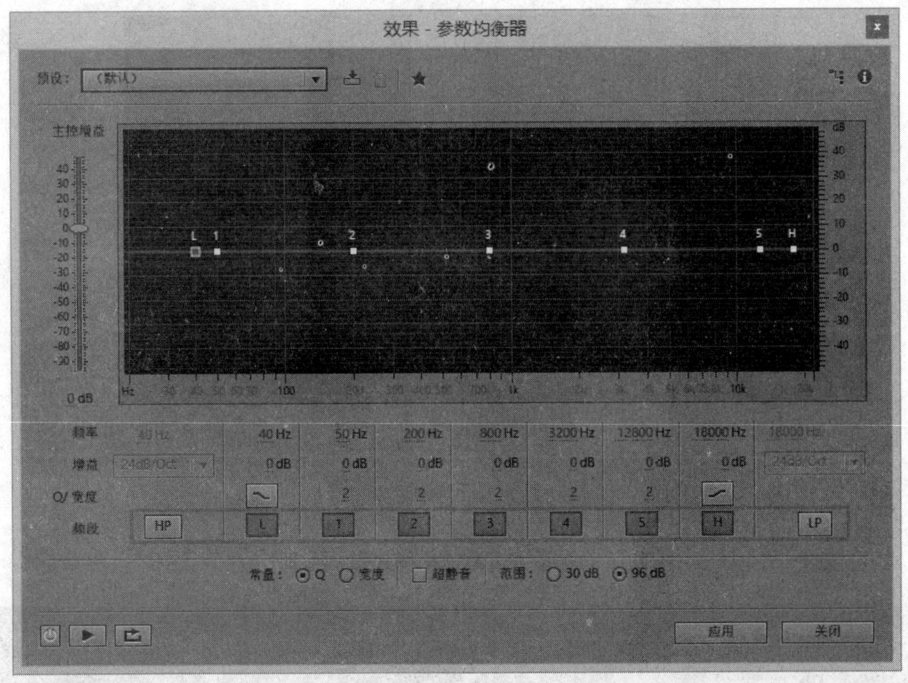

图5-107 “效果-参数均衡器”频段按钮

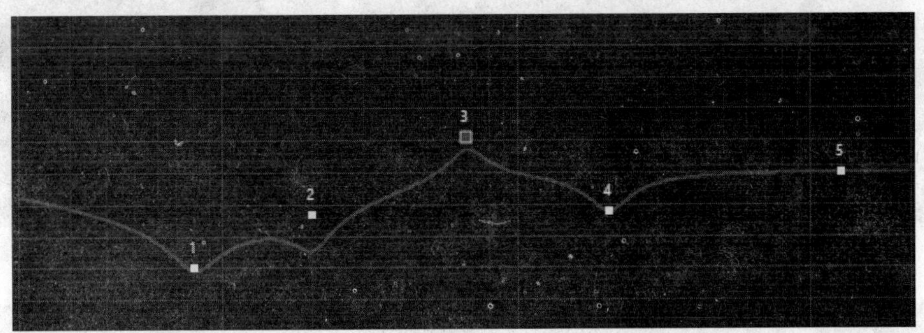

图5-108 “参数均衡器”频率点的设置

⑤ 上限滤波器(H)。用于将某个点以上的频率全部增益或衰减。单击斜率按钮，可以切换变化的幅度。

⑥ 高通滤波器(HP)。高通也就是低切，将某个点以下的频率切除，如图5-111所示。在这里，我们可以简单地理解为高音通过、低音切除。

⑦ 低通滤波器(LP)。低通也就是高切，将某个点以上的频率切除。与高通滤波器相反，低音通过，高音切除。

3) 均衡器应用实例

下面，我们就以电话声音效为例，看看如何使用均衡器达到想要的效果。

Step01：导入一段录制好的人声音频。

Step02：执行菜单命令“效果”→“滤波与均衡”→“参数均衡器”，弹出“效果-参数均衡器”对话框。

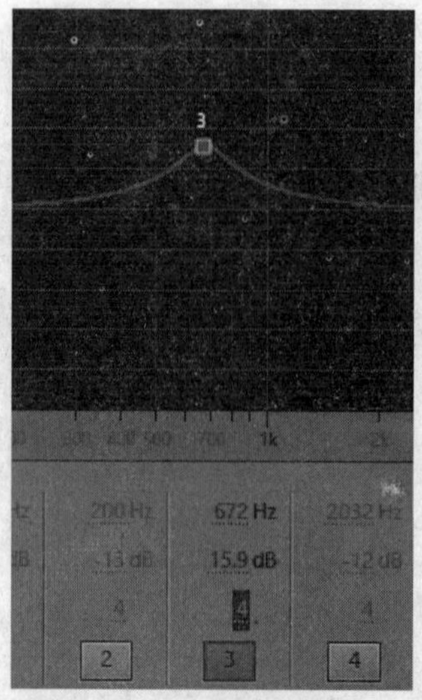

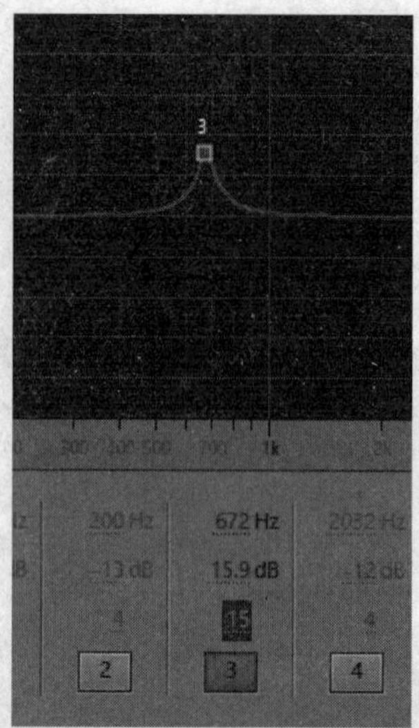

图5-109　*Q*值影响的频率范围对比

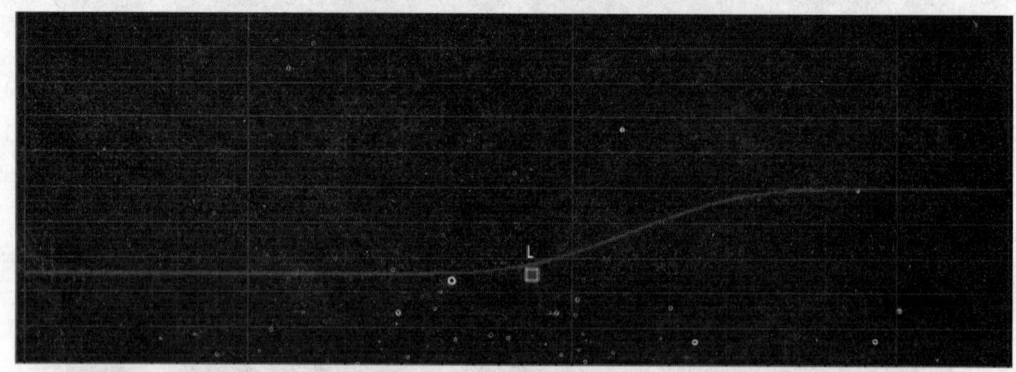

图5-110　“下限滤波器(L)”调整效果

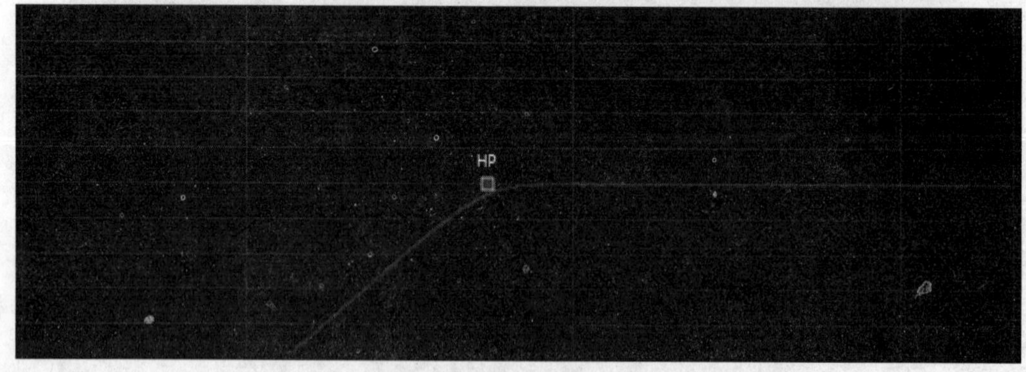

图5-111　“高通滤波器(HP)”调整效果

Step03：电话主要传输语音信号，其频段主要是中频，没有低频和高频，所以我们要使用均衡器切掉人声中的低频和高频，并对中频做增益处理，如图5-112所示。

Step04：一边调整，一边试听效果，直到满意为止。调整的幅度和增益点的选择并不是绝对的，要依据处理的人声音色的不同而灵活变动。

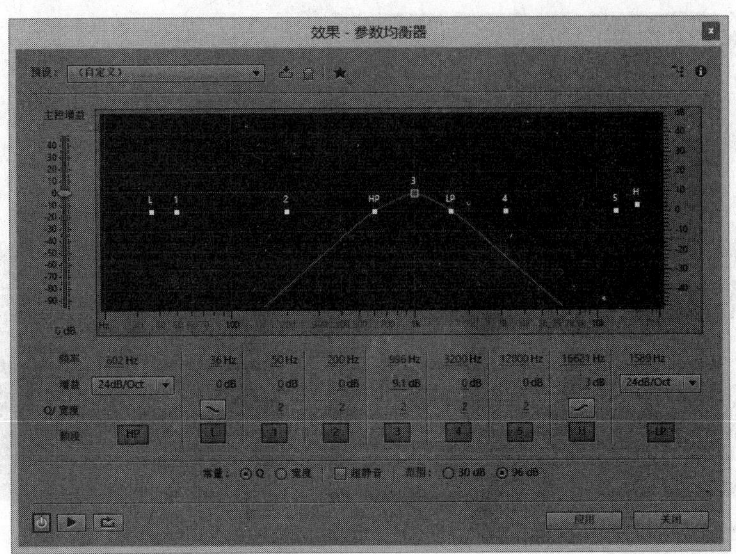

图5-112　使用“效果-参数均衡器”调节电话音效

4. 应用效果

1) *在波形编辑器中应用*

在波形编辑器中应用效果有两种方法。

(1) 可以使用“效果组”面板。“效果组”面板允许添加16种效果，并通过编辑、排序达到不同的混合效果。你可以使用各个效果槽管理各组效果，按播放按钮可以试听应用相应设置之后的效果。如果你想将添加效果后的音频与原始音频进行对比，可以单击单个效果的电源按钮或左下角的所有效果的主电源按钮。单击“应用”按钮可以将相关设置应用到音频数据，如图5-113所示。如果要移除单个效果，可以选中该效果，按“Delete”键。如果要移除所有效果，可以单击面板右上角的按钮，从中选择“移除所有效果”。

(2) 可以使用“效果”菜单。在效果菜单上选择想要添加的效果器，适当调整参数，试听满意后即可应用该效果。

2) *在多轨编辑器中应用*

在多轨编辑器中，你可以在“编辑器”“混音器”或“效果组”面板中添加、重排和移除效果。同样，多轨中的效果也是非破坏性的。

在“编辑器”或“混音器”中，单击效果图标，即可应用效果，如图5-114所示，使用方法与上述“效果组”面板相同。

在多轨编辑器的“效果组”面板顶部有“剪辑效果”和“音轨效果”两种应用方法，如图5-115所示。如果你只想对一条轨道中的某一个剪辑应用效果，或者你想对一条轨道中的多个剪辑应用不同的效果，那么，你就选择“剪辑效果”；如果你想对同一轨道内的所有剪辑应用同样的效果，那么，你就选择“音轨效果”。

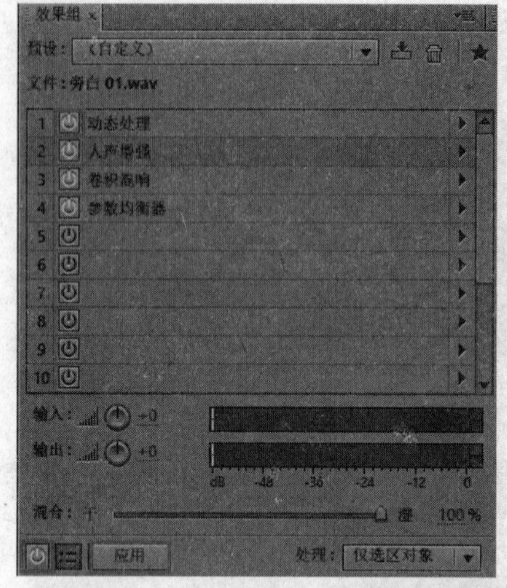

图5-113　在“波形编辑器”中应用效果器

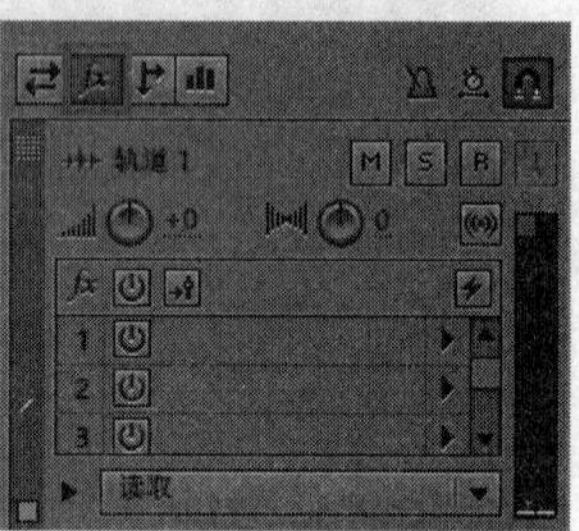

图5-114　单击效果图标

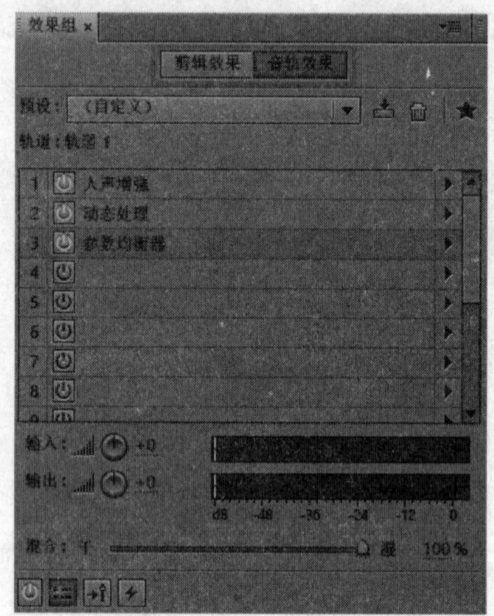

图5-115　“效果组”面板的两种应用方法

八、音频输出，让节目更精彩

在经过一系列烦琐的录制和编辑后，你就可以根据需要，将编辑完成的单轨或多轨音频输出为不同格式的音频文件。

1. 输出音频文件

Step01：在录制和编辑结束后，执行菜单命令“文件”→“导出”→“文件”，如

图5-116所示。

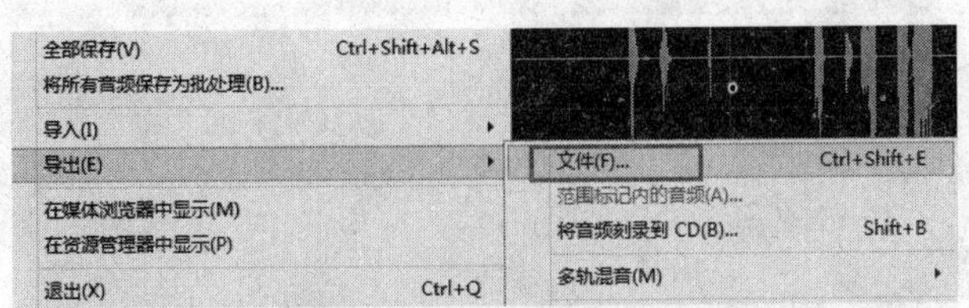

图5-116 “文件”导出命令

Step02：执行操作后，弹出“导出文件”对话框，设置好文件名、位置和格式后，单击“确定”按钮即可，如图5-117所示。如果需要重设音频输出的采样类型或输出格式，可以单击其相对应的“更改”按钮，在弹出的对话框中重新选择。

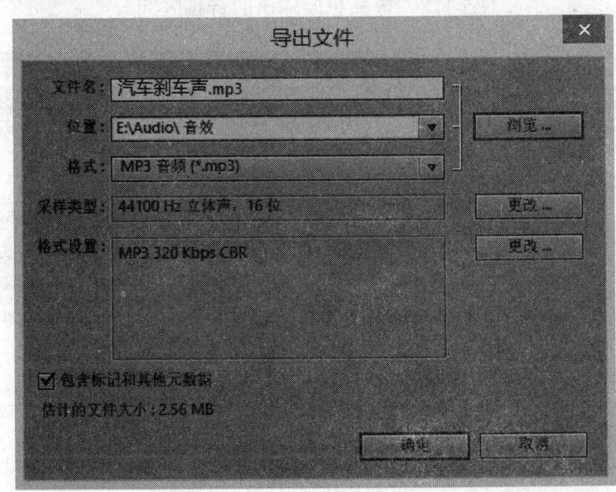

图5-117 “导出文件”对话框

◆注：单轨音频导出与本章第一节讲解的文件“另存”命令都是以不同的文件名保存音频的更改。不同之处在于，使用“导出”命令保存，当前打开的文件保持不变；而采用“另存”命令操作后，当前打开的文件会自动变成新文件。

2. 输出多轨混缩文件

1) 输出时间选区

在实际操作中，如果需要将多轨音频中的一小段输出，可以将这一部分单独选中输出。

Step01：使用时间选区工具，在多轨编辑器中选择想要输出的音频区间，如图5-118所示。

Step02：执行菜单命令“文件”→“导出”→“多轨混音”→“时间选区”，如图5-119所示。

Step03：在弹出的“导出文件”对话框中，设置好文件名、位置和格式后，单击“确定”按钮即可。

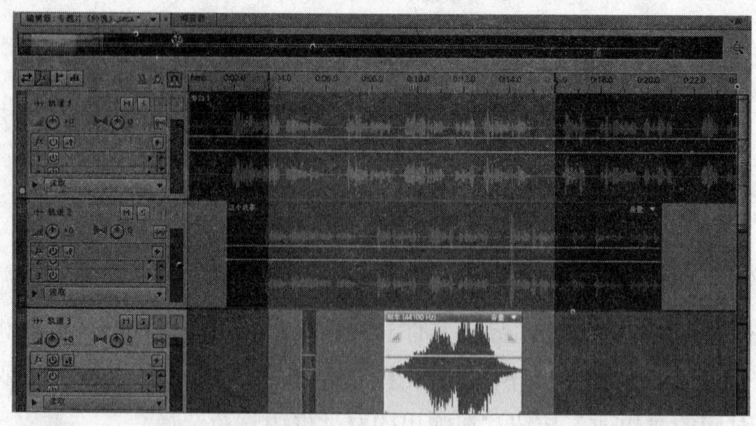

图5-118　选择想要输出的音频区间

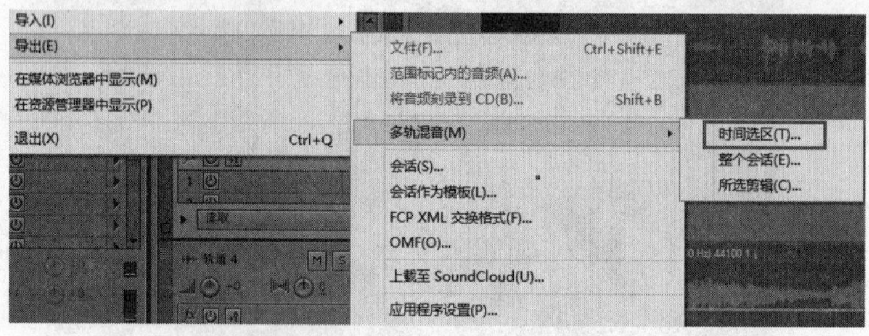

图5-119　执行菜单命令(时间选区)

2) 输出整个项目文件

当所有的音频素材在多轨中编辑混合完成后，你就可以将制作好的声音输出了。

Step01：执行菜单命令“文件”→“导出”→“多轨混音”→“整个会话”，如图5-120所示。

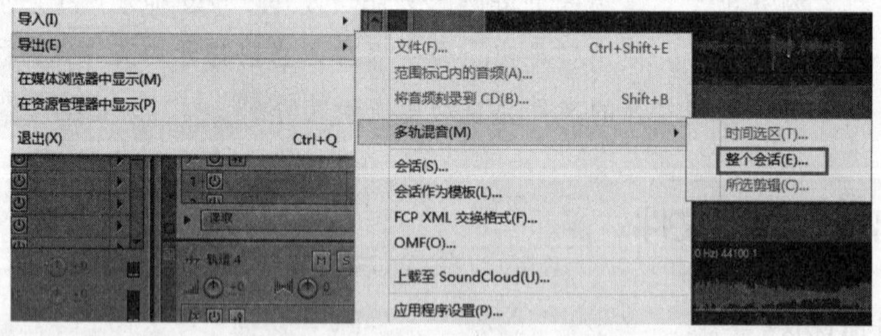

图5-120　执行菜单命令(整个会话)

Step02：执行操作后，弹出“导出多轨混缩”对话框，在其中设置文件的名称和导出位置，单击“确定”按钮即可导出整个项目文件中的声音片段。

课后练习

利用本章所学知识，试着剪辑一段音频吧！

第六章

学会Premiere，哪里编片都不怕：学做后期编辑

初接触视频编辑的“小菜鸟”会觉得编片很高端、很神秘，甚至有些恐怖。但只要你敢动手操作，Premiere其实很简单。它的操作界面简单明了，功能也越来越强大，很多效果都是预设好的，只要稍加学习就可上手。

一、怎样打开Premiere

要想使用Premiere，首先应安装你想用的版本。安装好最新版本的Premiere Pro CC后，双击桌面上的快捷图标，进入欢迎界面，如图6-1所示。单击“新建项目”按钮，如图6-2所示，可创建一个新建项目用来导入素材。

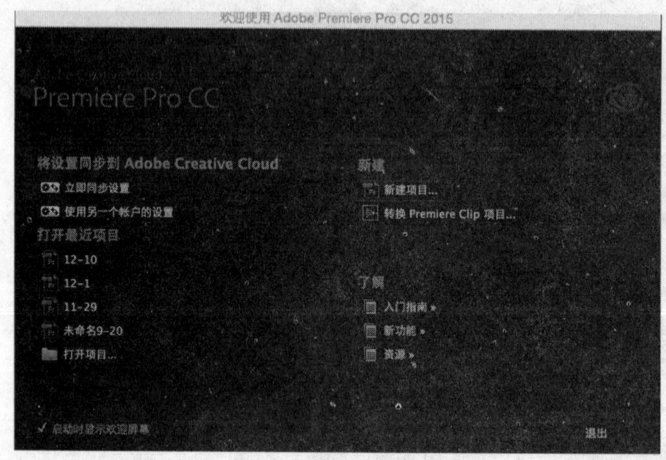

图6-1　欢迎界面

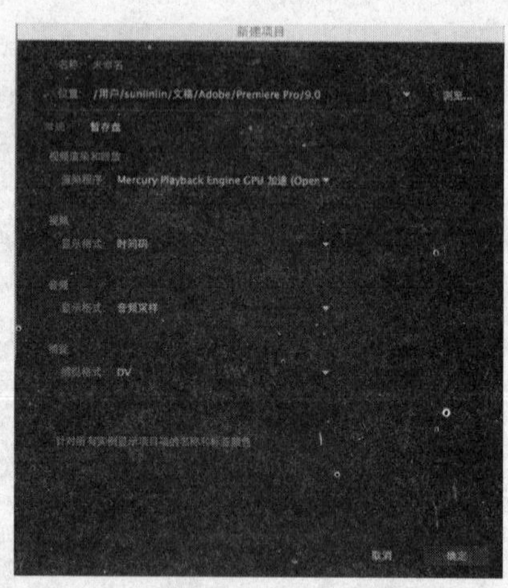

图6-2　新建项目

打开“新建项目”对话框，我们只需要更改“名称”和“位置”两个选项。一定要尽量选择一个固定的文件夹，还要记住它所在的位置，在这个视频制作完成之前，不要移动这个文件夹的位置，否则会很麻烦。单击“确定”按钮进入工作界面，如图6-3所示。其中，“项目”面板主要用来导入、查看和管理素材；“时间轴”面板是进行素材编辑和剪辑的场所；“源”监视器面板主要用来预览和修剪素材；“节目”面板用于查看序列中编辑完成的视频的播出效果。

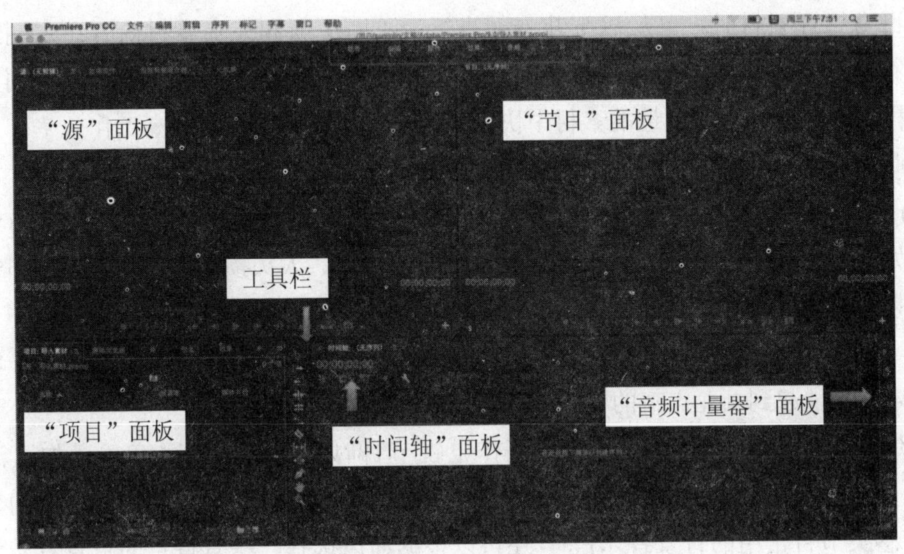

图6-3 工作界面

在Premiere Pro CC中，系统为用户预置了“组件”“编辑”“颜色”“效果”和“音频”5种不同的工作区域布局方案，如图6-4所示。我们可以根据不同的习惯和工作时的侧重自由选择。通常情况下，我们选择“编辑”工作布局方案进行操作。

图6-4 工作区布局方案

进入工作界面后，我们首先要做的就是导入素材。当然，这些素材大部分都是我们自己拍摄的，也有一些是平时积累的。总之，应导入制作视频所要用到的素材。

二、有关素材管理的二三事

1. 素材库：事半功倍的致胜法宝

提到后期制作，就必须有素材。制作一档电视节目，需要很多素材，除了现拍素材外，还经常会用到我们平时特意积累的一些素材，包括视频、音频和效果等。这就需要我们建立一个素材库，像大型超市里的库房一样，只不过我们的“库房”是用来分类存放各种素材的，以便有需要时随时找出。

建立素材库需要有一个固定的地方，最好使用单独的硬盘专门存放素材，平时要勤于管理，这样有助于提高工作效率。

在日常管理素材时，可从以下几方面进行：不断更新和充实素材内容；定期进行备份，云存储是个不错的主意；给每个文件夹起一个辨识度高的名字，使素材类别一目了然，这样做可帮助编导在大量的素材中快速找到自己想要的素材，提高工作效率。

因此，在素材库中，至少应该有三个文件夹来保存这些素材。

(1)“节目画面素材”文件夹。专门用来保存那些画面优美的素材和珍贵的资料素材。比如，那些画质极好的名胜古迹、车水马龙的街道、人头攒动的广场、日出日落的美景等视频素材，以及具有历史意义、纪念意义的珍贵视频。

(2)“音频素材”文件夹。主要用于存放背景音乐和音效。在一档节目中，一段好的背景音乐常常能起到画龙点睛的作用，从而增强表现力。

在这个文件夹中，你要准备一些制作电视节目时常用到的背景音乐，如《渔舟唱晚》(天气预报主题曲)、《豪勇七蛟龙》(大型颁奖晚会常用的背景音乐)、《雪的梦幻》(一些情感类节目常用的背景音乐)等。还可以根据曲风选择一些有特点的背景音乐分类保存，或舒缓轻柔，或荡气回肠，或轻快活泼，或悲伤婉转，或梦幻神秘，或怪诞不经，等等。当然也不能忘了收集各种音效素材，风声、雨声、读书声，声声都要留意，都要分类保存好。

(3)“片头效果模板素材”文件夹。在实际剪辑时，选择现成的片头模板非常省时、省力、省钱。比如，可以将做好的片头动画工程文件拿来，换上我们自己的素材，直接生成就可以用了。我们在网上能找到很多片头效果模板，如果经费丰裕，也可以购买或定制。

有了内容丰富的素材库，我们在做片子时才不会手忙脚乱，才能做到手到擒来。

2. 把米装进缸里：拍摄素材的导入

用摄像机拍摄的素材如果不能存入计算机中，就不能被编辑使用。

如果你的摄像机是硬盘式或闪存式，那就方便多了，因为你拍摄的视频已经以文件的形式存储在摄像机里，只需要用USB连接线将摄像机的USB端口与计算机的USB接口相连，计算机就会自动识别，你只需复制粘贴即可。

如果你使用D V带的摄像机，你的计算机需要安装1394卡。1394卡是一种较为常见的视频采集卡，有很多品牌和型号，如品尼高Dazzle DV派、品尼高Studio系列、天敏DV3000XP、迪威米迅Mission DV等。其中，品尼高Studio系列产品配备专业视频处理芯片，可采集所有模拟和数字摄像机及视频输出设备，实时完成AVI和MPEG的采集、压缩。

1394卡的安装很简单，第一步：关闭计算机电源→打开机箱→将视频采集卡安装在一个空的PCI插槽上→用视频采集卡包装盒中自带的螺丝，将视频采集卡固定在机箱上→用信号线连接摄像机与视频采集卡。

第二步：重启计算机，这时计算机会提示发现新硬件，出现“添加新硬件向导”界面，该向导会自动搜索设备的新驱动程序，按照提示一步一步操作即可。与1394卡连接上之后，计算机就能够识别DV带的摄像机了。

3. 都有哪些米：常用的素材格式

在使用项目面板导入素材之前，我们需了解使用Adobe Premiere(以下简称Pr)时会遇到的素材格式。

1) 视频素材文件格式

(1) MPEG/MPG/DAT。这类视频文件都是由MPEG编码技术压缩而成的，主要用于DVD、VCD的视频处理。其中，VCD内的视频文件由MPEG-1编码技术压缩而成，刻录时会自动转换为DAT格式；DVD内的视频文件由MPEG-2压缩而成。

(2) AVI。AVI是微软公司为传统电视研发的动态视频格式。优点是调用方便，图像质量好；缺点是文件体积太大。AVI是应用较为广泛的视频格式，也是较为混乱的格式。它有很多视频压缩器，即编码器。虽然同样是AVI格式，但由于编码不同，对于同一台计算机来说，有的能识别，有的则不能识别。比较常用的编码器有Intel Indeo Video 4.5以及XVID MPEG-4coder。

(3) MTS。MTS是基于AVCHD编码的视频格式，一般索尼、松下和佳能的民用摄像机都是基于这个格式。

(4) MOV。MOV是Apple公司研发的视频格式，主要用于以EOS为代表的单反系统，是基于Quick Time的一种格式。自从可以和兼容机交互使用后，MOV逐渐成为使用率较高的视频文件格式。

(5) RM/RMVB。RM/RMVB是按照Real Networks公司制定的音频/视频压缩规范而研发的视频文件格式。RM格式文件只能在本地播放，RMVB格式文件则可以在网络上播放，而且网络用户只需极短时间的缓冲就可以长时间不间断地观看视频。

(6) ASF。ASF是高级的流媒体格式，是与RMVB竞争发展而来的文件压缩格式。它使用MPEG-4压缩算法，图像质量较好。

(7) WMV。WMV(Windows Media Video)是微软推出的一种流媒体格式，它是基于“同门”的ASF(Advanced Stream Format)格式升级延伸而来的。在同等视频质量下，WMV格式的文件可以边下载、边播放，因此很适合在网络上使用。

(8) VOB。VOB是Video Object的简称，它将数字视频、数字音频、字幕、DVD菜单和导航等多种内容复用在一个流格式中，文件可以被加密保护。VOB格式的文件以.vob为扩展名，一般保存在DVD光盘根目录的VIDEO_TS子目录中，一个标题集下的所有内容是连续的，为了计算机系统的便利，每一个VOB文件都小于或等于1GB。

2) 音频编码技术和文件格式

随着时间的推移和技术的进步，音频格式不断更新换代。如今，磁带早已被CD所取代，而MP3也越来越无法满足我们的需要，新的音频格式不断涌现，如WAV、APE、AAC、WMA等，简直让人眼花缭乱。

(1) WAV。WAV即Windows存放数字声音的标准格式，也是目前最具通用性的声音文件格式。由于它采用无压缩处理技术，所以音质最好，同时体积也是最大的。

(2) MP3。MP3是一种采用有损压缩算法的音频文件格式，能将WAV压缩10倍。平时我们只要提到下载音乐，第一反应就是MP3，它是目前最流行的一种音乐文件格式。

(3) APE。将CD文件镜像处理后可得到APE文件，它是无压缩处理的音频文件，效果和CD一样好，但不能直接编辑，可利用播放器“千千静听”进行转制。

(4) AAC。AAC是在MP3的基础上开发的比MP3更具优势的音频格式，它能以更小的文件获得更高的音质，最多可提供48个全音域声道，最高支持96kHz的采样频率，这使它非常适合DVD-Audio，而它低码率下的高音质特性则使它也适合移动通信、网络电话、在线广播等领域。

(5) WMA。WMA的全称是Windows Media Audio，它是微软公司推出的与MP3格式齐名的一种新的音频格式。由于WMA在压缩比和音质方面都超过MP3，更远胜于RA(Real Audio)，即使在较低的采样频率下也能产生较好的音质，因此成为微软力推的一种音频格式。目前，绝大多数在线音频试听网站都使用WMA格式。

3) 平面格式

(1) BMP。BMP来自微软，是Windows中的标准图像文件格式。它以独立于设备的方法描述位图，可用非压缩格式存储图像数据，解码速度快、画质好，但体积大。它支持多种图像的存储，常见的各种图形图像软件都能对其进行处理。

(2) JPG/JPEG。JPG/JPEG(Joint Photographic Expert Group)是24位的图像文件格式，也是一种高效率的压缩格式，其画质好、体积小，目前已广泛用于彩色传真、静止图像、电话会议、印刷及新闻图片的传送。有时可能会在解压缩时出现问题，可在Photo中转成tga格式(*tga，Truevision Targa，已成为动态视频格式)，几乎没有损失，并且具备Alfha通道。

(3) TIF/TIFF。TIFF(Tag Image File Format)(*tiff)支持的色彩数最高可达16M，它存储图像质量高，常用于图库光碟。TIFF文件占用的存储空间非常大，细微层次的信息较多，有利于原稿阶调与色彩复制。该格式有压缩和非压缩两种形式。

(4) GIF。GIF(Graphics Interchange Format)是在各种平台的各种图形处理软件上均能够处理的、经过压缩的一种图形文件格式，可在一个文件中存储多幅图像，支持动画效果。该格式的存储色彩最高只能达到256种，多用于网络传输。

(5) PNG。PNG(Portable Network Graphics)是一种能存储32位信息的位图文件格式，其图像质量远胜过GIF。与GIF一样，PNG也采用无损压缩方式来减小文件。PNG图像可以是灰阶的(16位)或彩色的(48位)，也可以是8位的索引色。PNG图像格式不支持动画。

Adobe Premiere Pro对视频、音频文件和图形文件都有很好的兼容性，以VOB文件为例，Adobe Premiere Pro CC可以直接导入使用，CC以下的版本虽无法直接导入，但只需要安装相应的插件或转换格式，就可以导入编辑。而对于MTS文件来说，CS5以上的版本可以直接导入使用。如果有一天你发现有些文件无法导入软件中，极有可能是因为缺少相应的解码器。

4. 怎样转换素材格式

在使用Pr导入素材的时候，常常会出现不能识别某类素材的现象。这就需要使用视频转换软件对该素材进行格式转换。现在，视频转换软件可谓五花八门，具体选择哪种视频转换软件更是仁者见仁、智者见智。

如果你有完美主义倾向，建议你首选Xilisoft Video Converter。因为它几乎支持所有的流行视频格式和主流的音频文件格式；它的转换效果非常好，转换后的视频质量几乎不会发生任何改变，更符合完美主义者的要求；它支持多核CPU，可同时转换多个文件，速度飞快。

另一个不错的选择是Any Video Converter。它是一款专业的、全能的影片视频转换软件，支持简体中文界面，在国外有超过450万的用户。它无损视频品质且转换快速，几乎支持市面上所有的影片格式。

如果你没有特殊要求，就是单纯地想转换格式，那就用“格式工厂”吧。它是一套万能的多媒体格式转换软件，功能强大，可以将所有类型的视频转为MPG/AVI/3GP/FLV/MP4格式，将所有类型的音频转为MP3/OGG/WMA/M4A/WAV格式，将所有类型的图片转为JPG/BMP/PNG/TIF/ICO格式；它可以抓取DVD视频文件并轻松备份DVD到本地硬盘；它还可以自定义分辨率、自定义转码器且能加水印。但它的缺点也比较明显，就是在转换的时候CPU占用过高，而且转换速度不是很快，也不能在一个界面转换多个文件。

使用“格式工厂”转换素材时，常见的问题是转码后素材文件的清晰度有所降低。要解决这一问题，应先了解一下都有哪些因素会影响转换画质。

1) 影响转换画质的因素

(1) 格式。AVI最能保持视频的画质，其次是WMV及MPEG-2等。

(2) 视频分辨率。与素材保持一致是最好的选择，大了或小了，都会影响视频质量。

(3) 音、视频比特率。在转换时，点开输出配置，把音频比特率设为512(直接输入512)，音质就不会有损失。

视频比特率需要根据画面的分辨率来确定。通常情况下，1080×720的分辨率，用6000K以上；720×576的分辨率，用4000K以上；640×480的分辨率，用2500K以上；480×360的分辨率，用1200K左右；320×240的分辨率，用600K左右等。实践来看，要达到清晰的效果，比特率必须在上述相应的数值以上。

(4) 视频素材。如果源素材不清晰，那么不管设置的参数如何，转换出的视频都不会更清晰。

(5) 视频格式转换软件。个别软件转换个别格式时，输出质量不好。

如果你转换后的文件画质不好，那就参照上述5条寻找原因吧。

2) 使用“格式工厂”转换

在转换前，首先应下载和安装这款软件，记得要去正规网站下载以防“中毒”。安装时，选择安装目录后，单击“安装”即可。安装完成后会有设置首页以及添加百度工具条的插件，如果你不想安装记得勾去。

双击打开“格式工厂”，界面非常简洁，分别可以进行视频转换、音频转换、图片转换、文档转换、光驱转换等操作，还可以选择视频合并、音频合并等高级选项。下面，我们以视频转换中的VOB格式转为MP4格式为例进行简单的操作演示。

首先，单击左侧MP4文件图标，出现对话框，对“输出配置”进行设置，如图6-5所示。

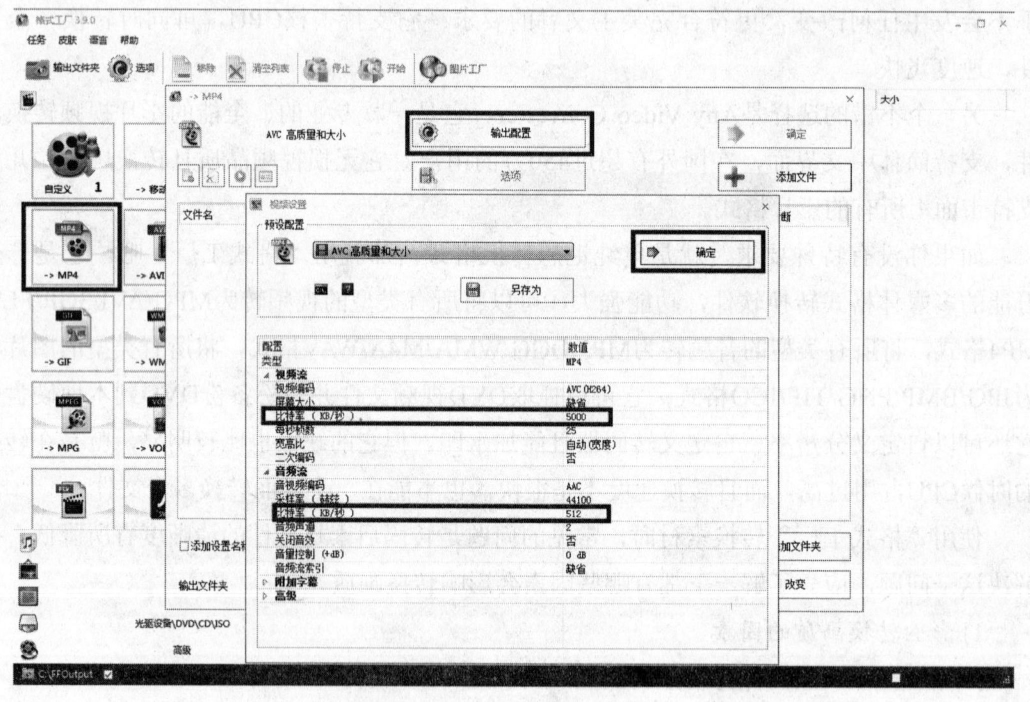

图6-5 MP4“输出配置”界面

然后，单击“确定”，返回MP4对话框，单击右上角第二排的“添加文件”，选择所要用的文件，然后单击“打开”按钮，如图6-6所示。

如果我们只想转换其中的一小段视频，那就要截取片断。单击该视频文件，文件变成蓝色后，单击“选项”，出现“截取片断”对话框，我们在这里设置“开始时间”和“结束时间”，然后单击“确定”按钮，如图6-7所示。

返回MP4对话框，单击“确定”按钮，然后设置“输出文件夹”的输出目录，再单击上方的“开始”，等待转换完成即可，如图6-8所示。

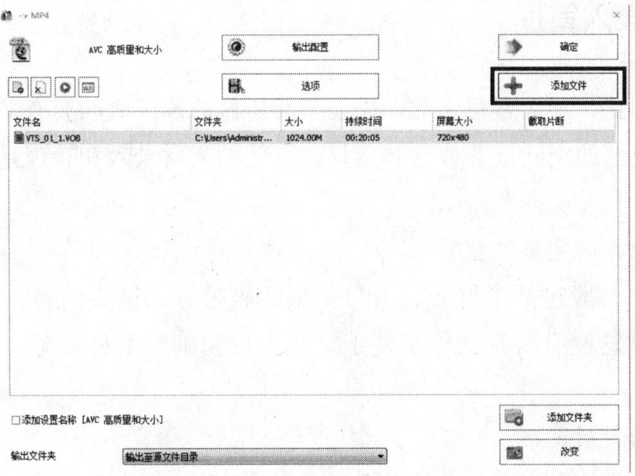

图6-6　MP4“添加文件”界面

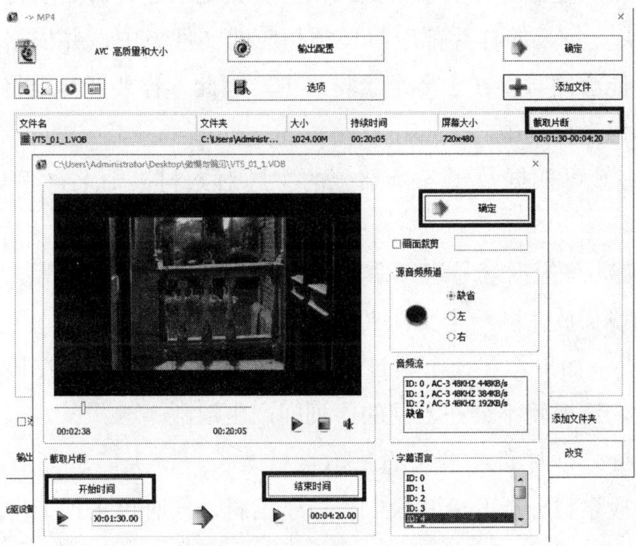

图6-7　“截取片断”界面

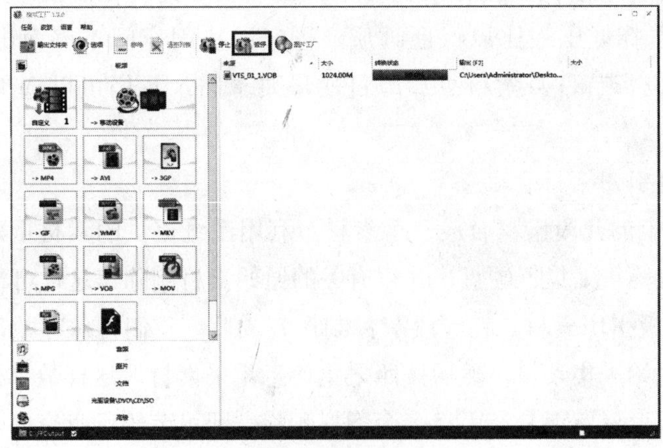

图6-8　转换完成界面

5. 素材的录入管理

在建立一个项目、导入素材之前，先要了解所做的片子大约会有多少时长的素材，以及计算机是否有足够的空间来存放这些素材。有效的素材录入和管理是顺利开展编辑工作的基础。

1) 素材采集信息的完整很重要

素材采集信息一般包括素材名、节目类型、磁带号、镜头内容、镜头运用、入点时码、出点时码等。这些有特征的信息便于寻找素材和确定素材来源，从而便于选择和精确采集素材。

2) 建立清晰的素材夹

在非线性编辑系统中，素材夹是组织所有素材和序列的基本单位。在实际操作中，可以根据片子的需要组织建立适合的素材夹，第一步就是创建并命名素材夹。

(1) 样片素材夹。每天的样片都应整理到相应的文件夹中，并依据场景或主题命名。当然，一个素材可能会同时存在于多个素材夹中。因此，你要及时地将这个镜头素材从样片素材中复制到其他素材夹中。

(2) 主题素材夹。可依据片子各个部分的主题对素材夹命名。例如，采访对象、拍摄内容、地点等。

(3) 场景素材夹。可根据场号进行命名。例如，场景1、场景2等。也可根据素材的多少，把不同场景的镜头放在同一个文件夹中。

(4) 剪辑素材夹。如果你在一个项目里创建了多个序列，最好在该序列下创建与之相对应的剪辑素材夹，这样就不会在不同的序列间产生混乱。

(5) 创建子素材。有时已经采入的原始素材太长，镜头信息复杂，寻找和编辑不方便，这时可以将大段素材分成几个片段制作成子素材，同时可去掉无用的素材段。

3) 正确选择素材的采集压缩比

影响素材存储量大小的因素是硬盘容量和压缩比。我们可根据计算机的硬盘大小、素材多少，尽量选择低压缩比以保证画质，同时防止因空间不够而出现的诸多麻烦。例如，几十秒的广告节目，素材少、节目质量要求高，我们可以选用低压缩比或者不压缩。

4) 故事板文件引用素材管理

(1) 将故事板上的几段素材合成一个素材。利用系统提供的素材重采功能，可将一个已确定的故事板段落重采集于硬盘，并将有关的原始素材删除，这样可释放不少空间。

(2) 保留故事板引用素材。在一段节目制作完成后，我们可保存故事板文件素材采集信息，释放全部原始采集素材，然后按照采集信息重采素材。这样故事板引用的素材就按使用长度或采集长度保留下来，而将多余素材删除，即可节约硬盘空间，又可保留修改节目的灵活性。

5) 素材的备份必不可少

编辑在将样片素材导入非线性编辑系统之后，通常会删除媒体上的文件，因为摄像师还要继续录制工作。在删除这些文件素材之前，一定要先将其备份到其他源媒体中。因为我们谁也无法保证，你的非线性编辑系统中的文件一定会一直存在直到制作完成并播出。

6) 在项目面板调入、管理和查看素材

项目面板是素材文件的管理器，主要用来管理当前项目内的各种素材。面板有两部分，即素材属性区、素材列表。素材导入项目面板后将会显示文件的名称、类型、长度及大小等信息。素材的显示模式有缩略图和列表两种。

(1) 导入视频/音频/图形素材。双击面板空白处，或使用菜单命令“文件”→“导入”，调出“导入对话框”，选择素材或整个文件夹，将其导入项目面板，并进行管理操作。

导入CD音频素材时，最好先用Adobe Audition将其转化为WAV音频文件。如需对所导入的音频文件进行编辑，可右键单击音频素材，在弹出的菜单中选择“在Adobe Audition中编辑”，将此音频文件在Audition中编辑后替换原始素材。

导入图形文件时，如需对图形文件进行编辑，可在项目面板中右键单击图形素材，在弹出的菜单中选择“在Adobe Photoshop中编辑”，将此文件在Photoshop中编辑后替换原始素材。

(2) 导入分层素材。对于分层的Photoshop和Illustrator文件，在导入时可选择导入方式。双击面板空白处，或使用菜单命令“文件”→“导入”，弹出“导入分层文件”对话框，可在下拉菜单中选择“合并所有图层”“合并的图层”“各个图层”和“序列”中的一种方式导入。在无其他要求时，通常我们选择“合并所有图层”。

(3) 导入图片序列。当导入一组TARGA格式或GIF格式的动画图片文件时，可以将图片合并成一个视频。

将作为图片序列的图片文件放在同一文件夹下。双击项目面板空白处，或使用菜单命令“文件”→“导入”，弹出“导入”对话框，并打开此文件夹，选择欲作为第一帧的文件，勾选对话框下方的“图像序列”，并单击“导入”，将文件夹中的图片素材以视频的方式导入，如图6-9所示。

(4) 导入项目文件。双击项目面板空白处，或使用菜单命令“文件”→“导入”，在弹出的“导入”对话框中选择一个Pr项目文件，如图6-10(a)所示。单击“打开”，弹出“导入项目”对话框，选择“导入整个项目”，则导入的是整个项目；选择“导入所选序列”，则导入的是欲选择的序列，如图6-10(b)所示。

(5) 使用素材箱管理素材。将素材导入项目后，需要对其进行分类管理，这就需要用到素材箱。我们先来创建一个素材箱：在项目面板空白处，单击右键，选择“新建素材箱”，项目面板就会自动创建一个“素材箱”，如图6-11所示。根据编辑的需要对素材箱进行重命名，并将相关的素材拖至素材箱内。

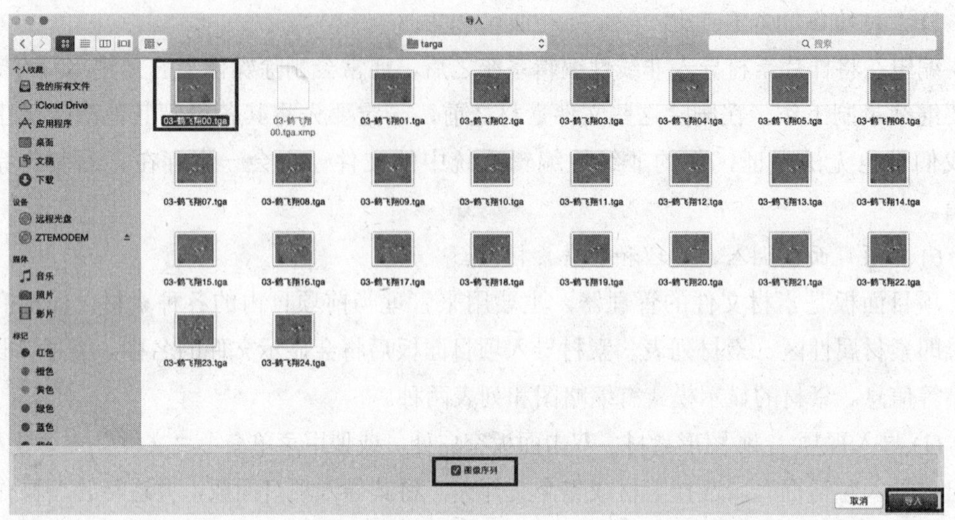

图6-9　图像序列导入

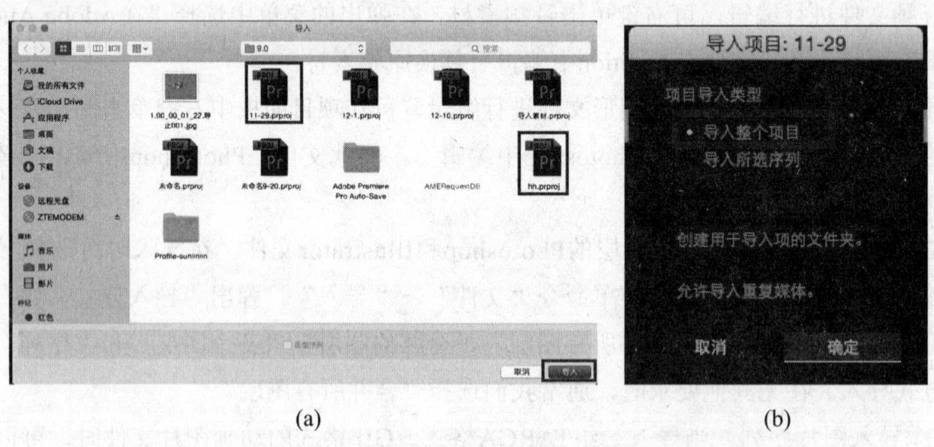

(a)　(b)

图6-10　项目导入

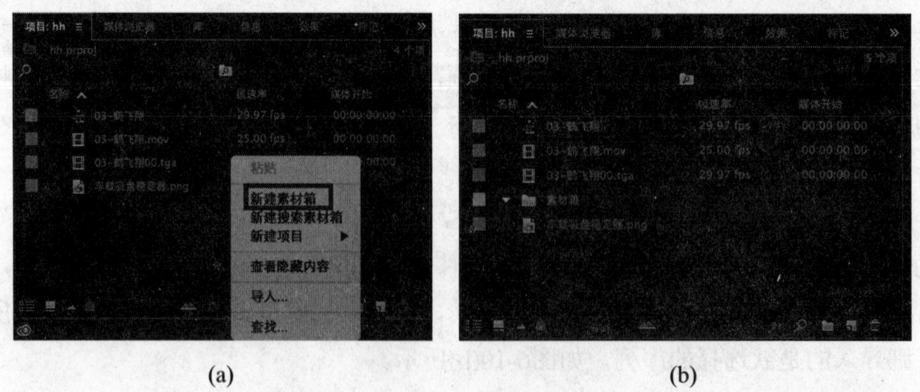

(a)　(b)

图6-11　新建素材箱

如果你的任务是剪辑比较复杂的影片，在开始剪辑之前，你可以根据剧情设定故事板，并通过建立嵌套素材箱对素材进行简单的规划。在项目面板中，每个素材箱都是一个层级，可以在每个素材箱层级中设定故事板。

双击已有的素材箱，出现单独的素材箱面板，打开该素材箱，单击下方的“新建素材箱”按钮，即可建立一个嵌套素材箱，如图6-12所示。

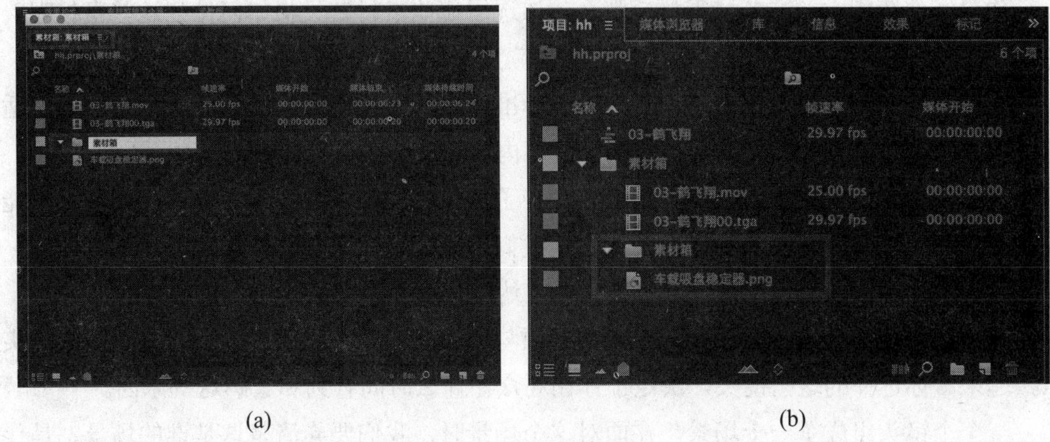

(a) (b)

图6-12　新建嵌套素材箱

(6) 使用项目管理器对素材进行打包。项目管理器可以对项目文件进行打包，从而将项目中所涉及的素材文件及项目文件整合在一起生成一个文件夹，这样就可以使我们的项目文件更高效、更安全。

使用菜单命令“文件”→“项目管理”，弹出“项目管理”对话框，选择要保留的序列，在“生成项目”中设置项目文件归档方式，可修改“路径”地址，然后单击“确定”按钮，如图6-13所示。在修改后的路径中找到“已复制_项目名”的文件夹，它包含当前项目的项目文件和所有素材的副本。

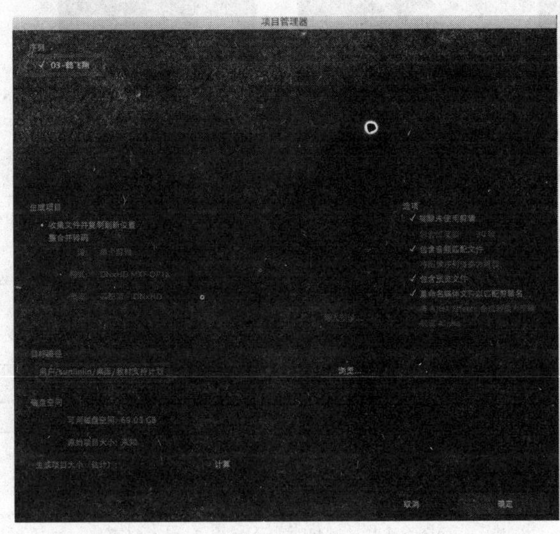

图6-13　项目管理

到此为止，剪辑前的准备工作全部完成，下面将直接进入剪辑阶段。

三、怎样选镜头和组建结构

你已经熟读剧本，准备好素材，那么，该选用哪些素材？又将如何排列这些素材呢？你要遵循如下原则：促进叙事，突出主题。

在选择镜头时，应考虑它是否符合以下标准：演员表现精彩，画面品质优良，步调适合故事流的速度，画面动作清晰地传达了故事内容等。

无论一个画面有多美，也不管拍摄它花费了多长时间、多少心力和金钱，如果它不能推动故事的发展，就要毫不犹豫地舍弃它。我们不能让观众在看完片子之后，不解地问："嘿！刚才那个山谷的镜头真美，可是它要表达些什么？"

我们选择了某个镜头，那么这个镜头必须与相邻的镜头产生联系，从而将不同的镜头组接起来。你选择的这些镜头，决定了你让观众在什么时间看到和了解这些东西。

一个个镜头组成了一个场景，在面对这个场景时，我们要弄清楚这是谁的场景？是什么引出了这个场景？它又将引向何处？如图6-14所示，这是《傲慢与偏见》开篇的一个场景。影片的第一个镜头是一个草场的空镜头，旭日东升，展示了伊丽莎白所处的环境(注意画面1和画面2光线匹配的细节)；加入读书的特写反打镜头后，用一个大全景(画面4)展示女主的位置；画面4、画面5和画面6是一个长镜头，用镜头内部蒙太奇的方式介绍影片主人公的家庭成员；随后镜头由室外转向室内，场景即随之转换，由班纳特姐妹偷听父母谈话，引出另一个事件中的人物，从而推动情节发展。

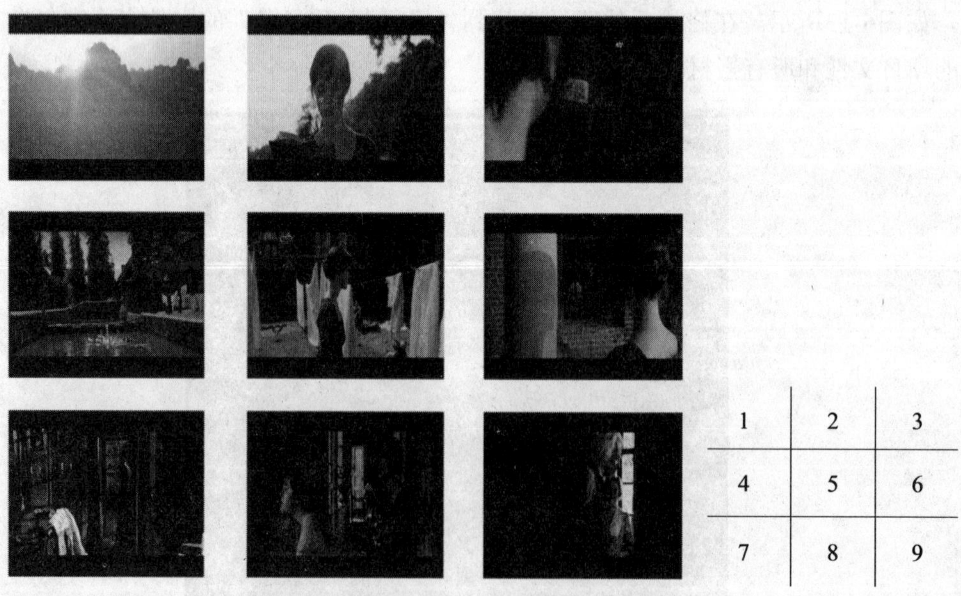

图6-14 《傲慢与偏见》开场片段

一个个场景组成了段落，一个个段落最后构建了影片。每个段落都要有它的兴趣点，每个段落的兴趣点实际上都是一个小的戏剧冲突。下面，我们以南希·梅尔斯导演的喜剧片《实习生》为例。

主人公本是一个古板、传统但不乏幽默的可爱小老头，由于妻子去世，三年间尝试了所有可能的方式来消磨时间，旅行、画画、去星巴克、和儿孙们聚会、学汉语等，但都没有太大的用处，直到他在偶然间看到ATF公司招聘实习生的广告。故事由此开始，随后展开了一系列冲突：申请实习生岗位是否能被录用；与年轻的女上司Jules关系不佳，导致小冲突不断(上班一整天没有收到工作邮件，清理堆满杂物的桌子以免Jules看到心烦，打断老板哭泣只为了取老板穿在身上的小西装，当上司机后又要面对上司指错路和Jules睡相不雅的尴尬)。与Jules关系变好后又有了新的冲突：怎样删除Jules发给她妈妈的抱怨邮件，怎样处理Jules老公出轨的秘密。

对于Jules来说，如何处理爱情和工作的冲突是个令她头疼的问题，也是促进这部片子情节发展的一条内在线索。当理想与现实发生碰撞，Jules为了挽回家庭，要向现实妥协，委屈自己放弃创业理想，准备接受风投者提出的聘用首席执行官的要求，以此减少工作时间来换取与家人相处的时间。影片到最后，与大多数喜剧一样有一个皆大欢喜的结局，Jules拒绝聘用首席执行官，而她的丈夫也及时地认识到自己的错误，让Jules不要为了他而放弃自己热爱的事业。整部片子没有惊心动魄的情节，却能让人在波澜不惊中找到趣味、于平淡中回味生活的真谛：也许我们总该坚持些什么。

影片开头出现的主人公本在公园打太极的场景，在结尾部分再次出现，不同的是身边多了一个Jules，这种首尾呼应的结构方式，有助于深化影片主题。另外，在Jules出场时接订单被投诉的镜头，在影片的后半段也有回应(寄来伴娘的照片)，体现了结构的完整、统一、自然、严谨、简洁，同时交代了叙事结果。

四、如何把素材添加到序列中

导入素材并将其整理到素材箱中后，便可根据剧本或大纲剪辑第一个场景。这时，你需要通过源监视器播放素材，选择所需要的部分素材，并通过节目监视器建立和播放序列。

1. 标记素材、创建序列

在源监视器中，你可以选择不同的速度，如正常、快速还是逐帧等方式向前或向后播放素材，直到你确定了要剪辑到序列中的素材为止，即确定使用素材的哪部分。比如，你选择从2分04秒12帧到5分13秒09帧为可用部分的素材。那么，2分04秒12帧便作为进入序列的第一帧，我们称为“入点”，也称为“剪辑点”或“编辑点”。这个“入点”“剪辑点”或“编辑点”是影视编辑的专业术语。所谓编辑点，就是指能将前后两个内容不同的镜头组接在一起而使其具有连贯性的那些声画位置。在编辑设备上对其进行标记，通常被称为“入点标记”({)。接着播放素材直到你要结束剪辑的那一帧，这一帧又称为“出点”(})。标记这个出点，又称为“出点标记”。出点标记和入点标记如图6-15所示。

图6-15　出点标记和入点标记

对素材标记入点和出点后，即可创建一个序列。创建序列有以下两种方式。

(1) 执行“文件”→“新建”→“序列”命令，即可弹出“新建序列”对话框。该对话框主要包括“序列预设”“设置”“轨道”3部分内容，如图6-16所示。

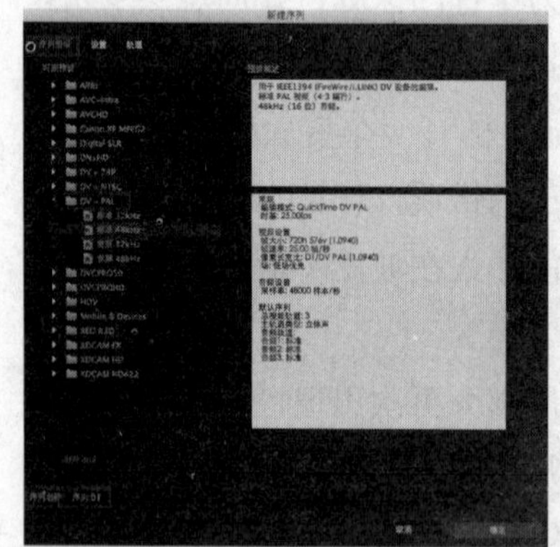

(a) 新建序列→序列预设

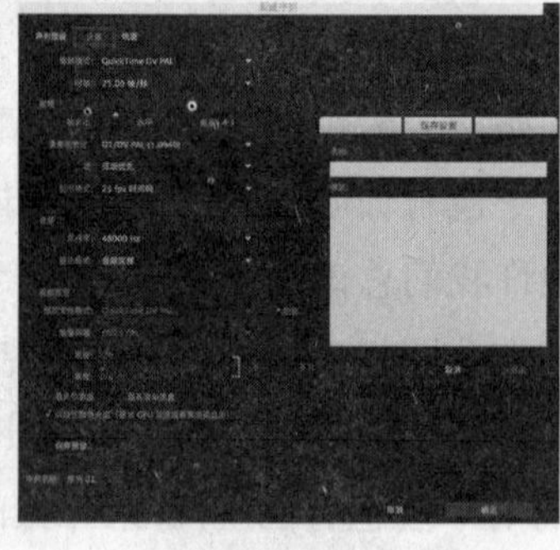

(b) 新建序列→设置

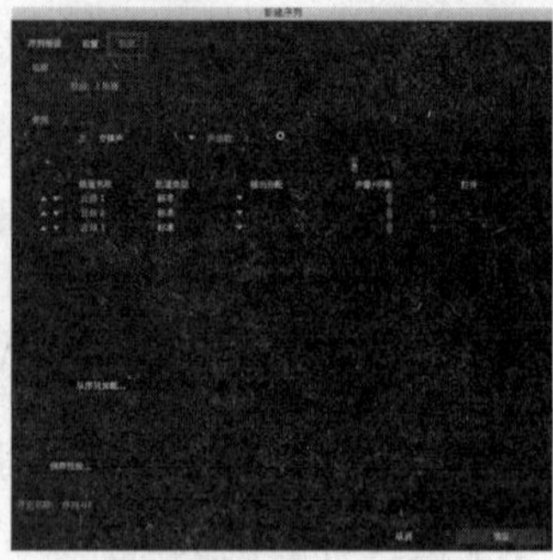

(c) 新建序列→轨道

图6-16　“新建序列”对话框

(2) 在项目窗口下方的“新建项”中创建，如图6-17所示，然后会出现如图6-16(a)所示的“新建序列”对话框。

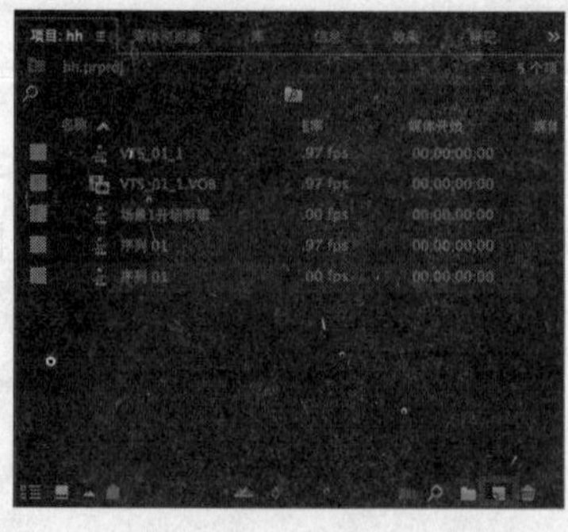

(a) 新建项

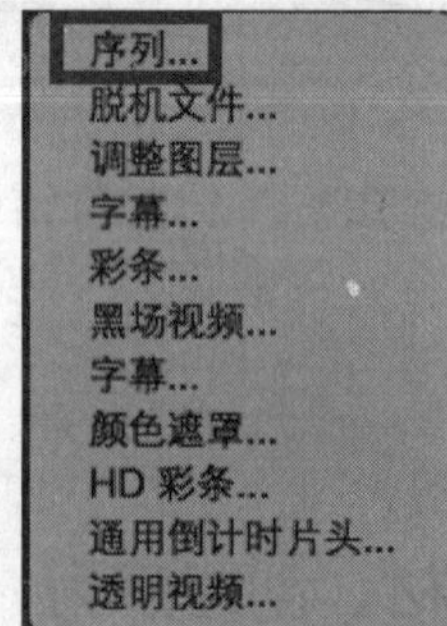

(b) 新建项→序列

图6-17　在“新建项”中创建序列

在创建新序列时，系统会默认序列名称为“序列01”。建议马上修改序列名称，输入短小的、具有描述性的名字，以便日后查找，第一时间知晓剪辑内容。

2. 添加素材到序列

对素材标记入点和出点后，可以直接将素材拖拽到序列中去，也可以运用插入或覆盖的方法将素材添加到序列中。

1) 手动拖拽素材添加剪辑

要将素材添加到序列中，最直接的方法就是将素材从项目面板或源监视器面板直接拖拽到轨道上。

项目面板的操作：单击所选素材，按住左键，直接将其拖到时间线上的相应轨道。

源监视器面板的操作：单击画面，按住左键，直接将其拖到时间线上的相应轨道。

如图6-18所示，时间线上的素材包含视频和音频两部分：单击左键仅拖动视频标记并按住进行拖拽，时间线上的素材就只有视频；单击左键仅拖动音频标记并按住进行拖拽，时间线上的素材就只有音频。

(a) 仅拖动视频标记

(b) 仅拖动音频标记

图6-18 手动拖拽素材添加剪辑

2) 插入编辑和覆盖编辑

插入和覆盖按钮如图6-19所示。

图6-19 插入和覆盖按钮

(1) 插入编辑。在时间线中，当你在素材1和素材2之间插入素材3时，素材2和所有在其右边的素材都会被往后推，影片的时间正好多出相当于素材3的持续时间，如图6-20所示。这就相当于在计算机文本文件里插入一个字符。

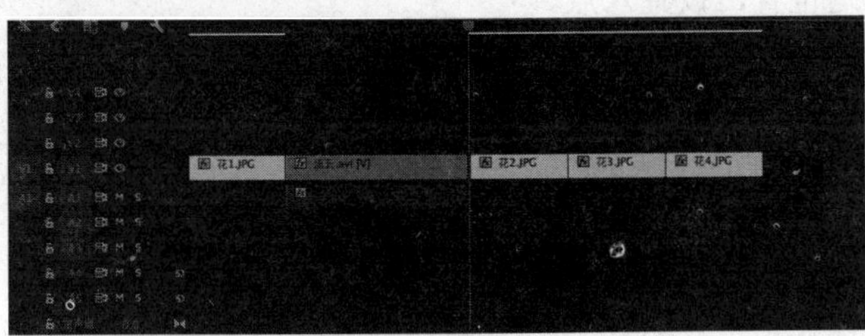

图6-20 插入编辑

◆注：使用插入编辑时，有时会造成原本视音频同步、插入音频或视频素材后不同步的情况。

(2) 覆盖编辑。在时间线中，当你在素材1和素材2之间覆盖素材3时，素材2的一部分会被素材3所替代，而影片的长度不变，如图6-21所示。也就是说，如果素材3的长度小于素材2，那么素材2就会有与素材3长度相等的部分被素材3所替代；如果两者长度相同，那么素材2则会完全被素材3所替代；如果素材3长于素材2，那么素材2及素材2后的一部分素材都会被素材3所替代。

图6-21　覆盖编辑

◆注：使用覆盖编辑时，有可能在无意中替换了素材。

● 举个例子：运用覆盖编辑制作纯视频剪辑

假设我们要剪辑这样一个场景：一位在校女大学生谈到她的妈妈，在她说话的时候切出至妈妈的镜头。前提是我们已经剪好她的对白和画面，这时，我们要做的就是插入妈妈的镜头。具体的操作步骤如下所述。

Step01：在源监视器中，在妈妈的素材中选择合适的镜头作为第一帧，设为入点。

Step02：在节目监视器中，选择你希望看到妈妈的那一帧设为入点，选择你希望再次看到女生的那一帧设为出点。

Step03：在时间线面板中，检查并确认所选轨道被选中。

Step04：选择覆盖编辑。

3) 三点编辑

三点编辑经常用于将在节目监视器中剪辑的部分内容替换为源监视器中的部分素材内容。这里的“三点”指的是素材的入点和出点的个数。具体的操作步骤如下所述。

Step01：在节目监视器中标记序列的入点。此时，在节目监视器窗口，将“当前时间指示器”移动到合适位置，设置入点。

Step02：在源监视器中播放素材。在入点设置入点标记，在出点设置出点标记。

现在我们已经有三个重要的点。对于新的素材，有三点中的两点，即可决定剪辑的持续长度，如图6-22所示。

Step03：在源监视器中，单击“覆盖”按钮。

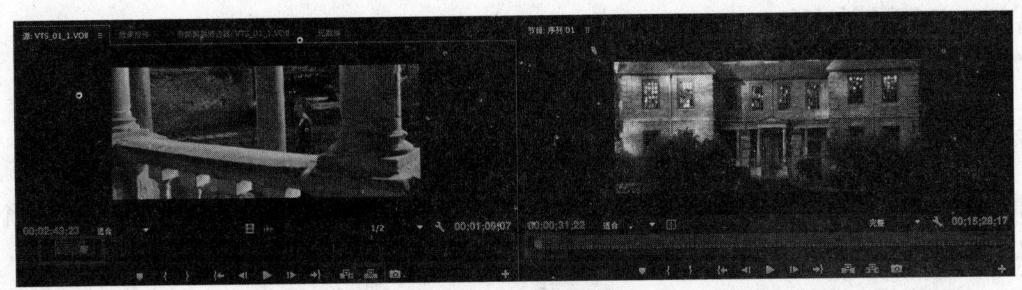

图6-22　三点编辑

当然，也可在源监视器中设置入点，在节目监视器中设置入点和出点。

五、如何剪辑素材

在剪辑之前，首先要明确制作目的以及受众群体。我们必须要清楚每一个镜头的剪辑目的，它必须要有积极意义。剪辑是对剧本的最终改写，它以讲故事为目标，前后镜头之间必须有联系，每一个镜头剪辑都要能够推动故事、动作或思想的发展。

现在，我们已经选择了第一个镜头，又该从哪一帧入手剪辑呢？这个剪辑点选在哪里最为合适呢？当然是从有事情要发生的那个时候开始，从故事发生前一刻切入，向观众透露一点故事的信息并引导观众看下去。这是剪辑第一个镜头时惯用的方法，也是最有效的方法。

很多相关书籍会告诉大家，剪辑点的选择很重要。恰当地选择剪辑点，能使一部影视作品动作连续、形象逼真、镜头转换自然流畅，使影视片的内容和情节既合乎生活逻辑，又富于艺术节奏。所谓的画面剪辑点就是能使两个镜头实现视觉和逻辑连贯性组接的那些画面。我们常常以画面内容的起承转合以及内在节奏作为参照因素来选择剪辑点。但在实际操作中，剪辑师往往不依靠概念来剪片子，他们靠的是直觉！

我们可以尝试下面的方法：首先，观看第一个镜头，凭直觉找出你认为正确的切入点；然后，从头播放素材，在你认为合适的地方按暂停键，反复进行这一操作。如果每次选择的是同一帧或相邻帧，那么这一帧就是你可以剪辑的地方。

同样，我们可以采取上述方法找到切出点。这时，我们还要明确以下几个问题：这个镜头是否已经用完；是否应该向观众推出新东西；下一个镜头传达的信息是否更清晰；是否对当前的镜头感到厌烦。只要满足其中一条，就可以切出。

六、匹配剪辑

剪辑师在寻找剪辑点时，通常会遵循匹配原则，即在下一个镜头中寻找与上一个镜头重复的地方，也就是我们所说的匹配点。这样可使人们的注意力在不知不觉中从上一个镜头自然地转到下一个镜头，从而避免让观众产生视觉的间断感和跳跃感。

在剪辑时，有很多要素需要匹配，如位置、方向、景别等。

1. 位置匹配

在剪辑时要遵守的位置匹配原则说起来很简单，就是要让上下两个镜头中的同一主体所处的位置具有空间上的统一性，不要有明显的变化，尽量保持在画面的同一侧。这样，从视觉心理来讲就有了一定的呼应性，使两幅画面连接在一起时产生自然和谐的关系。也就是要求在上一个镜头中，如果一群人或物体在画面的左侧，那么在下一个镜头中，景别可以改变，但这群人或物体依然要在画面的左侧。图6-23为《星战前传之魅影危机》中的一个片段，角色位置在两个镜头之间是不匹配的。

(a) 两人并肩作战

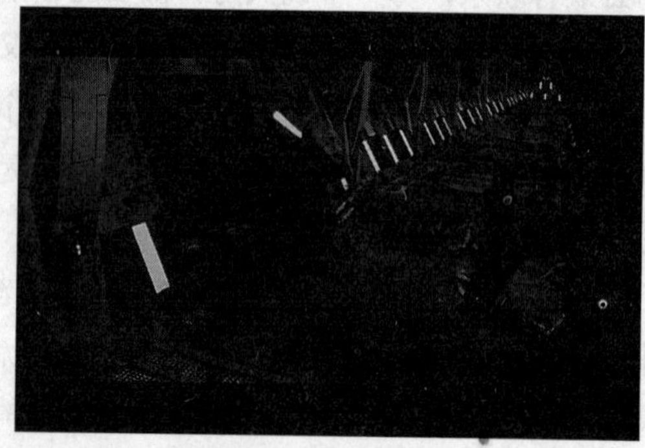

(b) 两人一前一后

图6-23　位置不匹配实例

2. 方向匹配

在镜头中，角色的运动方向是复杂的，稍不留神就会出现失误。如果在上下镜头间，主体运动或注视的方向莫名其妙地改变了，就会破坏片子的连续性，从而影响和分散观众的注意力，甚至导致观众视觉心理混乱，这样的剪辑就是失败的。例如，一个人在上一个镜头中没有从左侧出画，在下一个镜头中却从右侧入画；或者一个人在上一个镜头中向右上方看，但在下一个镜头中往左上方看；或者两人对话时，没有面对面。

在镜头中，画面主体的运动方向主要受现实生活中主体运动的方向、摄像机拍摄角度的变化和屏幕上运动主体方向的假定性三个因素的影响。要做好方向匹配，应从以下几方面入手。

1) 屏幕方向匹配

屏幕方向匹配，是指角色在上一个镜头中从左侧出画，那么在下一个镜头中就应该从右侧入画，如图6-24所示。

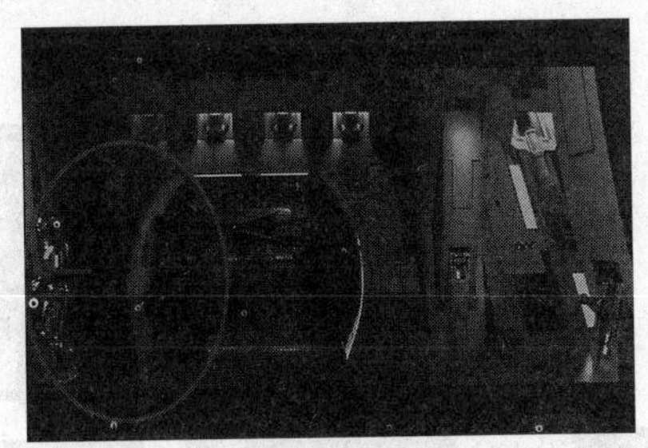

(a) 左侧出画

(b) 右侧入画

图6-24 屏幕方向匹配实例

2) 对话朝向匹配

两人对话时，镜头中需要两人面对面交流，如果中途有人离开或转过身去，镜头中也要有所交代。如图6-25所示，在这一组对话场景中，镜头1的全景起到定位的作用；镜头2的中景介绍主要的对话交流线；镜头3中的过肩镜头对准对话的一方；镜头4则交代另一对话者转身离开；镜头5重新交代对话中心；镜头6是对话中的单人镜头；镜头7的全景镜头重新定位，也是结束对话段落的镜头。在这段对话中，运用了全景定位、过肩表现对话主体、单个主体镜头来突出对话的内容。不论哪个镜头，都保持面对面谈话的方向不变，即使是单个角色的镜头，面部的朝向也是相对应的。

图6-25 对话朝向匹配实例

3) 视线匹配

在镜头中，视线的方向、角度都要匹配，才能实现剪辑流畅。例如，如果镜头中一个人从车内向车窗外右侧看，那么下一个镜头中的主观角度也应是从右侧拍摄。如图6-26(a)所示，车内男主角向车外右前方看，下一个镜头接的是从车内拍摄的位于右前方的长椅；当男主角前倾身体向车外看时，下一个主观镜头中的长椅就在车窗画框的右侧(车马上要开过去了)，再接男主角回头的镜头。如此，一个行进中的观看段落就剪辑完成了。在这里，除了视线方向匹配外，还要注意上下两个镜头的运动速度也要匹配。也就是说，两台摄像机的步调要一致，不能一台快、一台慢。

除视线方向要匹配外，视线角度也需要匹配。例如，上一个镜头中一个人向下看，下一个镜头中他所看到的主观镜头应是俯角度画面，如果接的是平角度或仰角度画面就不匹配了，如图6-26(b)所示。

(a) 视线方向匹配　　(b) 视线角度匹配

图6-26　视线匹配实例

4) 运动方向匹配

要想获得匹配的运动方向，在剪辑时就必须使用遵循轴线规律拍摄的镜头，并对那些方向性强的镜头做适当的处理，具体应注意以下两个方面。

(1) 组接的两个镜头必须是同轴镜头。主体的方向包括主体运动方向和视线方向。沿着这些方向会产生一条假定的直线，即关系轴线，凡在这条轴线同一侧拍摄的镜头(也就是我们所说的同轴镜头)在总方向上都是一致的。这就要求我们在拍摄具有动作线、运动线、交流线等轴线的场景时，必须将摄像机位布置在轴线的同一侧。这样，所拍摄到的各个镜头画面的方位感和方向感才会具有一致性。

在组接这样的镜头时，应注意这个段落开始的第一个画面所显示的关系轴线就是这个段落的总关系轴线，它所代表的方向就是这个段落的总方向，之后进行的画面组接必须是符合这一总方向的同轴镜头的组接。例如，在图6-25对话视线匹配的例子中，所有镜头都是由同轴镜头组接在一起的。

(2) 组接跳轴镜头时，必须进行技术处理。对于前期摄像来说，有时由于客观条件的限制，容不得从容挑选和布置机位，很可能出现跳轴的情况。

所谓跳轴是指由于拍摄方位的变化而造成的画面中的主体运动方向与主体实际运动方向相反的情况，这类镜头就叫作越轴镜头或跳轴镜头。组接这样的跳轴镜头，将导致主体空间关系混乱，令观众弄不清楚方向，从而造成思维混乱。如图6-27所示，《太阳的后裔》第一集中这两个镜头画面就是一个明显的跳轴镜头组接。

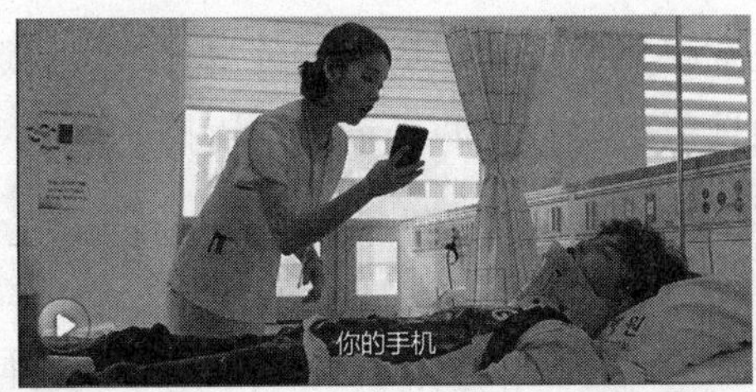

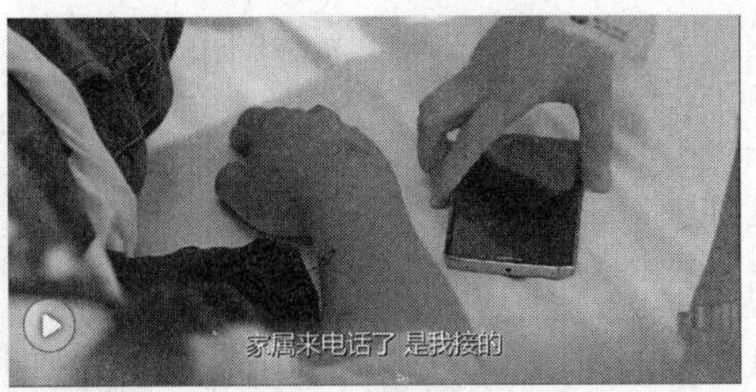

图6-27 《太阳的后裔》跳轴镜头错误组接

如果必须组接这样的跳轴镜头，需要在后期剪辑时加以弥补，以冲淡由于方向改变对观众心理造成的困惑。如图6-28所示，可在两个跳轴镜头间加入一个俯拍镜头或其他切出镜头。

图6-28 跳轴镜头的组接

在实际操作中，组接跳轴镜头的处理技巧有以下几种。

① 插入中性镜头。较为常见的中性镜头是由摄像机跨方向轴线拍摄而成的，是与两个跳轴镜头互相垂直的镜头，它的画面表现就是面向观众而来或者远离观众而去。因其没有明显的方向感，将其插入跳轴镜头之间，可以减弱方向改变造成的冲突感，从而使方向的改变自然流畅。

② 插入场景中某些细节的特写镜头。特写镜头本身具有较强的视觉冲击力，插入这类镜头可以削弱方向突变造成的视觉冲击，从而消除两个画面方向或方位的不连贯感。

③ 插入带有动势改变的主体运动镜头。从这种镜头中观众可以看到主体动作改变的趋向，如转弯或调头。这样，观众就能理解画面方向感转变的原因，从而实现连贯性组接。

④ 插入全景镜头。利用全景镜头的定位功能，再次交代视点，有助于明确变化的空间关系，从而使方向的改变变得合乎逻辑。

3. 景别匹配

景别匹配是使视觉连贯的重要保障，一个经验丰富的编辑往往能通过合理安排景别的变换来获得视觉上的连贯与流畅。

保证视觉连贯性的重要方法就是景别渐变。景别渐变是指在组接镜头时，上下两个连接画面的景别要有所变化，这种变化是一种逐渐变大或逐渐变小的景别安排。

运用景别渐变要避免两种不匹配的情况发生：一是相同景别、相似角度的镜头相接。

角度相似的镜头会造成显著的跳切，既缺少视觉变化，也无法提供新信息。二是要避免景别相差太大的镜头相接，如从特写到远景或从远景到特写的两极镜头的连接，对于观众来说，这种剪辑是不稳定的，也是不合比例的。

当然，景别渐变原则也是可以打破的，有时剪辑人员为了营造某种特定的情绪或气氛，可以安排非常规的景别变化。例如，在积累蒙太奇的剪辑中，就是连续运用不同拍摄主体的同一景别或相近景别，从而形成一种积累的效果。又如，在对比蒙太奇剪辑中，运用两极景别的跳跃来完成对比，如大远景与特写的组接，以此营造一种强烈的对比效果，从而引发人的心理震动。

4. 其他要素匹配

剪辑时，除了上述要素必须匹配外，还要匹配道具和肢体的位置，声音的类型，服装、发型和妆容的变化等。否则，会让观众产生混乱感。例如，在上一个镜头中角色戴着手套，到下一个镜头中手套就没了；出现在相邻镜头中的声音，在字词、音量和语速等方面发生改变；在上一个镜头中角色左手拿电话，到下一个镜头中电话在角色右手中；上一个镜头是阴天，下一个镜头则阳光灿烂。如图6-29所示，《太阳的后裔》中就存在道具不匹配的情况，上一个镜头中，摩托车后座上的绿筐已经掉了；下一个镜头中，倒地的摩托车后座上的绿筐依然存在。

图6-29 《太阳的后裔》中道具不匹配的镜头组接

再如，图6-30中，男主的肢体位置也存在不匹配的地方。上一个镜头中，男主右手是枕在头下的；下一个镜头中，男主右手是搭在女主身上的；在接下来的镜头中，男主的右手又枕在头下。

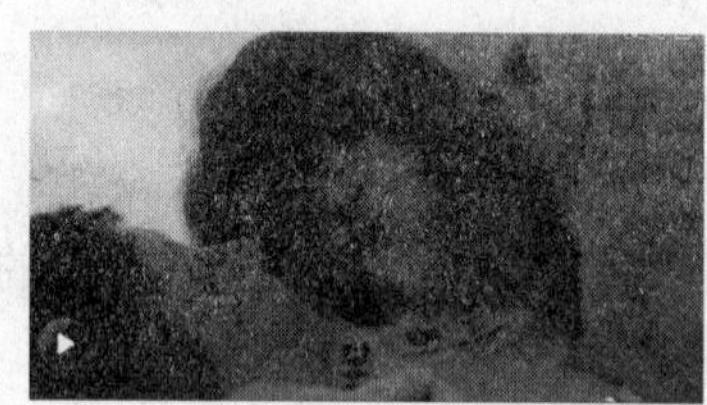
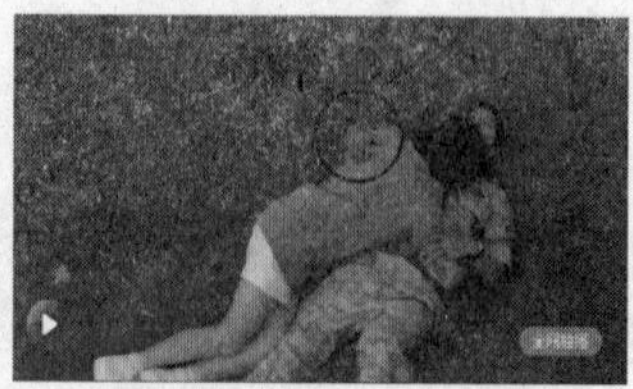
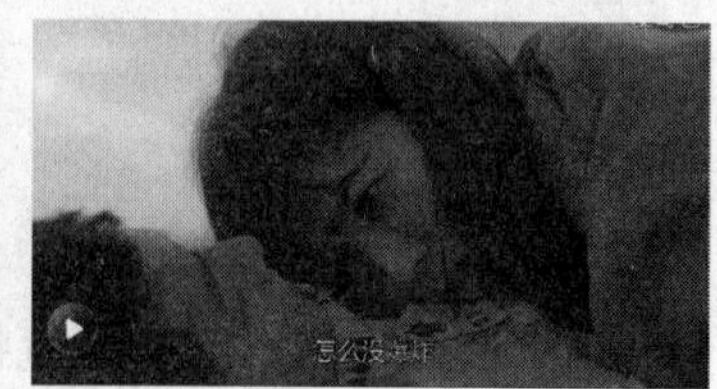

图6-30 《太阳的后裔》中主角肢体位置不匹配的镜头组接

人们在看电影、电视剧时，不仅观看剧情、欣赏演员的表演，有时也喜欢寻找不匹配镜头。其实，影视节目中的错误比我们看到的还要多，处理这些错误也是剪辑师的日常工作之一，我们一定要认真完成。

七、动作剪辑

我们看到的大多数影片中的镜头是以角色的动作为主，当然，景物类影视作品除外。镜头内，主体的动作在剪辑时是否连贯直接影响片子所讲述的情节、内容能否被观众正确理解。剪辑人员在剪辑动作时，关键是要准确地找到动作剪辑点。

1. 动作剪辑的方法

在剪辑动作时，可以画面中被摄主体的动作或运动状态为基础选择剪辑点。被摄主体可以是人、动物，也可以是行驶中的车辆、飞机等处于运动状态的事物。

通常情况下，可选择动作起始点、动作进行过程或动作终结点作为动作剪辑点。例如，我们要剪辑一段学校运动会的镜头，有100米栏、三级跳、铅球、跳高等画面素材，你可以选择准备动作的最后一刻、动作开始时、动作最高潮、动作完成时作为剪辑点。这是较为简单的单机拍摄的动作场景，根据你想要获得的动作场景的节奏和步调来选择合适的剪辑位置即可。

常用且有效的动作剪辑方式，能够保证你高效地完成动作剪辑工作，但需要你在应用时发挥创造力，不能生搬硬套。常用的剪辑方式有以下几种。

1) 消失剪接

消失剪接是指只要画面主体在画面上消失，就可以进行镜头切换。不论是人物的运动，还是其他物体的运动，只要在画面上消失就构成了切换的好时机。因为当主体消失时，观众的观看兴趣也随之消失。在这个时候，我们切换镜头就顺应了观众的心理需求。

2) 封挡切换

封挡切换是指画面上的运动主体在运动过程中挡黑了画面，而观众无法从画面上辨别所拍对象的内容，这时我们就可以进行镜头切换。

封挡切换可以用在前一个镜头的结尾或后一个镜头的开始。例如，在两个镜头中，前一个镜头中的主体在运动过程中逐步挡黑画面，或者后一个镜头画面在开始的时候被一些物件或人物局部挡黑。在封挡画面上，观众没有办法在封挡的瞬间辨别所拍画面上的一些特点，所以此处是观众观看画面兴趣值的最低点，抓住这个最低点进行镜头切换，就可以使观众在不知不觉中接受转换镜头的事实。

3) 出入画剪切

出入画剪切是指在画面主体动入画面或动出画面的瞬间进行镜头切换。出入画镜头在电视编辑中的地位相当重要，它在调整时空关系方面具有不可替代的作用。只要在两个镜头间加入一个出入画镜头，就能表明两个镜头在时间和空间上不连续，所以它可以任意跳跃时空。

除了比较常见的左右方向的出入画镜头之外，还有大量的上下方向的出入画镜头，甚至有很多对角线方向的出入画镜头。灵活调整出入画方向，可大大丰富画面的形式美感。

4) 同一场景直接对切

同一场景直接对切是指处于同一场景的不同运动主体的镜头可以直接切换。在同一个场景中，人物与人物、人物与环境之间存在相互依存、相互呼应、相互作用的关系，所以镜头可以直接切来切去。就好像我们置身于一个真实的环境中，眼睛可以随意张望一样。同一个场景使人与物、物与物、人与人之间形成了一个有机的整体。有些场景不同的镜头，如果主体的动作与下一个镜头存在明显的呼应关系，也是可以直接对切的。

5) 动作转换切换

动作转换切换是指镜头的切换与动作转换相一致，即在画面主体的行为动作发生转换的瞬间进行镜头切换。我们把剪辑点选在画面主体动作发生转换的瞬间，观众就不容易察觉剪辑点的存在，还会以为是画面主体在做动作。

如果用这种方式来组接两个相邻的镜头，剪辑点可以选在前一个镜头的最后，正好画面行为主体做完一个动作；也可以选在第二个镜头的开始，主体开始做一个动作。无论选择哪种，都可以使两个镜头的衔接既流畅又自然。

6) 动作的起始点切换

动作的起始点切换是指将画面上运动主体连续动作的起始点作为切换点进行镜头切换。画面上运动主体的连续动作总有静止点或是一个动作的完成点，利用这个间歇设置切换点能使画面的节奏与物体的运动节奏相互吻合、协调一致，从而使画面主体的运动和人物的动作更完整、更和谐。

7) 动静转换的倾向瞬间切换

动静转换的倾向瞬间切换是指在画面主体由运动转为静止或是由静止转为运动前显现变化倾向的瞬间切换镜头。

主体由运动转为静止或由静止转为运动都是很常见的情景，但如果我们没有剪辑好，镜头中主体的变化就会非常突兀，观众难以接受。

在处理这样的动静转换时，我们一般都会选择在显示动静转换倾向的那一瞬间进行镜头切换。也就是说，如果主体由运动转为静止，剪辑点应选择在主体显示静止倾向的瞬间；反过来，如果主体由静止转为运动，剪辑点应选择在主体显示运动倾向的瞬间。只有遵循这样的原则，才能使镜头显得流畅、自然。

8) 方向变化的瞬间切换

方向变化的瞬间切换是指对于画面中长时间处于运动状态的主体，应在其运动方向改变的瞬间进行镜头切换。

有些主体长时间处于运动状态，却没有明显的动作变化，这就为我们剪辑镜头带来了一定的困难。比如，奔跑的马群、行驶的汽车都在运动中，但缺乏变化。对于此类自始至终在画面中运动但没有动作转换的运动主体，其运动方向变化的瞬间是一个合适的切换点。我们把画面主体在运动方向上出现变化趋势的那个瞬间作为剪辑点进行镜头切换会让观众感觉比较舒服，也能打破镜头缺少变化所带来的沉闷感。

9) 利用插入镜头切换

利用插入镜头切换是指在主体位置改变或动作不连贯的镜头中间插入一个补救镜头进行镜头组接。

由于主体位置变了，直接组接上下镜头会让观众产生困惑。在两个主体位置不一致或运动不连贯的镜头之间插入一个特写镜头，就可以冲淡由于位置改变或动作不连续而造成的视觉冲击，从而使镜头和谐、自然。

2. 动作场景的剪辑

动作场景的剪辑至关重要，创造它的人不是导演，也不是编剧，而是我们的剪辑师。剪辑师会把剧本中一句话概括的描述，通过自己的理解变成一个鲜活的场景，达到使观众感到快乐、痛苦或刺激的目的。

对于电影剪辑来说，拍摄动作场景一般要使用多台摄像机，从多个角度进行拍摄。在这个过程中，剪辑师能够得到数量庞大的有关这一动作场景的素材。这时，剪辑师需要综观素材，快速熟悉这些素材，准确无误地了解所有角度，并选择可用素材进行剪辑。最好的做法是每次针对一个镜头进行剪辑。

一个动作场景就是一个小故事，每一个动作剪辑，无论镜头长短，都要能够表现或推动故事发展。例如，在电影《傲慢与偏见》中有这样一个片段，卢卡斯府上举办一场盛大的舞会，人头攒动的舞会中有狂欢的舞者、有穿梭其中的仆从、有在楼上乐池中演奏的乐队。在这些画面中，当然不能忘了班纳特一家。镜头中，几次穿插班纳特姐妹和夫妻的画面，特别是主角伊丽莎白姐妹和卢卡斯小姐的对话，在不知不觉中为另一位主角达西的出现以及男女主角第一次见面产生偏见做铺垫，如图6-31所示。

在动作场景剪辑中，由剪辑师来决定想让观众看到哪些细节、以什么方式和速度看。在动作剪辑中加入角色的反应镜头是个好方法，“剪辑角色的反应镜头能够强化动作场景的情感力量”[①]。这些角色包括场景中的重要人物，从参与者到旁观者的反应镜头都可以剪辑到片子之中。

---

① [美]Gael Chandler. 剪辑圣经：剪辑你的电影和视频[M]. 黄德宗，译. 2版. 北京：电子工业出版社，2013：168.

图6-31 《傲慢与偏见》中的舞会场景

八、剪辑的节奏

剪辑的节奏是指运用剪辑手段，对影片结构和镜头长度进行处理所形成的节律。[①]就某个场景来说，剪辑节奏可以是微观的；就某部片子整体而言，也可以是宏观的。

1. 影响剪辑节奏的因素

剪辑的节奏属于影片的外部节奏，必须服从和服务于影片中所表现的事物发展的必然逻辑及由此引起的人物情绪对影视作品节律的内在要求。成功的剪辑人员能够创造出非凡的画面剪辑节奏，将作品的内在韵律通过视听形象生动地表现出来，从而以外在的形式美提升内在的节奏美感。

从微观角度来说，剪辑的节奏就是场景中的节拍，它主要表现为某一场景中镜头的数量以及镜头的长度。影响剪辑节奏的因素主要有三个方面：剪辑率、速度和景别。

1) 剪辑率

剪辑师对镜头长短的处理会造成不同的镜头剪辑率。剪辑率不同，剪辑的节奏就不同。镜头时间长，剪辑率自然就低；镜头时间短，剪辑率就高。剪辑率的合理变化会改变

① 周勇. 电视新闻编辑教程[M]. 北京：中国人民大学出版社，2002：237.

作品节奏，有助于调动观众情绪，如处理得好，还会使观众情绪得到有效积累。

2) 速度

有时，将一组运动镜头剪辑在一起不是为了描述动作，而是为了表现一种运动的韵律和节奏，为了营造一种情绪效果和特定气氛。这时，就运动主体而言，主体运动速度越快，画面的节奏感就越强；反之，主体运动速度越慢，则画面的节奏感就越弱。因此，要想表现不同的韵律，形成不同的剪辑节奏，应选择运动状态和运动速度不同的画面主体。

镜头的运动速度也是影响剪辑节奏的一个重要方面。快速运动的镜头，如急拉、急推这类镜头可以形成紧张、忙乱、激烈的节奏；而像慢摇等慢速运动的镜头，则可以使节奏舒缓、优美。

3) 景别

景别对节奏的影响表现为对主体运动速度的影响和对剪辑率的影响。

(1) 景别对主体运动速度的影响。用不同景别来表现同一主体的运动速度，其表现力是不同的：景别越大，画面中的运动主体的运动速度越不明显，运动的节奏感越弱；反之，则越强。

(2) 景别对画面剪辑率的影响。景别越大，画面所包含的内容越多，保证观众看清楚画面的时间就越长，也就是说，镜头长度越长；反之，景别越小，镜头画面所需的时间就越少，镜头长度越短。镜头的长短直接影响剪辑率的大小，从而影响画面的节奏。

综上所述，画面编辑主要通过三个方面的因素来形成电视片的快慢节奏。这种快慢节奏的变化不断打破人们固有的心理程序，促使心理活动增强，从而形成一种新鲜感。形成快慢节奏的要素有以下几个。

第一，形成快节奏的要素。具体包括近景别、推镜头、短镜头、被摄主体明显的动感、快速的镜头运动、快节奏的音乐和音响等。

第二，形成慢节奏的要素。具体包括远景别、拉镜头、长镜头、被摄主体不明显的动感、慢速的镜头运动、慢节奏的音乐和音响等。

2. 利用节奏延长或压缩时间

1) 时间的延长

利用节奏延长时间通常有以下两种形式。

(1) 主体运动的慢镜头＋各方的反应镜头，再回归为最开始慢镜头的结束部分(正常速度)。例如，一场篮球比赛的最后一秒，运动员投篮。投篮的镜头是慢动作，然后切入看台、其他球员、教练员的面部特写，投篮的瞬间被延长，时间仿佛停止，人们的心脏怦怦跳动……

(2) 主体不同景别的镜头重叠剪切。如图6-32所示为《我的女孩》的片段，这些镜头的剪辑采取的就是用不同景别来延长时间的方法。在这一场景中，男女主角进、出电梯门时擦肩而过本是一瞬间的事，当运用两人不同景别的镜头与慢镜头相接后，这一瞬间被拉长，从而积累了情绪，让观众产生惋惜之感。

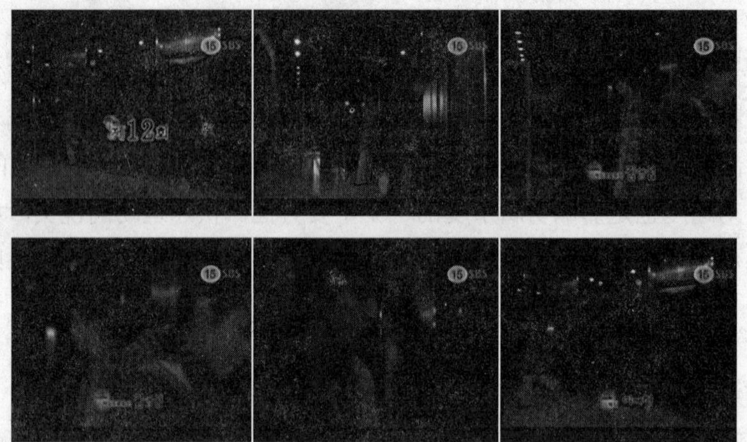

图6-32 《我的女孩》中的时间延长场景

2) 时间的压缩

反过来，剪辑师也可以压缩时间。例如，我们可以用具有代表性的画面在几分钟内讲述大学四年的学习生活，这完全取决于所选素材的步调、剪辑的节奏。

在运动中剪辑以压缩动作是较为常用的时间压缩方法。图6-33中的广告片的开头部分，用三个极短的镜头压缩了直升机降落、救援人员下飞机的动作，为我们展示了在剪辑中压缩时间的方法。

图6-33 广告片中的时间压缩场景

3. 紧凑剪辑和宽松剪辑

剪辑师可运用不同的镜头长度，来创造一种节奏——或舒缓，或紧张。紧凑剪辑是指剪辑时动作、解说或台词间的空间很小；反之即为宽松剪辑。紧张的节奏是紧凑剪辑的结果，宽松剪辑则造就舒缓的节奏。这一切均由场景的设置目的和作用来决定。

一般情况下，我们会在影片的开头采取宽松剪辑，形成舒缓的节奏。例如，在前文中图6-31所展示的《傲慢与偏见》的开篇场景，当观众对影片的关键信息缺乏了解时，可多留些空间，让观众能够顺利进入影片所展示的世界里。

解释性场景多采用紧凑剪辑，以便快速地将影片信息传递给观众，吸引他们的注意力。一段紧凑剪辑之后往往会在场景里延伸一个镜头或多个镜头，或插入一个定位镜头，这样可让观众得以喘息。

4. 运用时间重映射设置节奏

运用时间重映射可以对剪辑的部分进行加速、减速、回放或冻结视频等操作，从而改变场景的节奏。例如，在跳高场景中，我们可加快运动员起跑时的速度；当他起跳时，可放慢跳起、跃杆、跌落到垫子上的过程，甚至可以加快速度倒放。要实现上述效果，除可使用“速度/持续时间”来改变整个剪辑段落外，还可以通过修改剪辑不同区域的速率来形成不同的速度，从而形成快慢节拍。

1) 更改剪辑素材的速率

在时间轴面板中，右键单击素材，在弹出的菜单中选择“显示剪辑关键帧”→“时间重映射”→“速度”，如图6-34所示。

在时间轴面板中，按住“Ctrl”键(Windows)或“Command”键(Mac OS)的同时单击控制线，可以在当前位置添加关键帧，也可以单击关键帧按钮直接添加，如图6-35所示。

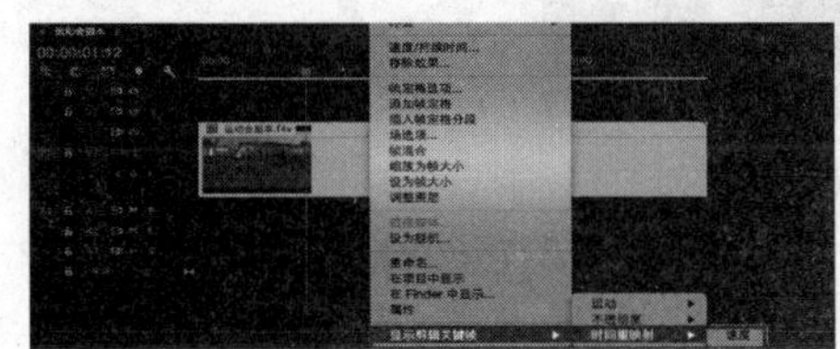

图6-34　时间重映射时间轴面板设置

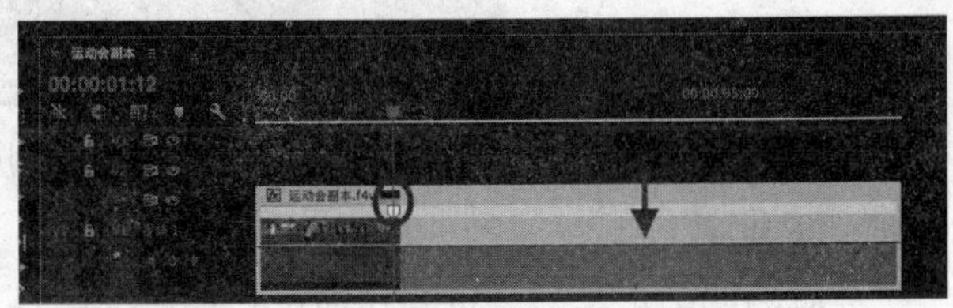

图6-35　时间重映射关键帧与速率控制线

向上或向下拖动关键帧两边的控制线，可以提高或降低这部分剪辑的速率。在进行上述操作时，剪辑素材的速率和持续时间都会发生改变。提高速率，片段加速，片子变短；反之，降低速率，片段减速，片子变长。在这里，无论视频变长还是缩短，与之链接的音频长度不变，视、音频不再保持同步，这一点要特别注意。如图6-36所示，速率控制线降低后，速度变慢，视频持续时间延长，但音频长短不变。

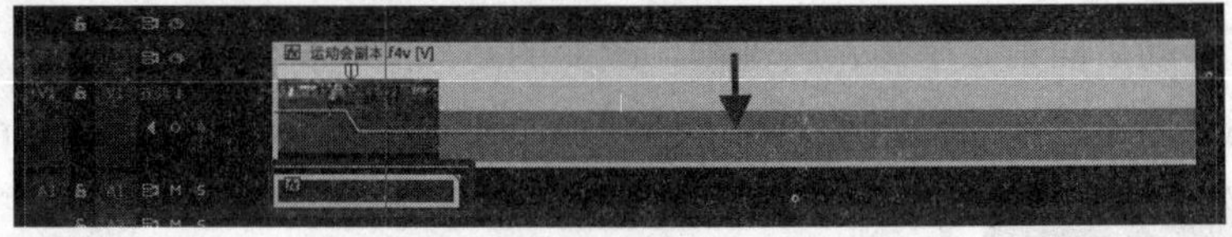

图6-36　时间重映射速率控制线与音频

速度关键帧与其他类型的关键帧不同，它是一对关键帧，由左右两瓣组成，可以一分为二，用来标记速度转换区域的开始与结束位置。当左右两瓣关键帧分开时，就会出现调节手柄。拖动调节手柄，可以加快或减缓速率的变化，如图6-37所示。

图6-37　时间重映射关键帧调节手柄

2) 倒放再正放

在时间轴面板中，在当前位置添加速度关键帧后，按住“Ctrl”键(Windows)或“Command”键(Mac OS)的同时，向右拖动该速度关键帧到欲设置动态倒放的结束位置。此时，会出现一个提示条，以负值的形式显示倒放速率相对于原速率的百分比(默认百分比是100%)。节目监视器中会显示两幅画面：起始位置帧和倒放、正放之间的过渡帧。

放开左键后，会出现两个新的关键帧。其中，在速度控制轨道上出现左箭头标记的片段为倒放片段，如图6-38所示。当然，我们还可以为这3个关键帧创建速度转换，并可通过调节手柄加快或减缓速率的变化。

图6-38　时间重映射倒放关键帧

3) 冻结帧

在时间轴面板中，在当前位置添加速度关键帧后，按住“Ctrl+Alt”组合键(Windows)或“Option+Command”组合键(Mac OS)的同时，向右拖动速度关键帧到欲冻结帧的结束位置。放开左键，在此位置就会出现一个新的关键帧。如图6-39所示，两个内侧部分为矩形的为静止关键帧，速度控制轨道中出现竖条标记的区域为冻结帧部分的片段区域。

要想移动静止关键帧的位置，就要先为冻结帧创建速率转换。如图6-40所示，向左拖动冻结帧区域左侧的速度关键帧的左半部分或向右拖动冻结区域右侧的速度关键帧的右半部分，之后就可以移动静止关键帧的位置。移动第一个静止关键帧的位置，可以改变欲冻结的素材帧；移动后面第二个静止关键帧，改变的是冻结帧持续的时间。

另外，还可以通过拖动控制线上的手柄来加快或减缓速率的变化，如图6-41所示。

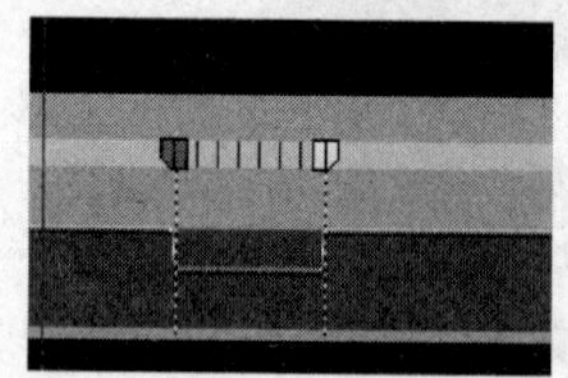

图6-39　时间重映射冻结关键帧

图6-40　冻结关键帧位置移动

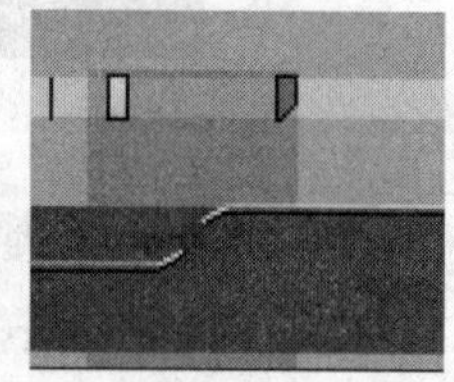

图6-41　冻结关键帧速率调节

九、蒙太奇剪辑

什么是蒙太奇？从狭义的剪辑角度来讲，蒙太奇是指影视作品的组接技巧。它是“一个简洁、独立的图像序列，插入影片中用于传达或重复事实、感受或思想”[①]。蒙太奇的力量在于，它通过生动的影视画面和独特的结构方式，让观众看到影视作品中的各个形象。通过编辑人员有意识的创作，组接起来的镜头能够发挥比镜头单独存在时更大的作用。

1. 蒙太奇在画面语言上的表意特点

(1) 不同镜头的组接形成不同的表意功能。镜头是画面语言的基本元素，本身并没有完整的意义。一般来说，单个镜头不能独立用于叙事或表意，要依靠上下镜头的连接或通过几个镜头组接成的镜头段落来完成表达任务。

(2) 镜头组接排列的顺序不同，表达的意义也不同。对于相同的几个镜头，如果用不同的顺序组接，它们所表达的意义是不同的。选择排列顺序的依据，实际上就是生活中的逻辑关系。

(3) 镜头之间的组接能创造新的含义。在蒙太奇语言中，把单个镜头组接在一起，就不再是两个镜头的简单相加，而是构成了一个有意义的整体，有了新的含义，即达到了“一加一大于二”的效果。

(4) 镜头之间的组接可以自由地创造影视时空。通过镜头的组接，不仅能够分解和重新组合空间，延长或压缩时间进程，而且能为了某种特殊的表意需要自由地构建空间。

充分运用蒙太奇画面语言的表意特性来组织结构镜头，把拍摄下来的单个镜头依据一定的逻辑关系和创作者的意图进行组合排列，可使其成为一个完整的、有意义的艺术整体，从而完成最终的叙事和表意目的。这也是剪辑的目标和意义所在。

2. 蒙太奇的类型

(1) 平行蒙太奇。它是指两条或两条以上的情节线索在不同时空、同时异地或同时同地并列发展、分头叙述且互相呼应，从而统一在一个完整的情节结构之中。平行蒙太奇的作用在于：自由、灵活地展现更为广阔的时空结构；多层次、多侧面地观察一个事物或事件的状态和发展；揭示事物之间的内在联系；有效加快影视作品的节奏。

(2) 交叉蒙太奇。它是指同一时间、不同空间内容的镜头交叉组接，从而形成紧张气氛，达到惊险的戏剧效果。相较于平行蒙太奇中的故事线索，交叉蒙太奇的线索关联性更强，两条或多条线索交织紧密，并最终汇合在一起，从而形成叙事高潮。

---

① [美]Gael Chandler. 剪辑圣经：剪辑你的电影和视频[M]. 黄德宗，译. 2版. 北京：电子工业出版社，2013：175.

(3) 积累蒙太奇。积累蒙太奇是将一些主体形象、内容或性质较为相近的镜头按照一定的特征组接起来，形成一种叠加的积累效果。通过这些镜头的积累，有时能强调一种思想、明确说明一个主题，有时则能营造一种紧张的气氛。

积累式组接的画面之所以能够组接在一起，是因为这些画面存在逻辑上的联系，往往以不同角度说明一个相同的主题，组接之后自然会产生一种综合效应。

(4) 对比蒙太奇。对比组接是把两个内容、性质、形式相反的镜头组接在一起，产生强烈的对立冲突，从而传达一种寓意。例如，穷与富、强与弱、高大与渺小等的对比。将这些性质、内容或形式截然相反的镜头并列组接在一起，可利用它们之间的冲突因素形成强烈的对比，以此表达影片的寓意，强化内容、思想或情绪。例如，在《战舰波将金号》的“敖德萨阶梯”中描写了一段冲突，爱森斯坦采用互相冲突的构图格式和剪辑方式，形成大小、明暗、个体与群体、整齐与散乱的强烈对比，从而突显反动统治者的残暴。

(5) 联想蒙太奇。联想蒙太奇类似文学创作中的隐喻、象征、借代等手法。它通过不同的视觉形象或听觉形象的镜头组接，使观众由乙事物引起对甲事物的联想，达到喻义、象征等效果，具有较强的主观色彩。比如，爱森斯坦在著名的《战舰波将金号》中，用卧着、坐着、站着的三个石狮象征群众的觉醒、革命的爆发。再如，在一些电视片中，为表现人物处于危急关头，往往用暴雨倾盆作喻；为表现改革开放，发达国家的先进技术和资金涌入中国，常用故宫的红色大门缓缓打开来象征等。因此，我们说，联想蒙太奇是通过打比方的手法来暗喻某种形象、说明某种意义，具有较强的情绪色彩。

(6) 顺序蒙太奇。顺序蒙太奇完全按照客观事物运动发展的时间顺序和逻辑顺序来安排镜头，完全适应观众的视觉习惯和思维习惯。

3. 剪辑蒙太奇的原则

剪辑蒙太奇的原则与其他剪辑原则是一样的，区别在于镜头之间通常用划像、叠化或黑场等转场特效分开。蒙太奇段落通常配有音乐，有时你可以根据配乐来剪辑蒙太奇，有时也可以先剪辑蒙太奇后配音乐。

十、镜头的组接原则——动接动、静接静

人们常说的“动接动、静接静”到底是什么意思呢？面对固定镜头和运动镜头时又该怎样组接？

1. 固定镜头的组接

(1) 一致性是组接固定镜头时首要考虑的因素。在组接一组固定镜头时，应设法寻找不同固定镜头中的某种一致性。这种一致性可以是内容上、镜头长度上的一致性，也可以是主体运动状态上的一致性。

① 内容上的一致性。内容上的一致性的范围十分广阔，要由剪辑者在具体的编辑过程中确定。

比如，一条新闻要表现某位领导到某市视察工作，新闻是由若干个领导在该市不同单位视察的固定镜头组接而成的。这些固定镜头的画面内容所在的地点并不相同，但观众并不觉得散，而且看得很明白。这是因为，该新闻的画面组接遵循了内容上的一致性原则，将所有画面统一在领导视察工作这一个大主题之下，所以这样的组接是符合逻辑性原则和收视心理的。

② 镜头长度的一致性。如果固定镜头中的画面主体处于静止或相对静止的状态，那么，组接这样一组固定镜头时，就可以寻求镜头长度的一致性。连续组接一组长度一致的镜头，本身就赋予这组固定镜头以动感和跳跃感，能产生明显的节奏和韵律感。

当然，在组接这样的镜头时，除了要使镜头长度保持一致外，还要保证画面主体的朝向和位置也相对一致。

③ 主体运动状态的一致性。如果固定镜头中的画面主体处于运动状态，那么在连续组接这类镜头时，就可以寻求主体运动状态的一致性。也就是说，如果画面主体具有明显的动作过程，则可以选择画面主体精彩的动作瞬间或完整的动作过程进行组接；如果画面主体处于明显的移动过程，则在镜头组接时要注意运动速度的一致性和运动方向的一致性。

在组接上述镜头的时候，应注意同一主体的相似角度、同景别镜头是不能组接的。因为这样的镜头会造成显著的跳切、不匹配，不仅无法提供新的信息，而且会使视觉效果缺少变化。

(2) 组接主体运动的固定镜头与主体静止的固定镜头时，应在前一镜头中主体运动的间歇或终止点进行组接。

(3) 组接主体静止的固定镜头与主体运动的固定镜头时，应选择在后一镜头中主体运动即将开始而未动的点，或运动间歇且新一轮运动未开始的点进行组接。

2. 运动镜头的组接

(1) 组接不同的运动镜头时，要在运动中切换，即“动接动”。说得具体一点，就是去除镜头相接处的起幅、落幅，只保留第一个运动镜头的起幅和最后一个运动镜头的落幅。

不同的运动镜头主要是指画面主体(连续几个运动镜头所拍的内容)不同、镜头运动形式(推、拉、摇、移、升、降、甩、跟这些不同的运动方式)不同的镜头。在组接这样的镜头时，一般要将运动速度比较相近的镜头组接在一起，这样能够保持运动节奏的和谐、一致。

(2) 组接相同的运动镜头时，一般也应去除镜头相接处的起幅和落幅，直接组接。相同的运动镜头是指那些画面主体不同、运动形式相同、运动方向也一致的镜头。例如，组接一组西湖及其附近风光的右摇镜头时，只需保留第一个镜头的起幅和最后一个镜头的落幅，将其他镜头的起幅与落幅都去除。这样组接之后，会产生在观众面前展开一幅幅美丽画卷的效果。

(3) 组接方向相反的运动镜头时，一般应使镜头相接处的起幅和落幅保持短暂的停留，给观众一个适应的过程。相反方向的运动镜头是指画面主体不同、运动形式相近、运动方向相反的镜头。例如，推镜头与拉镜头，左摇镜头与右摇镜头等。也就是说，在组接运动方向相反的两个镜头时，应保留前一个镜头的落幅和后一个镜头的起幅。如果去除镜头相接处的落幅和起幅，那么观众的头就会像拨浪鼓一样左摇右摇，肯定不舒服。至于起幅、落幅停留多长时间，一般要根据节目的整体节奏来考虑。如果是慢节奏的节目，起幅和落幅停留的时间可以长一些；如果是快节奏的节目，起幅和落幅停留的时间就可以短一些。

但是，在表现两个运动镜头主体间的对立、呼应、迎面奔跑等关系时，可以把两个运动方向相反的镜头直接组接在一起。

(4) 组接一组急推或急拉镜头时，一般要保留起幅或落幅。如果把镜头连接处的起幅、落幅都去除，那么观众眼前就只剩下影影绰绰的过程。如果连续如此推上四五个镜头，观众一定会感觉头晕眼花。

在组接一组急拉镜头或是一组急推镜头的时候，对起幅和落幅的留取要根据内容而定。如果在起幅和落幅中，创作者需要向观众介绍一些东西，需要让观众看清楚，即起幅和落幅有信息要传达，那么急拉或者急推镜头就要保留起幅、落幅；如果起幅中的内容是一样的，都是大山或者大海，只有落幅中的内容是不同的，即起幅相同，那么就只需要保留落幅。

3. 固定镜头与运动镜头的组接

在组接固定镜头与运动镜头时，应注意运动物体的运动镜头不能直接与静止镜头相接。

(1) 组接画面主体是相对静态的固定镜头与运动镜头时，一般应使镜头相接处的起幅或落幅保持短暂的停留。也就是说，组接主体相对静止的固定镜头与主体相对静止的运动镜头时，应保留后一镜头的起幅；反之，组接主体相对静止的运动镜头与主体相对静止的固定镜头时，应保留运动镜头的落幅。

(2) 组接表现呼应关系的固定镜头与运动镜头时，一般要根据具体情况来决定镜头相接处的起幅与落幅的取舍。

① 为表现呼应关系，当固定镜头和运动镜头中所拍的对象都是静态的，而且运动镜头的运动形式又都是推、拉、摇这类形式时，一般固定镜头与运动镜头相接处的那个起幅和落幅就要保持短暂的停留。

② 为表现呼应关系，当固定镜头所接的运动镜头的运动形式是移或移跟时，一般固定镜头可以与运动镜头直接组接，移动镜头可以去除镜头相接处的起幅和落幅。

比如，我们拍一位在火车上凭窗远眺的乘客，这是一个人物的固定镜头，后面接一个麦浪滚滚的移动镜头。在组接这两个镜头的时候，移动镜头可以没有起幅，直接从固定镜头切到移动镜头即可。

(3) 主体运动的固定镜头，可与运动状态一致或相似的运动镜头直接相接，后一镜头无须保留起幅。

十一、精益求精剪声音

声音是电影音画的一部分，它能让我们感受到汽车的速度、暴雨的狂虐和市场的热闹，让我们相信电影的真实。然而，事实上，电影的声音既不是真实的，也不是自然的，而是由声音剪辑师、拟音师和混录师创造出来的。优秀的声音设计和混录能将声音完美地融合于视觉之中，把观众带进电影环境中，使其身临其境地感受角色身处的世界。我们将真实的世界与虚拟的电影融合到一起，有时都分不清真实的场景到底是什么样子。声音作为重要的感官和感觉记忆，在其中起到了主要作用。

我们在第五章中已经从技术层面与大家探讨了运用Audition调整剪辑点、根据人的情绪调节场与场之间的音量、配音、制作特效、添加自然音响及音乐等内容。在这里，我们将要从配合画面剪辑的角度与大家一起学习剪辑声音。

高成本的影片制作有专门的声音部门和音乐部门负责声音编辑和音乐制作。其中，音效剪辑师负责将所有音效放进影片中；拟音师负责制作与画面中特定动作同步的音效；对白剪辑师负责对白的剪辑和非同步对白的录制；音乐总监、音乐剪辑师等负责制作临时音轨、音频文件等工作。剪辑声音具体的工作流程见图6-42[①]。

在低成本的影片制作中，画面剪辑师承担声音剪辑师的工作，负责剪辑所有的声音和音乐。

---

① [美]Gael Chandler. 剪辑圣经：剪辑你的电影和视频[M]. 黄德宗，译. 2版. 北京：电子工业出版社，2013：287.

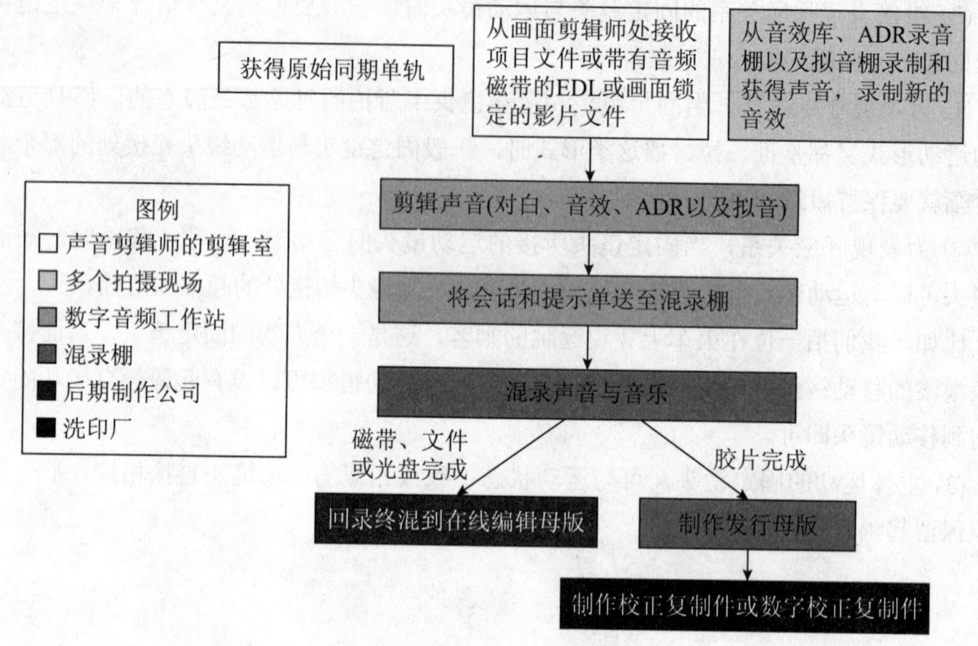

图6-42　剪辑声音工作流程

1. 声音的设计与运用

1) 声音的设计

设计声音，首先要找到影片的感觉，确定观众希望听到什么样的声音。较为常见的做法是从头到尾观看影片，先给影片设定一个总体风格。然后，逐个场景地观看，确定每个场景的声音风格。同时，在需要声音的地方记下时码，并注明具体做法。

2) 声音的运用

无论是哪种成本类型的影视作品，都不能忽视声音的运用。与画面剪辑一样，声音也要服务于故事的展开。不能简单地把声音的运用等同于为画面配相应的同期声，比如看到一只猫，就配“喵喵”叫，这显然将声音的运用简单化了。

影片中的每一段声音都要起到强化和支撑故事的作用。我们可以用声音拓展画外的空间，可以用声音来表现不在画面中的人或事，从而推动故事的发展。想象一下，画外汽车的急刹声及随之而来的猛烈撞击声，会给画面人物带来怎样的影响？

场景的画面剪辑节奏会影响声音的运用，何时引入音乐或淡出音乐，哪个地方需要添加音效来修饰画面，何时让所有的声音停止等，都是运用声音时要考虑的问题。当你为某一场景设计声音时，不仅要考虑它们出现的时机，还要合理运用无声的力量。白居易的名句“此时无声胜有声”说的就是这种情况。例如，在一个紧张万分的场景中，刺耳的声音、快节奏的音乐配合着人们焦急与忐忑的心情，这时，所有声音戛然而止，随之而来的静默便会紧紧抓住观众的注意力，直到他们再次放松下来。你会发现，观众已完全融入电影的节奏当中，声音在不知不觉中帮助画面推动故事的发展。

2. 声音的剪辑

1) 剪辑对白

对白不仅仅是人物间的互动，更是推动情节发展的重要因素。因此，剪辑对白，特别是剪辑一对一的对白，是声音剪辑中的关键部分。

剪辑对白有两种形式：一个是直切，另一个是重叠。

(1) 直切。直切就是声音与画面同时出现，同时切换。对于常用同期声的电视新闻，就常用这种方法进行声音剪辑。

(2) 重叠。重叠与直切相反，它在不同的时间点上处理画面和声音，也就是说，声音和画面的入点不在同一个位置。根据声音入点的不同，重叠又可分为前叠和后叠两种。

前叠是指下一个画面中人物的声音先出现在当前播放的人物画面的结尾部分，一两句话过后，再出现讲话人的画面。这种剪辑形式多用于纪实类的影视作品中，能够通过声音先引起观众的注意，再通过联觉效应使观众对讲话人的出现有一个心理准备，这样镜头的转换就会更加自然和流畅。

后叠是指在当前画面人物同期声结束前，下一个画面提前进入，同期声的结尾部分叠在下一个画面上并延续一段时间。

在电影对白剪辑中，剪辑师常使用重叠来处理对白。因为观众在看有电影对白的场景时，有时更想看到聆听者在对方讲话时的第一反应。例如，在《傲慢与偏见》中，达西第一次求婚的对话场景就是运用重叠来处理对白，当伊丽莎白感觉到达西以傲慢的心态来表达对她的爱慕时，面部表情表达了她内心的气愤，也让观众第一时间了解到主角的心情，并产生代入感。

我们可以运用重叠进行不同形式的对白剪辑，保证每一种都会产生不同的效果。例如，在一些快节奏的电影中，我们可以重叠音频来保持影片轻快或紧张的风格；也可以在某些对话场景中，全程都不展示两人说话时的样子，在一个人说话时，只展示另一个人聆听时的反应画面；还可以利用重叠音频来完成一个人打断另一个人讲话的场景。当然，因为重叠可以使剪辑变得更流畅，所以常用声音重叠剪辑来解决画面的不匹配问题。

2) 剪辑解说

解说又叫旁白。无论是在纪实类影视作品中，还是在影视剧中，解说都有重要的作用。当然，无解说的影视作品除外。

解说就像一个看不见的说话者一样，他的声音代替他的形象，推动剧情的发展，引导观众的思绪和情感。根据创作者的需要，解说可以由影片的讲述者、影片中的角色或者受访者来完成。

解说剪辑有两种常用的方法：一种是先剪解说，再配画面；另一种是先剪画面，再配解说。

(1) 先剪解说，再配画面。具体的操作步骤如下所述。

第一步：先剪解说。解说如果不是按事先写好的解说稿录制的，就需要对解说进行剪辑。

除了讲述者的解说外，纪录片的解说常以话外音的形式出现，它可以是受访者说的一段话。我们在对其进行剪辑时，有时可能忽略画面，只剪声音。我们可以将那些停顿、重复和“啊”“嗯”等语气词全部剪掉，从而形成一段流利、简洁而明确的旁白。

第二步：注意与画面同步。为了避免声画不同步的情况，在剪辑解说时，也需要留意画面。我们可以在视频轨道上放入黑场用来匹配音频的长度。同时，保留声画同步的画面，用来做同期声画面。最后，检查解说效果，对于那些跳切的画面先不用处理，只集中精力完善音频即可。

第三步：调入和调整画面。现在，我们就可以用合适的画面来替换黑场视频或处理画面的跳切。这些合适的画面，有的是解说词里提到的相关画面。比如，当解说者提到节假日各大景区人满为患时，画面便切到景区门口游客排队进园的镜头；当解说者讲述工作人员的辛苦时，便可插入工作人员忙碌的画面。除了相关画面之外，合适的画面还包括受访者表现良好的声画同步的镜头。

(2) 先剪画面，再配解说。通常，我们先剪画面，在画面剪辑完成并且检查无误后，才录入解说。这样，可以保证画面与解说相匹配，从而达到预期的效果。

3) 剪辑音乐

音乐是影视艺术中一个重要的表现元素。它不仅能够抒发情感、渲染气氛、深化主题，还能起到塑造形象、激励情绪等作用。它有力地影响观众对影片主题、角色与情节的感受。根据音乐在影片中的不同位置和作用，可将其分为片头曲、片尾曲、主题曲、背景音乐等。

音乐可以起到提示和预见作用，能够让观众提前知道角色下一步的动作。例如，窗外藏着坏人，角色会受到伤害等。

音乐可以为观众设置悬念。例如，紧张的音乐透露出不祥的气息，配合画面，往错误的方向引导观众思路直到最后悬念揭晓，原来是一场误会，这时音乐放缓，观众长长地吐了一口气。

音乐和画面还能构成一种对位关系，传达一种整体感。例如，美国动画片《小马王》的配乐十分经典，亚当斯的歌声完美地诠释出画面无法传达的感受。

在剪辑时，给一段场景加入音乐，往往能产生令人惊艳的效果。我们可以先剪辑画面然后配上音乐，也可以先选择音乐再配上画面，这要依照具体情况来定。无论采用哪种剪辑方法，都要保证画面中角色的关键动作与音乐的节拍相一致，这就需要剪辑师在各个地方对帧细调。

十二、让过渡更自然

电视片是由若干场景和段落组成的。在电视制作中，场景是指同一时间、同一地点发生的同一事件。一个场景可用一个或多个镜头来表现，一个段落又由若干个场景构成。那么，这些场景与场景之间、段落与段落之间如何连接和过渡？这就涉及转场的问题。

转场，简单来说，就是电视片中场景和段落的转换。当不同场景的镜头画面组接在一起时，由于时间、地点或情节的不同，会使前后场景画面间出现逻辑性的、视觉心理上的不连贯。为了避免这一问题，必须采用一定的组接方法。一般来说，每一次场景的转换，都需要有一个转场镜头。如果不用转场镜头，就会让观众留下层次不清、段落不明的印象。

常用的转场方式有两大类：一类是无技巧转场；另一类是技巧转场。

1. 无技巧转场

无技巧转场就是不通过机器硬件来实现的转场，从素材镜头中选择合适的镜头，以反映不同场景的两组画面间的内容或视觉因素的某种联系，并将其放在片子转场处，从而实现在两个画面之间的直接切换。

无技巧转场的直接切换是建立在选择合适镜头的基础上，在段落与段落的连接处选用一两个合适的镜头自然地承上启下。无技巧转场能在一定程度上体现剪辑师巧妙的构思和高超的技巧。

无技巧转场是一种简便经济的转场方法。在做片子时，应尽量使用无技巧转场，最好通过正常的组接来编辑。

常用的无技巧转场的方法有出入画转场、两极镜头转场、特写转场、遮挡转场、地点转场、空镜头转场、形似转场、主观镜头转场、运动镜头转场、声音转场等。

1) 出入画转场

出入画转场是指在不同场景的两组画面中，在前一个场景的最后一个画面结束时主体走出画面；紧接着是后一个场景的第一个镜头的开始，在没有主体的画面中，主体从画外进入。通过利用前后两组画面主体消失后、出现前所引起的悬念，引发观众的期盼心理，从而实现两组画面的连贯性组接。

运用这种转场方式时，有两个地方需要大家注意。

(1) 出画与入画的主体，可以是人物，也可以是动物，或者是车、船等交通工具；可以是同一主体，也可以是不同的主体。在使用频率上，以同一个主体出画、入画转场居多。出画往往使观众在视觉感受上产生短暂的悬念，下一个镜头的主体入画则揭晓了这一悬念。

(2) 主体出入画的方向应一致。运用出画与入画来转场，需要注意的主要问题是把握好主体出画与入画方向的一致性。如果是水平方向的出画、入画，一般是“左出”接“右入”或“右出”接“左入”；如果是垂直方向的出画、入画，一般是“上出”接“下入”或“下出”接“上入”。

2) 两极镜头转场

两极镜头转场是指在不同场景的两组镜头中，前一场景的最后一个镜头的景别与后一场景的开端镜头的景别恰恰是两个极端。这样可使观众在视觉心理上产生强大的落差，从而形成段落感，进而消除两组不同场景画面组接在一起产生的不连贯性。

具体来说，在两个不同的场景中，如果前一场景最后一个镜头是特写，则后一场景的第一个镜头就应是全景或远景；如果前一个镜头是远景或全景，则后一个镜头应是特写。两极镜头转场本身就有强调的意思，往往会产生一种前后对比的效果，而且两个场景之间的段落感也比较明显，可使节奏力度增强。

3) 特写转场

特写转场是指利用不同场景的两组画面中的同一(或相似)物件的特写镜头实现转场的方式。在运用特写转场技巧时，无论前一组镜头的最后一个镜头的景别是什么，后一组镜头都要从特写开始。

特写转场是几种景别转场手法中较为常见的一种。特写镜头所拍摄的往往是人物或物件的局部，孤零零的特写往往会让观众看不清所拍摄的人物、物件和环境之间的相互关系。由于整体特征和环境特征的不明显，使观众看不出环境的变化。因此，特写镜头适用于不同的场景，这就为场景的转换创造了条件。同时，特写镜头所揭示的画面效果是人们在平时生活中所不常见的，具有一种新奇感和视觉上的吸引力，很容易吸引人们的注意力，从而全神贯注地观看，这都为转场提供了有利的条件。

正因为特写转场运用得如此广泛，我们在每一个场景的拍摄中，都会有意识地拍摄一两个特写镜头，或是从特写拉开到中景、全景的镜头，以便后期剪辑中遇到转场不好处理的情况时使用。

4) 遮挡转场

遮挡转场是指在摄像机镜头固定的情况下，让前一场景的最后一个镜头中的人物或事物靠近摄像机，用某个部位充满画面把镜头全部挡黑；在后一个场景的开始镜头中，让人物或事物的背部充满画面，从镜头全部挡黑开始，主体远离镜头，出现在新场景中，从而实现场景的转换。

在遮挡镜头转场中，用来挡黑镜头的人物或事物，可以是同一个人物或事物，也可以是两个不同的人物或事物，但以同一个人物或事物居多。

5) 地点转场

地点转场是指根据电视节目的现实需要，直接转换在不同地点拍摄的画面，而不顾及前后两幅画面之间是否具有连贯因素。

地点转场比较适合新闻节目。因为新闻节目往往情节性、故事性差，又绝不允许人为导演。这样，就较难在各个画面中寻找连贯因素。因此，许多新闻节目有转均需要时，都是直接转换在不同地点拍摄的画面。另外，新闻节目长度较短，而容量很大。例如，有的新闻只有一分钟甚至几十秒的长度，以一幅画面长度平均为4秒来计算，一条一分钟的新闻只有15幅画面，而这15幅画面往往要有七八个场景甚至十多个场景，有的场景只有一幅画面，很难去寻找各场景画面之间的连贯因素，多数情况下只能采取地点转场的方式。当然我们也要尽最大可能去丰富场景转换技巧，从而提升新闻节目的艺术性和感染力。

6) 空镜头转场

空镜头转场是指在不同场景的两组画面中，前一个场景的最后一个镜头或后一个场景的开始镜头为该场景中无主体的景物画面，即空镜头。这种没有明确主体的空画面可使观众在心里形成段落感，消除两组不同场景的画面组接在一起时引起的不连贯性，从而顺利实现场面过渡。

常见的空镜头有天空、草地、河流、树林等。空镜头用于转场，有时相当于删节号，可引发人们思考、回味，慢慢地停下来翻看新的一页；有时类似于顿号，当观众观看了比较紧张、激烈的情节而感到疲惫的时候，看到一些空镜头转场，就可以喘口气、休息片刻。

7) 形似转场

形似转场就是利用不同场景中两组画面的主体外形结构的相似性因素而实现的自然转场方式。这种外在结构的相似性可以表现为主体形状相似、运动形式相似、主体大小位置的重合以及概念上的同一属性等。如图6-43所示，前后两个镜头中，由于不同的人物做出相似的倒酒(水)动作，使场景自然而然地得以转换。

图6-43 韩国电视剧《情定大饭店》中的形似转场

8) 主观镜头转场

主观镜头转场是指在不同场景的两组画面中，根据前一个场景中画面主体观看或思考动作的提示，紧接主体逻辑上可能看到、想到的下一场景的事物，从而实现场面转换。

在拍摄主观镜头时，摄像机处于画面中主体眼睛的位置，去拍摄主体视线所看到的景物。这时，摄像机所拍摄的景物是画面主体的主观映像。用主观镜头转场，往往是前一组场面以人看或沉思结束，下一组场面就是他看到的不同场景中的人或物，从而把两个场面连贯起来。

9) 运动镜头转场

运动镜头转场又称运动拍摄转场，是指利用摄像机运动拍摄的方式，连续展现一个又一个场景。摄像机的推、拉、摇、升、降、跟、甩、移等运动形式都可用来转场。例如，拉镜头转场，但不是每个拉镜头都能转场。随着镜头的拉出，第一个场景越来越小，第二个场景越来越大，这种拉镜头可以用于转场。

运动镜头转场特别适合创作电视纪实性纪录片。它具有真实、流畅的优点，日益受到电视记者和广大观众的青睐；但也存在缺点，如画面语言拖沓、画面中无用信息较多等。

10) 声音转场

声音转场是指将声音与画面结合从而达到转场的目的。在影片中，常见的声音转场是前一个镜头中的人物说到另一个人物的名字，以此引出处于另一个场景中的人物，从而巧妙地完成场景的转换。

承担声音转场的可以是解说词、人物同期声，也可以是音乐和音响。

(1) 解说词转场。解说词转场就是在上、下两个不同场景镜头的连接处，利用具有转场作用的解说词的提示作用来组接画面，从而实现场景的转换。用于转场的解说词通常由两段组成：第一段讲前一个场景的事，后一段讲下一个场景的事。这种解说除了转场以外，一般没有其他功用。

(2) 人物同期声转场。人物同期声转场就是用另一个场景的人物同期声来做场景转换的因素，从而将画面转换到人物所在的场景。许多电视片都采用这种方法：前一个场景是画外解说对人物及事件背景的介绍，后一个场景则直接切入人物同期声采访，同时完成场景的转换。

(3) 音乐、音响转场。相较于电视剧，电视专题节目的画面往往缺少情节性的连贯因素，音乐和音响有时恰好可以用于转场、过渡。常见的方法是在同一段音乐或音响的延伸中，画面自然过渡到下一个场景；也有的电视专题节目常常用一段新的音乐或音响来自然地引出下一组画面。利用音乐转场时，常常把音乐的间歇、节点、结尾作为画面转换的依据；利用音响转场时，常将自然声作为转场依据，如从汽车马达轰响到笛声悠扬，场景从公路转换到田野。

2. 技巧转场

技巧转场是运用视频过渡中的切换特效，把上下两个段落连接起来，完成场景转换的方法。这是一种人为的外部转场手段，既能实现上下两个段落的平滑过渡，又能在视觉上形成明显的段落感。

Premiere里的切换特效有很多，如图6-44所示，但不是所有的视频过渡中的切换特效都可用于转场，应选择简单且具有连接性的切换特效。

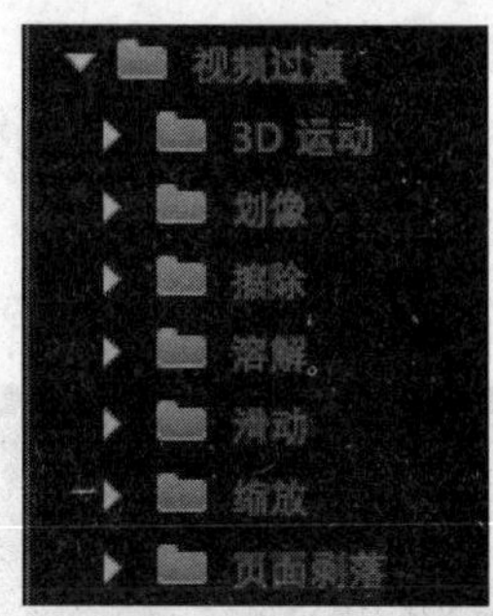

图6-44　视频过渡中的切换特效

1) 常用的技巧转场

(1) 渐隐为黑色(白色)。“渐隐为黑色(白色)”有很多名称，如“淡出淡入”“渐隐渐显”。它是指一个画面的清晰度、色彩饱和度逐渐下降，一直淡到黑场或白场；而另一个画面的清晰度、色彩饱和度逐渐提高，直到正常值。简单地说，就是一个画面逐渐暗下去，下一个画面逐渐亮起来。

利用这种切换特技转场时，前一个场景的后一个画面由正常的亮度渐渐变为全黑，画面内容渐渐隐去；紧接着，后一个场景的第一个画面由全黑开始渐渐变成正常亮度，画面由暗转明，画面内容逐渐显示，从而进入下一个场景。

具体的操作步骤如图6-45所示，打开“效果”→“视频过渡”→“溶解”→“渐隐为黑色”，将“渐隐为黑色”拖到时间轴面板两个场景切换处，松开左键即可，然后在“效果控件”中设置这一转场特效的持续时间、位置等。

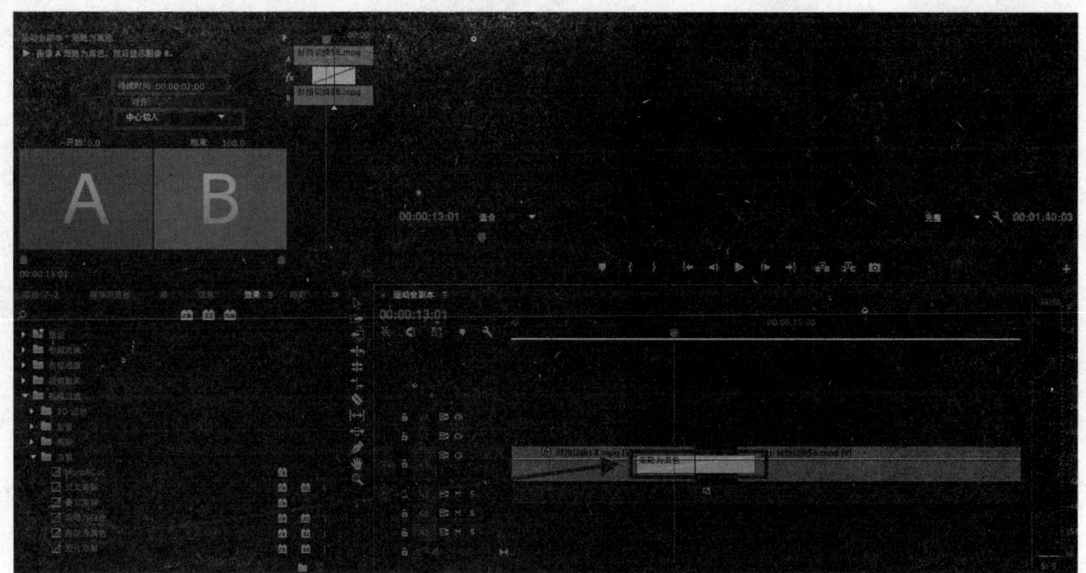

图6-45　渐隐为黑色转场特效的应用

这种切换特效能使观众在视觉上和心理上产生比较强的间歇感，如同舞台上的幕起和幕落，可以让观众有时间去品味，或者为下面内容的出现做心理准备，或者对刚看到的内容做一番思考。这种切换特效多用于表示一个段落的结束和新段落的开始。

(2) 叠化。叠化转场是指利用“溶解”→“交叉溶解”特效将不同场景的两组画面组接起来的转场方式。使用这一特效时，将不同场景中的上下两个镜头相互交叠，在前一个镜头渐渐浅淡的同时，后一个镜头渐渐清晰，形成一个画面转换为另一个画面的视觉效果，从而实现场景的转换，具体的操作步骤如图6-46所示。

图6-46　叠化转场特效的应用

叠化转场是一种比较平缓、流畅的场景转换方式，一般用于较为缓慢、柔和的较小段落的转场，或表示时间或空间上的较小转变，或表示在两个地方同时发生的事情。例如，叠化常用于衔接人物的回忆，春、夏、秋、冬季节的更替，或人物从少年到中年再到老年的成长历程等。

根据内容和节奏的需要，叠化的过程可快可慢，可通过更改效果控件中的持续时间来实现。

在选择叠化素材的时候，为了使上下相接的镜头转得更加平滑、流畅，一般要确保前后镜头具有某种联系，这样能使转场更加流畅和自然。例如，两镜头画面中的主体处在同一区域，或者两个镜头有相似因素，或者两个镜头的整体布局比较接近等。

(3) 定格转场。定格转场是指利用静帧特技将不同场景的两组画面组接起来的转场方式，即在不同的两个场景中，将前一个场景的最后一个镜头定住，明确地告诉观众到此告一段落，使观众产生视觉和心理上的停顿，定格结束后再展开新的场景。

具体的操作步骤如图6-47所示，在时间轴面板中，找到定格的那一帧的位置，在节目监视窗面板中，单击“导出帧”按钮，输出该时间点的单帧；在“导出帧”对话框中，设置名称、格式和路径等内容，并在“导入到项目中”前打勾，直接将定格的单帧导入项目中；然后，将该“定帧”拖到时间轴面板定帧的时间点上，设置该定帧的长度即可。

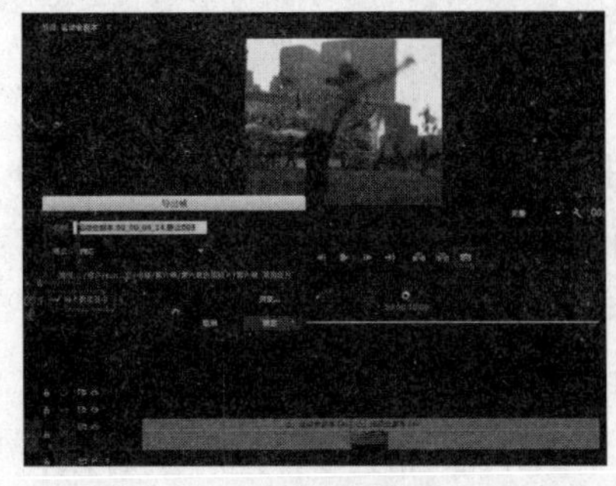

(a) 导出单帧

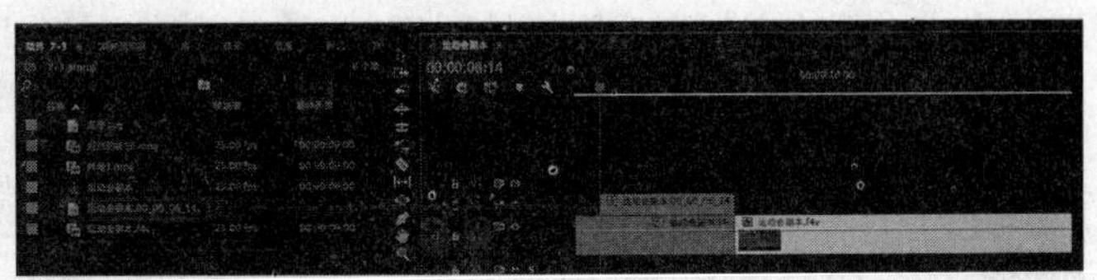

(b) 插入单帧

图6-47　定格转场的制作

定格转场时，必须在前一个镜头中主体运动或动作状态处于意义特征明显的瞬间将其定格，从而强调某一主体形象，或强调某一细节的含义，定格结束，自然转入下一个场景。

定格能够形成明显的间歇感，定格画面突然由动变静，能给观众带来较强的冲击，一般用于一个较大的段落中间的转场。

(4) 划像转场。划像转场是指利用划像特技将不同场景的两组画面组接起来的转场方式。恰当运用划像技巧，能够增强转场的艺术感染力。例如，利用从中间向两边平拉开或推开式的划像，将迎面而来气势汹汹的人物和一个会场画面组接到一起，有助于营造人物闯入会场产生的惊天动地的艺术效果，这一效果可利用“擦除”→“双侧平推门”来完成。

划像的方式已经达到上百种，除了上、下、左、右不同方向的划像之外，还有星形、圆形、菱形等多种几何图形的划像，花样翻新，令人称奇。但选择划像图形时，要注意切合全片内容、风格的需要，不要追求过于花哨的手法。

2) 特技转场应用原则

用于转场的特技图形的种类不胜枚举。然而，要想使特技转场与电视片的内容和谐统一，取得出色的视觉效果，在选择和运用特技图形时就要遵循以下原则。

(1) 特技图形的选择应与画面内容的表达相结合。选择用于转场的特技图形时不能只图花哨好看，最重要的是它要有助于内容的表达。也就是说，一定要根据画面内容的特点选择相宜的形式。例如，表现新旧两个不同的时代，从旧社会用翻页的方式过渡到新社会就会给人一种翻开新篇章、开始新生活的感受。再如，用垂直的竖线条向画面右侧划像，划出一张张照片，观众会产生在家里看相册的感觉。

(2) 特技图形的选择应与前后镜头相呼应。在选择转场特技图形的时候，必须顾及前后相邻镜头的运动方向、运动节奏、运动状态和运动速度，要设法使特技图形与前后镜头主体的运动相呼应，从而形成一个有机的整体。

(3) 特技图形的选择应与画面特点相结合。在选择转场特技的时候，应根据上下两组画面的特点来考虑特技图形的形式。例如，下一个画面的内容是竹子，我们根据竹子的特点选择类似竹子形状的划像特技，就将转场方式与画面特点结合起来，从而形成完美的视觉效果，同时有助于内容的表达。

(4) 特技图形的运用应与镜头运动方式相结合。在转换场景时，应充分考虑画面镜头的运动方式，再决定如何运用特技图形。例如，特技图形从什么地方出现、它的运动方向如何等，必须结合镜头的运动方式综合考量后再决定。

(5) 应成组运用特技镜头。为了确保电视片的整体感，我们在运用技巧转场时，要注意成组地运用特技形式。所谓成组运用就是要连续做上三四个，甚至更多，这样就可以使特技段落保持整体感。当然，成组运用特技时也可以在选择一种基本形态的基础上，略作一点变化，比如改变方向等。

总之，利用特技转场应该慎重，特技的使用应尽量简单、明了，千万不能喧宾夺主，影响电视片内容的表达。

十三、制作字幕

在影视作品中，字幕主要出现在片头和片尾部分，用来出片名和演职员表等。在新闻或纪录片中，字幕还出现在新闻提要、采访段落或解说等部分。

我们可以运用Premiere pro CC的字幕设计器功能来制作专业级字幕。在字幕设计器中，可以使用系统中安装的任意字体，可以置入图形或图像，还可以绘制简单的图形，并且可以在时间轴面板中为字幕添加视频特效，让它更加绚丽多彩。

必须提醒大家的是，字幕是画面构图的一部分，字幕的设计和运动一定要符合所在片子或节目的风格和特点，要与画面相协调。

1. 静态字幕

静态字幕常用来出片名，或在电视节目中起到提示、补充、说明等作用，如对话、解说时的同期声字幕或介绍被采访对象身份等信息。

创建静态字幕的步骤：单击“字幕”→“新建字幕(见图6-48)”→“默认静态字幕”，弹出“新建字幕”对话框(见图6-49)，设置“宽度”“高度”“时基”等参数值，并重新命名，然后单击“确定”按钮，字幕设计器就出现了，如图6-50所示。

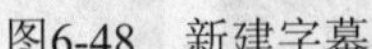

图6-48　新建字幕

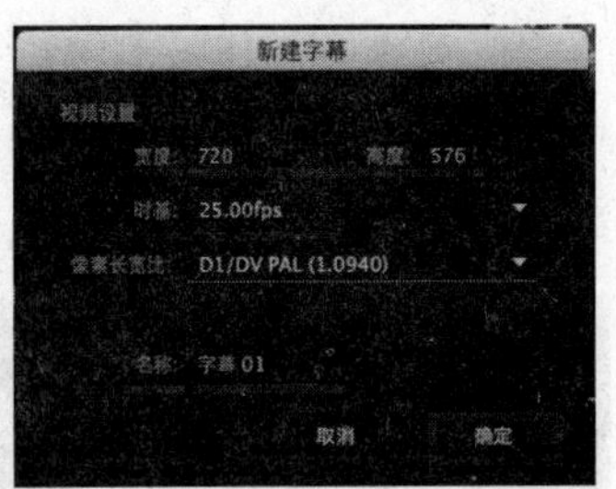

图6-49　“新建字幕”对话框

图6-50　字幕设计器

字幕设计器由字幕工具面板(左上)、字幕主面板(中上)、字幕属性面板(右上)、字幕动作面板(左下)和字幕样式面板(中下)构成，中间部分为字幕的主要绘制区域。

具体操作时，选择字幕工具栏中的文字工具“T”，在绘制区单击欲输入文字的开始点，当出现一个闪动的光标后，即可输入文字。输入完毕，单击文本框外任意一点，即可结束本次文本输入。

创建字幕后，我们会发现，系统默认的字幕样式、格式和一些基本属性非常普通，需要我们进一步去丰富它，以达到丰富视频画面、辅助表达视频主题内容的目的。这就需要我们利用字幕属性面板中的各个选项进行设计，如变换字体、变换颜色、描边、添加阴影、添加纹理等。

关闭字幕设计器，字幕就会自动添加到项目面板中，并作为项目的一部分被保存起来。这时，字幕是独立的文件，可以随时导入时间线中。导入时间线中的字幕文件如果被修改，也会自动保存到项目面板中的字幕文件当中。

2. 动态字幕

根据方向的不同，动态字幕可分为滚动字幕和游动字幕两种。

滚动字幕经常在影片和电视节目结束时使用。游动字幕常用在新闻节目中。例如，还没来得及出图像新闻的重要消息，经常先用游动字幕的形式在正播出的电视新闻的下方出滚动消息。

创建动态字幕具体包括以下几个步骤。

1) 创建并设计动态字幕

单击“字幕”→“新建字幕(见图6-51)”→“默认滚动字幕”，弹出“滚动/游动选项”对话框，如图6-52所示。

图6-51　新建滚动字幕

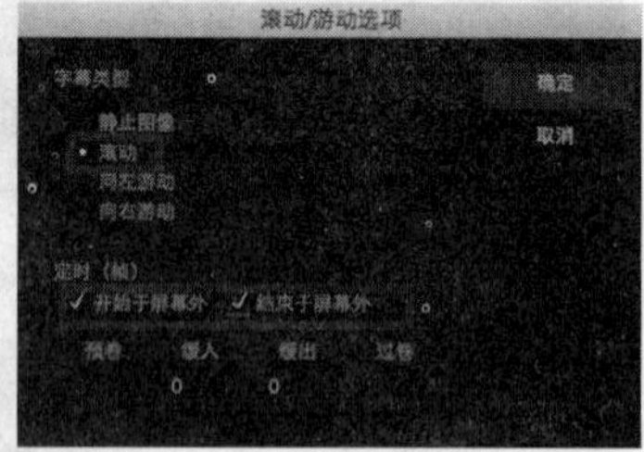

图6-52　“滚动/游动选项”对话框

在“滚动/游动选项”中，默认的是“滚动”选项，这时你可选择在“开始于屏幕外”和“结束于屏幕外”前打勾，然后单击“确定”按钮，即可获得一个新的动态字幕。

这时，你可以选择“T”工具，在绘制区单击欲输入文字的开始点，当出现一个闪动的光标后，随即输入文字或复制粘贴已有的Word文档中的文字，并设计字幕，如图6-53所示，可设置中心位置、字体样式、大小、填充和阴影等。关闭字幕设计器，字幕就会自动保存并添加到项目面板中，再把它拖到时间轴上合适的位置即可，如图6-54所示，应用效果如图6-55所示。

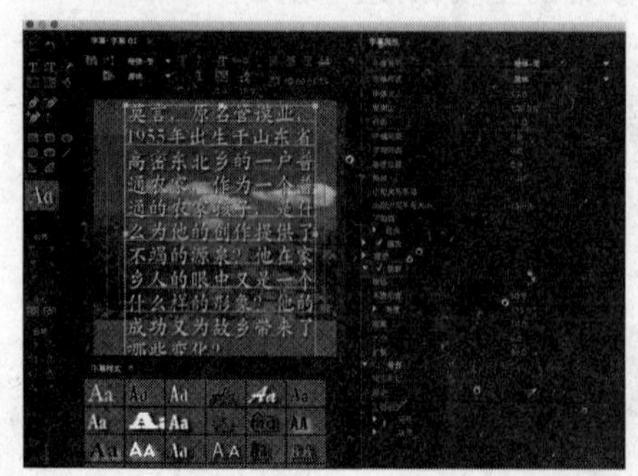

图6-53　滚动字幕设计器

图6-54　滚动字幕的添加

图6-55　滚动字幕效果

如果你想要字幕不完全动出画面，最后一屏定格在画面上，比如需要图6-55中的第3幅作为最后的定格字幕，那么你可以在“滚动/游动选项”(见图6-52)中取消勾选“结束于屏幕外”，然后在“过卷”下的框里填入适当的数字；也可以在“缓入”和“缓出”中分别输出数值，设置字幕由静止状态加速到正常速度的帧数以及由正常速度减速到静止状态的帧数，从而达到平滑的字幕运动效果。

2) 插入LOGO，输入相关内容并排版

在制作影片或电视节目的过程中，有时需要在字幕中插入图形或LOGO。插入的静态图片可以是位图，也可以是矢量图。被插入的图片既可以作为字幕中的图形，也可以直接插入文本框中，作为文本的一部分进行编辑使用。

如图6-56所示，新建字幕，出现字幕设计器后，输入文本，使用菜单命令“字幕”→“图形”→“插入图形”，在文件夹中选择一个图形文件打开，即可在字幕中插入图形；然后使用选择工具将图形放到合适位置，并调整其属性，如图6-57所示。

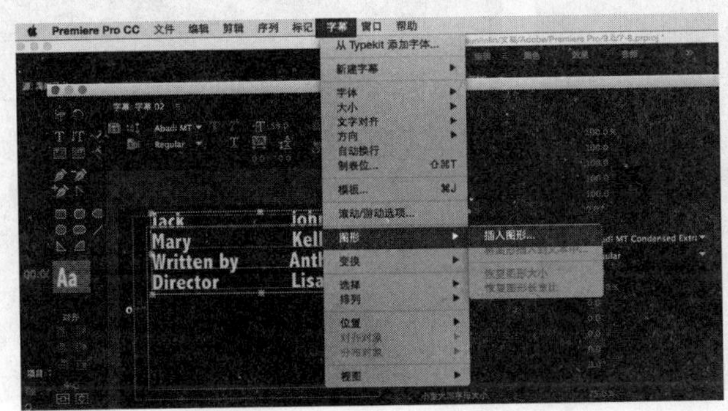

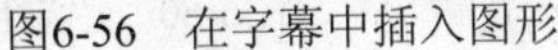
图6-56　在字幕中插入图形

图6-57　插入图形调整

如果你的字幕已保存在项目面板中，这时你发现有必要在其中插入图形，那么，你可在项目面板中双击需要插入图形的字幕，然后使用菜单命令“字幕”→“图形”→“插入图形”进行操作。注意，在时间线中无法进行字幕图形的插入操作。

新建静态字幕，输入文字，在文本中需要插入图形的地方单击，使用菜单命令“字幕”→“图形”→“将图形插入到文本中”；然后，在文件夹中选择一个图形文件打开，就可以在文本的字符之间插入图形，如图6-58所示。

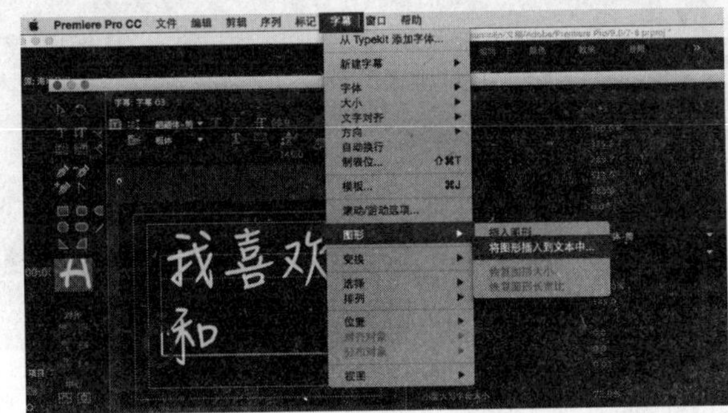

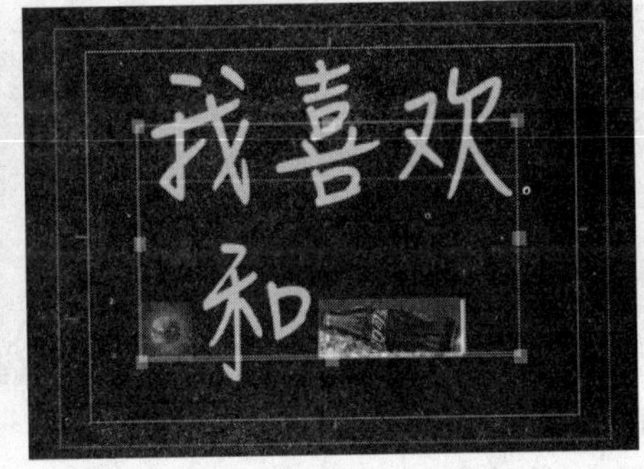

图6-58　在字幕文本中插入图形

应注意，在对字幕进行整体修改的时候，其中的图形也会像其他字符一样受到影响。

十四、输出成品

当你完成对影片或节目的编辑后，就可以按照用途将其输出为不同格式的文件。

操作步骤：使用菜单命令“文件”→“导出”→“媒体”，如图6-59所示，调出“导出设置”对话框；根据实际用途和需要对文件格式、输出路径和名称等进行设置，如图6-60所示；然后，直接单击“导出”按钮即可。

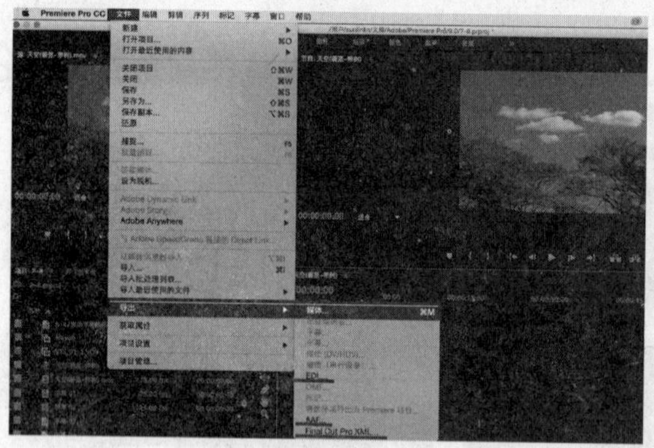

图6-59 导出命令

图6-60 “导出设置”对话框

“导出设置”对话框中包含的图像显示区域，可以在源面板和输出面板间进行切换。源面板中显示的画面，可以根据需要对其进行裁剪，如图6-61所示。

图6-61 “导出设置”中对源画面进行裁剪

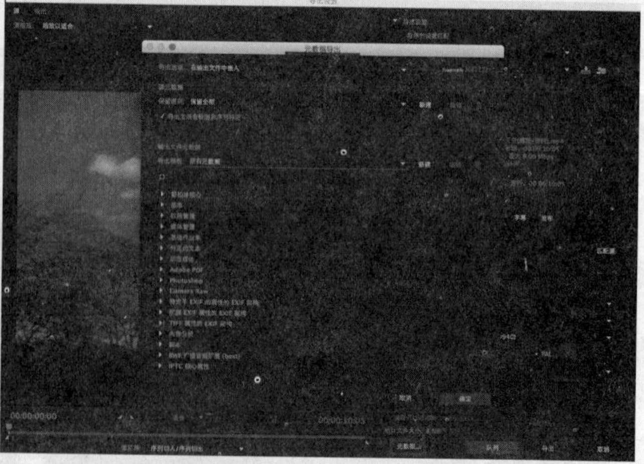

图6-62 导出设置输出元数据

我们在导出文件时，还可以选择嵌入元数据，如图6-62所示。输出的文件可以基于所包含的元数据进行功能性的应用，但并不是所有的输出格式都可以嵌入元数据，应用时大家要注意。

课后练习

利用前四章拍摄到的素材做一部片子吧，充分发挥你的技能，让这个“孩子”长得好看一些吧！。

第七章

真实、客观、公正、及时：学做新闻片

新闻剪辑比较特殊，它对截止日期、行业规范和工作流程的要求非常高。它不一定要在电视台的剪辑室内完成，随着时效性要求的提高和相关技术的进步，越来越多的新闻剪辑都是在新闻现场完成的。正因为如此，不要求新闻剪辑师像电影剪辑师那样精细，但要求新闻剪辑师能做到灵活、快速，时刻准备剪辑新闻，以满足不断更新的需要。

新闻素材有不同的格式，主要取决于新闻素材来源的多样化。其中，有电视台摄像师拍摄的素材，有档案素材，还有突发事件中目击者拍摄的素材等。

对于那些时效性强的新闻，新闻剪辑师可转录素材画面，迅速标记入点和出点进行画面编辑，然后剪辑实况音响和配音报道；对于那些预知性新闻或者重大报道任务，剪辑师可按照记者事先写好的文本进行剪辑；至于那些时效性要求较弱的软新闻或专题新闻，剪辑师可以利用较为充裕的时间大展拳脚，展示更多的剪辑技巧。

不论是哪种形式的新闻剪辑，都要进行画面剪辑、实况音响剪辑及添加配音报道声。

一、如何剪辑新闻

在电视新闻节目中，消息类电视新闻较为常见。简单来说，剪辑新闻就是一个选择合适的镜头、将其放到适当的位置并确定其镜头长度的过程。

挑选和放置镜头其实是一件事，它们实际上是在完成用画面来叙事的任务。在挑选和放置镜头的过程中，要考虑镜头中所包含的信息是否与新闻事件的主题、内容相吻合，要去除与内容冲突、无关的镜头，也要去除与内容过于一致会导致信息重复的镜头。当然，这一切都要在符合真实性原则的基础上进行。除了考虑内容因素之外，挑选和放置镜头时，还要考虑镜头的外在形式，主要包括景别、运动方式、拍摄角度和影调方面的和谐。具体来说，应注意以下几方面事项。

1. 挑选镜头

(1) 挑选有利于叙事的镜头。镜头要能推动事件的发展，展现事件的发展过程，要有条理，叙事要清晰。

(2) 不要出现重复镜头。如果画面非常精彩，重复播放可满足受众的收视心理需要，则可重复播放，否则应避免重复镜头。

(3) 注意镜头的政治性问题。带有明显的政治性意义的画面，如天安门、地图、国徽、人民英雄纪念碑等镜头，在拍摄时要尤其注意角度、构图等问题。

(4) 尽量选择固定镜头或内部运动镜头。

(5) 注意结尾镜头。不能用不稳定的镜头做结尾，也不要用特写镜头做结尾，要用类似大全景的镜头做结尾。

2. 放置镜头

(1) 放置镜头时，必须考虑与前后镜头的衔接。前后镜头要有一定的逻辑关系，如递进、平行、因果、对比等，一定要考虑清楚。

(2) 放置镜头要确保新闻的稳定性，即不要有动动相接、起幅和落幅断掉的情况。也就是说，运动镜头相接时要有起幅和落幅。

(3) 要遵循景别渐变的原则，景别变化要有序，采取进入式或退出式，不能有太大的跳跃。

(4) 时空变化要有序。虽然有的新闻时空变化很大，但也要遵循一定的叙事逻辑，不能随意穿梭。

(5) 同一空间的镜头不跳轴。

3. 镜头长度

(1) 找到镜头的最佳出点和入点。一个好的摄像师在拍摄时会拍出剪辑点，而一个好的剪辑师在剪辑时能够准确地找到这个剪辑点。

(2) 固定镜头时长不要超过4秒。对不同景别的固定镜头的长度有不同的要求，一般来讲，全景4秒左右、中景3秒左右、特写2秒左右。

(3) 运动镜头的长度视具体情况而定。主要的判断依据：画面信息是否展现，这个镜头是否已无新信息，与前后镜头的长度是否大致统一，素材是否足够选用。

(4) 不允许出现超短的画面，如时长不到2秒的画面，但可以使用一组短镜头。

(5) 慎重使用超长镜头。太长的镜头会打破片子的节奏，给观众造成心理负担。

二、如何编辑电视新闻解说词

电视新闻解说是对画面内容的补充、解释和说明。它不是一篇独立的文章，而是与画面相配合，为“看”而写作和运用的画外语言。

新闻解说在新闻表达方面有着独特的优势，即善于表达抽象的理念、复杂的心理活动以及回忆、想象与联想等内容，从而拓展画面的内涵，引领观众对画面进行深层次的思考。

电视新闻节目的类型不同，对解说词的要求也不同。图像动态消息的画面多起到实证性的作用，表意性差、情节性差，因此图像动态消息中的解说词往往包含大量的信息，基本上能够独立成章；现场报道由于具有现场性的要求，其解说部分往往以现场形式进行口语化的表达，从而形成完整的现场感；在专题类的电视新闻节目中，解说词的发挥空间较大，表达也比较自由，但难度往往也会增大。

电视新闻文字解说部分有其独特的个性，因此对编辑方面有特殊要求，即要在画面编辑的基础上，配合画面进行修改和编辑。具体来说，有以下几个要求。

1. 将观众的眼球吸引到画面上来

如果你的新闻导语成功地将观众的眼球吸引到画面上，那么解说词的首要任务就完成了。

解说词是为“看”而写的，它的首要作用是将观众的注意力吸引到画面上来，从而为观众观看画面留出空间，引导观众观看和思考画面上的重要内容。解说词的引导作用往往通过一些提示性的语言来完成，比如指示性代词等。

对于电视消息类新闻来说，解说词最重要的任务就是传递信息。然而，要有效地传播新闻信息并不那么容易，因为观众并不会老老实实地坐在那里等你说，他们有权选择自己喜欢的节目，这就意味着新闻编辑人员必须要尽快吸引观众的注意力并将其保持住。

观众是否看某条新闻，关键在于新闻播报的最初几秒钟，也就是电视新闻的导语能否吸引住他。因此，电视新闻的导语不仅要报道新闻的主要内容，而且要注意表达的方式和时机的选择，要有效地吸引观众观看。

从文法上来说，导语的表达要注意语序：首句和末句的表现力最强、最具吸引力和重要性，中间部分最弱。此外，还要多用动词、多用短句。

2. 发现和挖掘现场细节

观众观看一个画面只有几秒钟的时间，因此经常忽视一些细节。此时，解说词就应该发挥作用，重点强调现场发现和挖掘的而又常常被忽视的细节，从而引起观众的注意。

3. 在镜头纪实的基础上注意语言表述的客观性

1) 事实表达的客观性

消息类电视新闻解说词主要交代构成新闻事件的五要素(何时、何地、何事、何因、何人)，客观报道新闻事实，应尽量避免个人主观倾向的过分显露和个人情感好恶的外在宣泄。尤其要注意，结论性语言不要由做节目的人自己说，而应由观众自己来判断和总结。

2) 解说词不要描述人物的心理动作

在电视新闻中，不要用解说词来描述人物的心理和想法，也不要通过描述动作来传达心情，人物心理方面的信息应通过采访获得。

4. 不要浪费语言去描绘观众能看清楚的画面内容

在新闻报道中，不要浪费宝贵的语言去解说观众能看见的事情，诸如画面主体的色彩、形象、速度等。在电视新闻中，要将发生的事情用画面展现出来，而不是用解说词说出来。也就是说，解说词不要描绘自然景色，不要描写人物形象，不要去重复解释画面形象，切记要“少描写”。

总之，电视新闻中有画面，画面有动作，无须讲；画面无动作，更无须讲。电视新闻写作意味着思考问题的立足点、出发点、基准点是视觉语言，而不是文字语言。

5. 解说词中的数字要形象化，宜粗不宜细

数字本身比较枯燥，人们很少会对电视新闻中的精确数字感兴趣；相反，太精确的数字可能会对人们接收主要信息产生一定的干扰。因此，电视新闻解说词中的数字只要能说明情况即可，没有必要写得特别具体。

三、电视消息拉片分析

1.《三头六臂青蛙》拉片分析

在这条长度只有27秒的软新闻中，解说词配合画面，只用寥寥数语就将一只长有三头六臂的青蛙呈现在观众面前，让人印象深刻。在表7-1中，我们详细列出了这条新闻的画面与解说词。

表7-1 “三头六臂青蛙”拉片分析

镜号	画面	景别	镜头方式	角度	时长	解说词
1		近景	固定镜头	正面 平角度	00:06:08	在英国，有人发现了一只有三个头的青蛙，野生动物专家也大感惊讶
2		近景	固定镜头	正面 俯角度	00:03:05	一眨眼，大家可能会以为这是三只青蛙在玩“叠罗汉”，但只要你仔细观察
3		特写	固定镜头	正面 俯角度	00:02:05	
4	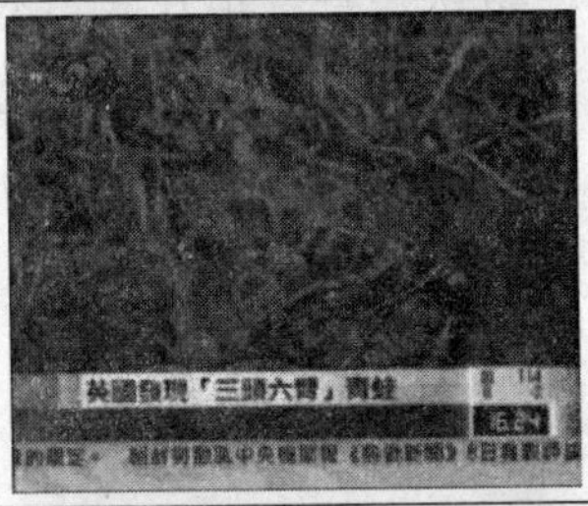	近景	固定镜头	背面 俯角度	00:02:03	
5		特写	固定镜头	背面 俯角度	00:01:16	就会发现，这原来是一只拥有三个头、六条腿的青蛙
6		特写	固定镜头	侧面 俯角度	00:01:16	

(续表)

镜号	画面	景别	镜头方式	角度	时长	解说词
7	英國發現「三頭六臂」青蛙	大全景	固定镜头	大俯角	00:04:21	虽然长有三头六臂，不过行动反而更加笨拙
8	英國發現「三頭六臂」青蛙	全景	固定镜头	斜侧俯角	00:04:11	这只青蛙目前在英国的一个乡村日间托儿所内被人饲养

在这条新闻中，导语充分调动了观众的观看兴趣：是什么样的青蛙连“野生动物专家也大感惊讶”。接下来的解说词没有具体描述青蛙的样貌，而是从第一眼的印象出发，“以为这是三只青蛙在玩‘叠罗汉’”。然后，语气一转，让你仔细观察，“就会发现，这原来是一只拥有三个头、六条腿的青蛙”。这句解说词引导观众由远及近地去观察，5个镜头分别由全景、特写来推进，从斜侧角度、侧面角度、背面角度等不同角度详细展现青蛙的具体形象。同时，解说词还注意从现场进行挖掘，“虽然长有三头六臂，不过行动反而更加笨拙”，画面则是大全景、大俯角，充分给予这只青蛙运动的空间，以印证解说词的正确。

2.《海地暴力事件》拉片分析

如表7-2所示，这条《海地暴力事件》的硬新闻时长为1分10秒，一共19个镜头，其中有9个运动镜头。开篇导语点出事件的地点、起因和结果，强调事件的严重后果，“最少6人死亡，死者中还包括1名外国记者，另外还有30多人受伤”，从而引起观众的收看兴趣。这条新闻的解说词有三大亮点：一是表达的客观性。7、8、9三个镜头报道现场交火的情况，解说词转述现场目击者和美国海军陆战队双方的不同说辞，“有目击者说，支持阿里斯蒂德的武装分子躲在屋顶上开枪，他们又从车内向街上的民众肆意开火；他们又说，在场的国际维和部队袖手旁观。但是美国海军陆战队的一名少校称，美国士兵曾向枪手还击”。二是解说词很好地完成了解释、说明画面的任务。例如，在镜头5的画面中，如果不是解说词告诉观众“有人中弹倒地，民众合力将伤者抬走”，单从画面来看很难准确理解画面所要传达的意义。三是解说词与画面完美配合。例如，在报道事件中死伤的记者时，镜头13、14、15很好地对应了解说词。在解说词“为西班牙电视台工作的一名37岁的纽约记者奥尔特加腹部中枪，送到医院后不治身亡”中，交代了记者的背景以及现状，言简意赅。

表7-2　“海地暴力事件”拉片分析

镜号	画面	时长	角度	景别	镜头方式	解说词
1		16s	正面	近景	固定	在海地首都太子港，庆祝前总统阿里斯蒂德下台的和平示威活动最后演变成暴力事件，阿里斯蒂德的支持者向示威群众开枪，造成了最少6人死亡，死者中还包括一名外国记者，另外还有30多人受伤
2		5s	斜侧	大全景	右摇	在总统府前，数千名民众庆祝阿里斯蒂德下台
3		5s	斜侧俯角度	远景	移镜头	但热闹的气氛忽然被枪声打破
4		2s	斜侧仰角度	远景	固定	民众四散走避，慌忙找地方掩护
5		5s	斜侧	全景	左摇拉	有人中弹倒地，民众合力将伤者抬走

(续表)

镜号	画面	时长	角度	景别	镜头方式	解说词
6		2s	正面	全景	摇	伤者包括多名警察
7		3s	正面	远景	固定镜头	有目击者说，支持阿里斯蒂德的武装分子躲在屋顶上开枪，他们又从车内向街上的民众肆意开火；他们又说，在场的国际维和部队袖手旁观。但是美国海军陆战队的一名少校称，美国士兵曾向枪手还击
8		3s	斜侧	全景	左摇	
9		3s	侧面	中全景 近景	推	
10		3s	斜侧	中景 近景	跟	
11		3s	背面	近景	固定	

(续表)

镜号	画面	时长	角度	景别	镜头方式	解说词
12		2s	斜侧俯角度	中景 全景	摇	枪击事件造成多人死伤
13	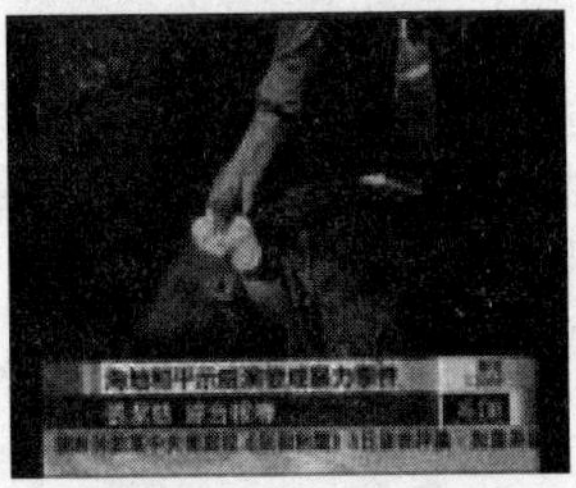	1s	斜侧	中景	固定	死伤者包括外国记者
14		3s	背面	中景	跟	为西班牙电视台工作的一名37岁的纽约记者奥尔特加腹部中枪，送到医院后不治身亡
15	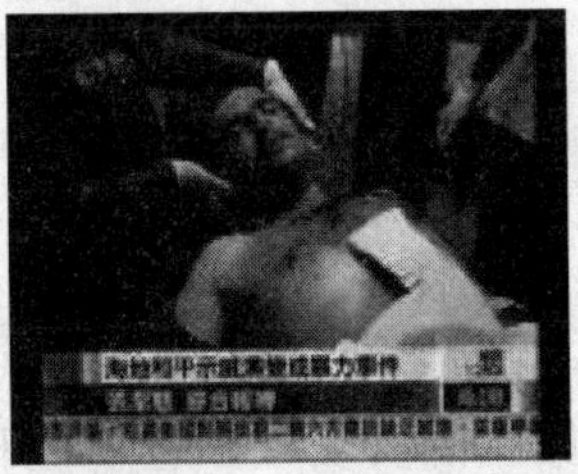	3s	斜侧俯角度	中景	固定	
16		2s	斜侧	大全景	固定	枪击事件过后，美国海军陆战队加强在海地首都太子港的巡逻，凤凰卫视综合报道

（续表）

镜号	画面	时长	角度	景别	镜头方式	解说词
17		1s	斜侧	中全景	固定	
18		1s	斜侧 仰角度	远景	固定	枪击事件过后，美国海军陆战队加强在海地首都太子港的巡逻，凤凰卫视综合报道
19		3s	斜侧 仰角度	全景	固定	

四、如何剪辑人物同期声

人物同期声是指在拍摄新闻时，同步采录的人物讲话。它直接提供了新闻信息的来源，能使观众感觉到“亲耳所闻”和“当时所说”，具有原始的真实性、客观性和权威性，从而胜过记者的转述。

1. 选择同期声的原则

1) 要选择清晰的同期声

清晰的标准有以下两条。

(1) 观众能够听清楚。在选择同期声时，要注意挑选那些采录效果好的声音。如果效果不好而又实在很重要，则要在后期剪辑时做技术上的调整，比如调节音量或配字幕等。

(2) 观众能够听懂。在选择同期声时，尽量不要选用方言很重或口齿不清的同期声。如果只能用这样的同期声，在使用时则要配上字幕，以便让观众了解同期声的内容。如果是直播无法直接加字幕，记者在采访时就要随时将重要的、不清楚的地方重复一遍，既是为了向讲话人确认也是为了让观众听明白。

2) 要选择典型的同期声

典型的同期声是指新闻事件中的典型人物的典型讲话。采访对象必须具有一定的典型性和代表性，即应是新闻事件中的关键人物，如事件的亲历者、重要的目击者等。同时，这个人物的讲话必须是典型的，传达的应是新闻事件的关键信息，而不是无关紧要的内容。

3) 注意选择的平衡性

对于那些比较复杂的新闻事件，特别是矛盾冲突比较激烈的事件，由于看问题的角度和立场等不同，可能会有不同的说法。在后期编辑的时候，就应注意多种观点的平衡。我们不能只选择一种说法，而忽略了其他人的看法和意见，从而造成新闻报道的不公平、不客观。

2. 同期声剪辑的要求

1) 同期声应尽量简短、重点突出

与解说相比，同期声存在内容不够精练、不够集中的问题。新闻节目的时间限制很严，每条新闻的时长相对较短。因此，很多时候，同期声都要经过精心剪辑，使之表达更简洁、内容更集中、重点更突出。但是，这种剪辑要以不改变人物讲话的原意为前提。

2) 注意语意的完整、通顺和语气的连贯

用于新闻中的每段同期声要能表达相对完整的意思。如果是几段同期声组接在一起，那么，除了要保证原意不变，还要特别注意语意的通顺和语气的连贯。

3) 剪辑同期声时，要兼顾画面

有的时候，对一段同期声进行剪辑后，确实达到简洁、完整、通顺的要求，但画面不连贯。这时候，我们就需要插入一些补救镜头，如记者的反应镜头、与谈话相关的景物或事物的特写镜头等作为过渡，从而保证画面的流畅。

4) 选择合适的同期声切换方式

在插入同期声或切换同期声与解说词时，可采取直切、渐起或渐隐等方式，具体根据片子的声音环境和效果来确定。

在短消息中，常用直切的方式插入同期声。在新闻专题中，如果要取得自然的效果，渐起或渐隐的方式是个不错的选择。

(1) 渐起式。渐起式是指在同期声开始时先压低音量，然后随着内容重要性的提高而逐步调高到正常音量。这种剪辑方式可以使声音的出现比较自然。这种方法常用于两种情况：一是用于群体场面。由于群体场面中说话人不止一个，采用渐显的方式能给观众一个心理适应过程，同时可通过这种方法来选择合适的同期声进行新闻表达。二是用于解说词与同期声的转换。先以解说为主，在解说要结束时以较小的音量混入同期声，待解说结束时再将同期声的音量放大至正常水平。

(2) 渐隐式。渐隐式是指同期声将画面中的主要内容表达清楚之后并不马上结束，而是将音量逐步调小直至消失，给观众留下一些思考时间。这种渐隐式剪辑常用于两种情况：一是用在同期声与解说词的转换过程中。在同期声渐弱的同时解说声进入成为主音，这比让同期声戛然而止要流畅得多。二是用在片子的结尾部分。片子结尾部分的同期声，多采用渐隐的方式，将画面保留一段时间，让讲话的声音渐渐消失，从而使结尾既自然又意味深远。

五、电视新闻中实况音响的运用

画面中的实况音响有助于增强新闻的真实性，是电视新闻不可或缺的元素之一。这种伴随画面一起记录下来的、来自新闻现场的各种声音是客观物质运动声波的真实再现，往往由几个声音综合在一起整体发挥作用，具有还原现实的特点。

在电视新闻节目中，实况音响主要担任两种角色：一是背景音响；二是主体音响。

1. 背景音响

在大多数情况下，实况音响是依附于主体的背景音响而存在的，我们称之为背景音响。在电视新闻中，背景音响用于描述主体所处的空间环境特征，如街道的喧闹、市场的繁华、教室的安静等，都可以通过背景音响真实地反映。特别是一些现场感强的事件，背景音响更是不可或缺的要素。严格地说，没有背景音响的画面是残缺的。即使是在环境很静的情况下，这种“静”也是一种音响特征。

2. 主体音响

有的实况音响作为新闻报道的主体出现，即主体音响，这时，现场实况音响可以代替解说，直接作为新闻报道的主体。典型音响和典型画面所构成的典型场景，往往是新闻报道中最容易出彩的段落。它能够再现新闻事件的原貌，具有无可置疑的真实性和解说难以达到的生动性。

在新闻编辑中，凡是这种能用现场声画表现的段落就尽量不要加解说。当然，这种现场场景的直接展示需要通过画面和声音的剪辑来实现。

六、如何混合电视新闻中的声音

在电视新闻编辑中，我们常常会遇到这种情况：我们要处理新闻中的多种声音，如现场的环境效果声、人物同期声、新闻解说等。这就需要剪辑师将多种声音混合到一起。这种声音的混合不是随意的，也是有规律可循的，具体包括以下两方面。

1. 确定主次声音，以一种声音为主

根据新闻表现的需要，在同一时间里，只能以一种声音为主，不能将所有的声音在同一时间以同样的音量传播。否则，多种声音相互干扰将会形成噪音，从而影响新闻的表达。因此，当多种声音同时出现时，要使新闻中的声音多而不乱，首先要分清声音的主次，并以主要声音为主进行声音编辑。

2. 要控制好主次声音的音量比例

确定新闻的主声音后，接下来就要设置不同声音的音量比例。应注意，既不能只有主声音而完全听不到次声音，让人感到新闻失真；也不能让次声音音量过大而干扰主声音的表达。要在保证主声音清晰的基础上表现好次声音，从而形成多重声音的层次感。

还有一点需要注意，同一时间出现的声音不能太多，一般情况下最好控制在两种以内。如果有多于两种声音出现，时间不能太长。

七、如何使用新闻字幕

在新闻编辑环节，如果忽略了字幕的设计与运用将会使新闻失色不少。对电视观众来说，字幕可以帮助他们更好地理解新闻和确定信息。形神兼备的字幕不仅能增强新闻的传播力，而且能增加视觉美感。

新闻字幕，听起来有些“高大上”，说白了就是在一条电视新闻中，叠加在相关画面上的屏幕文字。字幕应写些什么？又都用在什么地方呢？

1. 新闻标题或新闻提要

字幕常出现在一条新闻开始时，以新闻标题或新闻提要的形式，简要说明本条新闻的

内容。另外，在新闻节目中，如果遇到一些比较复杂或抽象的内容，适时地在画面下方加上一些文字作为内容提示，能取得事半功倍的效果。

2. 新闻的主要内容、主要观点、关键信息

当新闻中出现相关人物时，可用字幕将人物的姓名、年龄、职业等信息介绍清楚。此外，新闻中的一些重要问话、重要回答，都应打出字幕。在今天的创作中，有时我们会用纪实的方法拍摄一些片段，在现场可能有很多人同时讲话，音量都差不多，这时我们就可以用打字幕的方式来表明我们的选择，谁讲的话更有意义、更贴近主题，我们就把他讲的话用字幕的形式表现出来，这实际上体现了编辑的思想和编辑的选择。

3. 补充关键性信息

由于新闻篇幅或者表现形式的限制，有些信息，特别是一些背景信息没有在新闻中提到，但可能会因此影响事实的表达。这时，就可以用字幕将这些信息补充进来。例如，有的新闻是用时间和地点来编辑的，但出于表现需要，有时新闻中只有画面没有解说。这时，就需要用字幕来补充时间和地点等要素，从而让观众一目了然。

4. 传递新信息，增加单位时间的信息量

有时，编辑人员来不及将新消息采制成图像新闻或口播新闻，为了保证其时效性，同时不打断正常的播出，常常采取在正在播出的新闻下方用滚动字幕播出的方法。

另外，为了增加单位时间的信息量，在播报新闻的同时，常在画面底部用滚动字幕以标题新闻的方式循环播出全天的重要新闻、新收到的消息、天气资讯、财经消息等内容。

总之，字幕是电视新闻编辑对画面空间的高效利用，也是对画面内容的一种重要补充和延伸。

编辑完字幕，一条新闻就制作完成了。

八、深度新闻：新闻专题片的剪辑

与电视消息类新闻相比较，新闻专题的报道方式更加深入。新闻专题的报道对象与电视消息相近，通常是新近发生或正在发生的重大事件，或普遍受到关注的社会问题或社会

现象、人物；在内容上，新闻专题要比消息类新闻更加翔实、全面、系统且有深度；在结构上，新闻专题的信息量大、内容丰富、节目时间长，因此它的结构要比消息类新闻更复杂。

对一个重大事件进行深入报道时，要将前期拍摄的素材传给剪辑人员，剪辑人员开始围绕主题选择素材，并把它们组接在一起。这时，剪辑人员不仅要考虑镜头如何衔接，还要考虑段落如何划分、片段如何组合，这就涉及搭建片子结构的问题。这里，有几项剪辑原则，需要大家遵守。

1. 围绕主题搭建结构，结构要为叙事服务

我们在剪辑时，首先要考虑两点内容：一是理清思路，二是确定框架。理清思路是为了解决叙事内容上的问题，而确定框架是为了解决叙述方法(即结构形式)的问题。

当我们确定了片子的总体布局后，编辑还必须按新闻内容的表现顺序将叙事内容逐层展开，这就涉及结构问题。不论你采用哪种结构形式来构建片子，都要遵循以下几项原则。

1) 结构要服务于主题

主题是安排结构的基础。新闻专题的主题不能简单理解为传播者的一种宣传意图。实际上，主题可以是对生活的一种见解、看问题的一种思路、对真相的一种探究、对生活的一种领悟，甚至可以只是一种对情感的要求和对愿望的表达。

电视新闻专题的主题要通过节目内容自然地传达出来，表现主题的内容的分布就形成了作品的结构。可以说，结构本身就是对内容的表现，它实际上是内容的载体，没有结构就不会有内容的准确传播，更不会有主题了。

2) 结构要促进叙事

结构是叙事的外在形式。电视新闻专题的叙事必然表现为一种结构上的形态，而这种结构上的形态，也将直接影响叙事的表现力和感染力。因此，在电视新闻专题的创作过程中，对电视新闻作品结构的选择要与新闻事件的叙事内容相适应，以促进新闻事件的叙述。只有这样，才能更好地实现对新闻事实的再现和探究。

比如，新闻专题《火烧湿地》就打破了电视新闻专题常用的结构模式。整部片子设置了两条叙事线索：一条是通过火势的进展来叙事，17日着火—18日火势蔓延—19日开始灭火—21日火势减弱—23日大火被扑灭；另一条是记者的现场思考。在火势蔓延的每个阶段中，记者都会在现场发出对这场火灾的思考和对起火背景的介绍。这两条线索互相交织，通过不同时空、不同角度、不同层面的展现，使我们既看到了如今大火的蔓延，又看到了昔日扎龙美丽的风光；既看到了大火过后烧焦的土地，又看到了仍在施工的排水渠；既看到了失去家园的丹顶鹤，又看到了农民的玉米田。通过这种结构，将多方面的材料交织在一起，透过新闻事件本身，透过扎龙的大火，挖掘人与自然的深层关系，引发人们对自然的关注和思考。

3) 结构要完整统一、严谨自然

一般来讲，电视片并不要求一定有一个完整的故事情节作为结构框架，大多数电视片经常要把一些不完整的、分散的材料组织在一起。这就要求编辑者建立一个清晰、完整的结构形态，即节目首尾呼应，各部分齐全饱满，各部分之间要匀称和对称，使观众对这些片段材料间的关系有一个总体的把握。同时，专题片在内容上要精心剪裁，繁简合乎观众的关注重点；在逻辑过渡上顺乎思路，段落、层次分明，过渡自然、顺畅，力求做到结构形式和叙事内容的自然、和谐与统一。

4) 注意构建节目的结构曲线

电视新闻专题节目的时间一般比较长，这就需要合理安排内容的重点和精彩段落，否则难以吸引观众看下去。要做到这一点，在编辑时就必须注意搭建节目的结构曲线。

结构曲线由叙述、铺垫、高潮、余韵组成。叙述部分处于节目中相对平缓的位置，主要由主持人或记者介绍必要的新闻要素，或穿插一些过渡镜头。高潮部分一般由重点内容、完整的场景、包含生动细节的情节和对话所组成，它是节目最重要的兴奋点，具有一定的吸引力。大高潮出现之前要有一定的积累和铺垫，这种积累就是通过前面的小兴奋点来完成的。所以高潮的出现一定要错落有致、层层推进，要做到前有铺叙、后有余韵。专题片的结尾要有力量，有要冲击力和感染力，给观众留下不可磨灭的印象，令观众回味无穷。

2. 注意信息的立体传播

电视新闻专题节目传递的信息是一种立体信息，不仅有语言，还有表情、动作等非语言符号。也就是说，观众通过电视画面，不仅能观其形，还能听其言、察其情。新闻工作人员应全方位地为观众展示真实的情景，让他们感同身受。

3. 不要用不同的表现形式重复同样的信息

例如，你在屏幕上用文字写了一首诗，并配上一段适宜的音乐来烘托情感。观众一边听着音乐，一边看着屏幕，在心里默默地感受着、回味着。这时，你就没有必要利用解说再读一遍所写的诗，让观众通过自己的眼睛去看，用心去读、去体会会更好一些。否则，既是对传播资源的浪费，也不利于内容的表达。

4. 突出使用精彩的画面，以满足观众的观看需要

一部新闻专题片，如果能拍摄到有关事件的精彩画面是一件非常幸运的事。这种精彩的画面可能是事件中的关键镜头、转瞬即逝的动作或表情、令人感到不可思议的语言同期

声或细节等。由于其内容独特，常常会带给观众视觉上的震撼或心理上的触动，从而使观众产生重复观看的心理需要。因此，我们在剪辑时要重点突出这些精彩的镜头，将精彩的部分重复播放一到两次，或者采用慢放等手段，以满足观众的观看需要。

当然，为了凑时间而重复使用不精彩的画面是绝对禁止的。

5. 成组编辑镜头、成段使用声音

“什么样的镜头可以编成一组形成一个片段”是剪辑人员应该清楚的首要问题。“组”是电视编辑中一个十分重要的概念，在数量上指的是3个或3个以上，在内容和形式上指的是具有相关性。也就是说，我们在编辑片子时，要把内容和形式相关的几个镜头按一定的逻辑关系组接在一起，形成一个小的单元片段，而后将这些相关的片段组接成一个大的段落，再由不同的段落形成一部片子。

与成组编辑镜头相对应的是成段使用声音。在剪辑镜头时，要将相关镜头编成一组形成一个小的片段，不仅要选择画面，还要考虑镜头中声音的问题。不是每一个镜头中的声音都要保留，应根据片段中的具体内容确定典型的声音，将这一声音成段地运用到片子里去。

6. 用一组镜头连续表现同一主体时应遵循景别渐变的原则

用同一组镜头连续表现同一主体时，为了能给观众带来平稳流畅的视觉感受，应避免将相同景别的镜头组接在一起。连续画面的景别要有所变化，但也不宜使用变化太大的景别，而是应遵循景别渐变的原则，让画面中的景别逐渐变大或逐渐变小。

7. 编辑应有效控制固定镜头与运动镜头的比例

电视新闻专题片有“一短四多”的特点，即时间短(一般为15～25分钟)、镜头多、语言多、特技多、字幕多。这就需要剪辑师能快速组接镜头，根据不同的时长来选择固定镜头和运动镜头的比例。固定镜头多，信息量大，节奏快；运动镜头多，信息量小，节奏慢。在短小的电视新闻专题片中，要适量增加固定镜头的比例，以增加节目的信息量。

8. 注意现场纪实再现

在编辑新闻专题片的过程中，要用纪实的手法再现现场。这不仅要求我们在现场完成采访和拍摄，还要注意对现场的拓展。特别要求片子在讲“过去”、讲“背景”、讲“观点”时，也要找到一个现场的视角。

九、案例分析：《永远的消防员》

新闻专题片经常运用多种电视表现元素和播出方式。在报道上力求画面、解说、人物同期声的完美结合；在表现形式上，多采用字幕、图表、特技、动画及少量的音乐等手段，以增加新闻的信息量、增强感染力。下面，我们就以《永远的消防员》为例来具体分析新闻专题片的编辑。

《东方时空·纪事》原属于中央电视台新闻评论部，改版后隶属新闻频道，是该频道唯一的纪录片栏目，标榜“用纪实的影像关注体现时代变革的社会热点事件，关注事件中人物的命运，在对事件复杂性的描述中，完成对时代的深度记录，打造‘行进中的影像中国’”。2003年11月11日，《永远的消防员》在该栏目播映。

1. 总体分析

1) 结构有利于叙事的展开

《永远的消防员》采用顺序式结构，按时间顺序展开，以解说词为叙事线索，在片中明确交代了几个重要的时间节点，有效地促进了情节的发展。

(1) 2003年11月3日，湖南衡阳一座8层楼发生特大火灾。5点43分，接到报警的衡阳消防支队赶到了火灾现场。

(2) 正在现场灭火的28名消防官兵来不及撤离，被掩埋在废墟之中。

(3) 大楼坍塌后，现场搜救工作很快展开，1500多名官兵来到这里。

(4) 3日下午，第一位遇难者的遗体被发现，他是消防支队副参谋长戴和熙。

(5) 截至11月3日晚，共7名烈士的遗体被发现。

(6) 截至11月4日16点38分，大楼坍塌40小时后，已有10名消防队员已被确认以身殉职。

(7) 截至11月5日16点，大楼坍塌63个小时后，遇难官兵人数增至19人，另有1人仍埋在瓦砾之中。

(8) 11月6日10点05分，大楼坍塌81个小时后，最后一名消防官兵的遗体被找到。

几十个小时的搜救过程被压缩到19分钟的节目中，不但没让观众感到简略了搜救过程，反而让观众产生等待的焦急，感受到现场搜寻的艰难、遇难官兵的惨烈和撕心裂肺的悲痛。这在很大程度上得益于解说词对时间的压缩，以及在顺序式结构中构建的详略得当的结构曲线。

2) 形成叙事重点，丰富节目内容

按时间顺序叙述一件事情，最忌讳的做法就是流水账式的表达，好像面面俱到，实则让人乏味。片子中，搜救过程是重点，也是编辑着力表现的地方。在被掩埋的28名消防官兵之中，编辑选取了3位有特色的消防员作为重点进行介绍。

(1) 第一位被找到的遇难消防员：戴和熙。11月3日下午，第一位被找到的遇难者是消防支队副参谋长戴和熙。在这个段落中，既有遇难者遗体被发现时的现场画面，也有大楼坍塌前消防员救火的画面。通过同一场景叠加引入消防员救火的镜头，画面从电视机特写摇到参谋长邵六芝的特写，实现场景转换的同时也引入了采访段落。在邵六芝与记者的一问一答中，着重表现他获悉朝夕相处的战友遇难后难过且隐忍的表情。然后，由解说词点出“截至11月3日晚，共7名烈士的遗体被发现”。

(2) 平凡英雄的代表：钟林林。运用推镜头，由中景到特写，画面表现遇难者遗体被挖出来时的状况，推镜头给出血肉模糊的手部特写镜头。解说词进入，“指导员钟林林的遗体被发现时，他还保持着握水枪的姿态”。然后，画面转入对参谋长邵六芝的采访。

在观众开始关注这位战士并渴望进一步了解情况时，画面离开搜救现场，来到钟林林的宿舍，切入下一组介绍钟林林背景的镜头：去灭火之前来不及叠的被子、穿过的鞋和看过的书、孩子和妻子的照片、小战士哭着表示前一天还在一起打球的同期画面等，无一不让观众动容。此时，观众与钟林林之间、普通人与英雄之间的距离变得很近，钟林林的英雄形象更加朴实感人。为了加深这一情感，编辑选取了一组相关的镜头：钟林林被挖出时血肉模糊的手、救援人员将钟林林的遗体用担架抬走、救援人员布满血丝的眼睛含着泪水、蹲在废墟上的救援人员掩面痛哭等，采用慢放的编辑手法，适时加入音乐，让人们的情感不断发酵。然而，这一情感的表达并没有就此结束，而是得到了进一步的深化和延伸，一组消防员救火的5个镜头组接在一起，仍旧采用慢放和音乐烘托，并用解说词催化情感，“这些紧握水枪的消防队员有很多已经永远地离开了这个世界，这是他们留给我们最后的背影”，“画面最角落里喝水的战士名叫赵康林，27岁，刚刚结婚不久”，“这位正面向我们走过来的战士叫聂学敏，今年23岁”。最后在音乐声中，在黑色的背景上用字幕打出了一位消防员为了缅怀牺牲的战友在当天写下的几句话：“我爱你们，在钢筋混凝土挤压下的身躯，站成不倒的丰碑。我想你们，就像怀念我的哥哥和弟弟，是你们的离去让我们如此悲伤，战友英灵永存。”

(3) 奇迹英雄：江春茂。江春茂的成功解救可以说是一个奇迹般的存在。解说词向观众讲述这一奇迹是多么的难得，“截至11月4日凌晨，仍有10名官兵没有被找到”，“随着时间的流逝，他们生还的希望越来越渺茫，所有人都期盼着奇迹的出现，在大楼坍塌28个小时后，一名幸存者被救出”。这个段落的重点有两个，一个是江春茂的伤势，另一个就是在他附近的其他两名战友的情况。在人们燃起希望的时候，噩耗再次传来，他附近的周忠兵和陈桂华两人未能生还。江春茂讲述被埋时和队友交流情况的画面是整个片子的新闻点，对前后情节起承上启下作用。

随着最后一名遇难者的遗体被找到，长达81个小时的搜救工作宣告结束。整部片子一共可分为三个部分：第一部分讲述事件的起因、现状；第二部分重点讲述整个搜救工作的过程及艰难程度；第三部分是追悼会和表达人们的思念之情。在主要情节中，又介绍了事件背景和一些遇难官兵的个人背景，辅以受灾群众目击消防队员救火工作时的感动和救援人员表示要不惜一切代价挖掘被埋战士的场面，这两个方面的同期采访，内容丰富、信息量饱满。

3) 既客观述说事件，又不回避情感表达

片中对主要叙述人的选择局限于与事件密切相关的当事方(内视角)，如消防官兵、受伤记者；以及与之有强烈情感联系的人，如灾难现场围观群众等。这些叙述者提供了大量的情感叙述内容。例如，消防官兵叙述楼房倒塌一瞬间的情况、营救被埋消防队员时的心情和被埋在废墟里自救与互相鼓励的情形；围观群众表达他们的悲痛与崇敬之情；受伤记者讲述倒塌一瞬间的情况。这些叙述者的讲述充分表达了对遇难者的哀思，激起了人们强烈的情感共鸣。

此外，电视叙述手段的抒情功能在这部片子中得以突显。例如，在片尾，伴随慢节奏的音乐，20位遇难官兵的遗像以淡入淡出的方式过渡出现，背景饰以象征哀思的白菊花，在遗像出现的同时打上遇难者的姓名、年龄、籍贯、军衔。在这样的段落里，媒介叙述人不直接发言，通过哀婉的音乐、慢镜头播放的遇难烈士遗像、黑底白字的字幕、黑场营造出无尽的余思，让人沉浸在巨大的悲痛之中，反复体悟生与死的巨大冲击，这样的片尾进一步强化了“灾难—英雄—哀悼”的叙事结构。

2.《永远的消防员》拉片分析

镜头1：00′ 00″ —0′ 16″，《东方时空·纪事》片头。

镜头2：0′ 16″ —0′ 23″，分屏画面以倒“品”字形依次呈现，下图远景：远处一栋大楼着火，冒出滚滚黑烟；左上图全景：卷帘门旁的一楼火光闪现，浓烟滚滚，众多消防官兵在火灾现场。这组画面直观地向观众表现了火灾的严重程度，并传达了已经有消防官兵赶到的信息。再配合同期火警声，现场感十分强烈。

#同期声：救火车警报声。

镜头3：0′ 23″ — 0′ 28″，全景，摇镜头。镜头从楼上着火点摇到着火最严重的一楼，6名消防官兵拿着水枪灭火。

#画外音：2003年11月3日，湖南衡阳一座8层楼发生特大火灾。

镜头4：0′ 28″ —0′ 32″，大全景。场景中三名消防官兵站在二楼平台上进行灭火作业，背后火光冲天伴随滚滚的黑色浓烟。

#画外音：5点43分，接到报警的衡阳消防支队赶到了火灾现场。

镜头5：0′ 32″ —0′ 35″，近景。画面右下角手持水枪的消防员仅占构图的1/5，其余均为烧得红红的火灾现场，可以看出消防员距离火场非常近。

镜头6：0′ 35″ —0′ 37″，近景，仰拍。楼里隐隐可见火光和滚滚黑烟。

#画外音：此时，这座大楼里还有很多居民在熟睡之中。

镜头7：0′ 37″ —0′ 42，大全景，仰拍，摇镜头。画面中整座大楼已经被火熏得焦黑，大部分楼体被浓烟掩盖。

#画外音：消防官兵在救火的同时，挨家挨户叫醒居民，组织居民疏散。

镜头8：0′42″—0′ 50″，中景，跟镜头。画面中有5名消防官兵，其中两人手执水枪逐渐靠近火场灭火，他们身后的消防员一边吃着食物一边指挥，表现消防战士在火灾现场争分夺秒、连续作战的信息。

#画外音：很快，楼里的96户412名群众安全撤离现场，留在现场的只有消防队的官兵。

镜头9：0′50″—0′54″，近景。画面中5名消防官兵正背对镜头对火场进行扑救。

#画外音：灾难就是在他们毫无准备的情况下——

镜头10：0′54″—1′00″，中景。画面中4名消防战士在灭火，其中一人刚刚从身边的小战士头上拿下头盔。瞬间，伴随着轰隆声大楼倒塌了，镜头一阵晃动，被灰尘瓦砾覆盖，呈现一片灰白……全黑淡出……

#画外音：——突然降临的。

小结：以上镜头组合回顾了衡阳大火事件发生的全过程，消防官兵在现场扑火救灾时突然发生楼梯坍塌。

镜头11：01′00″—01′12″，全黑淡入，大全景，仰拍。以倒塌大楼的瓦砾堆废墟为前景，拍摄大火被扑灭后另一半烧毁的大楼。全黑淡出。

镜头12：01′12″—01′18″，全黑淡入，中景。画面右下角1/3处为冒着白烟的倒塌大楼的瓦砾堆，其余为残毁的墙壁。全黑淡出。

镜头13：01′18″—01′27″，全黑淡入，大全景，俯角。画面为倒塌后仍在冒着滚滚黑烟的大楼废墟，一半塌毁，另一半仅余部分钢筋支撑，看起来岌岌可危。全黑淡出。

小结：以上镜头组合配以塞缪尔·巴伯的《弦乐柔板》渲染伤感的基调，分别从仰、俯、平、远、全、中几个角度呈现灾难事故现场的状况。

镜头14：01′27″—01′59″，全黑淡入，全景，中景，近景，俯拍，淡出。

分屏画面：左侧是一片灰蒙蒙的粉尘，消散后是大楼倒塌的瓦砾堆；右侧先后是躺在病床上的衡阳电视台记者旷杰和《衡阳晚报》记者李凌讲述大楼倒塌瞬间的情景。通过两人的描述，观众可以从感觉、视觉、味觉等几个方面想象当时的情景。

#采访同期声：旷杰："我当时想，不知道最后那个镜头拍到没有？全部都是石灰，眼前全部都是石灰。然后，一股强烈的气浪从我身后把我一直往前推，然后我就从二楼平台掉到了地面。"李凌："当时我摔到地上就已经昏过去了。当我醒来的时候，大概过了一分钟。我已经看不到天了，只能看见一片灰色和黑色，空气中弥漫着一股很浓的石灰味道。

小结：这组镜头通过两人的描述与下一部分的现场搜救工作联系起来，以倒叙的形式总领下面搜救工作的情节。

镜头15：01′59″—02′06″，特写。浓烟中另一半未倒塌的大楼上悬挂着摇摇欲坠的空调机。

#画外音：正在现场灭火的28名消防官兵来不及撤离，被掩埋在废墟之中。

镜头16：02′06″—2′12″，大全景，俯拍，摇镜头。画面为大楼倒塌后，浓烟中的灾难事故现场全貌。

#画外音：有两名战士当场牺牲，被掩埋在废墟里的还有在现场做采访的新闻记者。

镜头17：02′12″—02′16″，中景，摇镜头，仰拍。画面为消防官兵带着工具在废墟上进行搜救。

#画外音：大楼坍塌后，现场的搜救工作——

镜头18：02′16″—02′20″，中景。画面为不断赶来增援的消防官兵。

#画外音：——很快展开，1500多名官兵来到这里。

镜头19：02′20″—02′24″，中景，全景，摇镜头。画面为众多官兵赶到现场参与救援工作。

#画外音：救出幸存者是所有人共同的心愿。

镜头20：02′24″—02′27″，特写。画面为生命探测仪。

#画外音：生命探测仪一次又一次寻找着。

镜头21：02′27″—02′34″，近景。画面为搜救人员组装生命探测仪。

镜头22：02′34″—02′36″，仰拍，大全景，淡出。画面为大楼坍塌后的废墟，以全景画面结束这部分情节。

配乐：采用菲利普·格拉斯的《Resource》，以不断激进、重复的乐句直击人心，传达救援工作的紧迫感。

小结：以上表现搜救工作快速开展的镜头与音乐配合，营造出紧迫感。

镜头23：02′36″—02′43″，两幅照片，分别为记者李凌被挖出送往医院救护，他手里紧紧握着一台照相机。

#画外音：这是记者李凌被救时的照片，当时他的手里还紧紧地握着照相机。

镜头24：02′43—03′13″，近景。画面为记者李凌在病床上讲述自己被埋后的情景。

#采访同期声：李凌："我当时在想，我是不是被埋在里面了。我就用手探着天空，我想看看是否能摸到什么，但是什么也没摸到。这个时候在我旁边有个消防战士，右脚已经断了，就用一根筋连着，只用左腿站在地上，他在喊，他说李凌快来扶我一下。当时我就对他说，我可能不行了，我腰椎断了，站不起来了，说完就又昏过去了。"

镜头25：03′13″—04′14″，特写，近景，拉镜头，推镜头，摇镜头。画面为病床上的无名记者指着报纸上的照片讲述灾难现场的恐怖情形，当事人描述因为恐惧不敢关灯时，镜头摇到天花板的灯。

#采访同期声：无名记者："最后一张。"央视记者："这是在瞬间拍的？"无名记者："嗯！"央视记者："倒塌之前拍的？"无名记者："嗯！就完了，没有了，好恐怖！为什么我现在不敢关灯？我好恐惧，我要求的，我说，你们不要关灯，我听见这个门响的时候我就害怕。其实说实话，我快50岁的人了，我根本不怕，我做记者都快30年了。恐怖，我不敢看，就在我身边，我根本不敢看，我脑袋里一片空白。所以我喊'救命'的时候，他们把我救出来，我哭了，两个原因：高兴，恐惧。高兴我脱离了死亡线，恐惧他们死去的情况，好恐怖！"

镜头26：04′14″—04′20″，特写。画面为搜救人员用撬棍等工具撬开遇难者遗体周围的瓦砾。

#画外音：搜救工作进行得很艰难，为了保护废墟里的幸存者——

镜头27：04′20″—04′26″，中景，仰拍，特写，摇镜头，平拍。画面为搜救队站在废墟上使用撬棍等工具小心挖掘遇难者遗体的场景。

#画外音：——搜救队没有使用大型机械设备，而是用双手不停地挖掘。

镜头28：04′26″—04′29″，全景，移镜头。画面中搜救队发现了被掩埋人员。

#同期声：担架！担架！

镜头29：04′29″—04′30″，特写。画面中有人拿来蒙着白布的空担架。

镜头30：04′30″—04′32，推镜头特写，淡出。画面为废墟中被掩埋的遇难者遗体，仅有一双腿露在外面。

#同期声：抬出来！抬出来！

镜头31：04′32″—04′36″，淡入。遇难者黑白照片。淡出。

#画外音：3日下午，第一位遇难者的遗体被发现，他是消防支队副参谋长戴和熙。

镜头32：04′36″—04′41，淡入，固定画面，淡出。画面为大楼倒塌前二楼平台上三名消防员所在的位置。

#画外音：为了给搜救工作提供准确的方位——

镜头33：04′41″—05′11″，淡入，特写，摇镜头，淡出。通过同一场景叠加引入这组镜头，画面从电视机特写摇到参谋长邵六芝的特写，在与记者的一问一答之间，着重表现他获悉朝夕相处的战友遇难后难过且隐忍的表情。

#画外音：——参谋长邵六芝反复观看现场拍摄的画面。

#同期声：邵："啊，这个啊，是不是啊？这是戴参谋长，这就是牺牲的那个中校，戴副参谋长。"央视记者："他是什么时候挖出来的？"邵："他是……第一个挖出来的就是他。"

镜头34：05′13″—05′17″，全景，固定画面，淡入，全黑淡出。画面为搜救队找到戴和熙的场景。

镜头35：05′17″—05′36″，全景，中景，特写。两组画面呈"左上为搜救队徒手及机械挖掘、右下为参谋长邵六芝讲述”的结构。

#同期声：邵：“他跟我一起来当兵，天天都坐在一个办公室里。我们是同坐一列火车来的，太惨了！”

镜头36：05′37″—05′42″，全景，推镜头。救援人员抬着担架跑向事故现场。

#画外音：截至11月3日晚，共7名烈士的遗体被发现。

镜头37：05′42″—05′46，全景。医护人员对烈士遗体确认死亡，包覆白布。

#画外音：对于现场所有参加搜寻的官兵来说，每一次的发现——

镜头38：05′46″—05′49″，中景，特写。医护人员从废墟中将死难者遗体抬出。

#画外音：——都给他们的心灵带来极大的冲击。

镜头39：05′49″—05′58″，全景，移镜头。医护人员将死难者遗体抬上救护车。

#画外音：因为就在不久前，他们还并肩战斗在一起。

镜头40：05′58″—06′14″，中景。挖掘机在现场挖掘，参谋长邵六芝上前查看。

镜头41：06′14″—06′45″，特写。画面为央视记者采访衡阳市消防支队参谋长邵六芝。这一个采访镜头承接上一个邵六芝上前查看的镜头，介绍他在救援现场都看到了什么。

#同期声：央视记者：“您看到您的这些战友、兄弟出来的时候，他们是什么样的姿势？”邵：“看到了，有的是被这个大梁压在下面，有的压着头，有的压住脚，有的是站在那个地方压到了背，有的压到了脑袋，脑袋都压扁了，很惨(长久默然无语……)。”

镜头42：06′45″—06′53″，近景。遇难者遗体被救援人员从废墟里挖出来，抬上担架。

同期声：衣服里面看警衔，那边有绳子，慢慢移。

镜头43：06′53″—06′55″，中景。救援队员看着昔日战友被挖出来。

同期声：那边有绳子，慢慢移，慢慢移。

镜头44：06′55″—07′02″，中景，特写，推镜头。遇难者遗体被挖出时的状况，推镜头，血肉模糊的手部特写镜头。

#现场同期音响：给我给我，看看袋子里有没有东西，打电话核实一下。

镜头45：07′02″—07′07″。指导员钟林林的遗照。

#画外音：指导员钟林林的遗体被发现时，他还保持着握水枪的姿态。

镜头46：07′07″—07′34″，特写。参谋长邵六芝难过地介绍是四中队指导员钟林林同志，接着忍不住掩面哭泣。

#同期声：邵：“是我们中队的，四中队的指导员钟林林同志，过去了……”

小结：这一组镜头就是对邵六芝介绍战友遗体被挖掘时的惨状的诠释。在观众开始关注这位战士并渴望继续了解时，切入下一组介绍钟林林背景的镜头。

镜头47：07′34″—07′42″，中景，特写，跟镜头，摇镜头。画面为记者跟随小战士来到指导员钟林林的房间，随着镜头的移动向观众展示钟林林去灭火之前来不及叠的被子，穿过的鞋和看过的书。

镜头48：07′42″—07′55″，中景，特写，跟镜头，推镜头，摇镜头，淡出。画面为记者询问小战士指导员钟林林的书桌上摆放的照片，镜头特写他的稚儿和妻子。

#同期声：记者："这是指导员的孩子啊？"小战士："是。"

镜头49：07′55″—08′08″，近景。小战士抑制不住悲伤，失声痛哭。

#同期声：小战士："他昨天下午还跟我们在一起打球。"

小结：随着镜头的移动向观众展示指导员钟林林救火前的生活场景，使"钟林林"这个名字对观众来说变得更具体，他有家，有妻儿……最后小战士哭着表示前一天他们还在一起打球，如今人已经不在了。此时，观众与钟林林之间、普通人与英雄之间的距离变得很近，钟林林的英雄形象更加朴实感人。在下一组镜头中，该片编导适时加入配乐，充分调动观众的情感。

镜头50：08′08″—08′12″，淡入，特写，淡出。画面为钟林林被挖出时血肉模糊的手。

镜头51：08′12″—08′16″，淡入，特写，淡出。救援人员用绳子将钟林林的遗体固定在担架上。

镜头52：08′16″—08′21″，淡入，特写，淡出。救援人员将钟林林的遗体用担架抬走。

镜头53：08′21″—08′26″，淡入，中景，淡出。救援人员抬着钟林林的遗体离开废墟。

镜头54：08′26″—08′29″，淡入，特写。救援人员布满血丝的眼睛含着泪水，表情凝重、悲伤。

镜头55：08′29″—08′35″，近景。蹲在废墟上的救援人员掩面痛哭的场景。

镜头56：08′35″—08′40″，全景。大楼坍塌前两名消防员拽着水枪冲进火场的画面。

#画外音：这是大楼坍塌前的录像资料。

镜头57：08′40″—08′44″，中景。5名消防员背对镜头用水枪灭火的画面。

#画外音：这些紧握水枪的消防队员有很多已经永远地——

镜头58：08′44″—08′51″，中景。2名消防员背对镜头紧握水枪灭火的画面。

#画外音：——离开了这个世界，这是他们留给我们最后的背影。

镜头59：08′51″—09′05″，大全景，特写，推镜头。大楼坍塌前2名消防员在二楼平台上用水枪灭火的画面。

镜头60：09′05″—09′15″，全景，固定镜头，淡出。4名战士在火场，其中画面角落里有一名战士在喝水。

#画外音：画面最角落里喝水的战士名叫赵康林，27岁，新婚不久。

镜头61：09′15″—09′19″。赵康林遗照。字幕：赵康林，27岁，湖南祁东人。淡出。

镜头62：09′19″—09′28″，中景。画面中为几名消防战士，其中一名消防队员面对镜头走过来。

#画外音：这位正面向我们走过来的人叫聂学敏，今年23岁。

镜头63：09′28″—09′33″。聂学敏遗照。字幕：聂学敏，23岁，湖南常德人。

镜头64：09′33″—09′48″，特写，大全景，摇镜头。画面从坍塌后冒着黑烟的废墟摇到另一半残存的大楼。

#画外音：为了缅怀牺牲的战友，一位消防员在当天写下了这样几句话。全黑淡出。

镜头65：09′48″—10′09″。字幕：我爱你们，在钢筋混凝土挤压下的身躯，站成不倒的丰碑。我想你们，就像怀念我的哥哥和弟弟，是你们的离去让我们如此悲伤，战友英灵永存。

小结：这一组镜头介绍了一些遇难官兵的身份，将他们遇难前救火的镜头与配乐James Horner的《Casper's Lullaby》和某位消防员抒发感想的字幕相结合，充分调动观众对遇难官兵的哀悼。

镜头66：10′09″—10′14″，大全景，淡出。画面为火灾后另一半残存的大楼。

#画外音：截至11月4日凌晨，仍有10名官兵没有被找到。

镜头67：10′14″—10′21″，全景。废墟上救援人员使用挖掘机和工具寻找生还者。

#画外音：随着时间的流逝，他们生还的希望越来越渺茫，所有人都在期盼着——

镜头68：10′21″—10′30″，全景，跟镜头，淡出。救援人员用挖掘机清理现场，寻找生还者。

画外音：——奇迹的出现，在大楼坍塌28个小时以后——

镜头69：10′30″—10′32″，淡入，特写。画面为点滴瓶的特写。

#画外音：——一名幸存者被救出。

镜头70：10′32″—10′36″，特写。画面中有很多点滴瓶的特写，来表现幸存者得到救治。

#画外音：这名死里逃生的消防队员名字叫江春茂，今年21岁。

镜头71：10′36″—10′41″，特写。幸存者江春茂头缠纱布，身上插着各种管线，躺在病床上。

镜头72：10′41″—10′55″，近景，特写，摇镜头。画面中江春茂的左手缠满了纱布，医护人员正在进行治疗。

#同期声：记者："这只手现在的伤势是烧伤还是压伤？"医护人员："他当时在挖一个通道，应该是擦伤的，被水泥啊、砖头啊擦伤的。"

镜头73：10′55″—10′58″，特写。江春茂缠满纱布的手部特写。

镜头74：10′58″—11′05″，特写，摇镜头。江春茂使用医疗仪器的特写，表明他已经得到及时、最好的治疗。

#画外音：江春茂的获救，为现场所有搜救人员带来了希望。

镜头75：11′05′—11′11″，特写。点滴瓶的特写。

镜头76：11′11″—11′32″，特写。画面中医生向记者描述江春茂的病情。

#同期声：医生："外表的伤主要在上肢和臀部，一个是擦伤，另一个就是烫伤。他还有肾衰竭的表现，小便是像酱油一样的小便。

镜头77：11′32″—11′40″，近景，特写。画面中，记者追问医生导致江春茂肾功能衰竭的原因。

#同期声：记者："他的肾功能衰竭是什么原因造成的？"医生："长时间脱水造成的，主要是脱水造成的。"

镜头78：11′40″—11′43″，近景。画面为医护人员采取救治措施。

#画外音：为了能及时了解其他被困官兵的准确方位——

镜头79：11′43″—11′49″，全景。画面为医护人员采取救治措施。

#画外音：——部队领导向江春茂询问被救之前的情况。

镜头80：11′49″—12′17″，中景，推镜头，近景，摇镜头，特写。画面为部队领导向江春茂询问被救之前的情况。

#同期声：部队领导："和你在一起的人听说，昨天晚上还有一个队长和一个战友和你说过话，是吗？"江春茂："对！对！"部队领导："你怎么知道是昨天晚上还是今天白天呢？"江春茂："我感觉到过了几个小时，因为队长他一直提醒我，他叫我不要睡着，队长一会儿提醒我一下，一会儿提醒一下。"

镜头81：12′17″—12′42″，特写，淡出。江春茂描述当时与被困战友交谈的情景。

#同期声：部队领导："互相问一下伤情没有？就是你说你怎么样，他说他怎么样了。"江春茂："问了，问了，队长说他没事，我说我的脚被压住了，好痛。"领导："另外那个新同志呢？"江春茂："新同志，他也没说什么。"

镜头82：12′42″—12′51″。陈桂华遗照，淡入。周忠君遗照，淡入，淡出。用照片和画外音交代前面镜头的结论。

#画外音：被困时一直鼓励江春茂坚持下去的陈桂华队长没能生还，他身边只有17岁的新兵周忠君也已牺牲。

小结：这组唯一幸存者江春茂讲述被埋时和队友交流的情况的画面是整个片子的新闻点，对前后情节起承上启下作用。

镜头83：12′51″—13′15″，分屏画面呈左一右二结构。

左一：移、摇、拉镜头，中景，全景。

右下：拉镜头，特写，远景。

右上：中景。这组画面按照“左一—右下—右上”的顺序依次出现，最后用特效将左一画面扩大覆盖整个画面。

右下：以特写镜头将观众的注意力集中在残存的火苗上，然后通过拉镜头交代残存火情的位置是在另一半残存的大楼中。随后切换镜头，背景是残存的仍在冒烟的大楼，前景是救援人员和挖掘机在坍塌的废墟上搜救的远景，以此表现整个救援现场的空间感，渲染凝重悲壮的气氛。

右上用两组中景镜头表现周围居民楼中的群众在窗前关注灾难事故现场动态的情形。

左一用移镜头为观众展示奋战后在火灾救援现场席地休息的疲累的战士们，然后从消防战士身上摇镜头到警戒线后围观的人民群众，接着拉镜头加放大特效布满整个画面，以此对比疲劳的战士和围观的安全的群众。

这组镜头配合画外音传递消防官兵在危难时刻以保卫人民生命财产安全为使命的主题。

#画外音：在这场大火中，被消防官兵抢救出来的412名群众没有一个人受伤。

镜头84：13′17″—13′56″，中景，摇镜头，紧接上一组画面，这组中景拍摄的摇镜头采访了3名在事故现场周边楼内关注火灾事故的群众。通过这些群众对消防官兵的态度，使电视机前的观众产生强烈的代入感。

#同期声：群众甲：“好可怜，消防员太可怜了，我们看了好心痛(哽咽)。”群众乙：“我看到他们一直在救火，一直没歇气，太可怜了，队长往自己身上洒水。”群众丙：“24小时官兵都在外面抢救，有些消防官兵就睡在那个洒水车上面。”

镜头85：13′56″—14′06″，全黑，淡入，摇镜头，全景。画面中，先用夜幕下残存的大楼交代时间、地点，然后摇镜头到仍在废墟上工作的挖掘机和消防战士。

#画外音：截至11月4日16点38分，大楼坍塌40小时后，已有10名消防队员被确认以身殉职。

镜头86：14′07″—14′10″，近景。画面中，一名消防战士扶着膝盖休息。

#画外音：5日16点，大楼坍塌63个小时后——

镜头87：14′10″—14′14″，近景。画面中，救援人员用工具切割大梁，配合画外音表达救援人员仍未放弃救援，因为仍有一人埋在瓦砾之中，可能有生还的希望。

#画外音：——遇难官兵人数增至19人，另有一人仍埋在瓦砾之中。

镜头88：14′14″—14′40″，近景，摇镜头。画面中，先是以近景呈现参谋长邵六芝布满灰粉的鞋子，然后将镜头摇到他的脸上，近景呈现他接受记者采访时的面部表情。

#同期声：记者：“你在这里连续工作多长时间了？”邵：“两天了。”记者：“你们什么时间到达这个现场？”邵：“我昨天8点多一点。”记者：“你想象到会这么艰难吗？”邵：“没想到，没想到，确实没想到。”记者：“还有什么是你意料之外的？”

邵："我意料之外的是战友牺牲太多了(掩面啜泣)。"

镜头89：14′40″—14′45″，全景。救援人员仍拿着工具在救援。过渡镜头。

镜头90：14′45″—14′54″，近景。部队领导表态仍不放弃救援。

#同期声：救援人员："不惜一切代价，我们必须把这个优秀的干部搜救出来。"

镜头91：14′54″—14′58″，特写，摇镜头，近景。画面中，救援人员用切割机切断钢筋，表明搜救工作仍在进行。

镜头92：14′58″—15′04″，远景。画面中，用远景交代事故救援现场已经是白天。

#画外音：11月6日10点05分，大楼坍塌81个小时后——

镜头93：15′04—15′13″，中景。挖掘机的挖斗里隐约可见一名消防官兵的遗体，同时使用同期声提示观众。

#画外音：——最后一名消防官兵的遗体被找到。

#现场同期音响：哦！哦！鞋子！看到了！

镜头94：15′13″—15′22″。这组镜头先是用近景表现救援人员抬着担架上前，接着以近景镜头交代现场很多救援人员都拥到遗体处。

镜头95：15′22″—15′35″，15′35″—15′57″，15′57″—16′02″。这里的三组镜头均采用特写拍摄，提醒观众注意参谋长邵六芝接受采访时五味杂陈的表情：先是骄傲自豪，因为几百人都疏散了，群众无人伤亡。接着苦笑自己的战友牺牲太多，心里不是滋味。最后沉重地表示当兵就意味着牺牲，将本片所要反映的肯定消防队员英雄主义的行为和对遇难官兵的崇敬、悲痛、惋惜的主题道破。

#同期声：邵："几百人都疏散出去了，自己的弟兄却埋在里面，同志们几十个小时没睡觉，心里都不是滋味，主要是靠一种力量支撑着。"

记者："您哭了，是吗？"邵："对，牺牲的都是朝夕相处的战友，一下子就没有了，心里肯定不是滋味，作为参谋长我是天天跟他们打交道的。"

邵："当兵就意味着牺牲，遇到这样的情况。"

全黑，淡出，进入下一组。

镜头96：16′02″—16′06″，全景。交代时间、空间，已经转换为追悼会现场。

镜头97：16′06″—16′10″，消防官兵鞠躬的中景，淡出。

#画外音：11月6日，遇难官兵——

镜头98：16′10″—16′13″，淡入，烈士遗照，淡出。

画外音：——的遗体告别仪式在衡阳举行。

镜头99：16′13″—16′17″，淡入。以移镜头拍摄花圈的近景，表现追悼会现场的肃穆。淡出。

#画外音：这一天有三千多名群众自发地来到这里——

镜头100：16′17″—16′21″，近景，全景，拉、摇镜头。拍摄追悼会场外为牺牲官兵送行的群众。

#画外音：——为牺牲的官兵们送行。

镜头101：16′22″—16′25″，中景。拍摄遗属手捧张晓成上校遗照在众人的陪同下行走的画面。

镜头102：16′25″—16′26″，特写。画面为含泪的男战士。

镜头103：16′26″—16′29″，特写。画面为掩面哭泣的女战士。

镜头104：16′29″—16′32″，特写，拉镜头到中景，表现多名眼眶湿红、擦拭眼泪的群众。

镜头105：16′33″—16′34″。画面为强忍悲伤擦泪的大伯。

镜头106：16′34″—16′38″。画面为用手绢擦去泪水的悲伤的妇女。

镜头107：16′38″—16′42″，近景。移镜头拍摄追悼会外道路两旁的树上挂满了寄托哀思的白花，承上启下地引出下一组镜头。

镜头108：16′42″—16′51″。网页的推镜头，把观众的注意力集中，同时拉近观众与网络祭奠的距离，对电视机前的观众形成“我也要在网上祭奠”的心理暗示。

#画外音：与此同时，网上出现了一个“衡阳11·3遇难官兵纪念馆”，全国各地的人们在这里表达对英雄的敬意。

镜头109：16′51″—17′20″。黑底白字的诗歌将整个专题片的情感调动起来。

#字幕：你们走了，走得是那样的匆忙。你们走了，走得是那样的安详。来不及对自己救出的百姓说一声：你们多注意安全。被救出的百姓也来不及对你们说一声：谢谢了！你们走了，留给我们的是20具稚气未脱的遗体，是412名被你们救出来却没来得及向你们道谢的老百姓。你们是那么地留恋这个世界，那么地热爱这片大地，你们的人民。

镜头110：17′20″—19′08″，固定镜头，特写。以象征哀悼的白菊花为背景，用淡入、淡出的过场将20名牺牲官兵的遗照、姓名、年龄、军衔、籍贯逐一呈现，配上寄托哀思的感人音乐，将电视机前观众的情感调动到极致。

镜头111：19′08″—19′20″，淡入。字幕：中国，因为有你们这样的人而强大；衡阳，因为有你们这样的人而骄傲；我们，因为有你们这样的人而安心。衡阳人民不会忘记，共和国不会忘记，人民不会忘记——摘自衡阳11·3遇难官兵网上纪念馆，淡出。

“衡阳11·3火灾”中，20名消防官兵因公殉职，412名居民无一伤亡，淡出。最后，以概括性、总结性文字结束，将整个片子哀思的余韵延长……

课后练习

制作一则以新生军训为题材的校园新闻，可以是电视消息，也可以是新闻专题。

第八章

做真实世界的记录者：学做纪录片

一、纪录片的几个基本问题

1. 纪录片的模式

按照尼科尔斯的观点，纪录片可以划分为6个模式，而“每一种新的纪录片表现模式的出现，都始于制作者对于前一种模式逐渐感到不满。新技术通常扮演了其中一个重要角色……人们想用不同方法表现世界的愿望，推动了每一种表达模式的形成，而不断变化的环境也起到同样的作用”。[①]在新技术与制作者愿望的共同作用下，纪录片的模式不断发展。有忽略叙事与时空连贯，着力于节奏创造，从而诗化地传达情绪与情调的诗意模式纪录片；有宣传意图明确，倚重解说词的力量，通过“上帝之声”(Voice-of-God)、证据剪辑、全知视点等手段说服观众接受自己观点的说明模式纪录片；有长于表达现实世界，放弃解说、放弃字幕、放弃扮演，以“墙壁上的苍蝇”(Fly on the Wall)的方式观察世界的观察模式纪录片；有导演直接参与其中，刻意强调导演与被拍摄对象的互动的参与模式纪录片；有注重呈现对社会历史过程本身的反思、对纪录片创作本身的反思的反思模式纪录片；还有强调创作者主观的表述，在片子中把真实事件进行主观放大，背离现实主义风格的述行模式纪录片。

不论是哪种模式的纪录片，其共同之处在于：它真实地记录的世界是真实的。这句话听起来有些拗口，但不影响对其意义的理解。换句话说，你要拍摄一部纪录片，就必须到现实生活中去发现和寻找具有价值的生活内容，并通过真实的记录，来表现真实的事件、真实的人物、真实的场景和真实的生活过程，不允许虚构，不允许造假，不允许导演摆布。

2. 纪录片的选题

曾经有学生问：“纪录片是不是就要拍摄那些名人名家、历史建筑、人类不解之谜或者名山大川、各地美食、珍稀动植物？”当然不是。这一问题涉及纪录片的选题。纪录片具有记录社会、传播知识的功能，它的题材相当广泛，主要可分为两大类：一类是社会题材，那些

① [美]比尔·尼科尔斯. 纪录片导论[M]. 2版. 北京：中国电影出版社，2016：159.

与人们的社会生活联系紧密、与历史或现实有直接关系的内容都可作为纪录片的拍摄题材；另一类是自然题材，那些具有知识性、思想性和欣赏性特点的自然界事物全都包括在内。

纪录片以关注社会为主，现实题材应是纪录片选题的首要选择。但从中国纪录片发展现状来看，现实题材的纪录片较少，历史文化题材的纪录片较多。“2015年，在省级电视机构(包括纪录片专业频道)制作完成的非栏目纪录片题材中，人文历史类题材的片子占全年片子总数的55%左右，而社会纪实题材占不到20%。”[①]这一现象导致纪录片缺乏对现实和当下的关照，缺乏对人的心灵和生存境遇的关注，从而也造成了一些人对纪录片题材的误解。

我们所生活的世界并不完美，我们可以用镜头记录那些完美的现实，也可以用镜头来“批判”那些不完美的社会现实，进而引起人们的反思，以求社会更好地发展，这才是拍摄纪录片真正的意义。

3. 纪录片的表现手段

1) 纪录片的叙事手段

纪录片的价值和魅力就在于它真实，观众对它的期待也是写实。严谨的纪录片在拍摄的同时，也会记录下拍摄过程对拍摄内容的影响，以此让观众获得一个比较客观的印象。与此同时，纪录片运用长镜头、同期音响和人物同期声这三种主要的纪实表现方式来复原所展现的真实的世界。

(1) 长镜头。在一段较长的时间里，通过镜头内部蒙太奇的方式，连续拍摄的片段就是长镜头。它最大的优点是可以保持生活中动作的真实性和空间环境感的真实性。长镜头因其具有时空连续性，能比较完整一致地展现所拍摄的内容，给人很强烈的真实感、现场感，所以成为纪录片较为重要的叙事手段之一。

(2) 同期音响。同期音响是纪录片的重要表现手段，它是指同步记录的与画面有关的现场声，包括人声或自然环境中的声响。因为我们的世界是声画统一的世界，所以只有画面没有同期音响的纪录片是不完整的(镜头所拍摄的画面本身没有声音的情况除外，因为此时没有声音也是一种声音)，也是难以让人相信的。

在纪录片中，对同期音响的处理采取的是写意和写实并举的方式。在片子中运用写实的同期声有助于突出纪录片的特性，取得真实的效果。但有时，我们会把几个有关联的画面通过剪辑的手法组成一个段落，然后配上一段具有代表性的同期音响，有的剪辑还会加入一些其他声音，旨在渲染，这就是同期音响的写意。在剪辑纪录片时，侧重同期音响写实还是写意，主要取决于纪录片的内容和性质，这里不逐一讨论。

(3) 人物同期声。与画面同步记录下来的人物讲话就是我们常说的人物同期声，它是纪录片重要的纪实手段之一。由于时间和空间跨度较大，拍摄纪录片时常会遇到因素材缺

① Zero土. 你已经被规则化了，你发觉了吗？[R]. 纪录片观察，2016-10-19.

乏而形成叙事断点的情况。电视画面的优势在于能记录现在，而囿于不能回顾过去和展现未来，它对事物的展现也多停留在表层，很难揭示事物的本质。所以，很多纪录片运用人物同期声来表现画面无法表现的内容，让事件亲历者、当事人、相关者等向观众陈述他们的所见、所闻、所感，最大限度地还事件以原貌，让观众觉得真实、可信。

2) 纪录片的辅助手段

(1) 解说词。纪录片以画面、同期声为主。无论是哪种类型的纪录片，它的解说词大多数以暗示性为主，一般运用简单陈述的形式来表达，尽量避免感情浓烈的语句。它的主要作用是扩充、延伸、概括和升华画面，应少而精，要留给观众感悟和想象的余地。

具体来说，解说词应当在画面之外给观众更多的信息，尤其是那些无形的信息，及与画面有一定内在联系但观众又无法直接看出来的信息。解说词在传达上述内容的时候，要避免与画面内容脱节，一般应从具体的事物逐步写到抽象的概念，从看得见的事实逐步写到看不见的道理、思想和观念。

有时，纪录片中的解说词还承担介绍背景或描述过去的任务，这就要求我们充分利用现在的画面来讲背景，要设法让现在的相关细节与过去的事实产生一种有机的联系，并从现在的相关细节画面切到过去与未来。

另外，很重要的一点就是解说词出现的时间和长度问题。解说词要比画面晚出、早消，即在解说词与画面的配合中，解说词要比画面晚1/3或1/4；同样，在解说词结束的画面上，解说词要比画面早消失1/3或1/4。

(2) 音乐。音乐具有揭示、概括、深化主题的作用。利用主题音乐来概括和揭示画面主题是纪录片常用的手段。

为画面配上气氛、情绪相同的音乐，可以强调画面所展现的气氛，增强画面的感染力；而为画面配上情绪、气氛相反的音乐，则更能引起两者的强烈对比，从而深化主题。这种音乐往往出现在气氛浓烈的关键处，具有鲜明的个性特征，主要靠节奏发挥作用。例如，在纪录片《走出阴影的籽粒村》中，在描述上蔡县的艾滋病患病原因时，用了节奏较为舒缓的音乐，烘托气氛的沉重。然而，在这期节目的最后，在表达老王一家通过自身救助逐渐走出艾滋病阴影时，对出现欢乐笑脸的画面配上同样的音乐，却挖掘和烘托出人们内心深处的情感。

音乐还可以起到转场过渡和连接的作用。音乐可以使多个无声的画面统一在相同的旋律中，从而产生连贯性。比如，在用多组画面表现一个主题时，光靠画面本身的造型不一定能顺利地剪接，这时添加音乐往往可以起到组织画面的作用，使那些看似无关、散乱的镜头组合成一个连贯的整体，从而使画面变得明亮，加深了观众的印象。

(3) 情景再现。情景再现是纪录片创作中讨论较多的一个话题，持否定态度的人认为，在历史题材的纪录片中大量运用情景再现，背离了纪录片的真实本质；持赞成态度的人则认为，情景再现只是“纪录片的一种表现形式，并不会改变纪录片的真实本质”[①]。

① 金铁木. 谈剧情纪录片的创作原则及边界[EBIOL]. http://mb.yidianzixun.com/home?page=article&id=0EUFmXEB.

目前，情景再现这种表现形式更多地用在历史题材的纪录片中，因为它解决了文化历史题材纪录片影像资料不足的难题，也更加强化了作品的故事性，但现实类纪录片应当少用或不用情景再现这一形式。

运用情景再现、人物扮演方式有它的“边界”，必须以真实为依据。“再现这种形式，它的边界就在于你要在各个维度上，在各种情况下，尽最大的努力去做到真实。”①

4. 纪录片的结构

大多数纪录片采用大段的无间歇跟踪拍摄、连续采访的同期声段落、真实的细节等手段记录和反映生活，这些客观记录现实生活的片段有其自身的结构，它与生活也存在一定的内在联系。我们在确定纪录片的叙事结构时，既要对这种客观结构予以应有的尊重，又要给自己留出必要的主观创作空间。

一部好的纪录片一定要有一个好的结构形式。这一结构的主要作用就是把杂乱的、无序的、零散的素材按照一定的逻辑成功地组织起来，进行戏剧化处理，创造出一个更为有意义的故事。可以说，纪录片叙事的成功与否在很大程度上取决于它的结构合理与否。

纪录片的结构可以分为线性结构和板块结构两大类。

1) 线性结构

线性结构又可按线索的多少分为单线结构、双线结构和复线结构。

(1) 单线结构。单线结构脉络清楚，结构简单，一个事件或一个人物按照时间顺序贯穿到底，没有旁枝蔓叶，具有很强的叙事性。运用单线结构时，要注意不能颠倒内容顺序，因为内容顺序的颠倒其实就是时间顺序的颠倒，这样一来，叙述层次就会紊乱，甚至会影响作品的真实性。

不过，单线结构也可以有变化的形式，如采取倒叙或插叙的方式进行叙述。

另外，在单线结构的作品中要注意合理分布叙事内容的重点。也就是说，在以时间顺序安排层次时，一定要注意每个层次、每个段落中都有相应的叙事重点，即节目的趣味点，这样，才能激发观众的兴趣，避免叙事的平淡。

(2) 双线结构。在采用双线结构的纪录片中，有两条明显可见的线索。这两条线索可以是平行关系、交叉关系，也可以是对比关系。例如，《走出阴影的籽粒村》中的两条叙事线索交叉进行：一条是以李红阳为代表的艾滋病驻村工作队开展帮扶工作；另一条是以老王为代表的患病村民的自救过程。这两条线索围绕“如何能够自力更生，走出疾病的阴影过上好生活”这一共同的目标展开，既让观众看到他们各自的努力，又能体会到只有双方的相互配合才能达到最好的效果。

(3) 复线结构。在采用复线结构的纪录片中，有三条以上情节线或人物线，这些线索可以交叉也可以不交叉，但基本上每条情节线或人物线都是贯穿到底的。例如，《海豚

① 金铁木. 谈剧情纪录片的创作原则及边界[EBIOL]. http://mb.yidianzixun.com/home?page=article&id=0EUFmXEB.

湾》中设置了三条线索：第一条线索是主创人员的拍摄历程，也是这部片子的第一个悬念；第二条线索是探讨日本人滥杀海豚的原因，这条线索一直穿插于叙事过程中，通过不断质疑来逐步揭开蕴藏的秘密；第三条线索是以里克·奥巴瑞为核心的环保主义者表达拯救海豚的决心，这也是最能打动观众的叙事线索。三条叙事线索相互交叉，不断设置悬念，既为全面剖析日本屠杀海豚的真相提供了丰富的信息，又使片子高潮迭起、惊心动魄。

2) 板块结构

板块结构是大型系列纪录片经常采用的一种总体结构方式。采用这种结构时，通常将片子按不同的人物、时间、地域、事件、年代、主题等分为几个板块，记录一些没有直接联系的人物、事件和现象，各板块独立成篇，相互之间的联系较松散。

例如，纪录片《先生》就采用这种结构形式。《先生》每集30分钟，共记录了10位民国大师，他们分别是：蔡元培、胡适、马相伯、张伯苓、梅贻琦、竺可桢、晏阳初、陶行知、梁漱溟、陈寅恪。片中“以十位先生的个性经历为经，以中国社会变革为纬，将他们的性格性情、命运经历、学术作为，以及他们的善良、无奈、焦虑和欢喜，在点滴中渐次呈现，充分反映了先生们贴近群伦又卓尔不群的独特全貌”①。

不论你采用哪种形式的结构谋篇布局，都要注意两点：一是整体布局要层次分明，结构完整；二是在内部构造上，片子各个局部的构成和转换要上下贯通、过渡自然。

二、如何进行纪录片的剪辑

纪录片剪辑是一项非常有创造性的工作，它要求剪辑师从大量的素材中，逐渐明晰剪辑思路，找到适合的叙事方式，将事件的发生顺序进行重新编排，以激发观众的兴趣，从而吸引他们观看。“通常在纪录片中，剪辑师压缩用词、剪切和粘贴采访、安排图像阐述思考过程和观点。他们也会创造一到两个蒙太奇，添加音乐，运用解说，使用图形和动画。”②

1. 了解事件的概况，查看素材并进行分类

在中国，有很多纪录片不专设剪辑，而是由编辑主持全片的前期及后期工作。编辑几乎参与整个过程，从策划选题、确定拍摄大纲、现场指导拍摄到选择镜头、组接画面、处理音画关系、确定结构与节奏、指导完成字幕，再到最后的检查、调整，完成整部影片。

如果你是全程参与的编辑，你对所要纪录的事件、人物或故事已经有了较深入的了解，那么你最初的工作就是对素材进行分类管理。如果你是纯粹的剪辑者，前期没有参与，那

① 纪录片《先生》出书. http://www.njdaily.cn/2014/1122/992269.shtml.

② [美]Gael Chandler. 剪辑圣经：剪辑你的电影和视频[M]. 北京：电子工业出版社，2013：199.

么，在剪辑片子之前，你就需要先听导演讲一遍故事，清楚大概的时间发展顺序、人物关系以及导演拍摄这个故事的原因等，之后同样面临查看素材并进行分类管理的工作。

分类管理素材是剪辑成功的基础，清晰、准确的素材会使我们的剪辑工作事半功倍。

首先，要设好类别。比如，采访、档案、空镜头、历史重现、细节等大类，有时还要按照人物或者事件进行子分类。同时，要对每一个素材进行关键词标注，以方便查找。

其次，听采访并将所有采访内容听写出文字整理稿。这样做可能会很麻烦，但十分有必要。边看文字整理稿，边画出重要内容或在旁边标注关键词，有助于理清思路，理出关系主线。当然，在整理采访文字稿时，在每段的开头标清时间码是非常重要的工作，否则极易导致思路混乱。

2. 确定影片的叙事结构，搭建叙事框架

当你将所有的素材翻看一遍并整理清楚后，你将会对所要剪辑的故事形成深入的认识，并会知道你要告诉观众什么。这时，你的头脑中会形成一个大致的叙事结构模型，在此基础上，还要明确以下几个问题：以什么口吻和角度来讲述？通过几条线索来展现这个故事？各条线索之间存在什么关系？在什么地方设置冲突？如何戏剧化地处理这些冲突？等等。有了明确的想法，接下来你就要与导演讨论和沟通，最终确定影片的结构。

有的剪辑师还会在确定片子的总体结构之前，先搭建纯采访骨架。具体做法：首先，将采访文字整理稿中的重点内容连同其时间码重新进行分类、排列和组合等，对照整理后的采访编辑提纲找到对应的采访视频片段并将之全部组接在一起。其次，先不考虑画面“跳”的问题，处理好采访声音的剪辑工作，去掉一切停顿、重复的地方，留下精华部分。再次，根据逻辑关系，调整顺序，控制每段采访之间的间隔，最后形成初步的采访结构。

3. 选择素材镜头，用画面来讲故事

现在，时间线里的采访结构只能听、不能看！这就需要我们从素材中挑出合适的镜头放进去，用以遮盖跳点。之前，我们在整理素材时用到的关键词标注，在这时就能看到具体的功效，通过搜索关键词我们很快就能找到想要的素材。

在这一阶段，我们除了选择素材遮盖跳点之外，另一项重要的工作就是要用画面讲故事。也就是说，采访会进一步被删减，代之以有故事的画面。这里有一项原则需要大家遵循：能用画面讲清楚的，就不用采访！

如何用画面讲故事体现了一个剪辑师的水平。剪辑师需要在合适的时机把冲突最大化，要有节奏地发展至少一个人物的主要情况，用各种手段展示细节，要让观众看清有趣的人物正在做什么或让观众知道自己能得到些什么等。

4. 进行音画合成，对片子做最后的检查和调整

剪辑师完成画面编辑以后，接下来的重要工作就是音画合成，处理画面与解说、音响、音乐的关系。解说不要多，要少而精，它只是对必要信息或文本进行简单又有条理的说明或补充；音响的处理要具有典型性，可写实也可写意；音乐要能起到烘托、渲染气氛、表现主题、串联过渡等作用。三者要有效地发挥各自的作用，还要有效配合以取得合力效果。

制作字幕也是剪辑的工作之一。此外，为背景资料添加说明、同期声字幕的表现、采访人物的介绍、片头片尾字幕的形式等都是剪辑师要考虑的内容。当片子完成后，剪辑师还要进行检查和调整，最后完成整部影片。

三、拉片分析：《故宫100》第一辑——至大无外

《故宫100》通过100集每集6分钟的短纪录片，讲述了一百座建筑的命运，呈现故宫的历史、现状和未来。纪录片通过100个空间故事，透过“看得见”的空间，借助白描动画，以既富现代感又多样的方法，演绎“看不见”的紫禁城建筑的功能、美学价值和文化价值，为故宫创建一座超越时空的影像博物馆，在保证纪录的原始真实性的基础上，增强了片子的可视性和美感。第一辑《至大无外》共52个镜头，具体分析如下所述。

片段1：

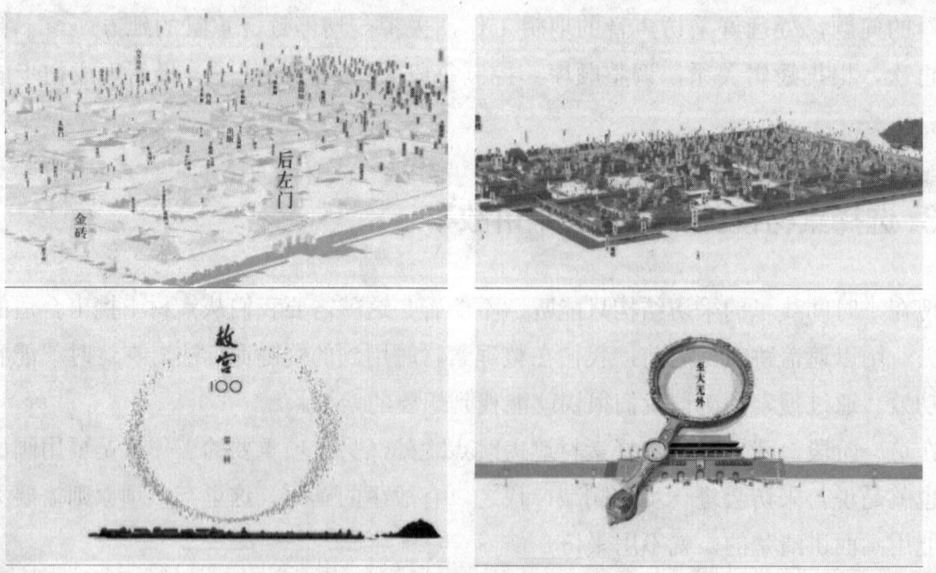

时长	镜头数	画面内容	分析
26s	4	片头动画	片头动画由纪录片将要讲述的100座建筑汇聚而成故宫的全貌，引出纪录片的标题后放大本集的主题

片段2：

时长	镜头数	画面内容	解说	字幕	分析
38s	2	太和门广场和太和殿广场远景	紫，是古人心目中的王者之星。紫薇，来自天上。禁，是权力，来自于人，也施之于人。城，是这一片连绵殿宇在大地上的辉煌建设。太和门广场和它身后的太和殿广场构成了紫禁城的重心	太和门广场面积为26 000平方米	运动镜头组接(推镜头+摇镜头)，从正面和侧面两个角度展示太和门广场和太和殿广场的远景全貌，用镜头展现观众难以看到的视角画面

片段3：

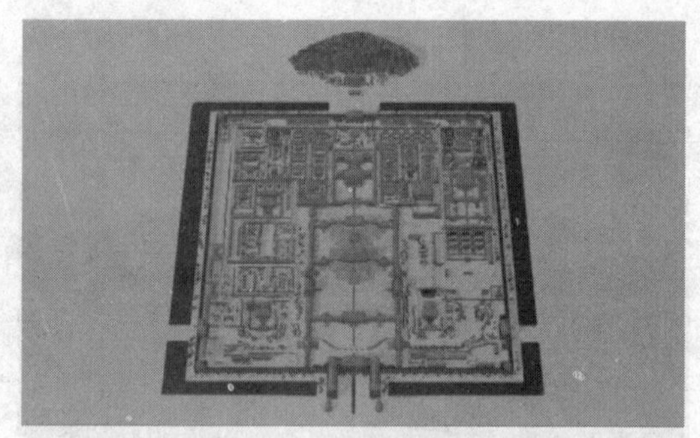

时长	镜头数	画面内容	解说	分析
66s	7	空镜头+庭院动画效果图	广场在中国的传统里叫作庭院。庭院源于古人聚居的居住形式，在共同的空间里，一家人围拢的不单是安全，更是中国文化里相互关怀、照应和守望的伦理价值和亲情。一般来讲，家庭越大，院子也就越大，就像一棵大树那样，分枝抽条、开枝散叶、秩序分明。皇帝以天下为自己的责任，以国为家，他所住的皇宫庭院也层层相依、紧紧相连，成为现在我们所见到的伟大宫殿	1个过渡移镜头+白场过渡+1组3D动画镜头，生动地展现了我国古代庭院的结构、功能、美学价值和文化价值

片段4：

时长	镜头数	画面内容	解说	字幕	分析
18s	4	空镜头+不同角度的太和殿广场远景	帝皇所在，便是宫廷。在家为庭，在宫则为廷	太和殿广场面积30 000平方米	运动镜头组接(推镜头+摇镜头)

片段5：

时长	镜头数	画面内容	解说	字幕	分析
19s	2	太和殿建筑主体	传统民居中轴对称	太和殿 高35米	运用不同方向的摇镜头展现太和殿建筑外观

片段6：

时长	镜头数	画面内容	解说	字幕	分析
23s	5	太和殿内部结构与格局	院落重门的格局没有改变，放大的空间营造出超越民居的大格局	面积2 377平方米	运用摇镜头、推镜头、移镜头，让观众能够全方位地观察建筑内部空间和格局。解说词前叠

片段7：

时长	镜头数	画面内容	解说	分析
27s	3	冬季，太和殿广场游客游览远景+空镜头	它不仅可以应付这个庞大家庭现实生活的需要，还处处殚精竭虑，把王朝的秩序和信仰纳入其中，让帝王的生活成为权力的展示和伦理的示范	运动变速+空镜头

片段8：

时长	镜头数	画面内容	解说词	分析
31s	2	太和殿仰拍和俯拍远景	这里曾经是皇帝一个人的庭院，体现着天下一人的权威。古代帝王以无限的权力在他的家国里俯仰天下，就体现在一个又一个巨大的空间里	第1个镜头仰拍大面积天空，配合运动特效，与上一段落最后一个镜头衔接，过渡自然；第2个镜头俯拍、摇镜头展示大空间，辅以“叩拜”音效，彰显皇帝无限的权力

片段9：

时长	镜头数	画面内容	解说	分析
19s	8	空镜头	大不可测，多即无穷。在中国传统文化中，最高的状态是意会的境界。大意味着多，多意味着无穷无尽。无穷无尽就是空	特写镜头+直切

片段10：

时长	镜头数	画面内容	解说	分析
27s	5	一组动画镜头，将画面由太和殿转到天安门广场	既无穷莫测，故实则虚之。实则虚之，是中国人的文化密码，投射到每个人的心中	第1个特写动画镜头与前一个实拍特写镜头衔接转场，然后拉出天安门动画效果，既诠释了解说内容，又为接下来的场景转换做铺垫

片段11：

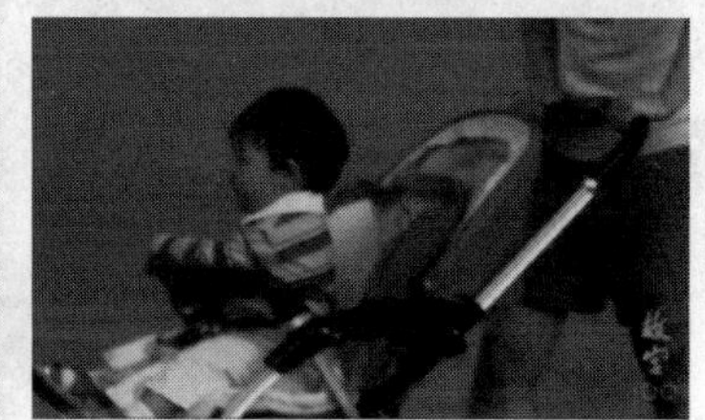

时长	镜头数	画面内容	声音	字幕	分析
31s	9	天安门广场上形形色色的人+夜晚天安门广场远景	同期声+音乐	这里，国家的庭院，人民的广场	直切

片段12：

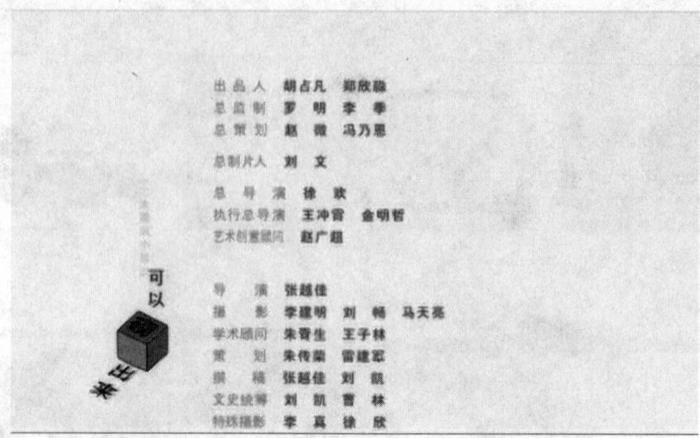

时长	镜头数	画面内容	声音
30s	1	建筑动画小常识+片尾字幕	结束音乐

课后练习

制作一部有关家乡老建筑的纪录片吧，让我们一起回忆历史岁月。

第九章

讲点别人不知道的事：学做访谈节目

21世纪初是中国访谈节目的黄金期，涌现出一大批比较有影响力的节目，比如《面对面》《实话实说》《对话》《央视论坛》《今日关注》《半边天——张越访谈》《艺术人生》《超级访问》《鲁豫有约》《名人面对面》《康熙来了》等。随着时代的发展、发布渠道的多元化和新兴节目样式的冲击，访谈节目，特别是明星访谈节目已逐渐没落。但这不等于说访谈节目会就此消失，它仍有自己的发展空间，需要适应新的媒体环境、拓展新的播出平台、尝试新的节目样式。

在这里，我们主要谈谈传统的访谈节目，侧重介绍新闻人物访谈的编辑。

一、访谈节目成功的要素：主持人、嘉宾和话题

一个访谈节目要想取得成功，优秀的主持人是必不可少的。主持人是整个节目的引导者、推进者和把握者。他设置采访的问题，把握问题的方向，在与嘉宾的交流中不断地提出问题，甚至与之交锋。当然，这也需要有与之相匹配的嘉宾。

选择嘉宾时，首先，嘉宾要符合节目的定位，应该是节目受众群感兴趣的那类人；其次，嘉宾应是当前很受关注的一类人，可以是新闻事件的当事人、相关者，也可以是事件的知情者等，总之要有一定的接近性，要么是内容具有接近性，要么是时间具有接近性。

有了主持人和嘉宾，还需要有一个好的话题。当然，话题一定是在前期节目策划时就确定的，要围绕这一话题不断挖掘嘉宾身上的故事，有时会获得意料不到的内容，这也可能成为当期节目的亮点所在。

二、摄像是否到位决定了后期编辑质量的高低

要想做好访谈节目，前期的策划和摄像相当重要。选择一个好的话题和合适的嘉宾，

确定访问的地点，大致给出采访问题的框架、风格，预想可能出现的意外情况等，都是策划阶段要完成的工作。

有了充分的前期策划，接下来就进入拍摄阶段。如果有固定的演播室，就会省去诸如机位设定、灯光布置等不少麻烦。对于常规室内访谈节目的拍摄，我们在前文第四章有详细的介绍，这里就不重复了。在这里，我们着重介绍拍摄行走采访和驱车采访时要注意的问题。

1. 行走采访拍摄要点

我们在拍摄行走采访时要拍好两类镜头：一类是两人谈话的伴随性镜头；另一类是行走采访的必备镜头。

1) 行走采访伴随性镜头的拍摄

我们在拍摄行走采访时，关键是要能实现伴随性拍摄，也就是需要移动摄像机机位来拍摄。通常在拍摄这类镜头的时候，我们会设置三个机位：一个跟在后面，另一个走在前面，还有一个跟在一侧。不论谈话的人怎么走，这三个机位都能实现伴随拍摄。

无论采取哪种机位拍摄，所拍摄的画面都应是两个人的镜头而不分切镜头，特别是不要分切记者眼中的采访对象，或是采访对象眼中的记者，否则非常容易形成方向上的混乱。

如果在行走采访中，我们只用一个长长的移动镜头去拍摄完整的行走采访的段落，后期的剪辑工作是很难完成的。大家试想一下，如果去掉其中一个段落或几个段落，直接完成声音组接是没有问题的，但画面组接的是两个处于运动中的同一主体，跳的痕迹肯定比较明显，所以，我们要拍一些有利于后期剪辑和转场过渡的必备镜头。

2) 行走采访必备镜头的拍摄

行走采访必须拍摄的镜头有哪些呢？不外乎一些与谈话内容或环境相关的全远景画面、主观移动镜头、主体出入画镜头、背面镜头、特定镜头等。

(1) 全远景画面。拍摄行走采访时，常常需要拍摄一两个全远景画面，这种画面在后期的编辑中有三种用途：一是作为节目开始时的介绍镜头或结束时的总结镜头；二是用来交代环境特点，以便让观众亲眼看到采访现场的环境；三是作为不对口形的镜头。

(2) 主观移动镜头。主观移动镜头就是摄像师站在主体人物的行走路线上所拍摄的，拍摄主体行走时眼中的景物和环境。这时的主观镜头具有位移效果，而且运动方向和运动速度与谈话人的运动方向和运动速度一致。

拍摄主观移动镜头时，一定要注意两点：一是拍摄现场要和采访现场相吻合，无论是景物还是光线特点都要与采访现场相一致；二是主观移动镜头的移动速度和方向应与主体人物的移动速度和方向一致。

(3) 主体出入画镜头。主体出入画镜头能使时间和空间的跨越变得十分自然，因此可用于转场和过渡。同时，这种出入画镜头还可以用作节目开场时的开场镜头以及节目终了时的终了镜头。

(4) 背面镜头。从背面角度拍摄的镜头是可以不对口形的镜头，所以它可以用在整个采访段落中的任何一个地方。

(5) 特写镜头。特写镜头表现的是景物、人物、物件的局部，不反映环境和地域的特征，也不表现事物之间的联系，所以我们经常将特写镜头用作起承转合的镜头。

2. 驱车采访的拍摄要点

有时，我们的采访会在汽车中进行。采访被限定在一个狭小的空间内，而且周围的景物还在不断地变化，这些都构成了驱车采访的独特个性。当然，你可以利用车载稳定器来协助拍摄，也可以由摄像师独立完成拍摄。不论你采用哪种方式进行拍摄，驱车采访的拍摄机位都有如下几个。

1) 摄像师从后部拍摄前排的人

摄像师从后部拍摄前排的人，是驱车采访的常用镜头。这一镜头既有利于交代环境，也能很好地显示汽车前进的方向。而且车窗外的景物不断变化，具有一种新奇感和吸引力。因为这个镜头是从背面拍摄谈话人物，所以也可以将其作为不对口形的镜头来灵活使用。

2) 摄像师从副驾驶座位拍摄采访对象

如果我们的采访对象自己开车，那摄像师就应该坐在前排副驾驶座位上来拍摄。尽管从这个位置拍摄的人是一个侧面像，但在驱车采访中运用侧面角度并不会引起观众不良的心理反应，因为这种角度的画面符合观众的生活逻辑，我们平时和开车的人谈话时看到的也是他的侧面。

3) 摄像师从副驾驶座位拍摄后排的人

如果采访对象不开车，那摄像师就要从前排副驾驶座位上往后拍，这样就会拍到采访对象的正面或45度的正斜面，这样的角度有助于采访对象与观众建立一种自然和谐的交谈关系。

4) 摄像师从后排拍摄副驾驶座位上的记者

摄像师从后排拍摄坐在副驾驶位置上的记者，对于记者来说，这是驱车采访中最好的位置。坐在这个位置，记者可以浏览车窗外的景色和环境，并根据自己所看到的内容不断地提出问题，使自己成为连接车内车外的一个节点。在这个位置，不论是记者提出问题，还是认真倾听别人的谈话，摄像师都可以把记者拍得很好。

5) 摄像师从后排拍摄前排的采访对象

摄像师从汽车后排拍摄坐在汽车前排的采访对象时，由于是从侧后方向拍摄的，看不清前排人物的口形和表情，所以这类镜头可以作为插入镜头用在电视片中的任何位置。

总之，驱车采访要注意行车路线的选择和拍摄者的位置，不同的拍摄位置会拍摄到不同的内容。根据采访的实际情况选择合适的机位进行拍摄，能够保证后期剪辑的顺利进行。

三、运用剪辑手段让谈话段落更好看

相较于其他电视节目，访谈节目的编辑相对简单，少数直播类访谈节目，在节目现场通过导播的工作就可以直接完成。

大多数访谈节目是需要后期编辑的。具体工作包括：剪辑人员确定整体结构，编辑画面，为画面添加同期声字幕，选择合适的过渡镜头丰富谈话信息，运用编辑手段弥补那些画面或声音不连贯的地方等。

剪辑过访谈节目的人会知道，访谈节目的剪辑有别于纯粹的画面剪辑，不仅要考虑画面间镜头衔接的流畅，还要顾及声音的和谐。换句话说，就是既要考虑画面，又要兼顾声音，所以剪辑点的确定常常是兼顾两者的结果。如果把画面和声音拆开来分别剪辑，可能最佳剪辑点的位置与兼顾两者的最终结果会有很大的差异，这正是访谈节目剪辑的特点。根据这些特点，在编辑访谈节目时，我们要从以下几点入手。

1. 完善结构，充实细节

1) 紧紧围绕谈话主题搭建结构

任何类型的影片都要有自己的主题，访谈节目也不例外。它的结构要头尾呼应，各段落之间要层次清晰、逻辑清楚、过渡自然。这样，才能使观众喜欢看、看得懂。

访谈节目是以谈话为主的节目形式。有时采访对象的谈话内容涉及的范围会很广，因此，我们在确定结构之前，先要确定节目的主题，并根据表现主题的需要来设置结构、取舍材料。

另外，在访谈节目的每个段落中都应当设置段落的小主题，而这些小主题应在节目大主题的统领之下，从有意义的方方面面来展现谈话内容。因此，结构要能促进这一主题的表现，可以利用设置悬念等方法，将各个层次有机地联系在一起，从而使谈话内容不断地深入下去。

2) 利用谈话细节形成段落中的兴奋点

谈话细节是访谈节目最精彩的部分，它能展现采访对象的风貌，也能体现采访者的采访水平，因此能给观众留下深刻甚至长久的印象。因此，在设置结构时，应根据内容的需要将有意思的谈话细节充实到各个段落当中，形成不同的兴奋点，从而不断地激发观众观看的兴趣。

2. 删除谈话中的停顿和重复

访谈节目的时间是有限的，要在有限的时间内突出谈话的重点，就需要对谈话中一些不必要的内容进行删减。

1) 注意删除不必要的谈话内容

谈话是占时间的，谈话人语速稍微慢一些或口头语多一些，会令采访段落显得拖沓，拖沓是采访中的大敌。剪辑时要干净利索，遇到停顿就要剪掉，遇到重复也要剪掉。同时，还要剪掉不必要的口头语。这样才能确保采访段落的简洁。

此外，在剪辑谈话内容时，还要注意剪掉和主题无关的内容或关系不大的内容，遇到一句或半句题外话也要剪掉。

2) 要注意保持语气的连贯和语意的完整

在剪辑谈话内容时，注意不要把谈话剪得过于利落，以免导致前后语气不连贯，让人听不懂。同时，剪辑谈话要保证不改变谈话的原意，要注意保持谈话的本来面貌。过多的剪辑，会让谈话失真、失实，严重的会令人产生弄虚作假的感觉。

3. 用解说词压缩谈话

1) 用解说词来压缩和提炼谈话内容

在访谈节目的剪辑中，我们可以有效发挥解说词的概括和提炼功能。

我们有时会遇到这样的情况：采访对象讲话缺少逻辑性，有用的和没用的混在一起，讲了很长时间，但整体上缺乏连续性。后期剪辑时，如果将没有用的内容全部删掉，其谈话内容就会给人一种东一句、西一句的感觉，也不符合谈话的原貌。这时候，我们可以根据采访对象谈话的内容，另写几句结构严谨、表达流畅的解说词作为画外音，用来压缩和提炼采访对象的谈话，这样能使片子更紧凑、流畅。

2) 用解说词来遮盖语气不合适的段落

剪辑访谈段落时，不仅要对内容进行筛选，还要对语气进行筛选。因为内容符合要求而语气不合适，谈话的感染力会大受影响，观众也不会感兴趣的。因此，对于谈话内容符合要求但语气不合适的段落要进行必要的编辑，即要用解说词去遮盖，借助画外解说者的语气来调动和吸引观众的注意力。

4. 用画外音整理谈话

用画外音整理谈话是一种非常有效的剪辑手段。将采访对象的谈话内容剪辑完成后，不作为同期声，而作为画外音来使用。然后，为这段话外音再配上与其相对应的画面，从而实现声音与画面完美配合的效果。

具体来说，就是先进行谈话段落的声音编辑而不考虑镜头跳的问题，将采访对象的谈话内容组合成一段内容完整、简洁流畅的讲话，然后选择一组相关的画面，连续覆盖在被剪辑过的声音上，这样就不会暴露出声音是剪辑过的，有效地遮盖了剪辑点。这样做的结果就是，整段的精彩谈话仍然采用同期声，而经过剪辑处理的段落则采用画外音。既再现了精彩的谈话段落，又使节目紧凑和流畅。

四、剪辑访谈节目时需要注意的其他问题

1. 访谈节目转换景别的方式

在采访段落，我们经常需要转换景别，如果景别转换不好会使节目产生突然中断的感觉。因此，在编辑采访段落时，要注意景别转换时的流畅和自然，具体有以下几种方法。

1) 在采访人提问或插话时趁势改变镜头景别

在采访人提问或插话时，我们可以趁势将镜头拉开，从而转换景别。因为这时候，观众会认为编辑想让观众看到提问的采访人，所以才拉开镜头。在这一过程中，是否把采访人拉进画面并不重要，重要的是要让观众觉得景别转换得自然、合理。

2) 插入镜头，然后变换景别

在谈话过程中，通过插入镜头的方式可以实现景别的变换。插入镜头可以是切出镜头，也可以是与谈话内容相关的镜头。所谓切出镜头，就是切离被摄主体，切到旁边的景物上的镜头。

插入镜头时需要注意，所插的画面应该是一个长一些的镜头或由几个短镜头构成的一组画面，不要去插一个或两个很短的镜头，因为镜头短，会使观众在视觉和心理上感到不舒服。

3) 用特效改变景别

在剪辑采访段落时，我们常用黑场、白场、划像、淡出淡入、叠化等转场特效来完成景别的转换，至于采用哪种特效，应根据画面特点和表达要求来选择。

2. 访谈节目要慎重使用运动镜头

1) 推镜头的运用

推镜头是一种强调手段，镜头向前推进的过程就是引导观众聚焦的过程。它或是要强调画面的内容，或是要强调某个细节，或是要强调某种戏剧元素。总之，就是要把观众的视线从大范围的视点集中到某个事件上去。

在访谈段落中，一定要注意推镜头的运用时机。比如，当谈话内容非常重要，或者谈话人的表情、姿态值得关注，或者在节目开篇的时候想要吸引观众的视线等，才可以运用推镜头。

2) 访谈段落应慎用拉镜头

拉镜头的视觉效果是使得被摄对象由大变小、由近变远，从而形成一种远离感和结束感的表意特征。拉镜头的这种表意特征决定了在访谈段落中一定要因时、因地、因情况、因内容妥善地使用拉镜头。

在访谈节目中使用拉镜头，不仅要注意谈话的内容和语气，而且要注意拉镜头的使用位置。在访谈节目中运用拉镜头的情况有以下三种。

(1) 在节目开始或节目、段落结束时。一般在节目开始的时候，用拉镜头来介绍采访对象与采访人的关系，或者介绍多个采访对象之间的关系，或者介绍采访对象与环境的关系。在节目或段落结尾的时候用拉镜头，常常表示结束的意思。

(2) 在采访人提问或插话时，可以使用拉镜头。这样可产生让观众看到采访人的感觉，从而改变景别。

(3) 表示对访谈对象的明显的不信任。在访谈段落中，容易出的问题就是随意使用推拉镜头，一会儿推上去，一会儿拉回来，也不管内容是否需要、时机是否合适，总是试图用推推拉拉来打破谈话的冗长、沉闷或视觉上的疲劳。推拉镜头的随意使用很容易对观众形成误导，特别是当我们把镜头推上去，只是聚焦一些很平淡的访谈内容时，观众就会产生一种上当受骗的感觉，接下来他们的情绪就会变得很松懈。而在访谈对象说得慷慨激昂的时候，你又将镜头拉出来，则明显地表现出对访谈内容的不信任或访谈马上要结束的意思。这些都会对观众产生负面影响，不利于访谈内容的传播。

3) 摇镜头在访谈段落中的运用

“谁说话就把镜头摇向谁”是访谈节目中使用摇镜头时较为常见的错误。采用这种方式做出来的节目，观众是没办法看下去的，因为镜头总是处于左摇右晃的变动当中，观众会感觉晕头转向。

拍摄访谈节目应遵循一项很重要的原则，即镜头应该长时间地停留在采访对象身上，而不是摇来摇去。

当采访对象不说话而在听其他人说话的时候，他的表情、态度等反应，实际上都是一种信息的表达。我们从采访对象的表情中可以看出记者所提的问题是否有深度、是否切中要害。观众在观看访谈类节目时，更希望看到采访对象的一举一动、一言一行。

那么，我们在什么时候要用到摇镜头呢？

(1) 从采访对象或采访者摇向周围的环境，用环境来验证采访者或采访对象谈话内容的可靠性。

(2) 表明采访者或采访对象与新闻事件的现场处于同一个空间，用摇镜头可以展现处于新闻现场的采访者或采访对象所处的位置，进而证明被摄主体身处现场的事实。

(3) 从采访对象摇向周围的人，以观察和了解周围的人对采访对象的态度和反应，从而为观众提供更多的信息。

3. 过渡镜头的运用

访谈类节目是由两个基本段落构成的：一是谈话段落；二是过渡镜头。没有谈话段落就不能称其为访谈节目；没有过渡镜头，访谈段落就不能顺利、流畅地编辑完成。因此，在访谈类节目中，过渡镜头尤为重要。

过渡镜头主要用于节目转场和过渡，它主要由以下几种镜头来充当。

1) 反应镜头

反应镜头包括采访者的反应镜头和采访对象的反应镜头。采访者的反应镜头一般用于表现采访者提问题、插话或者认真倾听的表情、态度和举止。采访者的态度要公正，表情要自然，举止要落落大方。采访对象的反应镜头也是十分重要的，在拍摄采访段落的时候，我们的镜头要长时间地停留在采访对象身上，这是很有意义的。

2) 台标

在拍摄访谈节目时，所属电视台的台标或栏目标志也可作为连接采访段落的过渡镜头。

3) 采访谈话所涉及的内容

根据谈话内容拍摄一定的相关画面，这些画面既是谈话内容涉及的，也可以穿插在谈话中间，对谈话起补充和说明作用，也有助于对后期谈话的整理和衔接。

4) 采访对象在采访现场以外的镜头

在采访现场以外拍摄的采访对象的学习、工作、生活方面的相关镜头，也可以插在片子中间作为过渡镜头。

5) 采访者单独活动的画面

在采访段落中，可拍摄一些采访者单独活动的画面，比如采访者整理行装、与人交谈、坐在车中看窗外、走在路上等，这样的镜头也可以用于转场和过渡。

6) 没有特定含义的画面

有些电视画面在表现概念、表达思想时表义不够明确，这样就形成了一些没有特定含义的镜头，将这样的镜头用于转场和过渡有时能发挥很好的作用。

经过上述前期策划、拍摄和后期的剪辑工作，一个完整的访谈节目就完成了。

五、拉片分析：《面对面》易中天访谈

《面对面》是中央电视台的一档长篇人物专访节目，时长45分钟。节目访谈嘉宾极具新闻价值，有新闻事件中的焦点人物，有新闻话题中的权威人物，有时代变革中的风云人物，有备受关注的公众人物①。本期嘉宾为易中天，他是一位非常有个性的学者。节目中，主持人与嘉宾的谈话中充满了智慧。剪辑时，除了以直切的方式强化谈话双方的快速反应外，还在谈话较长的段落采用同期声前叠的形式，让镜头转换得更加自然。片中的画外音主要起到介绍背景和段落过渡的作用，画外音所配合的画面也都是与内容相关的访谈外镜头，这样不仅丰富了画面的内容和形式，也推进了谈话的进程。具体的拉片分析见表9-1。

表9-1 《面对面》易中天访谈拉片分析

镜号	画面	景别	拍法	声音	时长
1		近景	固定镜头	王志(简称王)：为什么你现在最火？易中天成功的诀窍在哪儿	3秒
2		特写	固定镜头	易中天(简称易)：很简单，我就是平时怎么说话，到了那儿还这么说	7秒

① 央视网. http://tv.cntv.cn/videoset/C10359/2017.11.3.

(续表)

镜号	画面	景别	拍法	声音	时长
3	但你听到过对你的批评吗	近景	固定镜头	王：但你听到过对你的批评吗	2秒
4	我倒真希望他面对面地坐在这来批评	特写	固定镜头	易：我倒真希望他们面对面地坐在这里批评，但没有人来	6秒
5	为什么招致那么多的非议呢	近景	固定镜头	王：为什么招致那么多的非议呢	3秒
6	喜欢和赞成的人越多	特写	固定镜头	易：喜欢和赞成的人越多，不喜欢和不赞成的声浪也就越高	6秒
7	能不能在《百家讲坛》继续看到易老师的讲座	近景	固定镜头	王：能不能在《百家讲坛》继续看到易老师的讲座？ 易：由雇主说了算	10秒

(续表)

镜号	画面	景别	拍法	声音	时长
8		特写	固定镜头	易：雇主是谁呢？观众	2秒
9		近景	固定画面	画外音：易中天，1947年生于湖南长沙；1965年，高中毕业后参加新疆生产建设兵团任中学教师；1978年，易中天考上了武汉大学，毕业后留校任教；现任厦门大学人文学院教授、博士生导师	1分20秒
10		全景、中景、近景、特写	固定镜头、跟拍	(现场喧哗声“不要挤，不要挤，注意安全”) 画外音：近两年，在图书市场上，“易中天”这三个字成了畅销书的保证。对于习惯了清净的易中天来说，在厦门家中安静地待上几天，变成了一件奢侈的事情。在这所传说房价已经达到一万一平方米的房子里，易中天接受了《面对面》的专访	38秒
11		近景	固定镜头	王：我们走进这个房子的时候，有人告诉我们这里是富人住的地方	4秒
12		特写	固定镜头	易：不是，我楼下住着出租车司机呢	2秒

(续表)

镜号	画面	景别	拍法	声音	时长
13		近景	固定镜头		1秒
14		特写	固定镜头	易：这个房子刚开始的时候价位并不高	4秒
15		近景	固定镜头	王：但是现在易老师在人们的心中，已经属于有钱人了	4秒 现场同期声
16		特写	固定镜头	易：什么叫有钱？多少钱叫有钱？其实比我有钱的人多了去了	7秒
17		近景	固定镜头	易：一个教书匠凭着自己劳动挣了一点钱	6秒

(续表)

镜号	画面	景别	拍法	声音	时长
18		特写	固定镜头	易：怎么就撑破了新闻界的眼皮儿了	7秒
19		近景	固定镜头	王：但是(看着)银行里存折数字的变化，你晚上睡得好吗	5秒
20		特写	固定镜头	易：这有什么睡不好的？我根本不知道它在怎么变	3秒
21		近景	固定镜头	王(追问)：怎么说	3秒
22		特写	固定镜头	易：我是不知道，我又不去查账，又不看，一切都是电脑在自动处理。包括出版社的版税也是直接打到账户，我都不去查	6秒

(续表)

镜号	画面	景别	拍法	声音	时长
23		近景	固定镜头	王：走上《百家讲坛》的时候呢？这个结果意料得到吗	3秒
24		特写	固定镜头	易：这个意料不到	3秒
25		近景	固定镜头	易：《百家讲坛》你去讲一讲能挣多少稿费啊	5秒
26		特写	固定镜头	易：一期就1000块钱	4秒
27		近景	固定镜头	王：想到过有这样一种效益吗	4秒

(续表)

镜号	画面	景别	拍法	声音	时长
28	CCTV新闻 易中天 厦门大学教授 面对面 Face to Face 哪一种效益	特写	固定镜头	易(反问)：哪一种效益	3秒
29	CCTV新闻 名利	近景	固定镜头	王：名、利	3秒
30	CCTV新闻 易中天 厦门大学教授 面对面 Face to Face 这个媒体啊 包括平面媒体	特写	固定镜头	易：哎呀！我就奇怪！这个媒体啊，包括平面媒体，包括你们电视台，也包括阁下，怎么都关注这两个字？这难道就是当今老百姓最关心的事吗？不会吧	16秒
31	CCTV新闻 可能跟我们平常心目中的学者形象	近景	固定镜头	王：可能跟我们平常心目中的学者形象有很大的一个反差	5秒
32	CCTV新闻 易中天 厦门大学教授 面对面 Face to Face 意思就是说大家公认学者就该穷	特写	固定镜头	易：啊！意思就是说大家公认学者就该穷，是不是这个意思	9秒

(续表)

镜号	画面	景别	拍法	声音	时长
33	 还有一个动机的问题	近景	固定镜头	王：还有一个动机的问题	3秒
34	 刚才你提到的那两个字 名和利	特写	固定镜头	易：刚才你提到的那两个字“名”和“利”，它是副产品，搂草打兔子的事。现在大家没看见我搂草，都看见我逮兔子了	13秒
35		全景、中景、近景	固定镜头、摇镜头	画外音： 让易中天出名的是中央电视台科教频道的《百家讲坛》栏目，自从易中天在《百家讲坛》录制了《汉代风云人物》和《易中天品三国》以来，两档节目的收视率居高不下。《汉代风云人物》的收视率更是高达0.56。 《百家讲坛》易中天同期声：韩信被降为淮阴侯以后非常不痛快，称病不上朝，什么风湿、关节炎之类的，什么胃溃疡之类的，估计会有一点……范蠡大夫就走了，他干嘛去了呢？下海经商，据说还携带一位“小蜜”，就是西施。泛舟西湖，下海经商	1分03秒(VCR)

(续表)

镜号	画面	景别	拍法	声音	时长
36	 那你看见电视上的自己的时候	近景	固定镜头	王：那你看见电视上的自己的时候，会不会觉得陌生啊	3秒
37	 没有	特写	固定镜头	易：没有	3秒
38	 你是一个天生的上电视的学者	近景	固定镜头	王：包括电视导演都觉得你是一个天生的(适合)上电视的学者，那么所有这一切是有人帮你策划吗？ 易：没有人帮我。 王：他们为什么选择你？你觉得	14秒
39	 我可以不觉得	特写	固定镜头	易：我可以不觉得，我干嘛要觉得呢？我非常简单，其实我是一个头脑简单的人，没有你们那么多的弯弯绕。就是这个活，你来找我，我就是一个手艺人，对吧。你来找我，我觉得这活我乐意干，也觉得能够干，就干了	36秒

(续表)

镜号	画面	景别	拍法	声音	时长
40		近景、中景、全景、特写	固定镜头、摇镜头、跟镜头、摇镜头	《百家讲坛》易中天同期声：大营里面的各路诸侯在干什么呢？日置酒高会，不图进取，也就是说整天都在开Party(聚会)、泡酒吧、打电子游戏。曹操实在是忍无可忍……他觉得下一任的中国皇帝非他袁术莫属。他以为他抢先注册了皇帝的商标，别人就不能把他怎么样了，没想到他反而成了众矢之的。 画外音：在接受《百家讲坛》的邀请前，易中天的知名度还仅限于厦门大学和他的专业学术领域。那么，易中天是怎样从书斋走进电视的呢？ 《百家讲坛》制片人万卫：有一天，我们的策划谢如光老师跟我说，他发现了一个非常优秀的主讲人。“这个老师是厦门大学的。在电视上，当别的学者都谈论很学术的问题时，他却谈到他小的时候吃热干面的感觉。这个老师肯定适合百家讲坛，是一个能够受观众喜欢的主讲人。”然后他推荐我看一下他的书，就是《品人录》这本书。然后回去我翻了一下这本书，我一看，它正好符合我们当时正要推出的《汉代风云人物》这个系列。 画外音：录制《百家讲坛》彻底改变了易中天以前规律的学者生活，每个月他都要在厦门和北京之间往返好几次，每一次到北京，会录一个星期的节目。 接入《百家讲坛》录制现场同期声。 工作人员：易老师您拿一大口袋干嘛啊？ 易：买菜	1分55秒VCR

(续表)

镜号	画面	景别	拍法	声音	时长
41	电视对于很多学者来说	近景	固定镜头	王：电视对于很多学者来说，对于住在书斋里的人来说，它可能是一个很别扭的东西，易老师没有感觉到吗	8 秒
42	我觉得再有学问的人他也得吃热干面啊 对吧	特写	固定镜头	易：我觉得再有学问的人他也得吃热干面啊，对吧？再有学问的人也得吃喝拉撒啊	12秒(现场同期声)
43	你感到舒适吗	近景	固定镜头	王：你感到舒适吗	3秒
44	说实话吗	特写	固定镜头	易：说实话吗	3秒
45	当然说实话	近景	固定镜头	王：当然说实话	3秒

(续表)

镜号	画面	景别	拍法	声音	时长
46		特写	固定镜头	易：有时候舒适，有时候不舒适	4秒
47		近景	固定镜头	王：不舒适是什么时候？舒适是什么时候	4秒
48		特写	固定镜头	易：不舒适就是碰上一档无聊的节目，一个蹩脚的主持人，问了一堆八卦问题。你答也不是，不答也不是，就很不舒适	20秒
49		近景	固定镜头	王：但《百家讲坛》不一样	2秒
50		特写	固定镜头	易：《百家讲坛》它没有八卦问题，它第一没有主持人，第二没有八卦问题，所以《百家讲坛》很舒适	9秒

(续表)

镜号	画面	景别	拍法	声音	时长
51	 要知道我是一个热爱教学的教师	近景	固定镜头	易：要知道我是一个热爱教学的教师	9秒
52	 他在这种职业当中能够体验到一种快感	特写	固定镜头	易：他在这种职业当中能够体验到一种快感	4秒
53	 我正在城楼观山景	近景、全景	固定镜头	《百家讲坛》易中天同期声：我正在城楼观山景，耳听得城外乱纷纷。旌旗招展翻空影，却原来是司马发来的兵。最后那个戏剧当中诸葛亮唱到“来来来，请上城来，听我抚琴”	29秒(VCR)
54		全景、特写	摇镜头、固定镜头	画外音：面对批评，易中天怎样应对？ 易：如果有很多人喜欢，那就一定有人不喜欢。 画外音：是否庸俗，易中天自有说法。 易中天：不叫“帅哥”叫什么	29秒(VCR)
55	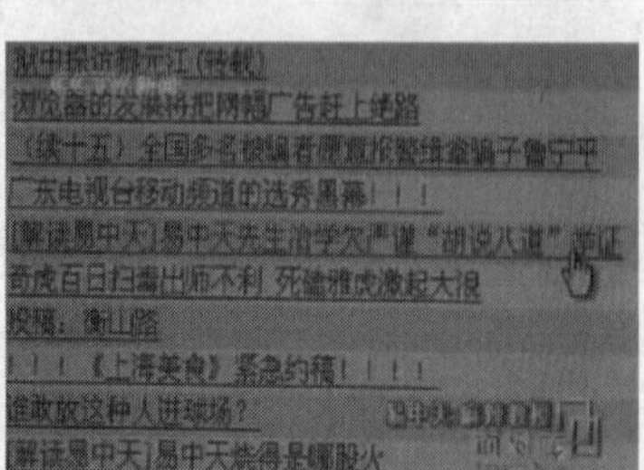	特写	推镜头、固定镜头	画外音：在网上，易中天的支持者们，自称为“易粉”“乙醚”。如今有越来越多的人加入到“易粉”和“乙醚”的行列。然而在易中天受到追捧的同时，对他的批评也跟随而来	19秒(VCR)

(续表)

镜号	画面	景别	拍法	声音	时长
56		近景	固定镜头	王：你听到过对你的批评吗	5秒
57		特写	固定镜头	易：听到过，没有当面的	3秒
58		近景	固定镜头	易：我倒真希望他面对面地坐在这儿来批评	4秒
59		特写	固定镜头	易：没有人来	5秒
60		近景	固定镜头	王：你怎么看待这些批评	4秒

(续表)

镜号	画面	景别	拍法	声音	时长
61	CCTV新闻 三项基本原则	特写	固定镜头	易：三项基本原则。第一，指出硬伤，立即改正	4秒
62	CCTV新闻 第二个学术问题 从长计议	近景	固定镜头	易：第二个，学术问题从长计议	7秒
63	CCTV新闻 面对面 第三个就是讲述方式不争论	特写	固定镜头	易：第三个就是讲述方式不争论。现在不停地有人来讨论讲述方式的问题。历史能不能这样讲，历史该不该这样讲。易中天讲的这个《百家讲坛》是学术呢还是娱乐？他的成功是学术的成功，还是商业的成功	26秒
64	CCTV新闻 这个问题不争论	近景	固定镜头	易：我的回答是，这个问题不争论	4秒
65	CCTV新闻 本人制作的易先 845个，贴子数128580篇	特写	推镜头、固定镜头	在对易中天的众多批评声中，上海的一位教授发出的批评是最为强烈的。这位教授把批评文章直接贴在网上，这篇文章也直接引起了双方支持者之间关于中国历史能否在娱乐或庸俗名义下解读的网络争论	24秒 (VCR)

(续表)

镜号	画面	景别	拍法	声音	时长
66		近景	固定镜头	王：也有学者批评你把历史通俗化、庸俗化	4秒
67		特写	固定镜头	易：有例子吗？有证据吗	4秒
68		近景	固定镜头	王：你拿现实生活中出现的一些过去压根儿就没有的“垃圾股”“绩优股”这样的词套用在历史人物身上	12秒
69		特写	固定镜头	易：这些学者读书不多吧。这个做法古已有之，早就有人在做了，不是我的发明啊。比如说史学大师吕思勉先生的《三国史话》，里面就讲到了，说做郎官就是去做公务员。而我这种方式被电视放大了，才会引起这么大的争议。所以我说这种问题都不争论，道理就在这儿	42秒
70		近景	固定镜头	王：如果说是学术的话，就应该严谨，但是易老师在讲课中，很多观点是带有想象的，是猜测性质的	12秒

(续表)

镜号	画面	景别	拍法	声音	时长
71	比方说	特写	固定镜头	易：比方说	4秒
72	刘备和关羽张飞是寝则同床 恩若兄弟	近景	固定镜头	王：按照《三国志》的说法，刘备和关羽、张飞是寝则同床、恩若兄弟。这三个人寝则同床时，他们的太太在哪里	15秒
73	那么首先前面 食则同器 寝则同床	特写	固定镜头	易：那么首先前面那句“食则同器、寝则同床”，这是《三国志》的记载。把这个记载说出来，不能说不对吧，对不对？然后后面那句话，“不知道他们的太太在哪里”，这是我的评论，你不能说讲史不能评论吧	28秒
74	为什么要加这个尾巴呢	近景	固定镜头	王：为什么要加这个尾巴呢	4秒
75	调侃	特写	固定镜头	易：调侃	2秒

(续表)

镜号	画面	景别	拍法	声音	时长
76		近景	固定镜头	王：调侃跟学术有关吗	4秒
77		特写	固定镜头	易：当然可以调侃。学术的观点可以用各种方式来表述，调侃就是其中一种	11秒
78		近景	固定镜头	王：但是如果没有这些调侃呢？易老师的报告还会有那么多人去听吗	8秒
79		特写	固定镜头	易：我估计恐怕没有，如果我也拿一本学术论文在那儿宣读的话，恐怕台下就走光了	13秒
80		近景	固定镜头	《百家讲坛》易中天同期声：刘备好比一家投资公司的大老板，他决定进行投资，要买断某一个人才，诸葛亮就像一个准备应聘行政执行官的职业经理人	23秒 (VCR)

(续表)

镜号	画面	景别	拍法	声音	时长
81		近景	固定镜头	王：这样的说法在易中天的书中比比皆是，很容易误导读者，把庸俗当有趣，把俗解当真相	10秒
82		特写	固定镜头	易：这是观众提的意见还是学者提的意见	5秒
83		近景	固定镜头	王：这是原文，我们截下来的原文	3秒
84		特写	固定镜头	易：如果是学者提的意见，我劝他回去读书，读《韩非子》。《韩非子》说得很清楚，君臣关系就是买卖关系，卖什么呢？君主卖官爵，臣子卖智力	24秒
85		近景	固定镜头	王：你不觉得这样的比方把这种政治意义庸俗化了吗	7秒

(续表)

镜号	画面	景别	拍法	声音	时长
86		特写	固定镜头	易：这怎么是庸俗化？这是政治的本质	3秒
87		近景	固定镜头	王：他们认为易老师在讲课中的那些用词不是很妥，甚至流于粗俗。 易：哪个？比方说…… 王：比方说，刘表之死，你跟观众说，见上帝去了	18秒
88		特写	固定镜头	易：就是刘表不能见上帝，刘表只能见阎王。他们是不是这个意思	8秒
89		近景	固定镜头	王：这个得问他们自己	3秒
90		特写	固定镜头	易：他的意思是不能说见上帝，也不能说见阎王，只能说薨	6秒

(续表)

镜号	画面	景别	拍法	声音	时长
91		近景	固定镜头	王：不懂，这个问题我都看不懂	4秒
92		特写	固定镜头	易：而且我很奇怪，怎么会有这种问题提出来	5秒
93		近景	固定镜头	王：比方说，诸葛亮是一个少年英才，而且是一个帅哥。“帅哥”这个词，他们认为把诸葛亮想象成这样的形象，有点贻笑大方	16秒
94		特写	固定镜头	易：贻笑大方？原话是这样的吗？ 王：对！ 易：读过《三国志》没有？《三国志》怎么描述诸葛亮的？身长八尺，容貌甚伟。不叫“帅哥”叫什么	19秒
95		中景、特写、全景	跟拍，固定镜头	画外音：有人说，身为教师的易中天，把“业”变成了“余”，把“余”变成了“业”。 易：不行吗？有罪吗？ 画外音：是电视成就了易中天？还是易中天火爆了电视？ 易：那我只能说是电视成就了我。但是我也随时警惕电视会毁了我。 画外音：《面对面》王志专访易中天正在播出	38秒(VCR)

(续表)

镜号	画面	景别	拍法	声音	时长
96		中景、近景、特写	固定镜头	《百家讲坛》易中天同期声：你司马懿侥幸地得到了很多地方，你贪得无厌又来打我，你来打就来打吧。我现在都准备好了。我现在已把街道打扫干净，准备你来围兵；我已经杀了羊、煮了酒，准备犒劳你的三军。你既然来了你就进城来嘛。司马懿这个时候已经来到城下了，这哥们儿什么意思？邀请我上楼跟你一起卡拉OK？我上去“卡拉”，你就把我“OK”了	37秒(VCR)
97		近景	固定镜头	王：你会妥协吗？改变你的风格	5秒
98		特写	固定镜头	易：不会，第一基本观点不会改变。因为这是我这么多年思考的一个结果，除非他能指出我思考确实有误。所谓有误无非是逻辑起点错了，或者是逻辑过程错了。那我认为只要起点不错，推理过程也不错，就像我们穿衣服一样，第一个扣子只要我扣对了，然后顺着往下扣，我肯定这衣服是穿对了。那不会有问题，我不会改变。第二个，讲法问题，我从来就是这么说话，所以让我改变说话方式是根本不可能的，我不愿意，我也做不到。那么不喜欢我这种讲述方式的，他只有一个办法，就是发动群众把我轰下去，他写再多的文章都没有用，他发再多的帖子都没有用，他在网上再嚷嚷都没有用	59秒

(续表)

镜号	画面	景别	拍法	声音	时长
99	CCTV新闻 易中天·麻辣教授 面对面 那过去可能没这个可能	近景	固定镜头	王：那过去可能没这个可能？但是现在是不是有了这种可能性呢？ 易：如果有了这种可能性，我自觉下台	9秒
100	CCTV新闻 易中天·麻辣教授 面对面 Face to Face 如果说观众说我们都不喜欢你这样讲	特写	固定镜头	易：如果观众说我们都不喜欢你这样讲(我就下台)。很简单，观众可以用遥控器来投票	10秒
101	CCTV新闻 那所有的批评都是没有道理的吗	近景	固定镜头	王：那所有的批评都是没有道理的吗	4秒
102	CCTV新闻 易中天·麻辣教授 面对面 Face to Face 其实呢 现在所谓批评	特写	固定镜头	易：其实呢，现在所谓的批评已经被媒体一锅煮了、一刀切了。实际上在我看来情况非常复杂，有各种各样的情况，但是确实其中有一些是经过认真思考的，而且想到了一些重大的、根本性的问题	25秒
103	CCTV新闻 比方说	近景	固定镜头	王：比方说	9秒

(续表)

镜号	画面	景别	拍法	声音	时长
104		近景	固定镜头	易：比方说，上海有一个编辑，他的署名叫老牛。老牛先生的批评就相当的有分量，因为他涉及一个根本问题。我说曹操是宁做真小人，不做伪君子。他说我发出了一个危险的信号。社会是需要规范的，做人是要有顾忌和底线的。如果大家都去做真小人，没有任何规范，没有顾忌，没有底线，会对社会造成极大的危害。那么我觉得这就是一个很严肃的学术问题，而且带有根本性。因此，我在整理完我的《品三国》书稿以后，在非常紧张的条件下，我用了一万四千字的篇幅，来回答他这个问题。而且我在这个回答当中，再三对他表示感谢和敬重	1分04秒
105		全景、中景、近景、特写	固定镜头	画外音：厦门大学人文学院教授是易中天名字前的一贯称谓，出名前的易中天长期从事文学、美学的跨学科研究。可是到了快要退休的时候，他上了电视，而且还讲起了不属于本专业的历史学科。一时间，关于易中天不务正业的说法也越来越多	26秒(VCR)
106		近景	固定镜头	王：还有学者质疑	3秒

(续表)

镜号	画面	景别	拍法	声音	时长
107		特写	固定镜头	王：你把“业”变成了“余”	2秒
108		近景	固定镜头	王：把“余”变成了“业”。你的本职工作是一名教师	7秒
109		特写	固定镜头	易：我们学校呢，是这样一种管理方式，就是每个教师都有自己的额定工作量，只要你完成了额定工作量，那你至少是一个合格的教师	22秒
113		近景	固定镜头	王：但是也有观众提供线报说，易老师在厦门大学是一名非常特殊的老师，他每周只上一次课	11秒
114		特写	固定镜头	易：我每周上一次课是因为排课表的时候全部集中在一天了，课程并不少，因为我们是要计算工作量的，你工作量不够你要下岗的，那不可能的	20秒

(续表)

镜号	画面	景别	拍法	声音	时长
115		近景	固定镜头	王：您告诉我说没有影响科研，也没有影响教学，但是您的名下没有研究生	11秒
116		特写	固定镜头	易：那是因为我已经到点了嘛，按照我们国家的退休制度，我马上面临退休，我手头那点工作做完了我就退休了，然后就本应该去过一个退休老人的安逸生活。到居委会报道，在社区的会所里面打打麻将。那么我不去打麻将，我去上电视，不可以吗？犯了哪家的王法	38秒
117		近景	固定镜头	王：那我们很想知道一个真实的易老师，您是一个合格的教师吗	6秒
118		特写	固定镜头	易：我随便举几个例子吧。我上课的时候从来要去最大的教室，而且人满为患，要提前抢座位	14秒
119		近景	固定镜头	王：上《百家讲坛》之前呢，还是之后呢	5秒

(续表)

镜号	画面	景别	拍法	声音	时长
120		特写	固定镜头	易：历来如此	3秒
121		全景、中景、特写	摇镜头、拉镜头	画面同期声： (掌声、欢呼声) 厦门大学副书记、副校长潘世墨：他上课上得非常好，学生很欢迎。他们中文系有几个教师都是非常优秀的，他是其中之一。艺术学这门课程是跟美学、文学有关系的，还有哲学。不是一门简单的实践课，还是一门理论课，要把这样比较抽象的理论课讲得生动、讲得学生喜欢听，这是不容易的。所以很多学生讲起他们最喜欢的老师、印象最深刻的老师都会提到易教授，提到易中天	52秒 VCR
122		近景	固定镜头	王：挺好的一件事情，为什么招致那么多的非议呢	4秒
123		特写	固定镜头	易：很正常嘛，一个东西出来以后，有人喜欢就一定有人不喜欢，有人赞成就有人不赞成，喜欢和赞成的人越多，不喜欢和不赞成的声浪也就越高，它是成正比的	23秒

(续表)

镜号	画面	景别	拍法	声音	时长
124		近景	固定镜头	王：那落实到《百家讲坛》这个具体的栏目上来说，到底是电视成就了易老师呢？还是“易老师们”成就了《百家讲坛》	12秒
125		特写	固定镜头	易：那我只能说是电视成就了我	6秒
126		近景	固定镜头	易：但是我也随时警惕电视会毁了我	5秒
127		特写	固定镜头	易：我很清楚	4秒
128		近景	固定镜头	王：此话怎讲	3秒

（续表）

镜号	画面	景别	拍法	声音	时长
129	CCTV新闻 易中天：麻辣教授 面对面 Face to Face 你一旦上了这个地方	特写	固定镜头	易：你一旦上了这个地方	4秒
130	CCTV新闻 易中天：麻辣教授 面对面 喜欢的人看见你全是你的优点	近景	固定镜头	易：喜欢的人看见的全是你的优点	4秒
131	CCTV新闻 易中天：麻辣教授 面对面 Face to Face 反感的人看见你全是你的缺点	特写	固定镜头	易：反感的人看见的全是你的缺点。喜欢你的人会把你的优点说得非常之优，优得不能再优；讨厌你的人会把你的缺点说得非常之大，坏得不能再坏	15秒
132	CCTV新闻 易中天：麻辣教授 面对面 但易老师害怕过这种结果吗 担心过吗	近景	固定镜头	王：易老师害怕过这种结果吗？担心过吗？ 易：没有。 王：或者说这种结果就是你所期待的	7秒
133	CCTV新闻 易中天：麻辣教授 面对面 Face to Face 既非我所期待 也非我所担心	特写	固定镜头	易：既非我所期待，也非我所担心。我顺其自然，不过是做了我想做、该做、能做的事情而已	15秒

(续表)

镜号	画面	景别	拍法	声音	时长
134		全景、特写	固定镜头	画外音： 高中毕业为什么要直接报考研究生？ 易：非常现实，哪有什么理想。 画外音：当上讲师还要生产自救？ 易：何不潇洒走一回，走呗！ 画外音：《面对面》王志专访易中天正在播出	27秒(VCR)
135				画外音： 1965年，易中天高中毕业，之后的十年里易中天一直待在新疆生产建设兵团，在那里做过几年中学教师。1977年恢复高考之后，30岁的易中天直接考上了武汉大学的研究生	20秒(VCR)
136		近景	固定镜头	王：当年易老师从新疆考入武汉大学的时候，您的学术理想是什么	7秒
137		特写	固定镜头	易：当时说实话没有理想，真没有理想，只有一些很现实的考虑	11秒
138		近景	固定镜头	王：比方说	3秒

(续表)

镜号	画面	景别	拍法	声音	时长
139	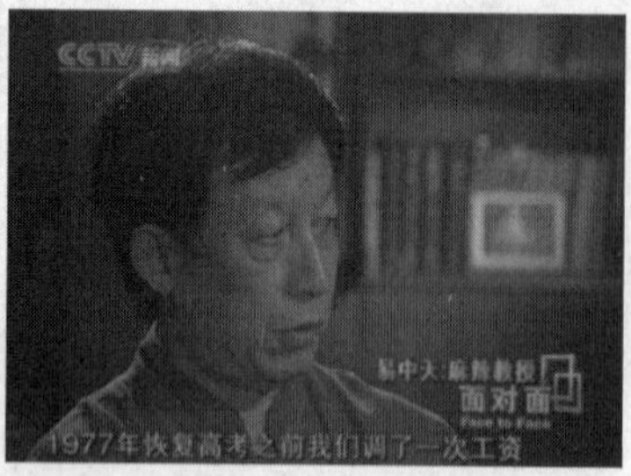	特写	固定镜头	易：比方说那个时候，1977年恢复高考之前我们调了一次工资，我就发现人家的工资比我多啊！后来领导告诉我，因为他有大学的学历，你是高中学历。哪怕你的课比他上得好，你的钱也比他拿得少。哦！我才知道学历还这么有用，那咱们也弄一个吧	38秒
140		近景	固定镜头	王：很现实的一个选择	3秒
141		特写	固定镜头	易：非常现实，哪有什么理想。1977年恢复高考后，大家说那你去考吧！我说那不能去，因为我正在教毕业班，教高三的语文，我的学生就要去参加高考。然后我跟他们一起下考场，倒也没有多丢人。但是万一他们考上了我没考上，那人就丢大了。最好的办法就是越过这一级，直接报考研究生。所以到1978年恢复研究生考试的时候，我就去考研究生	35秒
142				画外音：在武汉大学研究生毕业之后，易中天留校任教。在这期间，易中天读到了两本书，一本是哲学家、美学家李泽厚的美学著作《美的历程》，另一本是历史学者黄仁宇的历史专著《万历十五年》。正是这两本不同于传统学术书籍的著作，给易中天带来强烈的震撼	31秒 (VCR)

(续表)

镜号	画面	景别	拍法	声音	时长
143	学术著作是这样写啊	特写	固定镜头	易：当时给我最大的震撼就是原来学术著作可以这样写啊	5秒
144	你以前接受的教育 你以前的理解是什么	近景	固定镜头	王：你以前接受的教育，你以前的理解是什么	4秒
145	就是好像论文有一种论文体	特写	固定镜头	易：就好像论文有一种论文体嘛	4秒
146	专著有一种专著体 它是一种文体	近景	固定镜头	易：专著有一种专著体，它是一种文体	5秒
147	《美的历程》和《万历十五年》以后	特写	固定镜头	易：所以我看了《美的历程》和《万历十五年》以后，非常震撼，然后我就想到一个问题	9秒

(续表)

镜号	画面	景别	拍法	声音	时长
148	CCTV新闻 易中天：麻辣教授 面对面 Face to Face 好看吗 好看	近景	固定镜头	易：好看吗	3秒
149	CCTV新闻 易中天：麻辣教授 面对面 Face to Face 那么我读下去了吗 读下去了	特写	固定镜头	易：好看！那么我读下去了吗？读下去了！读下去以后受到他们的启发和影响了吗？受到了。然后我就接着问了一个问题，为什么不呢	16秒
150	CCTV新闻 易中天：麻辣教授 面对面 Face to Face 所以你也开始改变	近景	固定镜头	王：所以你也开始改变	3秒
151	CCTV新闻 易中天：麻辣教授 面对面 Face to Face 为什么不呢 然后我就开始准备改变	特写	固定镜头	易：为什么不呢？然后我就开始准备改变	6秒
152	CCTV新闻 易中天：麻辣教授 面对面 Face to Face 但是对于一个大学教师来说	近景	固定镜头	王：但是对一个大学教师来说，对一个学者来说，这样做是有风险的	6秒

(续表)

镜号	画面	景别	拍法	声音	时长
153		特写	固定镜头	易：对！所以后来我也学着李泽厚先生或者黄仁宇先生的写法写了一篇论文投给一个刊物。刊物的主编在上面批了一行字："这是论文还是散文？"退回来了，退稿	21秒
154		特写、全景	摇镜头、固定镜头	画外音：大学是一个讲究专著和职称的地方。在武汉大学，易中天工作接近十年，也只是一个讲师，到离开武汉大学前才评上副教授，分配的房子只有10平方米。教学经费更是非常紧张。易中天承受着那时候很多高级知识分子所承受的压力	26秒(VCR)
155		近景	固定镜头	王：那考虑这些问题会觉得做学术很凄凉吗	4秒
156	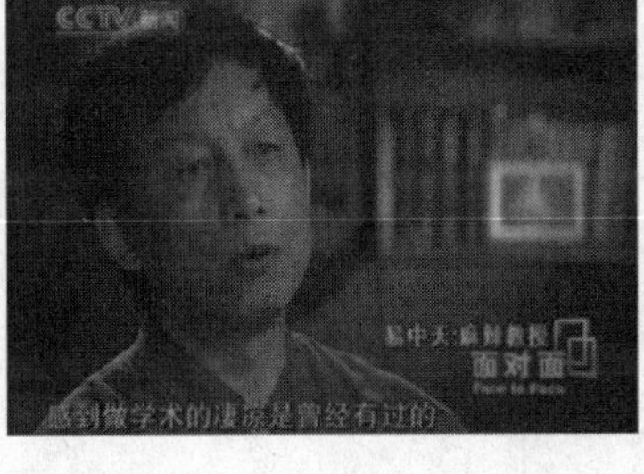	特写	固定镜头	易：感到做学术的凄凉是曾经有过的，时间是在1984年底，或者是1985年初。我的一位师兄，和我同届同班，因为他年龄比我大，我称他为师兄，突然倒在讲台上，他正在做一个学术报告，突然说不出话来了。然后紧急送往医院，当夜去世了。然后我们到他家里去慰问嫂夫人，看见他的家里一贫如洗，什么都没有。不要说什么沙发，他夫人只能拿出这么小的小板凳请我们坐	1分10秒

(续表)

镜号	画面	景别	拍法	声音	时长
157		近景	固定镜头	易：沙发这些家具全都没有的	3秒
158		特写	固定镜头	易：后来在他的追悼会上，我送了一幅对联	5秒
159		近景	固定镜头	王：写什么	3秒
160		特写	固定镜头	易：学富五车，才高八斗，叹人间从此惜年少。因为他是英年早逝。下联是生计九流，家徒四壁	23秒
161		近景	固定镜头	易：问天意何时重斯文	3秒

(续表)

镜号	画面	景别	拍法	声音	时长
162		特写	固定镜头	易：当时我就在想一个问题，难道中国的学者、知识分子就该过这种日子吗	16秒
163		中景、特写	摇镜头、跟镜头、固定镜头	(键盘敲击声) 画外音：20世纪90年代后期，易中天把自己和媒体的接触称为“生产自救”——靠我自己的书来换钱换经费。在这个“生产自救”的过程中，易中天出版了《闲话中国人》《品人录》《中国的男人和女人》《读城记》4本随笔体学术著作。从这些书名可以看出易中天的研究方向和心态渐渐发生了变化	31秒(VCR)
164		近景	固定镜头	王：这样的标题可能很容易让人想到商业上的号召力，是很刻意的	5秒
165		特写	固定镜头	易：说实在话，它是一个中性的题目，并不是很商业化，当然也不是很学术化	11秒
166		近景	固定镜头	王：原因呢	3秒

(续表)

镜号	画面	景别	拍法	声音	时长
167		特写	固定镜头	易：原因很清楚，就是为了面对大众，就是写给非专业人士看的。实际上那个时候，我就在思考一个问题，就是学术能不能走向社会、走向大众、走向市场	20秒
168		近景	固定镜头	王：那实际上你这种学术风格的转变或者写作风格的转变是带有一定压力、一定风险的。当时你有没有考虑过	10秒
169		特写	固定镜头	易：想过，想得很清楚。大不了副教授退休嘛	7秒
170		近景	固定镜头	王：你怎么可以不在乎呢	3秒
171		特写	固定镜头	易：这个无所谓的。我碰巧当时读到了启功先生的一首诗，是启功先生自嘲的一首诗。他说：“中学生，副教授，名虽扬，实不够；博不精，专不透，高不成，低不就。”	28秒

(续表)

镜号	画面	景别	拍法	声音	时长
172		近景	固定镜头	易：我觉得启功先生真是太了不得了	2秒
173		特写	固定镜头	易：人贵有自知之明，人的敌人永远是自己。一个人能够把自己经历的坎坷和辛酸苦辣作为一个对象来调侃……	26秒
174		近景	固定镜头	王：这样的境界当然……	3秒
175		特写	固定镜头	易：太高的境界了。那就是说我本来就是一个高中生，我没有大学本科学历。我再评不上正教授，那我就是地地道道的启功先生说的“中学生”“副教授”嘛，不是挺好嘛	16秒
176		近景	固定镜头	王：当个副教授已经很好了。 易：是啊，该知足了呀	6秒

(续表)

镜号	画面	景别	拍法	声音	时长
177		特写	固定镜头	易：何不潇洒走一回，走呗	8秒
178		远景、全景、中景	固定镜头、摇镜头	画外音： 在武汉大学工作将近10年后，易中天于1991年来到厦门大学。那时候，大学之间的人才流动，并不是一件非常容易的事	14秒 (VCR)
179		近景	固定镜头	王：为什么要离开武汉呢？为什么要来厦门大学	3秒
180		特写	固定镜头	易：为了养老，因为武汉的气候实在是太恶劣了，它恶劣到什么程度？就是冬天它可以冷到零下，夏天可以热到40度以上。而且最糟糕的是，武汉这个城市，冬天室内比室外冷，夏天室内比室外热，你没有躲的地方，这就无法忍受了	27秒
181		近景	固定镜头	但是为什么一定要这样说呢？打个比方，如果我是厦门大学的校长	6秒

(续表)

镜号	画面	景别	拍法	声音	时长
182		特写	固定镜头	王：听到易老师这么说我会高兴吗？ 易：我得说实话啊	6秒
183		近景	固定镜头	王：他们为什么选择易中天？谁会选择一个来养老的人呢	7秒
184		特写	固定镜头	易：因为我来的时候还年富力强！我至少可以服务几十年	7秒
185		近景	固定镜头	王：那你并不隐瞒你的目的啊。 易：我不隐瞒，不隐瞒	6秒
186		特写	固定镜头	易：我觉得这是个很实实在在的事情，人就是人嘛，他不能不考虑自己的生命问题。考虑生命问题就不崇高吗？那如果考虑生命问题不崇高，我宁愿不崇高	19秒

(续表)

镜号	画面	景别	拍法	声音	时长
187	易老师的红 你的火爆	近景	固定镜头	王：但也有评论认为易老师的红，你的火爆只是恰好迎合了社会上一种浮躁的心态	13秒
188	我肯定是恰好迎合了社会的某种心态	特写	固定镜头	易：我肯定是恰好迎合了社会上的某种心态，或者说某种需求， 至于是哪一种心态和哪一种需求，让评论家去说三道四，让研究者们去得出结论吧	22秒
189	那你介意学术超男这样的称呼吗	近景	固定镜头	王：那你介意“学术超男”这个称呼吗？或者说“电视明星”	6秒
190	这个不是我能介意 或者不介意的	特写	固定镜头	易：这个不是我能介意或者不介意的，我介意和不介意的结果是一样的，我何必要介意	10秒
191	比方说今天说厦门要刮台风了 我介意吗	近景	固定镜头	易：比方说，今天厦门要刮台风了，我介意吗	5秒

(续表)

镜号	画面	景别	拍法	声音	时长
192	天要下雨 娘要嫁人 我介意吗	特写	固定镜头	易：天要下雨，娘要嫁人，我介意吗？我肯定不介意。但是你问我喜欢吗？我是不喜欢的	15秒
193	文化畅销书25年曲线下降 “学术超男”易中天	全景、特写	跟镜头、固定镜头、摇镜头	画外音：尽管不喜欢，但各种各样关于他的称谓还是纷至沓来。“易中天”这三个字在很多人眼中，也有了商业炒作的价值	13秒(VCR)
194	你会参与商业的炒作吗	近景	固定镜头	王：你会参与商业的炒作吗	3秒
195	请问什么叫商业的炒作	特写	固定镜头	易：请问什么叫商业的炒作？我再来回答我参与不参与	8秒
196	比方说你的书的销售量或者你拿到的稿酬	近景	固定镜头	王：比方说易老师的包装，比方说你的书的销售量或者你拿到的稿酬，通过另外的形式来对你进行包装	14秒

(续表)

镜号	画面	景别	拍法	声音	时长
197		特写	固定镜头	易：其实把话说透，说到底，但凡要面世的东西，都会有包装，不包装你不能面世啊，就像人要穿衣服一样，对不对？你好歹得穿件什么衣服，你才能见人吧	27秒
198		全景、大全景、特写	固定镜头，拉、摇、推镜头	《百家讲坛》录制现场同期声：好，我们掌声开始！(掌声) 画外音：从不为观众知晓的大学教授到今天的电视明星，易中天本人也像他讲的历史一样，让人们品出了不太一样的味道	18秒(VCR)
199		近景	固定镜头	王：包括你讲三国的时候，你讲过，你是从人性的角度去研究。这个跟以往的说法很不相同	7秒
200		特写	固定镜头	易：是因为我想清楚了一个问题，就是我们《百家讲坛》的观众为什么要听你讲历史	9秒
201		近景	固定镜头	易：他又不是历史系的学生，他又不准备考试	5秒

(续表)

镜号	画面	景别	拍法	声音	时长
202		特写	固定镜头	易：他干嘛要听？他干什么来了？我认为我们的观众对历史的关注就是对人的关注	12秒
203		近景	固定镜头	易：我们人文学科的终极目标，就是让每一个人都活得像个人	7秒
204		特写	固定镜头	易：感到幸福，问题在哪里？在人性	9秒
205		近景	固定镜头	王：但是我们经常讲的一句话叫“以史为鉴”	4秒
206		特写	固定镜头	易：让谁以史为鉴？如果给统治者做借鉴，那要看《资治通鉴》；如果是给我们的人民群众，给我们的每一个公民，也做一面镜子，那么他在镜子里面看到的就应该是人性	30秒

(续表)

镜号	画面	景别	拍法	声音	时长
207		近景	固定镜头	王：那你怎么给自己定位呢？你是一个传播者还是一个研究者？还是其他	8秒
208		特写	固定镜头	易：我最怕这种问题，都有，我是一个大萝卜，一个学术萝卜。萝卜有三个特点：第一个是草根；第二个是健康；第三个是怎么吃都行，可以生吃，可以熟吃，可以荤吃，可以素吃。我追求的正是这样一个目标，老少咸宜，雅俗共赏，学术品位，大众口味	57秒
209		近景、全景、特写	固定镜头	《百家讲坛》同期声：这个时候主持会议的是县政府的秘书长——萧何。那么萧何就做一个规定，说你交红包以一千钱为界限……所以楚人最不服气的就是周，现在湖北人还有一句口头禅叫不服周，就是不服气。不服周，老子就是不服周。 画外音： 六十岁的易中天已经到了退休的年龄，作为一位公众人物，人们开始关心他下一步的选择	36秒(VCR)
210		近景	固定镜头	王：你会选择上电视呢？还是选择到一所大学或者某一个课堂，继续发挥自己的余热。 易：退休就是退休	9秒

(续表)

镜号	画面	景别	拍法	声音	时长
211		特写	固定镜头	易：我在学校里的教学生涯我觉得可以终止了。但是我不反对别的退休的老师继续在别的学校演讲、上课	18秒
212		近景	固定镜头	王：如果问一句为什么呢	3秒
213		特写	固定镜头	易：没有为什么	3秒
214		近景	固定镜头	王：为什么不呢	3秒
215		特写	固定镜头	易：为什么要呢？想清楚了为什么要，就能回答为什么不	11秒

(续表)

镜号	画面	景别	拍法	声音	时长
216		近景	固定镜头	王：你想清楚了吗	2秒
217		特写	固定镜头	易：我当然想清楚了	2秒
218		近景	固定镜头	王：但是你不愿意把答案告诉我们	5秒
219		特写	固定镜头	易：(长久沉默，摇头)私下里告诉你	9秒
220	片尾				

课后练习

制作一个有关校园明星的专题访谈节目，终于可以与你心目中的校园明星面对面了，赶快行动吧！

第十章

如何卖东西：学做影视广告

我们的生活中，广告无处不在。我们走在路上，车身挂满广告的公交车一辆接着一辆；路边公交候车亭的玻璃橱窗里，各种风格的广告向你招手；马路两侧鳞次栉比的高楼大厦上，大型LED屏播放着楼盘、汽车等各种广告；还有路旁的路灯、电线杆上的各种灯箱广告、悬挂广告等。你到家了，小区的楼道里、电梯里甚至你家的门口都会有广告，不是告诉你“买二手车就上瓜子网”，就是告诉你“整形上协和”，还有求租或求购房屋、家电维修、家政服务等广告。你回到家，打开电视，铺天盖地的广告随之而来，有人调侃“现在是广告时间，我们插播2分钟电视剧”；打开电脑后，搜索引擎会根据你昨天搜索过的各种信息推送相关的广告。另外，使用频率较高的手机中的广告更加具有人际传播的特点，微信朋友圈里几乎被各种商品刷屏，朋友之间互相推荐自己认为不错的商家微信名片；商家的客户端也占据一席之位，不断地向手机用户展示自己的企业标识和名称，达到宣传企业形象和品牌的目的。

在这些形式多样的广告当中，影视广告无疑是其中的佼佼者。鲜活的画面、动听的音乐、完美的音响效果，或直白或含蓄地向观众传达商品的优点，让你对它产生好感，诱惑着你去购买。要做到这一点并不容易，需要广告主、广告创作人员的高度配合、共同努力。

一、制作影视广告应遵循的原则

1. 广告作品要充分体现广告创意，让消费者感同身受

广告创意是广告的灵魂，它通常是广告制作者和广告主共同协商的结果。广告创意必须基于产品的目标市场定位，也就是说，要根据目标群体对这一产品的需求来构建创意。不管你的产品有多好，消费者也不可能只因为产品“好”就去购买，他们需要一个非买不可的理由。而你的创意就是要给消费者提供一个购买的理由，这个理由应是独特的，是“非你莫属”的，这样才能说服消费者购买。

有了一个好的创意，你还要将它完美地表现出来，否则不过是“纸上谈兵”。这就需要你调动一切力量，如画面、音响、音乐、语言、字幕等，让创意“活”起来。你的广告

要让目标受众切身感受到，这是在说他们的故事，这样他才能用你的产品。因此，你的广告里要有他们熟悉的场景，广告中的人要穿着那个群体典型的衣着，演绎他们的故事。

2. 选取鲜明的视觉形象，突出产品的优势

视觉形象是电视广告中较为重要的表现元素。这里的“视觉形象”主要包括产品形象和广告模特两大类。

产品形象主要通过画面构图、色彩运用、光线、角度等进行展现，要拍出产品的特点和优点，可写实，也可写意。例如，我们常常看到在尿不湿广告中，用蓝色的测试液对尿不湿的吸水性进行测试，为什么用蓝色的测试液而不用黄色的？因为如果在广告中用了黄色的测试液，你可能会觉得恶心，虽然它符合真实的生活！色彩本身并没有抽象意义，但人们可通过联想，利用不同色彩表达不同的情感、营造不同的气氛。

广告模特可以是普通人、动物，也可以是明星、专家等。“3B”(Beauty，美女；Baby，孩童；Beast，动物)是大家在广告中经常见到的形象，也是较受欢迎的形象。不论你采用哪种形象，它都要能为突出产品的特色和传达产品的形象服务，也就是要围绕产品或品牌的核心信息去表达诉求。

用形象暗示某些诉求，能够避免用语言说出来可能产生的后果，这一点始终被视为视觉广告的一个优势，对此影视广告深谙其道。我们可以通过剪辑将几个画面组接在一起，形成独特的视觉冲击力，创造独特的效果，突出产品的魅力，从而达到广告目的。

3. 塑造个性的听觉形象，增加产品的可信性和感染力

很难想象一则影视广告中没有任何声音，这就像一个美人不会说话一样令人遗憾。

广告中的听觉形象包括音响、音乐和语言。通过选择和编辑适合广告产品的音响、音乐和语言，不仅能够增强画面的表达效果，而且有利于提升广告的说服力。

1) 音响

电视广告中的音响准确来说是指音响效果，它可以为广告产品创造出一个声音环境，从而大大增强广告的表现力和感染力；它也可以叙述或表现一个事件，如画外音响的运用可以让人产生丰富的联想，从而有效延伸并拓展画面的意义；它还可以表现思想和情感，不仅善于写实，而且可以用来写意。音响可以放大生活中许多听不清楚的声音，强化生活中一些普通的声音，使它发出“震耳欲聋”的效果，从而为广告产品服务。

2) 音乐

在广告中，音乐是一种非常有效的语言，我们常在广告中运用音乐以增强广告产品的吸引力、感染力。音乐能够营造气氛，从而影响消费者的情感、心情以及反应，有时还会刺激消费行为。

音乐在广告中常以背景音乐和广告歌曲两种形式存在。

为广告增添背景音乐，一是为了体现产品的特色，塑造鲜明生动的整体形象；二是为了表现主题，利用乐曲来烘托气氛，起到陪衬和渲染的作用。

旋律简单、通俗易懂的广告歌曲承担着传递广告重要信息的作用，歌曲本身要符合品牌个性，曲调一定要和产品个性相结合。广告歌曲通常节奏鲜明、旋律优美，有个性，歌词通俗易懂、易于传唱，同时还要有诱惑力和煽动性，这样才能产生强烈的冲击力和感染力，从而培养消费者对产品的好感。例如，华为与好莱坞影视制作公司Wondros共同打造的国际版推广短片，其中手机品牌音乐《Dream It Possible》就很好地承担了上述任务，人们在感动中看完短片，坚定地将华为手机与坚持梦想联系在一起。

为广告添加背景音乐时，可以利用现成的音乐资料，也可以专门进行创作，这主要取决于创意表现的需要和制作经费的多少。

3) 语言

广告中的语言是指广告台词或者旁白，广告中的台词(包括人物独白和人物间的对话)或旁白主要用来补充视觉画面难以表达的内容，或者揭示和深化主题，或者进一步强化产品信息，要做到少而精、生活化、口语化，千万不要喋喋不休，以免令人生厌。

广告语是广告语言的精华所在，它基于长远的销售利益，向消费者传达一种长期不变的观念，总是试图以较少的语言表现较为丰富的广告信息，寥寥数语或者将产品特点展现出来；或者一语中的，直击消费者的内心，使目标受众产生亲近感。好的广告语甚至可以成为一段时间的流行语。

二、广告时长对剪辑的影响

电视广告的长度有很多种，大多数以5秒、10秒、15秒、20秒、30秒、45秒、60秒、90秒、120秒为基本单位。也有3～4分钟的广告，但比较少见。较为常见的电视广告时长是15秒和30秒。

广告时长不同，对广告创意的要求和表现手段的运用也不同，剪辑当然也会有所侧重。例如，30秒的广告就要比15秒的广告更有利于叙事，它可以将故事讲得更充分，剪辑节奏可以更慢一些，叙事时也可以运用铺垫或渲染等表现手段。如果用15秒来讲故事，就需要采用更直接、更单纯的方式。快节奏、无技巧直切在电视广告剪辑中较为常见。

广告时长很短，剪辑师要在有限的时间内，传达商品的主要信息，还要保证观众对这些会产生好感。这就需要选择最佳的镜头表达产品特性，每个镜头都要有意义，要么能有效地推动情节发展，要么能渲染气氛和情感，要么能传达广告诉求点。

剪辑师可以用来剪辑的时间很短，有时甚至要求在不到1天的时间内完工。剪辑师要面对大量的素材并在其中选择恰当的镜头将其创造性地组接在一起，可以想象这是一项多么紧迫又具有挑战性的工作。

三、拉片分析：我国台湾大众银行广告《母亲的勇气》

《母亲的勇气》是我国台湾大众银行委托奥美广告公司制作的广告片，该广告片以艺术的手段再现了一位平凡的母亲为探望远在委内瑞拉生子的女儿，在不会说英文的情况下，用三天的时间，独自历经三个国家，跨越三万两千公里，在途中克服一系列困难的不平凡故事，很好地诠释了大众银行“不平凡的平凡大众——坚韧、勇敢、爱”这一核心竞争力，完美地塑造了“属于大众的银行”的品牌形象。

广告采用第三人称，以倒叙的方式讲述，采用交叉剪辑的形式重组事件，突出老妇人与海关人员的冲突、老妇人长途跋涉、遭受重重阻碍与心中对女儿的挂念等。片中通过长短镜头搭配和音乐的衬托来构建节奏。例如，用长镜头来叙事，用短镜头来构建冲突。音乐起到了很好的烘托作用，叙事部分音乐舒缓；随着叙事的展开，音乐节奏逐渐加快，体现了老妇人忐忑彷徨的心理活动；到海关人员与老妇人发生冲突时，音乐变得紧张；最后在讲述老妇人的整个飞行转机历程时，配用卡洛儿专辑《一尘不染》中的《秘密》作为背景音乐，渲染了感人气氛。具体的分镜内容分析如表10-1所示。

表10-1 《母亲的勇气》拉片分析

镜号	画面	景别与拍法	镜头内容	旁白	音乐
1		固定中景	机场乘客目光，字幕“真实故事改编”		深沉的背景音乐缓缓步入、展开
2		固定中景	机场乘客目光，字幕“真实故事改编”		背景音乐
3		固定中景	老妇人嘴里喊着旁人听不懂的语言，为抗拒拘捕而挣扎的场面	一个老妇人因为携带违禁品	背景音乐(渐小)

（续表）

镜号	画面	景别与拍法	镜头内容	旁白	音乐
4		固定 中景	海关人员检查老妇人随身携带的物品	在委内瑞拉机场	背景音乐(渐小)
5		固定 近景	老妇人挣扎并继续申辩的特写	被拘捕了	背景音乐(渐小)
6		上摇镜头 近景	海关人员检查包内物品，从手部动作上摇至检查人员的脸部近景		背景音乐(渐小)
7		上摇镜头近景到特写，相似性动作转场	老妇人坐在机场座位上的侧面表情，进入回忆		舒缓的背景音乐(表示展开故事)
8		固定 中景	机场中，老妇人走在众人中间		舒缓的背景音乐
9		固定 特写	老妇人面部近景，四处张望，表情彷徨		舒缓的背景音乐

(续表)

镜号	画面	景别与拍法	镜头内容	旁白	音乐
10		固定 中景	老妇人在机场接受安检	她是一个中国台湾人	舒缓的背景音乐
11		固定 中景 遮挡切换	老妇人过境后依然忐忑不安地走着(被过往的行人挡住镜头后切换)		舒缓的背景音乐
12	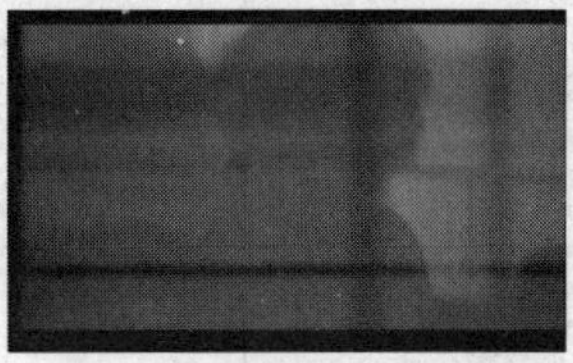	固定 背面角度 近景	透过窗户看老妇人不安地往前走	没有人认识她	舒缓的背景音乐
13		右摇	海关人员回望她的身影，老妇人由画面左侧中景行至画面右下角		舒缓的背景音乐
14		固定 近景	海关人员示意她出示护照		舒缓的背景音乐 “Passport”(同期声)
15		侧面 中景	老妇人思索片刻才想起拿出通行证		舒缓的背景音乐
16		特写 镜头有些晃动	海关人员安检的特写		舒缓的背景音乐

(续表)

镜号	画面	景别与拍法	镜头内容	旁白	音乐
17		特写 镜头有些晃动	老妇人特写，眼神移到别处，显示不安		舒缓的背景音乐
18		固定 中景 侧面	镜头回到老妇人在机场内公共场所的水龙头旁喝水		舒缓的背景音乐
19		固定 中景 侧面	老妇人在机场洗手间内整理妆容		舒缓的背景音乐
20		固定 全景	老妇人在候机厅的等待座位上打着哈欠休息		舒缓的背景音乐
21		固定 近景 斜侧 相似性转场	老妇人打开包，查看里面的东西(为转到现实画面的转场做铺垫)		舒缓的音乐开始变换节奏
22		下摇 斜侧 特写	老妇人包内物品快速掉下的特写及物体滑落的音响		音乐变得紧张，营造悬疑气氛
23		镜头晃动 中景	老妇人的尖叫声(人物同期声)，不顾一切地想夺回自己的东西		无音乐
24		上摇 特写	药材特写		无音乐

(续表)

镜号	画面	景别与拍法	镜头内容	旁白	音乐
25		镜头晃动 中景	海关人员质问： “What is this？”		
26		镜头晃动 近景	老妇人挣扎着，悲伤地喊叫(人物同期声)		
27		镜头晃动 全景	一位华裔海关人员奔跑的背景		节奏变快 现场的脚步声
28		固定 特写	海关人员质问： “What is this?”		无音乐 拍桌子的声音 (现场同期声)
29		镜头晃动 中景	老妇人继续挣扎		无音乐
30		镜头晃动 中景	华裔海关人员奔跑的正面镜头		无音乐
31		镜头晃动 背面角度 特写到近景	其他海关人员持续质问，推门而入的华裔海关人员大喊“Stop”		无音乐 推门效果声
32		镜头晃动 过肩镜头 中景	老妇人挣脱海关人员的挟持		无音乐 喘息声

（续表）

镜号	画面	景别与拍法	镜头内容	旁白	音乐
33		镜头晃动 过肩镜头 特写	华裔海关人员看着老妇人		无音乐
34		镜头晃动 过肩镜头 中景	老妇人焦急地解释包裹里面的东西	她告诉他们	无音乐 (现场同期声)
35		固定镜头 中景	华裔海关人员拿起药材	这是一包中药材	舒缓的背景音乐(小)
36	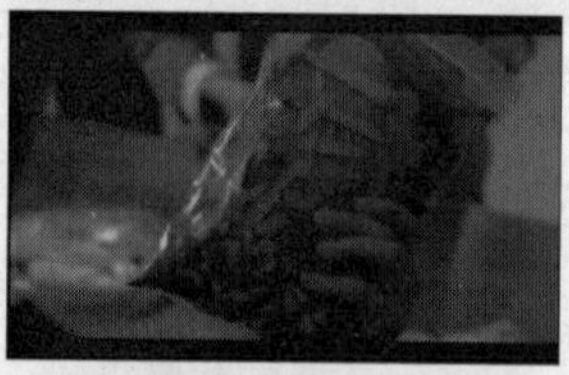	固定镜头 特写	药材特写		舒缓的背景音乐(小)
37		固定镜头 近景	老妇人激动地解释	她是来这里炖鸡汤给女儿补身体的，她女儿刚生产完	无音乐
38		固定镜头 过肩镜头 特写 解说词 后叠	华裔海关人员听着老妇人的解释，若有所思		卡洛儿的歌曲《秘密》渐起，渲染悲情气氛
39		固定镜头 特写 叠化	老妇人小声说着保佑女儿的话，表情悲伤	她们有好几年没见了	卡洛儿的歌曲《秘密》
40	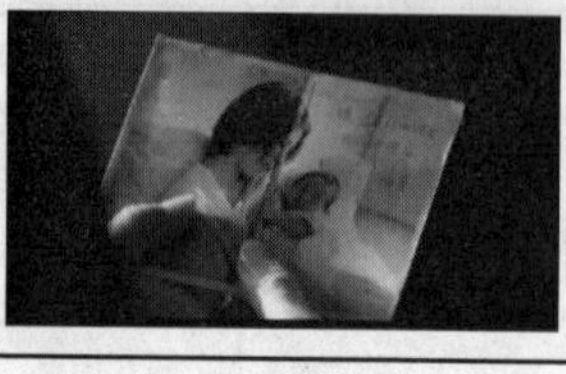	推镜头 俯角度	手拿女儿和小宝宝的合影照片		卡洛儿的歌曲《秘密》

(续表)

镜号	画面	景别与拍法	镜头内容	旁白	音乐
41		慢推 特写	老妇人坐在飞机上低头看着手中的照片，一脸慈爱	蔡莺妹，63岁	卡洛儿的歌曲《秘密》
42		固定镜头 中景	老妇人行走在机场的人群之中，彷徨不安	第一次走出台湾	卡洛儿的歌曲《秘密》
43	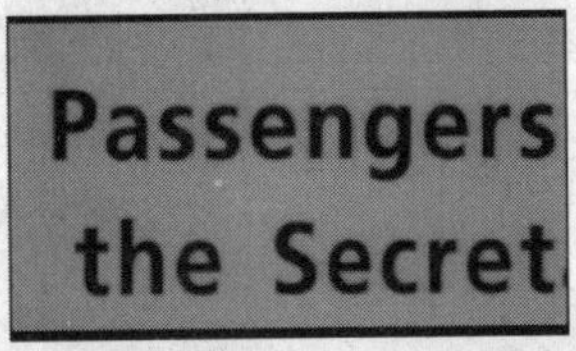 Passengers the Secret	固定镜头	机场标识特写		卡洛儿的歌曲《秘密》
44	 Gates A22 - A3	固定镜头 叠化	机场标识特写		卡洛儿的歌曲《秘密》
45	 Em Transit	固定镜头	机场标识特写		卡洛儿的歌曲《秘密》
46		固定镜头 中景	老妇人在机场询问路人的场景	不会英文	卡洛儿的歌曲《秘密》
47		固定镜头 近景	老妇人拿着纸条一路询问、对照寻找	没有人陪伴	卡洛儿的歌曲《秘密》
48		固定镜头 中全景	在洗手间洗漱	一个人独自飞行三天	卡洛儿的歌曲《秘密》

(续表)

镜号	画面	景别与拍法	镜头内容	旁白	音乐
49		固定镜头 中景	在机场内的水龙头旁喝水		卡洛儿的歌曲《秘密》
50		固定镜头 全景	在候机厅的座椅上蜷缩休息	三个国家	卡洛儿的歌曲《秘密》
51		固定镜头 特写	继续描写老妇人在路途中拿着纸条问路的情形，表情中透着坚韧	三万两千公里	卡洛儿的歌曲《秘密》
52	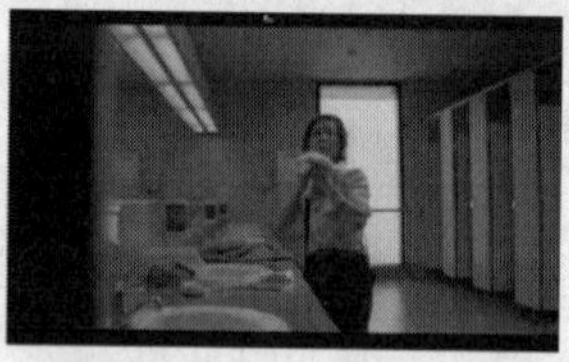	固定镜头 中全景	在洗手间听到外面传来检票通知		卡洛儿的歌曲《秘密》
53		移跟镜头 近景	在机场大厅内奔跑		卡洛儿的歌曲《秘密》，渐入高潮
54		移跟镜头 全景	在机场大厅内奔跑		卡洛儿的歌曲《秘密》
55		航拍 左移跟	航拍途经的地方		卡洛儿的歌曲《秘密》
56		航拍 左移跟	航拍途经的地方		卡洛儿的歌曲《秘密》

(续表)

镜号	画面	景别与拍法	镜头内容	旁白	音乐
57		航拍 左移跟	航拍途经的地方		卡洛儿的歌曲《秘密》
58		移跟镜头 侧面角度 中景	老妇人在候机厅内奔跑		卡洛儿的歌曲《秘密》，音乐进入高潮
59		运动镜头 特写	老妇人看着手中女儿和外孙的照片		卡洛儿的歌曲《秘密》
60		移跟镜头 侧面角度 近景	老妇人在候机厅内奔跑		卡洛儿的歌曲《秘密》
61		曲线上摇 特写	女儿抱着新生儿的温馨画面		卡洛儿的歌曲《秘密》
62		前移动镜头 正面角度 中全景	老妇人在候机厅内奔跑		卡洛儿的歌曲《秘密》
63		移跟镜头 中景 侧面角度	持续奔跑		音乐高潮迭起
64		上摇镜头 特写	倒叙海关人员检查药材的情景		卡洛儿的歌曲《秘密》

(续表)

镜号	画面	景别与拍法	镜头内容	旁白	音乐
65		固定镜头 中景	看到海关人员手中的中药，老妇人挣扎申辩		卡洛儿的歌曲《秘密》
66		固定镜头 中景	海关人员凶悍地质问		卡洛儿的歌曲《秘密》
67		固定镜头 全景	在机场大厅人群中摔倒的悲凉场景		卡洛儿的歌曲《秘密》
68		固定镜头 中景	面对质问焦急地申辩		卡洛儿的歌曲《秘密》
69		固定镜头 近景	在人群中不安地询问		卡洛儿的歌曲《秘密》
70		摇镜头 近景	在候机厅内手拿女儿照片，表现对女儿的思念		卡洛儿的歌曲《秘密》
71		固定镜头 近景	保佑女儿		卡洛儿的歌曲《秘密》
72		前移跟镜头 中景 正面角度	老妇人继续奔跑		卡洛儿的歌曲《秘密》，音乐渐渐缓和

(续表)

镜号	画面	景别与拍法	镜头内容	旁白	音乐
73		固定镜头 近景 俯角度	女儿和新生儿		卡洛儿的歌曲《秘密》
74		前移跟镜头 正面角度 近景	老妇人继续奔跑	她是怎么做到的	卡洛儿的歌曲《秘密》
75		镜头晃动 近景 仰角度	海关人员的反应		卡洛儿的歌曲《秘密》
76		镜头晃动 特写 仰角度	海关人员的反应		卡洛儿的歌曲《秘密》
77		镜头晃动 特写 过肩 仰角度	华裔海关人员的反应		卡洛儿的歌曲《秘密》
78		镜头晃动 特写 俯角度	老妇人焦急的表情		卡洛儿的歌曲《秘密》
79	坚韧 勇敢 爱	采用缩放特效	字幕：“坚韧勇敢 爱”		卡洛儿的歌曲《秘密》
80	不平凡的平凡大众	采用缩放特效	字幕：“不平凡的平凡大众”		卡洛儿的歌曲《秘密》

(续表)

镜号	画面	景别与拍法	镜头内容	旁白	音乐
81	TC BANK 大眾銀行	固定镜头	大众银行标志		卡洛儿的歌曲《秘密》，音乐渐隐

课后练习

以VIVO手机“照亮你的美”为主题制作一则广告吧，看看你制作的广告能不能起到让你放弃买苹果手机的作用。

第十一章

每个人都可以做导演：学做微电影

新媒体的迅猛发展促使人们的收视习惯甚至行为习惯发生了很多改变。现在，很多人遇到不懂的问题不再去查找相关书籍或询问他人，而是直接掏出手机上网搜索答案；学生上课也不仅仅局限于课堂，还有很多相关网络课程可供课下学习；考试也可在网上进行，答完题还会收到红包。人们主动接触媒体，不仅仅是作为信息的接收者而存在，很多人也是信息的发布者。正是在这样一个大环境下，“微传播”的兴起带动了微电影的蓬勃发展。

我们把那些借助数字制作技术和新媒体传播技术制作并传播的具有完整情节的微型电影称为“微电影”。这些微电影很短，有的片长不过1分钟，最长也不过30分钟。它们投入少、易制作，叙事也相对简单，往往“采取单线或者简单明晰的复线、多线的方式：影片叙事场景和内容比较集中，少则一个场景，多则十几个场景，围绕一个冲突或者多个冲突而展开叙述，最终形成相对完整的情节”①。要完美地完成微电影的制作，后期剪辑是不可或缺的一环。好的视频剪辑能够促进故事的完美展现，对情节的发展起到推波助澜的作用。

一、制作微电影应遵循的原则

1. 剪辑要做到三个清晰：原因清晰、过程清晰、结果清晰

1) 开篇要求交代清楚故事起因，入戏快速

一部微电影的情节同样也是由事件的开端、发展、高潮和结局构成的。

在剪辑时，我们要用整个影片1/5或1/6的时间在开头交代清楚事件发生的时间、地点、背景和矛盾冲突的起因，这是剪辑的基本要求。在这一基础之上，如何巧妙地设计开篇、达到先声夺人的目的则需要剪辑人员费尽思量。它没有固定的模式，只有一点要求，就是快速入戏！

① 国玉霞，白喆，郝强. 微电影创作技巧[M]. 北京：清华大学出版社，2014：2.

2) 中间发展要求脉络清晰，内容饱满

中间的发展过程包括高潮前的铺垫和高潮。故事的发展过程也是主要矛盾不断发展、激化直至全面爆发的过程。一般来说，前期铺垫占影片长度的1/3左右，高潮部分占1/3左右。

在前期铺垫中，剪辑师要巧妙设置人物之间的关系和冲突，镜头的组接要符合正常思维逻辑，切忌天马行空、随意跳跃。在突出影片主题表现物的镜头中，要注意景别渐变原则的运用，一般采用由远及近或者由近及远等手法。剪辑对抗段落时，常用叙事蒙太奇和积累蒙太奇的剪辑手法交代事件发展过程和积累情绪，切忌急躁、简单和生硬。

高潮是指“矛盾冲突达到最激烈、最紧张的阶段，是人物命运和事件转折的关键点”[①]。如果前期铺垫充分，设置高潮就会水到渠成、自然而然。在剪辑处理时，冲突内容的表现、节奏的快慢、表现强度的大小、情绪的积累等将直接影响高潮段落的冲击力和表现力。这里可用的剪辑手法很多，要根据表达的需要灵活运用。

3) 结尾要清晰，不能莫名其妙

结尾不是可有可无的存在，相反它是整个故事的最终交代，是对主题的升华。结尾的长度一般占影片总体长度的1/6～1/5。

影片的结尾一定要交代清楚，可以采用开放式结构，留下空白，引人遐想；可以采用闭合式结构，渲染大团圆的氛围；可以采用循环式结构，突出嘲讽的意味。这一切由你做主，但切记过犹不及的道理，要避免画蛇添足、喋喋不休。

2. 剪辑要达到故事凝练、画面紧凑的效果

微电影中的人物较少，它更强调人物自身态度和价值观的动态变化。这一点也决定了在剪辑微电影时最重要的是通过紧凑的镜头语言来展示人物的这一变化，画面决不能拖沓。例如，在《The Other Pair》中男孩的态度变化过程，由对鞋的极致喜爱到对重新拿回另一只鞋的期盼，再到绝望后毅然放弃的释然笑容。

3. 剪辑时要注意对时间的设计和表现

微电影时间可分为放映时间、叙述时间和心理时间三种。通过剪辑等手段对这三种时间进行设计，可以让微电影中的时间表现呈现出多种形式。

例如，选择素材中能够直接或间接显示时间的道具或细节插入到合适的位置，从而暗示观众形成其心理时间；通过镜头的组接或转场特效来压缩时间，从而加快节奏，突出或强化某一场景或情绪；通过重复镜头、升格镜头、声音元素、反应镜头、空镜头、心理镜头等方式延长时间，从而突出叙事和渲染抒情。同样，我们还可以通过剪辑手段将时间定

① 国玉霞，白喆，郝强. 微电影创作技巧[M]. 北京：清华大学出版社，2014：2.

格或让时间倒流。在这里值得一提的是，无论采用哪种手段设计和表现时间，都要为主题表现和叙事效果服务，要有合理的交代，避免剪辑效果使用不当造成时空的混乱。

4. 剪辑时要注意场景之间的连贯和方向的统一

大多数微电影都是由多个场景和段落构成的。在情节推进过程中，少不了场景的转换。场景通常分为日景、夜景、外景和内景4个部分。当然，也可以再细致地划分为早晨、中午、晚上，或具体的某一个地点等。可利用转场特技进行场景转换，但要注意画面内容、画面特点、运动形式等要与所选的特技相契合，避免滥用效果导致段落割裂。

在微电影的场景过渡中，运用最多的还是无技巧转场。无技巧转场的类型及应用我们在第六章中有详细介绍，这里就不再重复了。

除了前文提到的场景转换外，制作微电影时，需要从不同角度、用摄像机设置不同景别去反复拍摄某段表演，从而为剪辑师提供足够多的、包含同样信息的素材。在选择和组接镜头时，剪辑师要注意银幕方向的连续性，详见第六章的方向匹配部分，这里不再重复。

进行到这一步，微电影的剪辑就算完成了。接下来的工作涉及运用数字合成技术处理整体颜色、添加效果以及制作片头、片尾等。

二、拉片分析：微电影《The Other Pair》

2016年底，一个20岁的埃及青年大致用4分钟的时间，为我们讲述了两个小男孩和一只鞋的小故事，情节简单，却直击人心最深处，让人为之动容。这部微电影就是《The Other Pair》，具体的拉片分析见表11-1。

表11-1 《The Other Pair》拉片分析

镜号	画面	景别	拍法	组接方法	内容	声音	时长
1			变焦镜头	渐显	左侧手摇铃由实转虚，右侧时钟由虚转实，时钟显示为差5分12点	现场声	8秒
2				直切	字幕	现场声	3秒

(续表)

镜号	画面	景别	拍法	组接方法	内容	声音	时长
3	يقدم Present			直切	字幕	现场声	2秒
4			长镜头	渐显	来往人群的脚部画面，一个男孩(主一)入画，右脚拖鞋坏了，孩子捡起拖鞋，走到墙边坐下认真修鞋，人们不时从他身边走过，镜头推上去	最初是现场声，孩子走路的声音，孩子坐下，音乐进入	40秒
5		特写	侧面固定	直切	认真修鞋的动作	音乐	2秒
6		全景	斜侧固定	遮挡切换	修鞋并试效果，再拿起	音乐	2秒
7		特写	右摇	动作切换	翻来覆去试图将断掉的部分修好	音乐	4秒
8			推镜头	直切	一直修不好，男孩又生气又无奈。这时，他看到了什么	音乐	8秒
9		近景	固定	直切	另一个男孩(主二)穿着新皮鞋停下来，用纸巾仔细擦鞋	音乐	5秒
10			推镜头	直切	男孩(主一)看的主观镜头	音乐	1秒
11			移跟	直切	男孩(主二)父亲入画，弯腰用手去拉孩子擦鞋的手并离开	音乐	1秒

(续表)

镜号	画面	景别	拍法	组接方法	内容	声音	时长
12		近景	固定	直切	男孩(主一)的目光追随另一个男孩(主二)的脚步	音乐	2秒
13			摇镜头	直切	父子俩在男孩(主一)面前走过，又被其他人挡住	音乐	3秒
14			上摇	遮挡切换	男孩(主一)仍旧紧盯着另一个男孩，并坐直身体	音乐	3秒
15			摇镜头	直切	男孩(主二)一家三口走到候车长椅旁坐下	音乐	3秒
16			推镜头	直切	男孩(主一)低头看下手里的鞋，又抬头看向另一个男孩(主二)的鞋，眼里充满羡慕，表情欢愉	音乐	10秒
17			推镜头	直切	男孩(主二)坐在座椅上，双脚垂下，突出漂亮的皮鞋	音乐	4秒
18		特写	固定镜头	直切	男孩(主一)眼神中充满欣赏、羡慕，低头看向手中的旧鞋时表情中充满失望，再次抬头张望	音乐	3秒
19		特写	固定镜头	直切	男孩(主二)爱惜地擦拭着自己的皮鞋	音乐	5秒
20		近景	固定镜头	直切	男孩(主一)继续盯着另一个男孩(主二)的皮鞋，听到火车声，回头	音乐 火车进站的现场声	3秒

(续表)

镜号	画面	景别	拍法	组接方法	内容	声音	时长
21	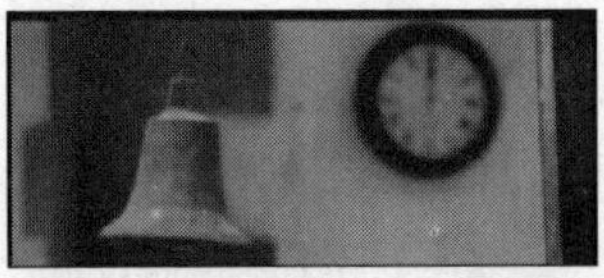		变焦镜头	直切	左侧手摇铃响起，由实转虚；右侧时钟由虚转实，时钟显示为12点	摇铃声、火车进站声	2秒
22			固定镜头	直切	火车进站	火车进站声	2秒
23			运动镜头	直切	父母起身和人们一起涌向火车，父亲催促男孩，男孩还在擦鞋，父亲回来拉男孩，男孩跟在父亲的身后走向火车	火车进站声、父亲的催促声	10秒
24		中景	固定镜头	入画	拥挤的人群中，父亲回头看向儿子	现场声	1秒
25		近景	固定镜头	动作切换	父亲回头招呼儿子	现场声	1秒
26		侧面	运动镜头	直切	儿子拽着父亲的手上火车，其他乘客的行李箱将镜头挡上	现场声	3秒
27		背面	固定镜头	直切	人们拥挤着上车的背影，父亲挤在车门前	现场声	1秒
28		特写	固定镜头	直切	男孩(主二)的鞋子被后面的人踩到	现场声	15帧
29		背面	运动镜头	直切	男孩(主二)被挤上车时，回头	现场声	20帧

(续表)

镜号	画面	景别	拍法	组接方法	内容	声音	时长
30		特写	运动镜头	直切	男孩(主二)的皮鞋在地上的特写，被人不经意地踢到一旁	现场声、男孩喊“鞋”、摇铃声	1秒
31			运动镜头	直切	从拥挤的人群背影快速下移到地上的鞋子	现场声、摇铃声	2秒
32			运动镜头	直切	男孩站在车门处向外看	现场声、摇铃声	1秒
33			固定镜头	直切	火车启动指示	火车启动指示声、摇铃声	1秒
34		全景	固定镜头	直切	鞋子在地上	摇铃声	1秒
35		近景	固定镜头	直切	车轮开始慢慢转动	摇铃声、火车启动声、音乐开始进入	5秒
36			变焦镜头	直切	近处的鞋子由实转虚，远处的男孩(主一)由虚转实，男孩站起跑向鞋子(由实转虚)，鞋子由虚转实，男孩跑到近前，双手拿起鞋子，思索，最后下定决心(此处画面光线开始变强)，跑出画面	音乐声、火车启动声	23秒
37		近景	固定镜头	直切	火车车轮转动	音乐声、火车启动声	2秒

(续表)

镜号	画面	景别	拍法	组接方法	内容	声音	时长
38		全景	固定镜头	直切	男孩(主二)站在车门处，做出伸手去接的动作	音乐声、火车启动声	2秒
39			过肩移跟镜头	直切	男孩(主二)站在车门处伸手，车下男孩(主一)不停地追赶，却始终没追上	音乐声、火车行驶声、男孩喘气声	3秒
40		中全景	固定镜头	直切	男孩(主二)拽着门把手焦急、期盼的神情	音乐声、火车行驶声、男孩喘气声	1秒
41			过肩移跟镜头	直切	男孩(主二)站在车门处伸手，车下男孩(主一)继续追赶	音乐声、火车行驶声、男孩喘气声	1秒
42		近景	固定镜头	直切	车轮转动	音乐声、火车行驶声、男孩喘气声	1秒
43		中景	固定镜头	直切	男孩(主二)拽着门把手焦急、期盼的神情	音乐声、火车行驶声、男孩喘气声	1秒
44	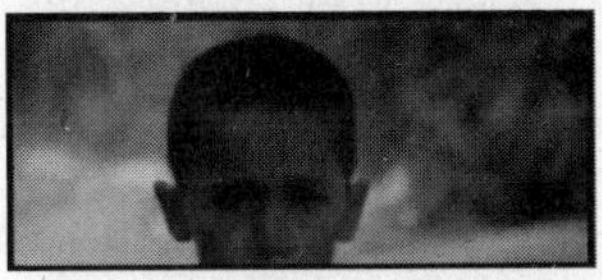	特写	固定镜头	直切	男孩(主一)奔跑的脸部特写	音乐声、火车行驶声、男孩喘气声	3秒
45		中全景	固定镜头	直切	男孩(主二)拽着门把手焦急、期盼的神情	音乐声、火车行驶声、男孩喘气声	1秒
46		特写	固定镜头	直切	男孩(主一)奔跑的脸部特写，晃动较大，累得喘不过气	音乐声、火车行驶声、男孩喘气声	2秒

(续表)

镜号	画面	景别	拍法	组接方法	内容	声音	时长
47		中景	固定	直切	男孩(主二)双手拽着门把手，神情失落	音乐声、火车行驶声、男孩喘气声	1秒
48		近景	主观移动镜头	直切	男孩(主一)站定，把鞋子奋力扔向火车	音乐声、火车行驶声	2秒
49		全景	慢镜头	入画	鞋子从右侧入画，掠过车尾，在车窗处落下去	音乐	3秒
50		中景	固定镜头	直切	男孩(主二)拽着门把手向下看，失望的神情	音乐	13帧
51	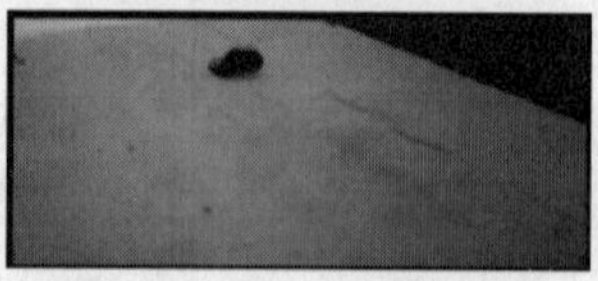	全景	固定镜头	直切	掉落到地上的鞋子	音乐	12帧
52		中景	固定镜头	直切	男孩(主二)抬头看向车下渐远的男孩(主一)，又低下头去，难过的表情	音乐	2秒15帧
53		中全景	后移动镜头	直切	男孩(主一)扔完鞋子直起身后，看到鞋子落在车下，懊恼地甩着手臂、跺着脚	音乐	3秒
54		中景	运动镜头	直切	男孩(主二)低头、抬腿	音乐	1秒
55		近景	镜头晃动	直切	男孩(主一)右手抚胸，抬头看向车上的男孩	音乐	2秒

(续表)

镜号	画面	景别	拍法	组接方法	内容	声音	时长
56		中景	运动镜头	直切	男孩(主二)伸手解开鞋带	音乐	1秒
57		特写	固定镜头	直切	男孩(主一)脸部特写，好奇的表情	音乐	15帧
58		全景	固定镜头	直切	火车远去，车门处只露出一点男孩(主二)脱鞋的动作	音乐	15帧
59	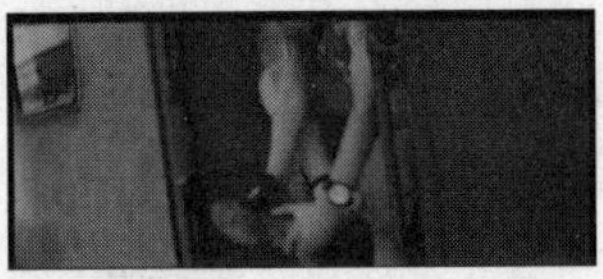	近景	固定镜头	直切	男孩(主二)脱鞋的动作，鞋离开脚即切镜头	音乐	15帧
60		特写	上摇镜头	直切	男孩(主一)脸部特写，不解的表情	音乐	1秒
61		中景	上摇镜头	直切	男孩父亲站在他身后，男孩(主二)从脚上拿下鞋，高高举起	音乐	1秒
62		特写	固定镜头	直切	男孩(主一)不解的神情	音乐	15帧
63		全景	固定镜头	直切	火车渐远，车门处只露出男孩(主二)举起鞋的手臂和小半个身子	音乐	1秒
64		近景	镜头晃动	直切	男孩(主一)将手拿开，露出明白过来的表情	音乐	1秒

（续表）

镜号	画面	景别	拍法	组接方法	内容	声音	时长
65		近景	固定镜头	直切	男孩(主二)奋力将手中的鞋抛向车下的男孩，手自然落下	音乐	1秒
66			镜头晃动	直切	男孩(主一)低头走向被扔下车的鞋子，单手弯腰拾起	音乐	4秒
67		近景	固定镜头	直切	男孩(主二)和他父亲微笑的表情	音乐	15帧
68		中全景	镜头晃动	直切	男孩(主一)拾起鞋子，低头看着手中的鞋	音乐	1秒
69		近景	固定镜头	直切	男孩(主二)挥手向车下的男孩(主一)告别，面带微笑	音乐	1秒
70		特写	固定镜头	直切	男孩(主一)低头微笑的特写	音乐	15帧
71		特写	固定镜头	直切	男孩(主二)继续向车下的男孩挥手告别，面带微笑	音乐	15帧
72			主观移动镜头	直切	男孩(主一)手中拿着鞋子，不时地低头看鞋，又抬头看向车上的男孩	音乐	3秒
73		全景	固定镜头	直切	火车渐远，车门处，男孩(主二)挥手	音乐渐弱	1秒

(续表)

镜号	画面	景别	拍法	组接方法	内容	声音	时长
74		近景	固定镜头	直切	男孩(主一)挥手告别，面带微笑	音乐渐弱	1秒
75		中景	固定镜头	直切	男孩(主一)挥手的背影，看着火车离站后，也转身离开，渐隐	音乐渐弱，火车渐远的声音	8秒
76	فـــردة شمـــال The other Pair			渐显	出字幕	音乐渐起	

课后练习

选一个你感兴趣的题材，制作一部微电影。来吧，同学，圆你的电影梦吧！

参考书目

[1] [美]Bill Nichols. 纪录片导论[M]. 陈犀禾，刘宇清，译. 北京：中国电影出版社，2007：143-166.

[2] 国玉霞，白喆，郝强. 微电影创作技巧[M]. 北京：清华大学出版社，2014：38-45.

[3] [英]Roy Thompson(罗伊・汤普森)，[美] Christopher J. Bowen(克里斯托弗・J. 鲍恩). 剪辑的语法[M]. 梁丽华，罗振宁，译. 北京：世界图书出版公司，2014：40-43，56-63.

[4] 周勇. 电视新闻编辑教程[M]. 2版. 北京：中国人民大学出版社，2007：95-113，306-320.

[5] 傅正义. 影视剪辑编辑艺术[M]. 修订版. 北京：中国传媒大学出版社，2009：131-152.

[6] 周新霞. 魅力剪辑——影视剪辑思维与技巧[M]. 北京：中国广播电视出版社，2011：1-2，178.

[7] [美]Bobbie O´Steen(鲍比・奥斯廷). 看不见的剪辑[M]. 张晓元，丁舟洋，译. 北京：世界图书出版公司，2013：121-147.

[8] [美]Gael Chandler. 剪辑圣经：剪辑你的电影和视频 [M]. 2版. 黄德宗，译. 北京：电子工业出版社，2013：165-183.

[9] 刘林清. 现代广告学 [M]. 修订版. 北京：经济管理出版社，2002：237-243.

[10] [英]Roy Thompson(罗伊・汤普森)，[美] Christopher J. Bowen (克里斯托弗・J. 鲍恩). 镜头的语法[M]. 李蕊，译. 北京：世界图书出版社，2013：87-97，126.

[11] 刘强. Adobe Premiere Pro CC标准培训教材[M]. 北京：人民邮电出版社，2014：122-128.

[12] 任远. 电视编辑理念与技巧[M]. 修订版. 北京：中国广播电视出版社，2008：1.

[13] [美]悉德・菲尔德. 电影剧本写作基础[M]. 钟大丰，鲍玉珩，译. 北京：后浪出版公司，2012：1.

[14] [美]里克・维尔斯. 音效圣经[M]. 北京：世界图书出版公司，2012：11-25.

后记

经过三年的努力，终于完成了这本书的编写工作。可以说，这本书汇聚了我和我的同事、学生的共同心血，也是我们十多年教学工作的一个小结。虽然还有很多的不足，但它的完成确实给了我们极大的鼓舞，让我们更有信心走下去。

严格来说，这本书没有采用传统意义上的教材体例，而是采用类似畅销书的写法。这主要缘于我想写一本好看的、实用的教材的想法，想让我的学生在阅读的过程中轻松地学习，想让他们能够快乐地边学习、边操作。在此，非常感谢我年轻的写作团队和出版社的支持，正因为有了他们，才有了今天的这本书。也许它不够严谨，也许它不够系统，也许理论不够有深度，但它确实是我们一次新的尝试，感谢大家对我们的帮助和包容。

这本书涉及内容较宽泛，其中，第一章策划、第二章剧本、第三章分镜头的相关内容由王羽瀚撰写，她是一名有才华、有潜力的年轻编剧，这三章内容是她编剧经验的总结，有很强的指导意义；第四章拍摄、第五章声音编辑分别由我的同事刘新业和张莹两位老师完成；第六章到第十一章则由我完成，这部分内容是根据我们多年的教学经验总结而来的，希望大家能有所收获。